近・現代日本教育会史研究

梶山雅史 編著

不二出版

目次

序章　教育会史研究の経緯

梶山雅史

はじめに

本研究の出発は、二〇〇二（平成一四）年に設定した研究テーマ「近代日本における教育情報回路形成の歴史的研究（1）——情報回路としての地方教育会」（日本学術振興会科学研究費補助金（基盤研究C—2）交付　二〇〇二—二〇〇五年度）を起点とする。申請時の研究計画書に大略次のように研究目的を記した。

1．明治一〇年代に全国各地に登場した地方教育会は、その多くが設立時に「互ニ知識ヲ交換シ」、「管内教育家ノ気脈ヲ通ジ、学事ヲ改良拡張」することを規約に掲げた。

当初、有志の「私立」教育団体として設立されるが、やがて町村レベルから郡レベルへ、さらに県単位の組織となり、職能団体であるとともに、行政の翼賛団体的性格を併せ持ち、地域の世論形成、教育事業振興に深く関わった。明治三〇年には全国連合教育会が結成され、昭和一九年には府県教育会を支部とする全国単一組織「大日本教育会」として改組、戦時国策翼賛団体となり、昭和二三年に解散する道筋をたどった。

明治、大正、昭和の戦時に至る期間、全府県さらに朝鮮、満州、台湾、樺太にも設立されるに及んだ教育会は、近代日本の歴史において、実に巨大な教育情報回路として機能した。戦前の教員、教育関係者の意識の枠組みを規制し、価値観と行動様式を水路づけたこの情報回路のメカニズム並びにこの回路を流れた情報内容について、各時代背景を踏まえて教育情報の動態分析を進め、国家と個人の中間集団であった教育会の実態、その及ぼした歴史的意味を解明する。

2．一般的には教育情報回路として、学校装置、教員・教員養成システム、教科書・教材供給システム、通信・出版メディアが想起されやすい。しかしながら、教育行政担当者、師範学校スタッフ、教員、地方名望家を構成メンバーとした戦前の特異な地方教育会こそは、談話、演説、討論、官庁諮問への討議等の集会設定、教育会雑誌・編纂物刊行、教育展覧会・博覧会開催、学術講演会・通俗講演会活動、図書館設置、さらに教員養成講習等の多様な事業を駆動し、恒常的活動体として、教育情報の集積、配給、そして情報操作を行い、戦前の教育界、教員層の意識の有り様を決定的に水路づけた情報回路であった。

重層的情報回路としての教育会を分析する視座設定ならびに教育会の登場から解散に至る全プロセスを射程に入れ、トータルに戦前の教育団体の歴史的意味を問う点に、本研究の独創性がある。

戦前の教員の意識形成、組織形態、活動内容、地方における教育運動と中央行政の関係、さらに層としての教員存在の造出メカニズムの解明が可能となる。

学校と地域の連携、教育の地方分権化の今日的課題に対して、歴史的知見を提示するものとなる。

以上は一六年前に掲げた極めて荒削りの大仰な旗揚げであった。二年後の二〇〇四（平成一六）年七月、仙台近辺の研究者そして大学院生をメンバーとして、「教育会の総合的研究」をテーマに掲げ、東北大学大学院教育学研究科の演習室において十数名で共同研究会を隔月に開催した。二年後の二〇〇六（平成一八）年七月、「近代日本における教育情報回路としての中央・地方教育会の総合的研究」へと研究テーマを改め、研究領域と共同研究者を全国的に拡大し、二十数名のメンバーとなった。共同研究でなければ成就しない研究対象の大きさゆえに、科学研究費交付申請に挑戦し続け、幸い以下のように日本学術振興会の科学研究費補助金（基盤研究B）の交付を継続して受けることができた。関係各位に御礼を申し上げる。本書は共同研究者を得てこれら研究課題に即し、研究を重ねてきた成果の一部である。

平成一八―二〇年度「近代日本における教育情報回路としての中央・地方教育会の総合的研究」
平成二一―二三年度「一九四〇年体制下における教育団体の変容と再編過程に関する総合的研究」
平成二四―二六年度「近代日本における教育情報回路と教育統制に関する総合的研究」
平成二七―二九年度「日本型教育行政システムの構造と史的展開に関する総合的研究」

科研費助成を得て、北海道から沖縄に及ぶ研究会メンバーが、年三―四回共同研究会を仙台または東京で設定し、時にはゲストスピーカーを迎え、今日まで共同研究会が継続している。

また二〇〇五年一〇月、東北大学で開催された教育史学会第四九回大会においてコロキウムを企画し、共同研究会の研究成果を発表することにした。以後毎年教育史学会大会にコロキウムを企画し、研究成果の発表とオープンな討議の場を設定した。

なお研究成果公開として、二〇〇七年九月に第一次論文集『近代日本教育会史研究』（学術出版会）、二〇一〇年一一月に第二次論文集『続・近代日本教育会史研究』（学術出版会）の二冊を刊行した。この『続・近代日本教育会史研究』の巻末に二〇〇五年から二〇〇九年までのコロキウム「企画の趣旨」を掲載するとともに、研究活動の記録として二〇〇四年の本研究初動期から二〇一〇年第三一回までの共同研究会一覧を付し、報告者と報告タイトル九一件を記した。今回は、引き続き二〇〇九年から二〇一七年に至る教育史学会大会時のコロキウム発表概要を示し、九年間の研究の歩みの一端を録しておきたい。教育史学会大会後に『教育史学会　会報』に掲載するため、コロキウム企画者に求められた概要報告の原稿を、一部加除してここで再活用させていただくこととする。遅々とした歩みであるが我々共同研究会のこれまでの進捗状況を把握していただければ幸いである。

一　一九三〇―四〇年代日本における教育団体の変容と再編過程（1）
―教育会の戦時翼賛団体化の具体相―

教育史学会第五三回大会　コロキウム報告（二〇〇九年一〇月一一日）於　名古屋大学

二〇〇八年まで「近代日本における教育情報回路としての中央・地方教育会」のテーマを設定し報告を重ねてきた。二〇〇九年からは、戦前、最大の教育団体・組織であった教育会が、昭和の戦争期にどのように戦争に組み込まれ、どのように機能したか、そして戦中から戦後への転換、戦後の立ち上げに向けて、いかなる対応が現れたか。戦前の教育団体の最終段階の実像・実態、そして戦後新教育発足の過渡期における教育団体の新たな組織論の登場と現実的展開、その歴史的経緯・歴史像の詳細について、改めてテーマを設定し、研究の深化・進展を図りたい。

このコロキウムでは、教育会の戦時翼賛団体化の具体相を千葉県と神奈川県の事例研究を通して提示し議論を交わした。参加者は三八名であった。

1．山田恵吾会員報告「総力戦体制と教員社会――「千葉県初等教育綱領」（一九三八年）の制定・実施からみる教員統制の構図」

一九二七年に発足した千葉県小学校校長会が、戦時下千葉県の最も重要な法令であった「千葉県初等教育綱領」の策定を学務当局に対して働きかけ、その内容についても指定研究校の実践を通じて具体化を図り、その実践モデルが、教員社会の過剰反応を惹起し県の方針が貫徹していったこと、その結果、一九三〇年代前半までの教員統制とは異なり、学務当局と教員社会との間に相互依存的な関係を前提とする総力戦体制が成立したことが報告された。

2．須田将司会員報告「総力戦体制形成期の神奈川県教育会――報徳教育から国民学校研究への移行」

足柄上郡教育会における報徳教育が県教育会雑誌に頻繁に取り上げられるようになり、人的ネットワークの形成、懸賞論文による権威づけ、研究指定校等の施策により、「行」による「皇運扶翼」という報徳思想が全県的に展開することになったことが報告された。

3．フロアからは様々な意見が出されたが、三点に絞って記しておこう。第一に、「自由教育」の担い手から「皇国の道」実践への転回過程をどう分析するか、時代の課題に対応する当事者にとっての自己意識、自己了解のありようを解析すべしとの論点。第二に、二つの報告ではいずれも県当局の強力な統制よりも、教員ないし教育会の「主体性」が前面に出ていたが、それは総力戦体制のワンステップであり、さしあたり「自由」や「主体性」を許容するものの、しかしある時期になると強力に統制するという段階があるはずという論点。第三に、教員団体の研究においては、個々の教員に即した思想的研究と団体組織の研究とが不可欠である。組織の転換には必ずキーとなる人間が存在し、そのダイナミズムを追求する必要があるとの論点。いずれも、今後の研究を遂行していく上で、重要な分析視点として真摯に受け止めたい。

二　一九三〇―四〇年代日本における教育団体の変容と再編過程（2）
―戦時期　内地・外地における教育団体の具体相―

教育史学会第五四回大会　コロキウム報告　（二〇一〇年一〇月一〇日）於　早稲田大学

今回は、教育会が昭和の戦時期にどのように戦争に組み込まれ、どのように機能したか、内地、外地における教育団体の具体相について福岡県と植民地における教育団体にスポットを当てることとした。梶山会員の趣旨説明の後、新谷恭明会員と渡部宗助会員による二報告があり、自由な議論、意見交換を行った。限られた時間ではあったが活発な議論が行われた。参加者は四一名であった。

1．新谷会員報告「福岡県教育会の活動実態――国民学校令の実施に伴う『福岡県教育』掲載記事の分析」

一九四〇年一月号から一九四五年七月の終刊号まで福岡県教育会雑誌を通覧した上で、国民学校令実施に関する情報に焦点を絞った報告を行った。（1）福岡県教育会による国民学校案講習会と『福岡県教育』、（2）官製国民学校講習会と『福岡県教育』、（3）国民学校教育に関する会員による論攷、（4）国民学校論の展開、以上の項目について国民学校制度の発足に関連した論攷の概要を紹介した上で、この期の情報媒体である『福岡県教育』の特徴点として、①主要な記事は『鹿児島教育』など九州地区や『秋田教育』『宮城教育』『兵庫教育』など他県の教育会雑誌また『帝国教育』『朝日新聞（大阪朝日）』など他誌・紙からの転載記事が相当に多いこと、論攷の二割強が他誌からの転載であり、かつそれらの多くが各号の巻頭論攷もしくはそれに近い主要記事が多かったという事態が現出していた。しかし、②論攷を三五回にわたって連載した門司市視学の井上正記をはじめ有力な地元ライターが存在し、地方における教育の実態に悩みながら情熱的に執筆していた三〇数名の常連的執筆者の存在が確認された。それら情報発信源である地元執筆者の所属、教育会における役割と具体的活動の追跡が今後の課題とされた。

2．渡部会員報告「植民地等「外地」教育会の戦中・戦時とその崩壊」

（1）「そもそも『外地』とは？」、（2）植民地等「外地」での『教育の普及改善、進歩発達』とは？」、との研究対象設定、研究視座・方法、研究上の課題意識について重要な論点に言及した上で、（3）台湾教育会、（4）朝鮮教育会、（5）関東州満鉄付属地及び「満州国」の教育会、（6）樺太教育会、（7）南洋群島教育会について、これら広汎な「外地」教育会史料の残存状況、またその動向について包括的な報告を行った。植民地等「外地」における教育会研究には国内の場合とは異なる研究方法が求められるのであり、「外地」教育会の研究は緒についたばかりであり、史料的制約も多いが、それら教育会の活動は実に多様であること、その多様性の中に「個別性」を見るか、あるいは「共通性」を読むか、いずれの場合も複眼的な研究が求められるとの問題提起がなされた。

3．質疑・討論では参集した会員から様々な意見が出されたが、ここでは三点に絞って論点を紹介する。第一点は雑誌記事の転載について、国民学校令に関する情報について転載記事が多くなった原因は、一九四一年二月、文部省普通学務局から地方長官宛に通牒が出され、これは国が国民学校に関する情報を統一するため自由に書くことを禁じたものであり、結果的に限られた人物の論文が転載されることになったのではないか、との小林優太会員から指摘があった。この時期の地方教育会の雑誌記事分析を行うとき、中央で刊行された『日本教育』『国民教育』との関わり、さらに大日本教育会への教育情報一元化への動きに注目することが必要となる。

第二点は、この時期に教育会の活動として軍用機献納、満州視察団派遣、満蒙開拓青少年義勇軍募集・送出などが登場してくるが、これらは教育会以外の諸団体も働きかけを行っていたことが考えられ、こうした教育会以外の諸団体の動向を踏まえることが必要であり、他のルートとの関連・背景を重ね合わせないと、教育会の活動の特質を明らかにできないのではないかとの指摘がなされた。

第三点は、外地の教育会は国内の教育会と異なり、まずその課題と活動対象を明らかにすることが必要であるとの指摘があった。日本人のみを対象とした場合でも、内地延長主義と現地適応主義とがあり、その方針の相違は教科書や副教材、現地語の取り扱いに反映しているので、個別的な検証が不可欠である。新たな研究課題や研究視点を提供していただいた。

三　一九三〇―四〇年代日本における教育団体の変容と再編過程（3）
―戦時期から戦後初期への変転―

教育史学会第五五回大会　コロキウム報告　（二〇一一年一〇月二日）於　京都大学

今回は、戦前の教育会の最終段階の様相、戦争末期から戦後にかけて教育会がどのように組織を再編し、どのように変容していくのかを事例に則して問うことを目標とした。

梶山会員の趣旨説明の後、新谷恭明会員と佐藤幹男会員とによる二つの報告があり、自由な議論、意見交換を行った。四〇名を越える参加を得て活発な議論が行われた。

1．新谷会員報告「一九四〇年代前半における福岡県教育会『福岡県教育』掲載論攷の検討――会員の投稿論攷の検討」

一九四〇年一月号から一九四五年七月終刊号までを通覧し、主要な執筆者、記事の内容別分析を行った。今後の研究課題として、以下の提言を行った。（1）教育会雑誌のライターであり、戦後も教育界で発言を続ける人物の分析、（2）国の教育政策との関わりで雑誌の論攷―たとえば科学教育、武道教育などの位置づけと評価、（3）体験記や雑感など、地方の独自記事に現れた教育会活動の息吹の分析、（4）ジェンダーの視点を取り込んだ分析。テーマとして断片的に散らばった雑誌記事から、地方教育会の実態をいかに再構成していくか。これは地方教育会史研究の方法論に関わる根本的な課題であろう。

2．佐藤会員報告「地方教育行政と職能成長――「校長（会）」と教育研究」

主として戦後から一九六〇年代に至る校長会と地域教育研究団体の機能に注目し、戦前における地方教育会の機能が校長会と地域教育研究団体に継承されていったとの仮説を提示した。たとえば、一九五〇年代の宮城県下における地域教育研究団体の事例から、教育研究団体が戦前の郡市教育会と同じ地域単位で営まれていたこと、組合活動とは一線を画しつつ、公費依存、校長会主導で行われていたことを示した。その上で、とくに校長たちが戦前戦後を通して教師の職能成長をどのように担ってきたかを明らかにする必要があるとの新たな研究課題を提示した。

3．参加した会員からは様々な意見が出されたが、三点に絞って論点を紹介する。

第一点は、勝山吉章会員から、地方教育会雑誌はどの程度読まれており、どの程度の影響力があったかとの質問である。新谷会員からは、まず教育会雑誌は全会員に配布されていたこと、また同人誌的な要素もあり、時代の情報が伝わって行くのには十分であったことが推測されるとの答えがあった。なおこの情報統制の時代、発行を継続しえていた教育雑誌の編集者と編集方法について掘り下げる必要がある。

第二点は、梅村佳代会員から、『三重教育』を通読したことがあるが、執筆者の傾向、テーマの傾向などにおいて新谷会員の報告と同様の印象を持ったとの感想が寄せられた。三重県の場合、国語科に綴方教育のリーダーがおり、生活綴方教育の雑誌も出されており、教育会雑誌を分析する際には、他の地方教育雑誌も視野に入れ、複眼的に分析をすべきとの指摘がなされた。

第三点は、白石崇人会員から佐藤会員に対する質問である。戦前と戦後の教育関係団体を連続的に捉えるとすれば、校長の役割に注目することは大事であり、その際、「教育研究」というコンセプトをどのように把握しているか、その吟味が必要であるとの提言があった。佐藤会員からは、戦後の一時期は明治の初期とイメージが重なり、すべてが未整備、未確立の中で校長が中心的な役割を果たしたことは事実であること、校長中心の「教育研究」については、戦前と戦後で意味内容が変化している可能性もあり、慎重な扱いが必要であるとの回答があった。

その他、千葉昌弘会員から戦後校長像の変容、官制教研と自主教研、教育会の財産所有権問題などの論点提示、佐々木順二会員から盲聾学校設立への教育会の関与、小野雅章会員・小林彰会員から信濃教育会の特色についての言及等々、刺激に充ちた新たな研究課題や研究視点を提示していただいた。

最後に、梶山会員は戦前と戦後の教育関係団体の関連を考察していく上で、校長会の存在、師範学校附属学校の役割、戦後も存続する日本連合教育会の存在も今後の研究課題であることを指摘した。

四　近代日本における教育情報回路と教育統制に関する研究（1）
—明治後半期—

教育史学会第五六回大会　コロキウム報告　（二〇一二年九月二三日）　於　お茶の水女子大学

これまで明治から昭和に至る国内外の教育会の動向について点描を積み重ねてきたが、二〇一二年度からは地方教育会の組織構造の変遷とその機能に焦点を絞り、近代日本において教育会の果たした歴史的役割を明らかにすることを目指した。今回は、教育会の組織構造が多層化し、その機能が多様化する明治後半期における教育会の動向を手がかりに、この課題に取り組むこととした。

司会役の清水禎文会員の趣旨説明の後、白石崇人会員と梶山雅史会員による二報告があり、この報告を受けて自由な議論、意見交換を行った。約四〇名の参加を得て活発な議論が行われた。

1. 白石会員報告「明治三〇年代帝国教育会の中等教員養成の分析——中等教員講習所に焦点をあてて」

帝国教育会が明治三三年から明治三六年までの間に開設した「帝国教育会中等教員講習所」の設置過程、講習内容さらにその結果の詳細な分析を行った。明治三〇年代に中等教育学校の整備が進む中、広島高師開設等の中等教員養成が制度的に拡充するまでの短期間、帝国教育会が中等教員養成及び教員の資質向上事業を担い、全国各地の中等教員を補充するという重要な役割を果たしたことを明らかにした。地方教育会は小学校教員養成・講習を行ってきたが、中央の帝国教育会においては中等教員の養成・講習を行った事実とその意義を考察した報告であった。

2．梶山会員報告「教育情報回路の重層化――明治末年東京府の場合」

首都における東京市教育会、東京府教育会、関東連合教育会、帝国教育会と四層に教育情報回路が重層化する経緯ならびに各教育会の具体的活動内容への分析を試みた。今回は教育関係雑誌記事等を手がかりに学制改革、小学校教員待遇改善等の教育問題が噴出した明治四三年に焦点を当てることとした。各教育会組織が相次いで実施した年間諸活動の具体的内容、さらに曽根松太郎（『教育界』）、日下部三之介（『教育報知』）、多田房之輔（『日本之小学教師』）、樋口勘次郎（『帝国教育』）等、当時の教育雑誌編輯者が教育会幹部として極めてアクティブに重要な役割を果たしていたことを明らかにした。今後、教育会機関誌と主要な教育関係雑誌の分析を緻密に同時並行的に進める必要があること、さらに教育会組織の重層化が進む中、全国の小学校長層が動員されていくプロセスを本格的に解明することが重要な課題であるとの報告を行った。

3．参加した会員からは様々な意見が出されたが、二点に絞って論点を紹介する。

第一点は、坂本紀子会員からの中等教員免許状の意義に関する指摘である。小学校教員は、中等教員免許状を取得することにより、給料を含む待遇改善を期待することができた。そのため小学校教員は中等教員免許状の取得を目指したとも考えられ、必ずしも中等教員へ転身を意味するものではなかった。中等教員講習の意味をもう少し広く、小学校教員の置かれた社会的文脈から解釈すべきではないか、との指摘である。この資格と待遇の分析視点は、教育会の中心的な事業であった教員講習の意義を考察する上でフレームに関わるものと受けとめたい。

第二点は近藤健一郎会員から、「教育会」の範囲に関わる指摘があった。九州沖縄八県聯合教育会の際には、ほぼ同時に別個の教員大会と主事会が開催されており、これらの教育関係組織の大会は行政と密接な関わりを持っていた。学務当局と教育会のかかわりをどう位置づけるか、教育会重層化の見取り図の作成・時期区分をするのはなかなか難しく、時代毎の吟味がさらに必要になるとの課題提起があった。

五　近代日本における教育情報回路と教育統制に関する研究（2）
―教育情報回路の重層化　一九一〇―一九二〇年代―

教育史学会第五七回大会　コロキウム報告　（二〇一三年一〇月五日）　於　福岡大学

二〇一三年度は、一九一〇―一九二〇年代に焦点を当てた。大正時代の相対的にリベラルな社会的風潮を受け、郡市教育会を中心として大正自由教育が導入されるが、治安維持法、思想善導政策の強化、世相の急変とともに教育情報回路としての教育会は教化総動員運動の重要な組織として組み込まれることになる。教育会による教員に対する統制が浸透していくプロセス、その重層的メカニズムの解明をめざす。梶山会員から上記の趣旨説明を行った後、佐藤高樹会員と須田将司会員による二つの報告を受けて、自由な議論、意見交換を行った。約二〇名の参加と活発な議論を行うことができた。

1．佐藤会員報告「教師の教育研究活動の拡がりと地方教育会――東京府を事例に」

大正新教育と教師の教育研究活動に着目した報告を行った。当時、東京府の教育会は関東連合教育会や全国教育者大会など全国的な拡がりを持つ組織との連携を強め、教員社会の団結、教育世論の統一を主要な活動方針とした。その結果、東京府においては新教育に関心を持つ若年層の教育会離れが進み、新教育実践に取り組む教師達は教育会の外に自らの組織と活動の場を求めていった。この新たな動向について興味深い資料提供がなされた。

2．須田会員報告「大正期福島県全域における郡内方部会・郡市連合教育会の展開」

郡制廃止前後の郡市レベルの教育会の動向について報告した。この時期、地域における教育会組織が整備され、その裾野が郡市・区町村というレベルに拡大していく一方、教員会や教育研究会という形で教師の教育研究の組織化が同時に進行し、教育会の機能分化が進む。県教育会の下に置かれた郡レベルの部会や町村レベルの支会が盛んに講習会を開催し、准教員養成にかかわり、また講演会などにおいても県教育会と同様の活動を展開していた。こうした動きは、郡制廃止後には町村教育会結成となって展開し、郡市連合教育会は実態を失っていく。町村教育会が地方教育会の担い手になっていく経緯が明らかにされた。一九一〇年から一九二〇年代の地方教育会の活動は、福島の場合は町村教育会という小規模の組織の活性化が見られるが、東京府の場合は全国的組織との組織的連携に重点が置かれ、いわば組織上層部の活性化が見られ、対照的な動向があったことが明らかになった。

3．参加した会員からは様々な意見が出されたが、二点に絞って論点を紹介する。

第一点は、そもそも「新教育」をどの時点から始まるものと考えたらよいのか、という問題である。「新教育」という言葉が教育会雑誌の中に頻繁に登場するが、その実態については議論されない場合が多い。各地の教育会雑誌に見られる「新教育」がどのような読まれ方をし、どのように受容されたのか、そしてどのような実践がつくり出されたのか、各地の実態について比較検討を深める必要がある。

第二点は、昨年度のコロキウムから議論されている教育会の「重層化」という概念をめぐってである。府県教育会と郡市教育会はすでに明治二〇年代からそれぞれ独自に存在しており、この時期の教育会の活動について、改めて「重層化」という概念を使用する意義と有効性に関する議論である。須田会員からは、町村教育会が独自の、しかも県教育会と類似した活動をしている事実から、全国―府県―郡市―町村とそれぞれのレベルでの活動が見られ、特に町村レベルでの活動が活発化する。この意味では、さしあたり「多層化」という言葉が相応しいとの回答があった。教育会が昭和期には翼賛的な「第二の教育行政網」として駆動することからすれば、全体として見た場合、各レベルにおける多様性も全体主義へと回収される。この事実を言い当てる言葉として「重層化」を使用しているが、この概念使用については、地方教育行政史を踏まえて引き続き検討したい。

六　近代日本における教育情報回路と教育統制に関する研究（3）
―昭和期翼賛体制と教育会の残照―

教育史学会第五八回大会　コロキウム報告　(二〇一四年一〇月五日)　於　日本大学文理学部

二〇一四年度は、明治・大正・昭和期の変遷を経て、一九四八（昭和二三）年に全国組織としての教育会は解散するが、戦時一大翼賛団体として機能した教育会がどのように戦後を迎えたのか、歴史的転換点における教育団体の変容の解明を目指した。

梶山雅史会員が上記の趣旨説明を行った後、梶山会員、清水禎文会員、千葉昌弘会員による三つの報告があり、この報告を受けて自由な議論、意見交換を行った。約二〇名の参加者と活発な議論を行うことができた。

1．梶山会員報告「昭和期戦時翼賛団体としての教育会――岐阜県の事例から」

日中戦争の拡大とともに、地方教育会は戦時翼賛団体として「皇国民の錬成」を至上任務とするに至る。岐阜県の事例について、岐阜県教育会雑誌の記事分析によって明らかにした。一九三〇年八月、大正新教育思潮の流れを汲む「新興綴方講習会」が岐阜県女子師範学校講堂で開催され、全国から八〇〇人を超える参加者で活況を呈したが、講習会終了後、主催者の中心的教師達は治安当局から取調べを受け、地方校へ分散左遷される。その後の綴方教育関係記事は書き手も内容も大きく変質する。また一九三一年九月の満州事変後、機関誌『岐阜県教育』編集者松永昇は「皇室中心主義の強張を望む」を執筆し、編集方針の明確な転換を図った。これらの顕著な事象から、一九三〇―三一年が岐阜県教育会の転換点であったことを指摘した。さらに一九三七年、日中戦争開始とともに戦時翼賛事業に奔走する県教育会指導部の具体的動向を年表作成によって描出した。残された研究課題として、地方教育会の実質的活動を担っていた郡市教育会の分析、また県教育会を主導した校長会と師範学校スタッフの分析が必要である。

2．清水会員報告「地方教育会の終焉と戦後における教育諸団体の結成」

群馬県を事例として教育研究活動の継承という観点から、主に一九四四年から一九五〇年に至る教育会と教員組合の動向を紹介した。一九四七年九月に解散する県教育会は教員組合に「一本化」し、文化的活動の継承を託すものの、教員組合は文化的活動よりも労働運動を優先させた。その結果、県レベルでの教育研究活動は事実上ストップするに至り、教員達は郡市レベルで教育研究活動を開始する。文化的活動は郡市レベルで行われることになり、その際、戦前から戦後にかけて教育研究活動を担ってきた郡市教育会を基盤として、郡市レベルで教育会的な組織が「再建」され、戦前の研究のあり方が戦後にも継承されていたことを指摘した。さらに、時代状況への問いを封じたままひたすら教育技法研究に邁進する教員のあり方に関して、その研究活動はどう評価したらいいのかとの重い問いが投げ掛けられた。

3．千葉会員報告「教育会の終焉――教育会から教員組合へ」

岩手県を事例として取り上げ、教育会の前史をふくめ、一八七六（明治九）年七月『岩手新聞誌』から一九四八（昭和二三）年一〇月復刊『岩手教育』まで、岩手県教育会に関連する新聞・雑誌の書誌学的分析を踏まえ、それら紙誌の掲載記事・内容の分析から岩手県教育会の活動傾向を抽出し、最後に戦後における教育会から教員組合への転換について言及した。梶山報告、清水報告が教育会の時期を限定した「断層撮影」的な分析であったのに対し、千葉報告は教育会の、発足から解散に至る長い歴史的展開をトータルに把握する分析手法を提示した。教育会の全体像を捉えた上で、改めて教育会とは何であったか、どのような役割を果たしたかを明らかにすべきであるとの問題提起を行った。

4．三つの報告後、活発な討議が行われたが、ここでは二点に絞って紹介したい。

初めに、広田照幸会員は、戦後初期の教職員組合の労働戦線の中における立ち位置研究の視点から、教育会から教職員組合への転換過程における教育活動・文化活動の位置づけについてコメントした。初期の教職員組合では教育活動や文化活動に関する局が設けられていたが、これらは全逓、国労などの他の労働組合と同様、組合運動を促進するためで、教育研究活動を目的としたものではなかった。しかし、教員組合は教員の組合である特性からして、次第に教育研究活動を取り入れるに至った。清水会員報告は教育会の側から見た教育研究活動の継承を論じたが、その歴史的動向は教組の側から見ても首肯できるものであった、との感想が寄せられた。

前田一男会員からは、清水会員報告と千葉会員報告に対して、戦前―戦後の連続性・断絶を確認するためには、組織の変遷に注目するよりも、人物の重なりや個人内在的なアプローチ（個人レベルでの思想的連続性や断絶を解明する）が有効であるとの指摘があった。また、大正期には教育会の講習会や教育研究活動に対する批判的な認識が全国の教師たちを八大教育主張へと向かわせた側面があり、昭和期における地方教育会における教育研究活動の実態と質をさらに分析する必要があるとの問題提起があった。

七　近代日本における教育情報回路と教育統制（4）―戦後の展開―
教育会史研究　新たな研究視点の浮上

教育史学会第五九回大会　コロキウム報告（二〇一五年九月二七日）於　宮城教育大学

今回は戦後新教育への転換期を対象とした。一九四八（昭和二三）年八月、日本教育会総会における解散決議（一三八対五二）によって、「大日本教育会」結成以来六五年の歴史をもつ中央教育会が終焉を迎えた。この日本教育会解散に反対し、中央教育会存続の立場をとる東京都教育会、信濃教育会ほか数県の教育会が、翌年一一月に教育会連合体としての「日本教育協会」を結成。さらに一九五二（昭和二七）年には加盟県市を増やし「日本連合教育会」と改称して今日に及んでいる。占領政策下、戦後新教育への転換を目指す大きな過渡期において、各県地方教育会はそれぞれどのような動きをとったのか。教育会がそれまで担ってきた諸機能は、戦後どのような形態・方式・組織に組み替えられていったのか。教育会の戦後の展開について新たなスポットを当てることとした。

梶山雅史会員から昨年のコロキウム報告の経緯を踏まえた趣旨説明を行った後、白石崇人会員、佐藤幹男会員の二報告があり、自由な論議、意見交換を行った。

1．白石会員報告「日本教育会解散後における中央教育会の再編――日本教育協会・日本連合教育会成立まで」

新史料を用いて、（一）日本教育会の再改組から解散へ（教育会・教職員組合の両立、教職員組合の教育会解散要求、日本教育会の解散）、（二）中央教育会の「存続」（都道府県教育会連合体としての日本教育協会、職能向上・教育研究機能のゆくえ、国際的役割の模索と挫折、日本連合教育会の成立）について、その経緯を詳細に明らかにした。新たな成果として次の四点を考察のまとめとした。①中央教育会の再編には、日教組や文部省・占領当局の主導だけでなく、信濃教育会等地方組織の意向が強く反映した。②一九五〇年代に継承された中央教育会の機能（伝統）とは、都道府県教育会間の連絡機能、校長・退職教員や教育関係者の幅広い団結、職能向上・教育研究事業、国際的役割を果たす代表機能であったが、いずれも現実的展開には限界が生じている。③日本教育会解散後の中央教育会再編は、日教組や地方に教育研究機能強化への取り組みを促す影響を与えた。④一九四〇年代後半の中央教育会再編は、政治における教育の専門性・権威の揺らぎに直面する中で、教育会連合体の共同意識・団結力を高めるために一九五二年日本連合教育会成立へと帰結するに至った。いずれも先行研究の未使用史料に基づく新鮮な知見が提起された。

2. 佐藤幹男会員報告「『教育会』の遺産は戦後にどう継承されたのか」

(一)戦前における教育会の最大の使命は、教員の資質向上にあった。教育会は教員「研修」のために作られたシステムであり、教員の資質を管理するシステムであった。そして教員研修システムは基本的に校長、校長会によって担われたといえる。戦後、教育会の多くは解散した。しかし、教員研修の担い手であった校長の大半は、そのまま現場に残り、戦後初期においても、学校や地域における教育研究活動、教員現職研修の指導や組織化に奮闘した。教育会という看板はなくなったが、校長・校長会が教員研修の中身を担うというシステムはそのまま残り、戦後に継承されている。戦前の教育会と校長会は一体どのような関係にあったのか。戦前の校長会はいつ頃から組織され、どのように国あるいは府県の政策や行政に関わってきたのか、それは、戦後の校長会と同じなのか違うのか。校長層・校長会の機能について重要な問いが提出された。

(二)戦後初期、城戸幡太郎は、教育研究所を中心とした教員養成、再教育システムの構築等を内容とした中央、地方を結ぶ教育研究所構想を提言した。この案を契機に各地に教育研究所が設置され、それらは一九六〇年代以降、研修センターに改組されていく。研修センターは各県の教員現職研修システムの中核機関として機能しているという点で、その前身である教育研究所も教育会に代わる現職研修システムとして構想されたのかどうか。城戸構想の意義と限界、また玖村敏雄の「教育研究協議会」の試み等も再考察すべきとの課題提起がなされた。

3．二報告後、活発な討議が行われたが、二点に絞って紹介したい。

第一点は、坂本紀子会員から、一九四八年八月、日本教育会解散が決議された総会直後において、七都県（茨城、栃木、東京、長野、愛知、徳島、鹿児島）の教育会が中央教育会の存続を図ることを申し合わせているが、七都県と他県の教育会は何が違っていたのか、何を中央教育会に求めていたのかとの問いを皮切りに、七都県それぞれの戦前戦後を詳しく辿り、なぜ教育会が存続したのか、丁寧に検証することが継続課題となった。その際一九四八年の教育委員会法公布（公選教委）、一九五六年の地方教育行政法案強行可決（任命制教委）への変遷、教育委員会との位置関係、勤務評定実施、教員組合の動向など各時点の状況・背景を踏まえる必要がある。さらに一九四九年日本教育協会結成から一九五二年日本連合教育会への改称、その後一二都県四市の教育会が加盟し今日に至っている日本連合教育会の歩みについて研究を深め、教育会の現代的変容状況を把握することが必要である。

第二点は、教育会における校長会の役割分析について、戦前の小学校長の登場・小学校長会の結成は実態としていつ頃からであったか。明治三三年に法令上、小学校に必ず校長を置くこととされたが、実態としての校長の検証は教育行政学の先行研究でも意外と明確でない。県校長会が全国的に実際に結成されたのはいつからであったか。その検証作業の裏打ちが必要であるとの問題提起が千葉昌弘会員からなされた。討議のなかで、それは郡制廃止、郡役所や郡視学が廃止される大正末年から昭和初年ころかと思われるが、県によっては違いが見られ、福井県では明治四一年、福島県では大正一五年との記録があり、戦前の校長会について全く記載なしの県もあるとの指摘もあった。また戦前の校長会には、県学務課が招集する校長会議と校長達の自主的会合としての校長会の二種があり、改めて各県の校長会の性格、機能に即して校長会の位置づけを吟味する必要があるとの提言や、学校日誌に時代が下るとともに教育会と校長会が重なる記録が多くなるとの史料紹介があった。さらに『長野市教育会史』には昭和一〇年代の戦時体制に入ってからは、「校長会と教育会の活動は渾然一体」となったとの叙述紹介等々、多くの発言があった。教育会において校長会が果たした役割の本格的な分析が改めて大きな研究課題となることを共通確認した。

八　近代日本における教育情報回路と教育統制（5）
―地方教育会の屋台骨・校長会の活動実態の分析―

教育史学会第六〇回大会　コロキウム報告（二〇一六年一〇月二日）於　横浜国立大学

今回は、各地方教育会組織の中核・実質的担い手として機能していた校長会の活動実態に照明を当てた。「教育会は何であったのか」の問いを深めていく上で不可欠の研究課題である。まず群馬県と岐阜県の事例研究に取り組んだ。

1．清水禎文会員報告「昭和期における小学校長会の組織と機能――群馬県を事例として」

戦前全国小学校長会副会長を務めた田部井鹿蔵が長年会長を務め、強力なリーダーシップを発揮した群馬県群馬郡に焦点を当て、教育会の中核を担った校長会の活動実態がいかなるものであったか、その詳細を明らかにした。

群馬県では昭和五（一九三〇）年から六年にかけて教員給遅配、不払い、強制寄付問題から小学校校長会が組織され、教員待遇改善を要求する運動を展開し、小学校教員を巻き込みその結果として各郡市に小学校教員会が創設された。昭和八（一九三三）年長野県における二・四事件に象徴される教員赤化事件以降、同年一一月に開催された群馬郡小学校教員大会は、小学校教員会の方向転換を図り、日本精神の宣揚、国体観念の明徴、思想善導に向かって舵を切る。教育会は天皇主義・軍国主義・帝国主義的傾向を強め、国民精神作興運動、満蒙開拓青少年義勇軍の送出へと向かう。この過程は当局による権力的な統制ではなく、むしろ教育会側の自発的な恭順の過程であった。国策を積極的に担い取っていく意志決定は小学校長会であり、リーダー的な小学校長達の判断であったことを考察した。群馬県における教育会の満蒙開拓青少年義勇軍送出の経緯・具体的取り組み、小学校長たちの満蒙視察・視察報告の配布資料から重い歴史の襞が垣間見えてくる。

2．梶山雅史会員報告「岐阜県恵那郡教育会における恵那郡校長会の活動実態　戦中—戦後」

大正一五（一九二六）年郡制廃止時に、敢えて私設校長会を結成した岐阜県恵那郡における教育会と小学校長会にスポットを当て、戦中から戦後への大きな舞台の転換、そこでの役割・活動実態の解明を試みた。恵那郡小学校長会は日常的に頻繁に寄り合い、春秋の節目に開催される教育会総会前日には、恵那郡校長会総会を設定していた。種々の教育問題、課題、処理案件を討議し、実施事項が整えられ、翌日の教育会総会が着実に推進されていた。まさに校長会が教育会の骨組みを造り、さらにその内実を形成していた様相が見てとれる。戦争の拡大につれ、各省庁、諸団体から戦時総動員の具体的課題が相次いで校長会・校長会長宛に到来する。満蒙開拓青少年義勇軍募集、国民精神文化研究会、思想対策研究会、師魂錬成会、東亜教育研究会等々、校長はそれらの地方理事、指導者となり、戦時国策の担い手となっていった。戦意昂揚対策、食糧増産激励、軍需品生産慰問激励、義勇軍訓練、疎開学童協力等、全面的に戦時翼賛を実践した。

昭和二〇（一九四五）年八月一五日敗戦の詔書、戦前教育の崩壊、虚脱の日々を経て、戦後教育再建に向かう注目すべき動きが現れた。昭和二一年春、県内各郡市小学校長会長会議で、小学校長伊藤恭一を衆議院議員候補者とし、教権確立・国会に教育者の代表を送るため「岐阜県教職員連盟」が結成され、全面的な選挙活動を展開し県下最高得票当選となった。昭和二二年五月には新たに岐阜県六三校長会、恵那郡六三学校長会（会長西尾彦朗）が発足した。同年六月、岐阜県教育会は改組し、「民主教育の振興普及に寄与し以て平和国家の建設と地方文化の発展に貢献すること」を目的に掲げた。改組後の会長は伊藤恭一（衆議院議員）、県教育会役員構成は校長会と教職員組合関係者が同数であった。教育会と教職員組合は両立・連携の動きをとる。校長会は極めてアクティブにリーダー役を果たした。同年一二月には岐教組が中心になり、校長会、ＰＴＡ、婦人会、青年団、町村長等に呼びかけ、岐阜県教育復興会議が開催され、続いて各郡市にも教育復興会議が開催された。九月、恵那郡六三学校長会は、教育委員会委員選挙に西尾彦朗（恵那郡国民学校長会長）を推薦し、西尾彦朗は岐阜県教育委員さらに委員長となった。「岐阜県教育復興会議」が立ち上がっていく状況を迎え、昭和二三（一九四八）年一二月「岐阜県教育会」は解散するに至る。恵那郡では昭和二四年二月、恵那郡内の諸団体の総力を挙げて「恵那郡教育復興会議」を開き、恵那郡教育をどう振興するかを討議。「恵那郡教育振興会」が結成され、「恵那郡教育会」はそこに包摂されて発展的解消となる。新たに「恵那郡教育研究所」（所長西尾彦朗）が設立され、振興会の運営する機関と位置づけられ、各町村負担で六〇万円の研究所運営予算が決定されるに至った。以上の経緯を限られた時間で足早に紹介したのであるが、戦中から戦後への恵那郡教育会と校長会の軌跡は、一九四〇年代教育史研究に新たな研究課題を投げかけてくる。小学校長会及び小学校長とりわけ校長会長たちの思想と行動について、緻密な本格的分析が必要である。

今回、二県の分析であったが、校長会の出来方、活動内容に随分相違がみてとれる。教育会の骨組み形成、「屋台骨」としての性格・特質の違い、特に戦前・戦中・戦後の各時代における校長会の果たした機能の違いを、共同研究として詳細に比較検討する事が共通課題として確認された。各府県さらに各郡市分析を進める際に、特に敗戦後の教育会の解散、新教育への転換をめぐって、教員組合と校長会の関係に緻密な考察が必要となる。

九　一九四〇年代後半　道府県各地「教育会」解散の諸相

教育史学会第六一回大会　コロキウム報告　（二〇一七年一〇月八日）　於　岡山大学

一九四六年七月二六日、大日本教育会が日本教育会に改称、道府県教育会は独立した組織となり、ＧＨＱが各組織の民主的改組を求めた。一九四六年から四八年にかけて大半の地方教育会は解散するに至るが、そのプロセスは一様ではない。

1．須田将司会員報告「福島県教育会の終焉をめぐる動向――『福島県教育史』第三巻（戦後編）の再検討」

福島県教育会長の衆議院選挙出馬に関わる選挙違反、教員資格審査委員選出に関わる教育会への疑義・軍政部からの中止命令等が重なり、県教組の勃興とそれに同調する教育世論が教育会解散に傾いたことを受け、一九四六年九月に福島県教組が福島県教育会に解散要求を突きつけた。九月三〇日福島県教育会は教育会を「自主解散」することを決議した。教育会解散後一九四七年二月に「福島県教育審議会」が結成された。それは県教組側の主張を採用してのスタートであったが、八月の改訂では、知事所轄の審議機関へと修正され、さらに元教育会の幹部が知事任命による一般代表委員となり、また元教育会幹部層が県教育行政側に起用される動きが現れた。そして一九四七年七月、「県下学校長協議会」が結成されるに至った。その再建された校長会は「自主性を保ちながら教組と密接に連携」することを掲げたが、これらの動きを俯瞰してみるならば、元教育会長円谷が当初から思い描いていた教組と教育会の二本立て構想が、教育会から学校長協議会へと母体を替えて実は具現するに至っていたとの新たな分析を提示した。

2．坂本紀子会員報告「北海道教育会の解散過程――教員組合との職能機能をめぐって」

戦後、道教育会は北教組と二本立てで存続することを目指した。組織の民主的再建を図るため、教員の職能向上と共に教員待遇改善方針を掲げ再出発した。しかし待遇改善のための活動は殆ど成果を得ることはなかった。他方北教組は道庁が計画した教職員減員計画を撤廃させる等、教員の待遇改善に成功し、さらに教科書不足問題に対して教科書印刷を道内に委譲する解決策を遂行、教員再教育講習会場を多数設置して教員の経済的、物理的負担をより削減し、道教育会の基幹事業を自らが担えることを示した。教員は組合文教部を強化して職能向上機能を代替させることで、待遇改善と職能向上の場も組合に求め、組織を北教組に一本化することを望んだ。北海道軍政部は両者の併存を望んだが、多くの教員は北教組が教育改革を進めるために示した道教育会を圧倒する力量と成果に期待し、道教育会を解散させるに至る。一九四八年二月に道教育会総会が開催され、会員投票による多数を以て解散した。道教育会解散後、道内に四〇近い教育研究所が設立されるに至る。今後の教育研究所の分析課題が示された。

3．梶山雅史会員報告「岐阜県教育会の解散過程――岐阜県恵那郡教育会の発展的解散事例」

岐阜県は一九四六年九月一二日に「岐阜県教育会規程」を制定、翌年六月二一日に一部修正を加え極めて早期に民主的改組を実施した。それは全国的に最も早い先端的改組であった。さらに恵那郡教育会は、教育会の現状を点検し、各学校現場の下からの意見を集約し協議を重ね、教員組合と教育会・校長会が連携し一体となった郡教育会への改組を実現させた。さらに注目すべき組織改編が進行した。一九四七年六三制新学制発足を迎え、新たに結成された六三学校長会の活動が、この期の教育改革の主動因となる。戦争で荒廃した教育状況下、新学制の小学校・中学校づくりの難題に翻弄される校長達は、一九四八年後半に至ると教育会組織の限界を実感し、国・県に対して地域総絡みの強力な組織の必要性を痛感する。校長会は教員組合と協力し、一九四九年二月教育復興会議を立ち上げ、教育会を発展的に解消し、市町村長会、PTA、教員組合、諸団体と連携した強力な組織体として教育振興会を結成した。さらにその中枢機関として教育研究所設置に至る大きな動きを生み出した。一九四九年中に岐阜県内四市一八郡すべてに教育研究所が設立されるに至った。教育会解散の分析には教員組合、教育会、特に校長会の分析軸を掘り下げることの重要性を指摘した。

以上、九回を重ねたコロキウムと討議において、研究課題、分析テーマの設定、その成果として、新たな知見の蓄積、重要な論点、視点、取り組むべき課題が相次いで浮上するに至っている。

教育会史研究の課題

二〇一五年、日本教育史研究会から機関誌『日本教育史研究』に、「教育会史研究の課題と展望」を執筆依頼された。本共同研究会の進捗状況と今後の研究課題を点検する大事な機会と受け止め、「教育情報回路としての教育会史研究会」（代表　梶山雅史）としてお引き受けした。『日本教育史研究』第三四号（二〇一五年八月）にかなり大きな紙幅（七四―一一七頁）を頂き、次のような構成で寄稿する機会に恵まれた。

序章（梶山雅史　岐阜女子大学）
Ⅰ　教員養成・教員研修事業
一　教員養成　地方教育会の講習と教員検定試験（笠間賢二　宮城教育大学）
二　教員現職研修の観点からみた教育会史研究の課題（佐藤幹男　石巻専修大学）
Ⅱ　教育職能団体としての教育会における教育研究（白石崇人　広島文教女子大学）
Ⅲ　教育会の教員統制　構造と機能（山田恵吾　埼玉大学）
Ⅳ　戦時期「翼賛団体」としての教育会（前田一男　立教大学）
Ⅴ　教育会の終焉――教育会から教員組合へ（千葉昌弘　元　北里大学）
Ⅵ　史料のひとつとしての府県教育会機関誌（近藤健一郎　北海道大学）
Ⅶ　外地における教育会の組織と機能（山本和行　天理大学）
Ⅷ　教育情報回路としての教育会　構造と機能（梶山雅史　岐阜女子大学）

教育会史研究会のブレーンストーミングを踏まえ、浮上してきた論点、視点、多面に亘る研究課題を八主題にまとめたものであり、本書の背景を補填するものとして是非一読頂ければ幸いである。研究対象である「教育会」の概念、「教育情報回路」の概念については、現段階における説明として、梶山執筆の「序章」並びに第Ⅷ節「教育情報回路としての教育会　構造と機能」を参照して頂きたい。また第Ⅲ節では、教育会の「教員統制」について、既存の「統制」概念を越えた新たな視座からの分析手法と成果を提起している。山田恵吾氏は「教育会は確かに教育関係者の合意形成・同意獲得装置であった。教育統制を、教員の合意に基づいた協働を調達するという意味で捉えるならば、教育会はその極めて重要な研究対象である」「体制・運動の対立図式に基づく抑圧・弾圧よりも、強力な教員統制の場として、その解明が期待できる」（八九頁）と提言する。山田恵吾著『近代日本教員統制の展開――地方学務当局と小学校教員社会の関係史』（学術出版会、二〇一〇年一一月刊）から補足しておきたい。「制圧あるいは排除ではなく、教員の同意と納得そして自発性と向上心を引き出しながら、あるいは無自覚のまま、両者が結び付き、抑圧の主体・客体の区別そのものが曖昧にされていくという意味での『統制』が、いつどのようにして成立していったのか。」（一三―一四頁）と、より高度な「統制」概念を教育会分析に導入し、注目すべき研究成果を提示した。

遡れば、学制期・教育令期には「学事会議」はじめ種々の名称を持つ「教育会議」、「教育会」が登場し、学務吏員はその地の師範学校スタッフ、教員等を諮問会議方式で頻繁に動員した。動員された師範学校スタッフ、教員等は「公議への参加」意識を以て鋭意会議に尽力するという事態が進行した。明治初期日本の教育制度立ち上げは、実に諮問会議方式の奨励、普及、徹底した運用によって推進されていた（『近代日本教育会史研究』九頁）。明治二〇年代半ばには各府県の至る処に教育会が設立され、年に一、二回の総集会が設定され、その際には必ず府県学務課から諮問案が出された。その諮問について教員が審議し答申さらには建議を出すという協議方式が、教育会大会運営の定型として運用されていった。この方式によって会員の合意形成、会員の行政への主体的参加が生じていた。日露戦争後、教育会は内務省・文部省の地方政策・社会政策を担う翼賛機関的性格を強め、昭和期には総力戦体制を担う教員統制団体、戦時翼賛団体となる。各時代、各地域における諮問・答申・建議そして実施した具体的実践について、膨大な史料への詳細な分析が必要である。

本書収載の一三論文は、いずれも教育史学会大会コロキウムあるいは共同研究会で報告され、論文にまとめられた論考である。第二章の河田論文はゲストスピーカーとして報告をお願いし、論文を寄稿していただいた。

第1章　府県教育会雑誌の歴史的性格の検討

――岩手県教育会関連雑誌の創刊・休刊並びに復刊の事情を通して――

千葉昌弘

はじめに

一八七〇年代初頭の「学制」頒布から一八七〇年代後半の「教育令」公布にかけてのわが国近代学校成立の時期、その実施を阻む様々な困難が存在していた。これらを打開する方策を検討・協議するために多様な教育会議・学事会議が開設されていた。これらの組織・機関がやがて県下に拡大・浸透し、八〇年代には全国・府県において多様な教育会が生まれ、次第に統一の方向へと向かい全国的な教育会として一八八三（明治一六）年九月、「大日本教育会」が結成された。国・府県の教育行政を調整・補完しつつ教育世論の形成とその向上に一定の役割を果たし、一八九六（明治二九）年一二月には「帝国教育会」と名称を改めたのである。戦時期の一九四四（昭和一九）年五月には「大日本教育会」とその名称を改めている。「帝国教育会」から「大日本教育会」に至る時期の教育会は、国家の教育政策を翼賛する性格を濃厚にした職能団体としてその地位を確立したといえよう。敗戦後、「日本教育会」となって組織の存続を図るが、戦後の全面的な教育改革の進行と「日教組」の結成等の事情を背景として一九四八（昭和二三）年八月解散となる。

ところで一八八三（明治一六）年の「大日本教育会」を結成した一八八〇年代初頭、全国・地方の「教育会」結成の草創期とも言える時期、全国・地方単位で教育雑誌が創刊されている。小稿の課題は、こうした教育会関連雑誌の創刊から休刊に至る事情、併せて戦後の復刊の状況の事例を岩手県における教育会の成立・展開との関連においてその歴史的検討を試みることにある。小稿のテーマに関わる先行研究の代表的なものを挙げると[1]最も先駆的なものは、木戸若雄の一連の教育ジャーナリズム研究がある。木戸は明治・大正・昭和の三代にわたる全国・地方の教育雑誌を収集・調査して「教育関係雑誌総覧稿」にまとめ（一九六八）、続けて「明治・大正・昭和」の「教育ジャーナリズム」を刊行している（一九六二・八五・九〇）。比較的近年の研究としては渡部宗助による「府県教育会に関する歴史的研究」（一九九一）、教育ジャーナリズム史研究会による「教育関係雑誌目次集成」（一九八六―九四）等があり、最新の研究成果としては、梶山雅史・須田将司による「都道府県・旧植民地教育会雑誌所蔵一覧」（二〇〇六）がある。梶山他の「一覧」は、全国府県の教育会編集・刊行の創刊号から休刊号に至る雑誌名と発行号を目録化した最新の研究成果といえるが、未解明・欠号等の教育雑誌が存在し、課題はなお残されたままである。岩手県もその一つの具体的事例である。教育会雑誌以前に一般誌（新聞）を代用して教育記事を掲載し、後に教育会雑誌を創刊するという経緯をたどっている。こうした史実の解明を試みることが本稿の課題である。

一　岩手県における教育会の成立と関連雑誌（紙）の創刊事情

1　全国・府県における教育会結成と関連雑誌の創刊状況

「大日本教育会」の結成（明治一六年）から「帝国教育会」への展開（明治二九年）を主要な本流とする全国的な教育会の歴史上において、その組織・団体における機関雑誌の誌名を辿っておくと、『大日本教育会誌』（明治一六年）

——『大日本教育会雑誌』（明治一六年）——『教育公報』（明治二九年）——『帝国教育』（明治四二年）——『大日本教育』（昭和一九年）——『教育界』（昭和二一年）となる。教育会の再編・改組に対応して数度にわたる変遷を遂げるに至ったのは教育会の役割・性格の変容に即しての必然的な帰結であり、その機関誌全体を通しての一貫した歴史的評価を与えることは困難であると言わざるを得ない。こうした全国的な教育会雑誌に対して府県における教育会雑誌の創刊事情をみておく。(2) 京都・高知が一八八一（明治一四）年、翌（明治一五）年には千葉・岐阜・三重等が続き、秋田・山形・埼玉（明治一六年）、宮城・茨城・栃木・東京・山梨（明治一七年）等で教育会関係雑誌が創刊されている。その数は一八八五（明治一八）年までに全国二〇府県を数える。府県単位での教育会の結成を契機とする時期の一八八五（明治一八）年前後に地方教育会雑誌が創刊されていったことが指摘し得よう。

2　岩手県における教育会の成立と関連雑誌（紙）の代用

岩手県での教育会の成立の歴史過程の詳細な検討は筆者の別稿に譲るが、(3) 概略を辿っておくこととする。岩手県においては明治一〇年前後から学区・町村等において多様な学事会議・教育会議等が開設されていた。これらの組織・会議が次第に拡大・連合して一八八三（明治一六）年二月「岩手県教育会」が結成される。この段階では郡・町村教育会の完全な統一組織とはいえないが、学務委員・教員等の協議・研修・研究機関として機能していた。この組織が県単位での強固な統一を遂げ、全国的な教育会とも連携する組織として活動を開始するにはなお時間を要したのである。こうした岩手の初期教育会の動向に対応しての教育関係記事の公報・機関雑誌の事情を検討しておこう。

岩手県での新聞・雑誌の創刊は一八七六（明治九）年七月の『岩手新聞誌』（活版「日進社」）の発行に開始される。(4) 一八七六（明治九）年の明治天皇の東北巡幸の記録を報道する目的で創刊されたものである。「日進社」は岩手初の自由民権結社「求我社」によって設立・運営された機関である。『岩手新聞誌』は一号発行で終了。同誌には、県下での天皇巡幸記事と並んで盛岡医学校入学生氏名が掲載されている。岩手における初の教育関係記事となる。『岩手新聞誌』を継いだのが『日進新聞』（明治一〇年八月）、これらと別系統で発行されたのが『盛岡新誌』である（明治一一年二月）。同誌は、自由民権政社「求我社」の発行であり、学術・文学等広範な記事を掲載しつつも「自由党の政事機関紙」[5]とも言われた新聞・雑誌の中間的印刷物であるが、学事・教育関連の記事・評論に過半のスペースを割いている点が注目される。一時的休刊の時期（明治一三年五月―同一四年二月）があるが、その休刊の時期の空白を補充するのが『東北教育新聞』で、上述した「求我社」の発行である。次いで『盛岡新誌』が一八八一（明治一四）年七月に復刊され、同一五年九月まで発行されている。その後、一八八四（明治一七）年末に至るまで学事・教育関係記事を掲載する発行物は皆無の状態が続いている。以上に述べた史実を通して総じて言えることは、この時期の学事・教育会議、あるいはまた全県的教育会にいたるまでの期間、国・県の布達を含めて教育関係記事は、当時在地の一般の新聞・雑誌等を代用して伝達・普及されていたものとみることができよう。

3　県公報『岩手学事彙報』の準用

一八八三（明治一六）年二月、「岩手県教育会」が結成されたとはいえ全県的統一の教育会と評し得ない段階である。この組織を含めた教育情報の公報・伝達を行う独自の機関は存在していない。一八八三（明治一六）年七月に岩手の一般紙『岩手新聞』が創刊となって関連記事の掲載が僅かに確認できるに止まる。全国的教育会「大日本教育会」が同年九月に結成されているが、必ずしも敏速な情報伝達が為されてはいない。こうした教育情報の報道・伝達機関の空白を解消すべく一八八五（明治一八）年一月、『岩手学事彙報』が創刊される。[6]教育会を含め、関連の県の布達等の記事を掲載する県委託の公報誌である。月三回発行、各回一〇ページ立て、一部三銭五厘の有料、一定部数県の買上げの一般印刷所の発行である。同誌は一九〇八（明治四一）年二月の通巻八一七号以降、県教育会公認の機関誌として発行を継続していくことになる。一八九〇（明治二三）年五月には「大日本教育会」主催の全国教育者大会に岩手県教育会から二〇余名の会員が参加し、小学校教育費国庫補助運動へと参画していくことになる。一八九〇（明治二三）年四月五日発行の『岩手学事彙報』（一八五号）に新渡戸仙岳（当時小学校長）が県下の教育会の全県的統合を呼び掛ける論文を発表している。(7) 県教育会は、一八九二（明治二五）年八月、「岩手教育連合会」を組織するが各郡・町村の緩やかな連合体に止まっている段階である。岩手教育連合会は、その後一八九六（明治二九）年一〇月、「岩手連合教育会」と改称し全県単一の教育会結成への方向を進めていった。全国的には「大日本教育会」は「帝国教育会」へと再編され、国家の教育政策を積極的に擁護・翼賛する全国的教育団体として変貌を遂げている。一八九七（明治三〇）年五月、奥羽六県・北海道教育者大会が盛岡で開催され、(8) 県外広域の教育会との連携を深める活動を深化させ、さらに一九〇七（明治四〇）年八月、「岩手県教育会」を結成する。教育会の連合から全県的単一の教育会の誕生である。全国的な府県教育会の結成の経過からみて聊か遅れた対応といえよう。この時点に至って『岩手学事彙報』は、一九〇八（明治四一）年二月以降は県教育会の機関誌として新たなスタートを切っていったのである。(9) 一八八三（明治一六）年二月以降、一九〇七（明治四〇）年八月の「岩手県教育会」の結成に至る期間、教育会を含めた教育関係布達・記事等はこの『岩手学事彙報』に掲載されていたが、以後県教育会公認の機関誌として新たな一歩を踏み出すこととなっていったのである。

4　一般誌（紙）の代用・準用時代における主な記事(10)

『盛岡新誌』一号（明治一一年二月）に、教育の自由と並んで身体・思想・集会の自由を説き、八号（明治一三年一月）所謂一八七九（明治一二）年の「自由教育令」に賛意を表す論説を掲載して民権新聞の面目躍如である。『東北教育新聞』五号（明治一三年七月）でスペンサーの教育論を紹介、学務委員選挙の要を説く。『学事彙報』一号（明治一八年一月）では『東北教育新聞』を引き継ぎ、国・県の省令・布達等の逐条掲載を予告する。興味深いのは五四号（明治一九年六月）では森文相の赴任を歓迎、一転して一四六号（明治二二年二月）の暗殺・訃報を報じている。一八五号（明治二三年四月）では、当時県下教員のリーダー格に位置づいていた新渡戸仙岳が県下教育会の全県的統一の重要性を訴える論説を掲載、後の単一の県教育会結成へと連なる提案ともなった重要な主張である。二〇七号（明治二三年一一月）は「教育勅語」の渙発を報じ、続く二〇八号（同）では「勅語」奉読式の案内である。二二七号（明治二四年六月）では国家教育社の動向と全国連合教育会の開催についての予告である。三一四号（明治二六年一月）は「箝口訓令」を報じ、三二〇号（明治二七年一月）ではその「箝口訓令」が「教育会を無能・無用のものにする」と断じ、その危険を警告している。以後の『彙報』では、国家教育社等の小学校教育費国庫補助運動の動きを紹介し、続く三二四号（明治二七年二月）では国立教育期成同盟の結成を報じている。ところで一八九六（明治二九）年六月一五日、岩手県沿岸を中心とする三陸津波大地震が発生した。死者一万二〇〇〇人余を数える大地震である。『彙報』はその直後の四〇七号（明治二九年六月）から四一四号（同年八月一七日）までの七回連続でその惨状を報じ、義捐金募集を訴えている。[11] 連合教育会としての救済運動への懸命な活動の様相を伝えてくれる。六八六号（明治三七年四月）では、日露戦争に臨んでの国民教育の使命が説かれる。七一一号（明治三七年一二月）は、一九〇二（明治三五）年を前後する時期の教科書採択をめぐる贈収賄事件を報じ成立した国定教科書制度の堅持を訴える社説を掲載している。八一六号（明治四一年一月）は、『彙報』が県教育会の結成に伴って、正規の教育会機関誌として再スタートすることを予告し、準用時代に終わりを告げた記念の号である。既に全国的には「帝国教育会」が誕生して一二年余が経過して後のことである。

二　岩手県教育会の誕生と機関誌『岩手学事彙報』の創刊・休刊そして復刊に至る事情

1　帝国教育会結成以降の岩手県教育会の動向

帝国教育会はその結成（明治二九年）以降、その活動を拡大する。教育関係図書の編集・発行、教育講習会の開催、教育関係の諸調査・研究などが加わる。明治三〇年代から同四〇年代にかけては全国規模の小学校校長会・教員会等が開催され、教育会から分化した職能団体が誕生していくこととなる。一九一六（大正五）年二月、沢柳政太郎が帝国教育会会長に就任以降帝国教育会は新たな活動を積極化させ、各地方の教育会は帝国連合教育会に再組織化され連携を強化していく。この時期を前後して、台湾・釜山・南満州・朝鮮等の外地に教育会が結成され、これら外地の教育会を含めた組織として帝国教育会は拡張を遂げていく。時代を概括的に述べるならば、一九二〇年代には義務教育費国庫負担要求運動等、三〇年代には義務教育年限延長運動・学制改革等、更に四〇年代には戦時総力戦体制への対応等、国家の教育政策を全面的に翼賛する諸活動を展開していった[12]。太平洋戦争に突入し、国民教育の総体として戦時教育体制を整備することになる。敗戦を直前にした一九四四（昭和一九）年九月「帝国教育会」はその名称を「大日本教育会」と旧に復し組織の継続を図るが、占領下のＧＨＱによる教育会改革勧告、日教組結成等の動き、引き続いての戦後教育の全面的改革の進行を前にして「大日本教育会」は、一九四六（昭和二一）年八月、「日本教育会」と改組、一九四八（昭和二三）年八月、解散となる。明治後半以降の「岩手県教育会」結成以降の動向についてその主たる動向を跡づけておく。一九〇七（明治四〇）年八月の「岩手県教育会」は、その代表（会長）に県知事、会の理事に郡長市長を配する県・郡市の行政主導の教育会運営の体制が敷設されたのである。県教育会結成以降の特徴的活動の事跡を辿っておこう。一九〇七（明治四〇）年以降、育英事業・巡回文庫・調査部設置・准教員養成講習会開催等の諸事業・活動を活発化させるとともに、従来の外部委託の教育会雑誌を純然たる機関誌として発行する。即ち従来の『学事彙報』誌名を継承し八一七号（明治四一年一月発行以降）から教育会編集・発行の独立機関誌となった。社団法人化（明治四二年）、通俗講演会開催（明治四五年―）、知事諮問の教授法改善に付き答申（大正六年）、教員の研究修養・講習・教科研究会等の講習会開催（大正八年―）、県外学事視察（大正一一年―）、郷土読本編集（昭和三年―）、教職員互助会設置（昭和七年）、岩手県教育会創立三〇年記念式典開催・教育会館建設（昭和一一年）等の活動が県教育会結成以降の主な活動事跡である。この間、機関誌『学事彙報』を一九二三（大正一二）年八月、『岩手教育』と機関誌名を改めている。[13]「帝国教育会」の改組（昭和一九年―一九四四年）とも関わって一九四四（昭和一九）年九月、岩手県教育会は「大日本教育会岩手県支部」と名称・組織を改め、更に一九四六（昭和二一）年一一月の「大日本教育会」の解散によって岩手県支部も事実上活動停止状態になっている。公式の解散は一九四七（昭和二二）年六月に至っての「岩手県教育振興財団」への組織名義の変更時のことである。同年一月岩手県教組が結成されている。

2　『岩手学事彙報』から『岩手教育』への誌名の変更と休刊

『岩手学事彙報』は、一九〇八（明治四一）年一月以降、岩手県教育会の機関誌として再スタートしていくことになった。機関誌となる以前、一八八五（明治一八）年五月の第一号から数えて凡そ二三年間、八一六号（明治四一年一月）に至るまで教育会機関誌準用の時代が続き、次の八一七号（明治四一年一月）から機関誌としての新たな発行となる。爾来一九二三（大正一二）年一二月までの一五年間、通巻一〇九七号に至るまで『彙報』が岩手県教育会の機関誌として会の公報・教育情報伝達の機関誌として絶大な役割を果たしていたと評価し得よう。地方の小規模印刷・出版所に過ぎぬ会社が県下の公私に亘る教育情報の伝達・交流、或いはまた教育世論の形成等において果たした役割は看過しえないものがあると言えよう。こうした教育会機関誌発行に突如として事態急変の状況が生ずることとなった。準用時代から機関誌時代を通して『彙報』の発行を継続していた印刷・出版会社（九コ堂）が一九二三（大正一二）年、突然の営業廃止となったのである。[14] 岩手県教育会は、急遽その対応を講ずることとなり、誌名・編集・発行の体制を全面的に改めることとなった。岩手県教育会機関誌を新たな誌名『岩手教育』と改め、編集委員長には当時の岩手師範学校長（古市利三郎）を当て、編集実務は師範学校付属小学校において実施し印刷・発行は赤沢号（当時、盛岡商店）と書店「東山堂」専任、一部三〇銭、一〇頁前後、月刊発行。一九二三（大正一二）年八月にその第一巻第一号を発行した。誌名・通巻号数もすべて一新しての岩手県教育会機関雑誌としてのスタートである。[15] 創刊の辞・国際連盟・国史観の概念等の一般記事に続き教育会定款・役員・教育会総会などの公示が続く。『岩手教育』は第一次・第二次大戦を挟んで一九四四（昭和一九）年七月発行の第三一八号を以て最終号となる。戦時下、全国多くの府県で教育会雑誌が諸般の事情によって発行が困難となる。[16] その時期は、一九四一（昭和一六）年頃に始まり一九四四（昭和一九）年には大多数の府県となるが、岩手県教育会もほぼ同様の措置を採用せざるを得なかったとみることができるが、僅かの府県（秋田・埼玉・長野・愛知等）では敗戦に至るまで継続刊行していたとされる。戦時教育令・国家総動員体制の下での内務省の新聞雑誌の整理統合・用紙統制等の事情がその主要因であることは確実であろう。

3　『岩手教育』の復刊事情

敗戦を契機として、わが国政治・経済・社会等の全面的な改革の進行と連動して国民教育の全体系の全面的改革が進行していった。日本国憲法・教育基本法・学校教育法等、一連の戦後教育体制を支える法体系が整備され、六―三―三―四の新学制・公選制の教育委員会制がスタートする。日教組の結成と前後して都道府県の教組も相次いで結成される。[17] 関連しての「大日本教育会」の解散に前後して府県の教育会の大半も解散を余儀なくされていった。岩手の教育会も同様の運命を辿っていった。一九四六（昭和二一）年一一月には「大日本教育会岩手県支部」も事実上活動停止、翌年六月には「岩手県教育振興財団」と名義を変更、岩手県教育会は解散となる。ほぼ同時に県教組が結成されていた。県教育会機関誌『岩手教育』も一九四四（昭和一九）年七月発行の第三二八号が最終号であったことは既に述べた通りである。この『岩手教育』が一九四八（昭和二三）年九月に「復刊」となる。[18] 教育会解散の後の事態だけに旧来の教育会機関誌の単純な「復刻」とは考え難いが「復刻第一号（通巻三二九号）」と明記されている。戦後、新教育の実施に臨んで、岩手県知事部局・岩手師範学校・県教組の三者が共同して教育研究所の開設で意見が一致し、一九四八（昭和二三）年四月に県師範学校女子部内一室を確保してスタートさせた施設である。所長には及川録郎が就き、県内現職教員（県教組推薦）三〇余名の研究員、他に事務職員四―五名を擁するという陣容である。戦後「岩手県教育の自主的建設に一道の光明を点ずる」とは、創刊号に寄せた県教組委員長の祝文の一節である。復刊『岩手教育』は一九五九（昭和三四）年一二月号（通巻四四五号）迄発行され、通巻四四五号で廃刊となる。[19] 復刊『岩手教育』は一九四八（昭和二三）年から一九五九（昭和三四）年頃に至る一一年余の間に、総一一七号を発行したことになる。県教育会の復活によってではない。県教育行政当局・県教組、それに大学研究者・現職教員等の協力体制のもとで、岩手の教育に関わる行政的・理論的・実践的教育雑誌が発行されていたことの歴史的意義は看過し得ないものがある。この『岩手教育』廃刊の後、一九六四（昭和三九）年七月県教育研究所から『教育研究岩手』、県教組から一九五七（昭和三二）年四月『岩手の教育』等が発行されている。この時期、勤務評定・学力テスト等をめぐる国・県の教育行政と日教組・県教組との厳しい対立・抗争があった等の事情を背景として三者共同の教育雑誌発行は不可能となったとみるのが至当であろう。

4　機関誌時代の主な記事について[20]

一九〇八（明治四一）年一月二五日発行八一七号が、機関誌第一号であり号数は準用時代を継続している。「機関誌発刊を祝す」の文に始まり、ペスタロッチ教授法の紹介・県教育会評議会記録・東北六県教育大会規則等が掲載されている。八一九号（明治四一年二月）では新たな発足をみた県教育会の諸事業が紹介されている。従来の活動に加えて育英事業・巡回文庫・教員養成講習事業を開始することが予告されている。八二二号（明治四一年四月）では、通俗教育に関連の講話・講習等の活動が新たな事業として追加されている。牧野・小松原等の当代の文相訓示が全文掲載（八二二号・八三一号）されているのも特徴的ではある。八三二号（明治四一年九月）・八五〇号（明治四二年六月）では報徳教育・軍隊教育との国民教育の連携が説かれ、誌面内容の戦時体制への対応が顕著となってくる。伊沢修二・沢柳政太郎等「帝国教育会」会長の主張（論説）も随時掲載されているのもこの時期の地方教育会の「帝国教育会」への傾倒の姿勢を表しているとも捉え得る。大正期初頭の『彙報』では、国史教育・国民精神・民力涵養等の戦時対応の国民教育が説かれ、朝鮮・台湾など外地への進出と視察報告が続く（九三七号―大正二年二月、九七三号―大正三年一〇月、一〇二五号―大正六年二月等）。対照的に、綴り方教育批判（九九五号―大正四年一〇月、九九七号―同）、自由教育・新教育批判（一〇八〇号―大正一〇年七月）の声高な論調が顕著で、県教育会の政策追従の対応を窺わせる。

ところで一九二三（大正一二）年八月、機関誌名が『岩手教育』と改題となる。[21] 従来の通号を解消しての新たなスタートである。その第一号では、改題の趣旨を述べつつ国史観の概念について解説が巻頭文を飾る。一九二三（大正一二）年一二月号では国民精神作興詔書の全文が紹介され、道徳的生活が説かれる。一九二五（大正一四）年六月号では、現役将校の学校配属令掲載、同年一一月号では軍事教育実施の成果、一九二七（昭和二）年六月号では青年団の本質と使命、一九二九（昭和四）年一月号では昭和維新と教育者の志向・思想善導、一九三五（昭和一〇）年九月号では国体明徴の政府声明、一九三七（昭和一二）年一二月号から一九三八（昭和一三）年一月号にかけては、国民精神総動員体制への協力方策の提案、一九四〇（昭和一五）年二月号では皇紀二六〇〇年特集、同年一二月号では大戦下の学校経営と教学奨励など、日中戦争の拡大・太平洋戦争への突入を直前にして岩手の教育も戦時体制へと全面的対応する様相が誌面を覆う。もはや県教育会の教育雑誌としての独自性を希薄にしながら、総力戦体制に全面的に奉仕する雑誌としてその存在を証明している感がある。こうした事態もまた一つの戦争責任ではある。戦時体制強化の最中の一九四四（昭和一九）年六月『岩手教育』は休刊となる。

戦後、『岩手教育』は復刊された。しかしこの復刊は雑誌名は継承しているが、その編集・発行等の主体は岩手県教育研究所であり、県教育会は既に解散している。県教育会関連教育雑誌の歴史的展開を考察の対象としている本稿の主題に鑑みて考察を回避しておきたい。

おわりに

以上、全国的（中央）な教育会の動向との関連において岩手県（地方）における教育会の成立と展開の過程を辿りつつ、教育情報・記事を伝達・公報する機関誌（紙）等がどのような状況であったのか、或いはまた教育会独自の機関誌がどのような経緯を経て誕生しその機関誌掲載記事の内容や変遷等の事情について歴史的な検討を試みたのであるが、本稿のおわりに臨んで仮説的なまとめをしておきたい。岩手県の事例に即して言えば、以下のような特徴を指摘することができよう。

第一に、全国・地方における教育会の結成は一八八三（明治一六）年前後であるが、岩手においてもほぼ同時期に学事会議等を含めた教育会がほぼ全郡単位で結成されている。その後、連合教育会等の試行はあるが全県統一の教育会として組織されたのが一九〇七（明治四〇）年に至っての事である。「帝国教育会」結成の段階に至るまでの間、県外の府県・中央の教育会との積極的な交流が実施されたとは言い難い。専ら県内の郡・町村の教育会との情報交換・交流に止まっていたといえよう。

第二に、岩手県教育会の独自の編集と発行になる教育会雑誌の創刊は一九〇八（明治四一）年一月のことである。

一九〇八（明治四一）年に至るまでの期間は、一般雑誌・新聞等の代用ないし準用の方法によって国・県の布達・法令等の伝達・普及が行なわれていたのである。県下の出版・新聞雑誌の発行等の状況も看過し得ない教育情報の発信源であったと言えよう。長期に亘る一般雑誌・新聞の代用・準用の期間があったことを明記しておきたい。

第三に、記事内容の特徴を指摘しておくと、『岩手新誌』等の一般雑誌・新聞等の時代は、自由教育論などの啓蒙的論説が主である。準用時代の『岩手学事彙報』であるが明治二〇年代に至る間は県布達の公報が中心、「大日本教育会」結成の動向とも関わってか明治三〇年代以降、県下教育会の統一・連合の必要を説く論説なども掲載されてくる。統一県教育会の結成以降、県教育会の機関誌となって後は、国家教育社及び「帝国教育会」関係記事がほぼ毎号掲載され、それを承けての県教育会の活動報告が従属的に併載される形である。日露戦後の明治末期から昭和初頭を含んでの戦時総力戦体制の下で、国民精神・国体明徴の錬成等をスローガンとした国策に全面的に従属する県の施策への貢献を説く論が誌面全体を覆う。もはや正常な国民教育の発展を援護する教育を説く施策や論説が殆どみられないという徹底である。教育会雑誌の教化機関誌化とも言える状況が生まれていたと言えよう。

以上の三点を岩手の事例を考察しての基本的特徴として指摘しておきたい。中央・地方を通して一般の行政組織を含めて教育行政の組織が未発達・未成熟の段階において、その機能・役割を補完したのが明治中期に至るまでの教育会であった。従って教育会が発行した関係の教育雑誌は、教育情報の伝達・普及と教育世論の形成に絶大な貢献を為していたと評価し得よう。しかし、教育会が全国・府県レヴェルにおいて統一化されるようになった明治中期以降、特に明治後期以降大正期には国策との関係性を深め、更に昭和前期に至っての戦時体制への全面的屈従を強制された時代の教育にあっては、その国策に積極的翼賛化した教育会としてその存在を証明するほかはなかったと言えよう。教育会の歴史的評価においてはこの戦時期の問題を回避しては成立し得ないと思われる。教育会の動向と関連雑誌等の歴史的研究において留意すべきは、基本的には、国の教育政策及び府県の教育施策と当該地方の教育実態との関係を問うことであり、教育会の諸活動と地域の学校・教員・地域住民との関係をも視野に入れた教育情報の伝達・普及の状況、さらに地域の教育世論の形成との関係性を問うことである。もとより、わが国における近代以降の言論・思想・出版・教育等に関わる法制度との関係を問うことが不可避の課題であることも確認しておきたい。教育会の成立・展開とその活動、加えて関連雑誌の発行・内容等を精緻に分析する研究を通して、近代以降のわが国の教育の質的吟味の知見を獲得し、近代以降のわが国の新たな教育史像を構築する研究へと発展することが期待される。

注

（1）関連の貴重な先行研究は数多く残されているが、特に参考とした研究成果は、上田庄三郎・石戸谷哲夫・佐藤秀夫・渡部宗助・梶山雅史等の研究である。先行研究諸成果の詳細な文献目録については、梶山雅史他「教育会研究文献目録Ｉ」東北大学大学院教育学研究科『東北大学大学院教育学研究科研究年報』第五三巻第二号、二〇〇五年が最も詳細で最新の文献目録である。なお、以下に記した文献の発行年・発行所等は以下の通りである。

木戸若雄『明治・大正・昭和（戦前）教育関係雑誌総覧稿』民間教育史料研究会、一九六八年。同『明治の教育ジャーナリズム』近代日本社、一九六二年。同『大正時代の教育ジャーナリズム』玉川大学出版部、一九八五年。同『昭和の教育ジャーナリズム』大空社、一九九〇年。

教育ジャーナリズム史研究会編『教育関係雑誌目次集成』日本図書センター、一九八六―九四年。梶山雅史ほか編「一覧」については上に記した通りである。

（2）中央・地方における教育会雑誌については、木戸若雄『明治・大正・昭和（戦前）教育関係雑誌総覧稿』民間教育史料研究会、一九六八年、梶山雅史他「都道府県・旧植民地教育会雑誌所蔵一覧」東北大学大学院教育学研究科『東北大学大学院教育学研究科研究年報』第五四巻第二号、二〇〇六年等を参照。

（3）拙稿「東北地方における教育会の成立と展開（岩手県）」梶山雅史編『続・近代日本教育会史研究』学術出版会、二〇一〇年。なお『岩手近代教育史』所収の教育会関連記述を示すと、第一巻八七四頁―、一一九七頁―、第二巻四三九頁―、八七七頁―、一二九二

頁―等である（一九八一年―一九八二年刊）、『岩手県教育会沿革誌』岩手県教育会、一九三六年。

（４）岩手県下の新聞・雑誌の創刊事情については、吉田義昭・及川和哉編『図説盛岡四百年（下）』郷土文化研究会、一九九一年、四二六―四四三頁、多田代三『岩手・新聞物語』岩手日報社、一九八七年等を参照。

（５）『盛岡新誌』は、その初期において啓蒙・学術雑誌、復刊においては自由民権の政治誌ないし民権色の濃厚な教育雑誌等と評される。自由民権百年記念・歴史研究会編『岩手の自由民権運動史』杜陵プリント社、一九八一年。

（６）県布達の通達等の公報を担当した民間の印刷所（九コ堂）、創刊に際して教育会を含めた教育関係記事の掲載を予告。『盛岡新誌』『東北教育新聞』等の先行紙（雑誌）を継承した。なお、『彙報』の記事は後に『岩手県教育史資料』（創刊一九五六年）の第一八集（一九六五年）―第六三集（二〇〇四年）に抄録の形で再録されているが、本稿では岩手県立図書館所蔵の原本を調査して使用している。

（７）新渡戸は藩校作人館の出、後岩手師範学校を卒えて岩手郡・盛岡等の小学校訓導として活躍、後に県教育連合会の初代会長に就任。盛岡市先人記念館編『盛岡の先人たち』盛岡市先人記念館、一九八七年、一四四―一四五頁。

（８）一八九七（明治三〇）年五月、盛岡で開催、小学校教育費国庫負担・教員給与問題等が主要な議題であり、この時期「国家教育社」・国立教育期成同盟等の主張等を取り上げ、東北全域に及ぶ教育会の連帯が志向されていた様相が顕著となっている。

（９）引き続いて「九コ堂」の印刷、毎月二号（一〇日・二五日）発行。

（10）一般紙（雑誌）代用ないし準用時代の記事内容については、全て岩手県立図書館所蔵の原本調査によって記載。表記については原則としては原本に依っているが、一部の簡略化等を図っているものも含まれている。

（11）一八九六（明治二九）年六月一五日午前七時半、三陸海岸一帯を襲った大海嘯、マグニチュード八・二、津波の最高一四メーター（田老）、流出全壊家屋九〇〇〇戸余、死者二二〇〇〇余人、被災学校一五校、死亡教員一四名・生徒五八六名等の大惨事である。「日清戦争」祝勝ムードの中での震災である。『岩手近代教育史』第一巻、一二一三―一二一八頁。山下文男『哀史三陸大津波』青磁社、一九八二年。

（12）「帝国教育会」の翼賛化については主として前田一男「帝国教育会の『翼賛団体』化要因」立教大学文学部教育学科研究室『立教大学教育学科研究年報』第三二号、一九八八年に依拠している。

（13）雑誌名の変更は、主として発行元との契約解除が理由であるが、編集・発行所等が教育会・師範学校主導へと変更になったこと、教育法令・規則の掲載に加えて教育関係者の論説・意見も登載する方針等の事情もあって雑誌内容も大きく変更している。

(14) 同上の事由に加えて、編集委員長に当時の岩手師範学校長（古市利三郎）、編集委員に教育会幹部を配した。

(15) 印刷・発行所も九コ堂から赤沢号・東山堂の共同とし、月刊・各号八〇—九〇頁前後。

(16) 戦時下での教育雑誌の発行停止・休刊等の事情については、小熊伸一「戦時体制下における教育情報の統制」日本教育学会『教育学研究』第六一巻第二号、一九九四年、近藤健一郎「アジア太平洋戦争下における府県教育会機関誌の『休刊』と敗戦直後におけるその『復刊』」全国地方教育史学会『地方教育史研究』第三三号、二〇一二年等の論文が参考となる。

(17) 日教組結成との関係で教育会の解散を究明する方法は否定しないが、史実の把握において課題が多く存在する。日教組史（一〇年史・三〇年史等）も参考になるがあくまでも自前の組織史であり学術研究書ではない。あくまでも参考書に止まる。この意味では、上田庄三郎「教育団体史」石山脩平他『教育文化史大系』V、金子書房、一九五四年、増淵譲『日本教育労働小史』新樹出版、一九七二年、土屋基規「教員組合の結成と教育労働戦線の統一」『教育運動研究』第三号、一九七七年、柿沼肇「教育運動史研究の歩み」日本福祉大学福祉社会開発研究所『現代と文化』第一三〇号、二〇一四年等の研究成果が新たな視点と史実を提起してくれて貴重である。

(18) 前掲、近藤健一郎論文に記載の復刊事情は必ずしも正確とはいえない。岩手の復刊の事情等に多少の相違があるからである。

(19) 注（18）に示した近藤と本稿の記述とは異なる。

(20) 機関誌時代の記事内容については、岩手県立図書館所蔵の原本調査に基づいているが、表記については必ずしも原本ままの記載でないものも含まれる。

(21) 注（13）に同じ。

資料一　岩手県教育会関連新聞・雑誌の表紙・題字一覧

（一）一八七六（明治九）年七月　『岩手新聞誌』
——岩手初の新聞・雑誌（和とじ一三葉、二三頁）
——天皇の東北巡幸を記録する為に刊行、教育記事掲載、日進社
（二）一八七八（明治一一）年八月　『盛岡新誌』
——学術・文化・教育雑誌、求我社（盛岡初の自由民権政社）
——『東北教育新聞』廃刊後、明治一四年七月復刊
（三）一八八〇（明治一三）年五月　『東北教育新聞』
——東北初の教育新聞、求我社と同居
（四）一八八五（明治一八）年一月　『岩手学事彙報』
——県布達・教育関係記事掲載が主目的、民間出版社、月三回発行
（五）一八八五（明治一八）年五月　『彙報』表紙・題字変更の第一号
（六）一八九二（明治二五）年八月　同
（七）一八九七（明治三〇）年五月　同
（八）一九〇八（明治四一）年一月　岩手県教育会編集の機関誌第一号、月二回の発行
（九）一九二三（大正一二）年二月　『学事彙報』最後の誌
（一〇）一九二三（大正一二）年八月　誌名『岩手教育』第一号、月刊
（一一）一九四一（昭和一六）年一〇月　休刊（昭和一九年七月？）直前誌
（一二）一九四八（昭和二三）年一〇月　復刊『岩手教育』第一号、月刊

（一）

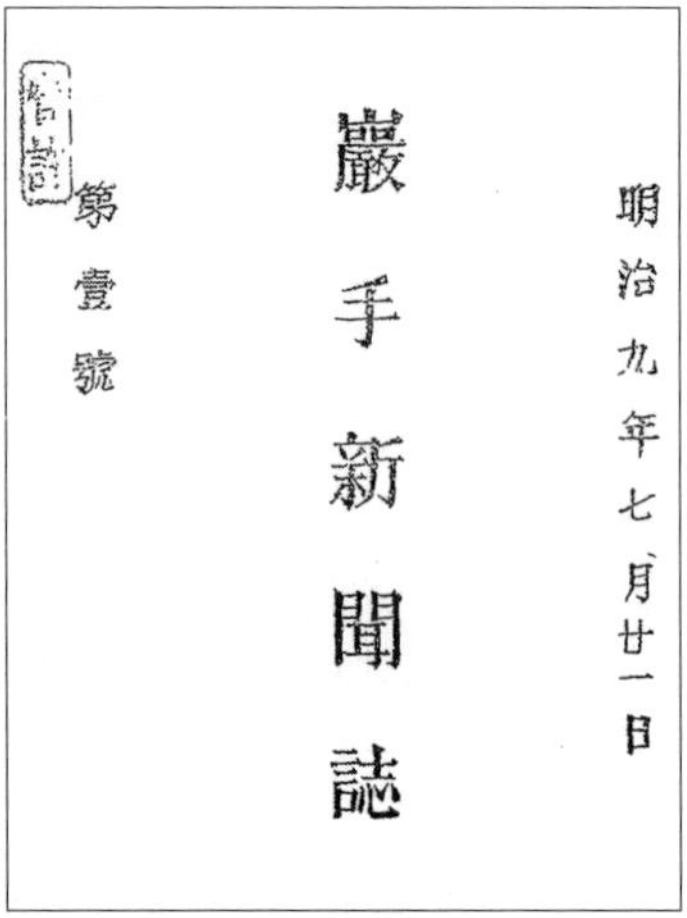

明治九年七月廿一日

巖手新聞誌

第壹號

（二）

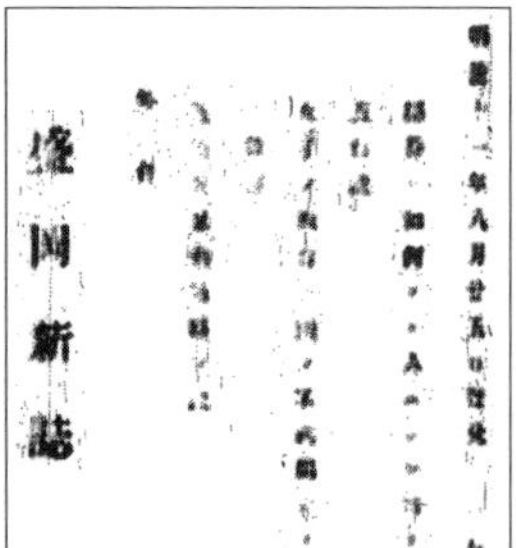

[illegible]岡新誌

（三）

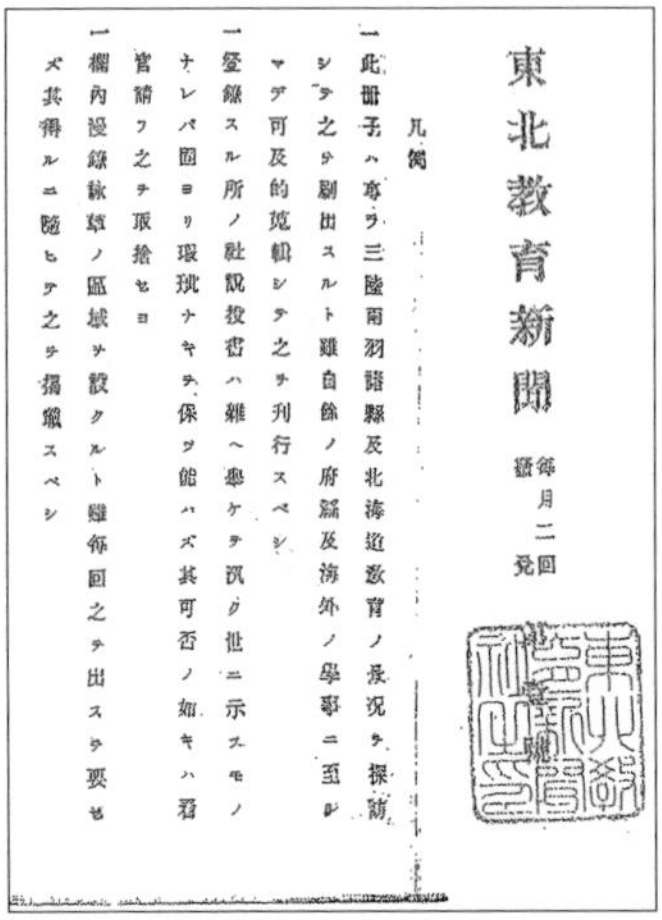

東北教育新聞　毎月二回發兌

凡例

一此冊子ハ專ラ三陸兩羽諸縣及北海道教育ノ景況ヲ探訪シテ之ヲ副出スルト雖自餘ノ府縣及海外ノ學事ニ至ルマデ可及的蒐輯シテ之ヲ刊行スベシ

一登錄スル所ノ社說投書ハ雜ヘ舉ケテ汎ク世ニ示スモノナレバ固ヨリ瑕瑕ナキヲ保ツ能ハズ其可否ノ如キハ看官請フ之ヲ取捨セヨ

一欄內漫錄詠草ノ區域ヲ設クルト雖毎回之ヲ出スヲ要セズ其得ルニ隨ヒテ之ヲ揭載スベシ

（四）

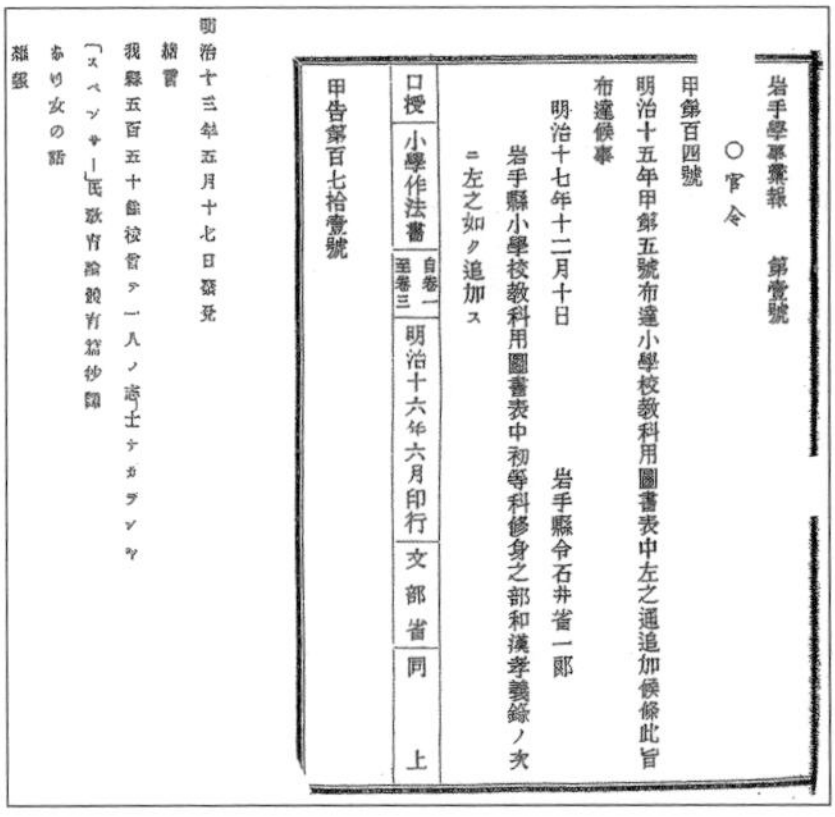

岩手學事彙報　第壹號

○官令

甲第百四號

明治十五年甲第五號布達小學校教科用圖書表中左之通追加候條此旨布達候事

明治十七年十二月十日　岩手縣令石井省一郎

岩手縣小學校教科用圖書表中初等科修身之部和漢孝義錄ノ次ニ左之如ク追加ス

口授	小學作法書	自巻一至巻三	明治十六年六月印行	文部省	同上

甲告第百七拾壹號

明治十三年五月十七日發兌

緒言

我縣五百五十餘校皆テ一人ノ志士ナカランヤ

「スペンサー」氏教育論殺育篇抄譯

ある女の話

雜報

（五）

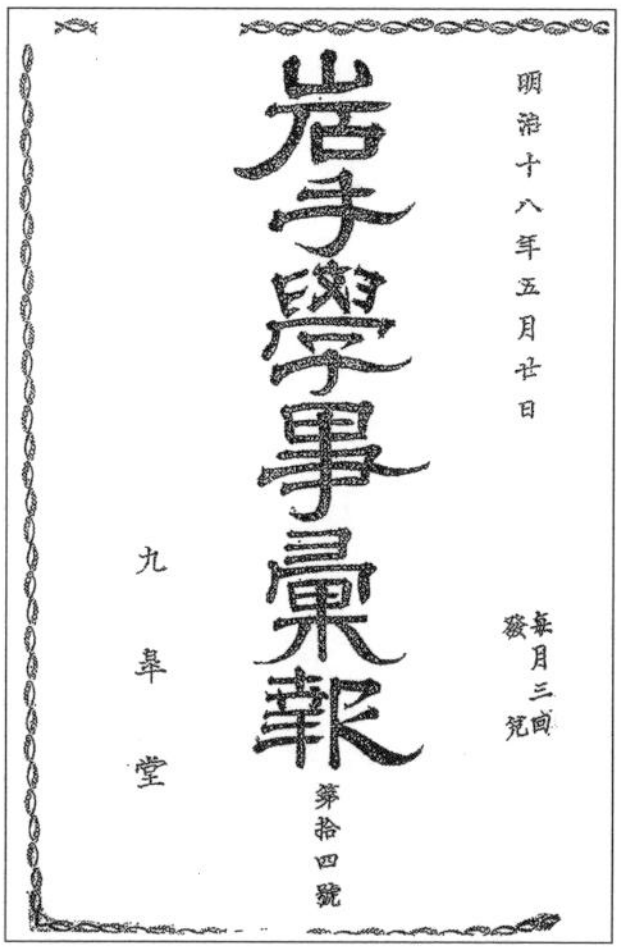
明治十八年五月廿日
岩手學事彙報
第拾四號
毎月三回發兌
九皐堂

（六）

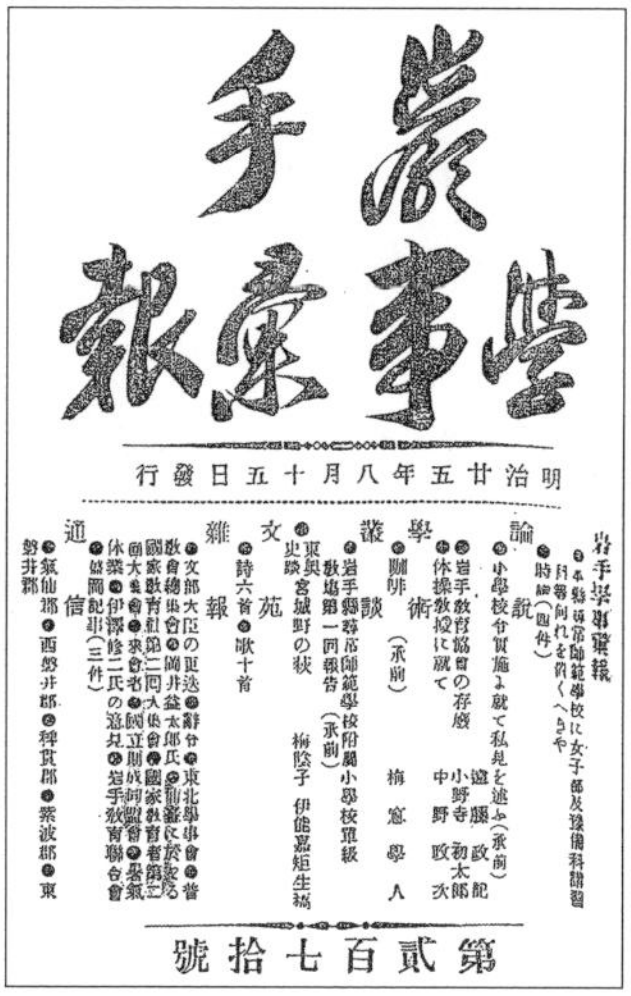
巖手學事彙報
明治廿五年八月十五日發行
第貳百七拾號

（七）

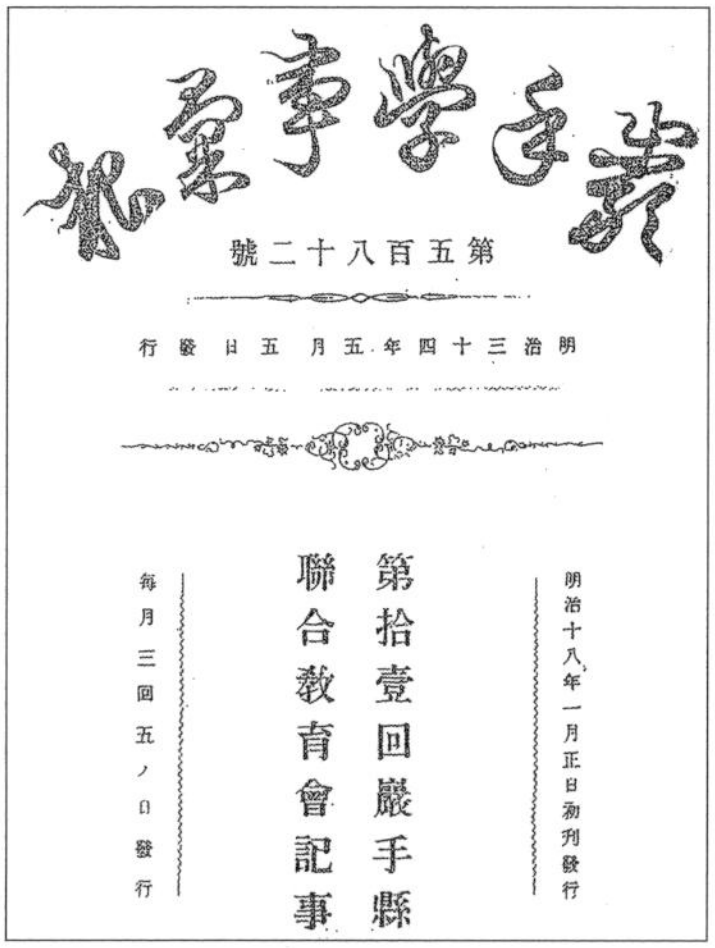
岩手學事彙報
第五百八十二號
明治三十四年五月五日發行
第拾壹回巖手縣聯合教育會記事
明治十八年一月正日初刊發行
毎月三回五ノ日發行

（八）

巖手縣教育會編輯
巖手學事彙報
817号

（九）

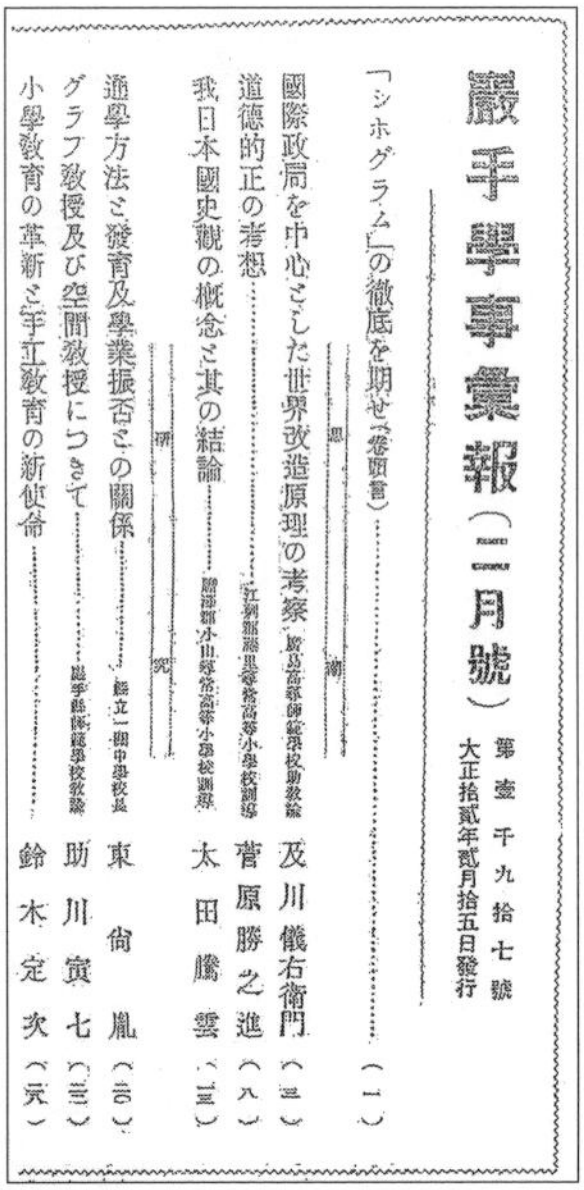
巖手學事彙報（二月號）
第壹千九拾七號
大正拾貳年貳月拾五日發行

「シホグラム」の徹底を期せ（卷頭言）……（一）

思潮

國際政局を中心とした世界改造原理の考察　岩手縣師範學校助教諭　及川儀右衛門（三）
道德的正の考想　江刺郡岩谷堂尋常高等小學校訓導　菅原勝之進（八）
我日本國史觀の概念と其の結論　膽澤郡小山尋常高等小學校訓導　太田騰雲（一三）

研究

通學方法と發育及學業振否との關係　縣立一關中學校長　東尚胤（二〇）
グラフ敎授及び空間敎授につきて　岩手縣師範學校敎諭　助川寅七（二三）
小學敎育の革新と手工敎育の新使命……鈴木定次（二六）

（一〇）

（一一）

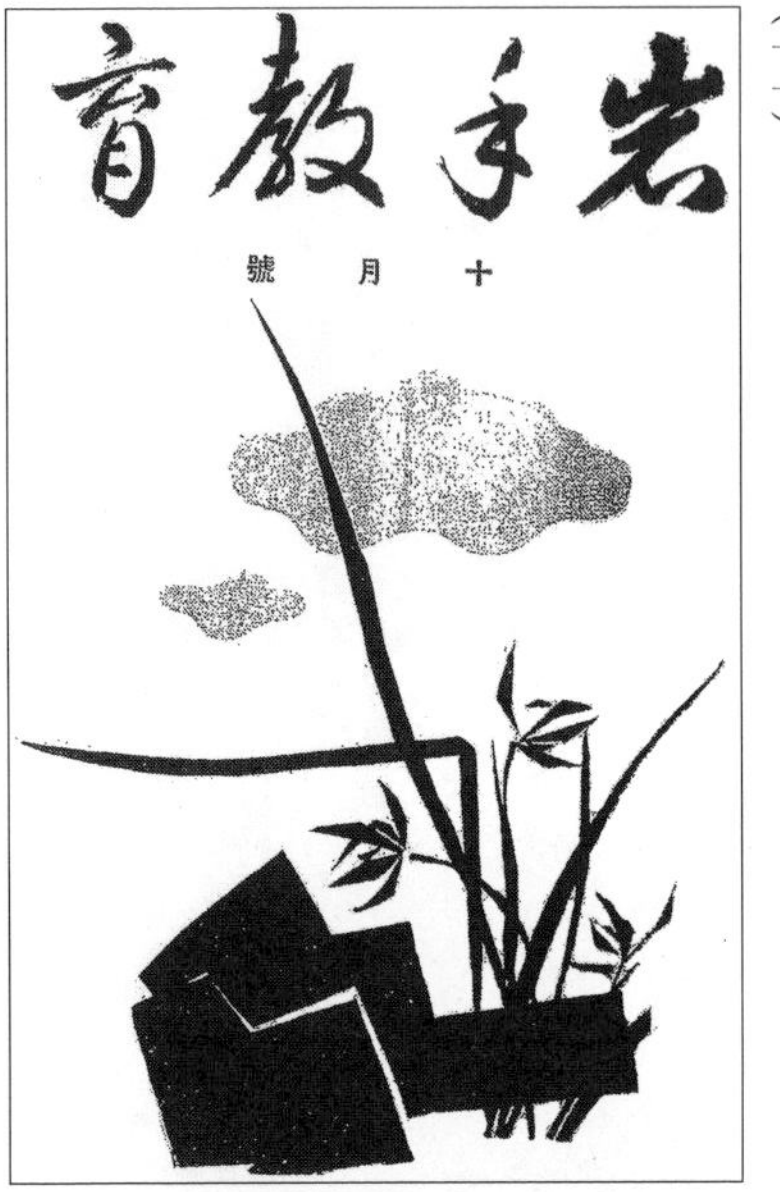

（一二）

第2章　森文政期から市制町村制施行に至るまでの教育行政に対する教員の評価と批判

――千葉教育会を事例として――

河田敦子

はじめに

本研究の目的は、森文政期から市制町村制施行に至る期間（一八八五―一八八九年）に、主として小学校教員が森文政と山県による地方教育行政をどのように捉えていたかを、『千葉教育会雑誌』を資料として明らかにすることである。さらに、地方教育会が、森文政と山県による地方制度政策のはざまで、両者の政策とどのような関係にあったかについても千葉教育会を事例として考察したい。

筆者は既に、『埼玉教育会雑誌』、『茨城教育協会雑誌』について、同じ研究目的の調査を実施し、その結果を科研費研究報告書『近代日本地方教育行政制度形成期における森有礼と山県有朋』[1]にまとめた。また、山県が地方制度政策を通して地方教育行政に強い影響を与えていたことを学位論文「近代日本地方教育行政制度の形成過程――教育制度と地方制度の構造的連関」[2]で示唆した。同学位論文では、山県が一八八四（明治一七）年内務卿就任以降実施した学務委員を廃止して官選戸長を町村学事担当者にしたこと、また、内務大臣および制度編纂委員長として作成に関与した市制町村制で教育事務を行政事務とする等の一連の地方制度政策が、地方教育行政に大きな影響を与えていたことを明らかにした。これらの政策は、教育会を中心に地方分権的な教育行政政策を推進しようとしていた森文政と理念的には対立していた。前出科研費研究では、埼玉・茨城両県の小学校教員たちが、森文政と市制町村制の差異をはっきり認識していたことを明らかにしている。

一　先行研究の検討

1　地方教育会研究における森文政と地方教育会との関係

森文政と地方教育会との関係を正面から取り上げた研究は、地方教育会の通史論の中で森文政との関係を論じた佐藤秀夫「高等教育会および地方教育会」、梶山雅史を中心とした「近代日本における教育情報回路としての中央・地方教育会」研究会が実施した「森文相の地方教育会改良論と各地の動向」に関する研究成果（二〇〇六年教育史学会大会コロキウム発表資料・論文）、谷雅泰「森の『自理ノ精神』と福島県での受容――福島（県）私立教育会の発足から規則改正まで」、木村力雄「森文政期宮城県にみる郡村教育自理運動の限界――明治公教育における自由と平等の相剋」、同「森文政期宮城県における教育指導行政――その成立条件・課題的実態及び限界について」、森の「和働自理」の精神については山谷幸司「森有礼に於ける一八八六（明治一九）年勅令第一四号『小学校令』改定の論理――『和働自理』の分析を中心に」等がある。(3)

佐藤は、前記論文の中で、森による教育会設置政策を「体制側からの最初の提案」と評価し、「教員組織としての教育会とは異なり、府県知事、郡市町村長などの「相談役」として一定の権限を予定された合議制機関であり、教育会を「官僚制的統治過程を有効ならしめるための緩衝弁として企画された点において、まさに施行されたばかりの

「森有礼の思想と教育政策」（海後宗臣編）の中でも、森文政の政策理念と山県が主導した地方自治の理念が一致していた『地方自治』制の理念に即応するものであった[4]」と論じている。佐藤は、一九六五（昭和四〇）年に刊行された「森有礼の教育政策再考」の中で、両者の関係に対する評価を一八〇度転換し、「教育勅語制定をもくろむ山県有朋内閣の教育政策転回の結果、森文政末期から始められていたこのドラスティックともいえる学校制度改革案は廃案に追い込まれた」と述べ、森文政を否定したのは山県内閣であると示唆している[5]。しかし、佐藤は、その後の論文「森有礼の教育政策再考」の中で、両者の関係に対する評価を一八〇度転換し、むしろ山県が教育政策を転回させて森の学校制度改革を全面改定したと捉えている[6]。この佐藤の二つの論文の間に林竹二等の森有礼研究[7]が出され、森文政の評価が大きく変わった[8]。それでは、林の研究成果を踏まえると、森文政と山県が主導した地方制度と山県内閣の教育政策方針とはどのような関係になるのだろうか。森文政と山県の地方自治制度の理念が一致していたとすると、森文政と同様「啓蒙的」であった地方制度を制定した山県が、教育政策のみならず地方制度も転回させたことになる。それとも森文政期に既に森文政と地方制度の間に水面下で考え方の対立があり、森の死後山県が教育政策にもその相違を顕在化させたのだろうか。前者の仮説に対しては、山県が内務卿に就任した一八八四年に制定した区町村会法改正の性格は、大島美津子、笹森健、坂本紀子が「中央集権的性格」であったと指摘し[9]、筆者も前出学位論文で官選戸長制と学務委員の関係を検討した結果、「中央集権的」な性格であったことを明らかにしている[10]。それゆえ、前者の説は否定される。後者の仮説に対しては、森が来る「地方自治」の内容を誤解していたことになる。佐藤は、この林の研究成果に伴う自身の見解の変更の有無について「森有礼の教育政策再考」の中では何も論及していない。佐藤の言うとおり、森が地方教育会を「官僚制的統治過程を有効ならしめるための緩衝弁として企画した」のかどうかを再検討する必要があるにも関わらず、佐藤は、この点について論及していないのである。

他方、梶山、谷、木村、山谷等の論文は、森が啓蒙主義者であったことがある程度共通認識となった時期の研究である。梶山は、森文相が一八八八（明治二一）年秋に教育会改良を強く打ち出したことに対し、岐阜教育会が示した一八八九（明治二二）年五月からの動きを詳述し、「郡市教育会を独立教育会とする新体制のもとに、その性格・組織を大きく改変することとなった。」とまとめている。谷は、三島通庸県令下県教育会が存在しなかった福島県で、三島が去った後、能勢栄が県師範学校長になり一八八五（明治一八）年に発足した「（県）私立教育会」と、森文政との関係を事例研究している。谷は、森が「自理和働」を市制町村制の精神と解釈し、自らもその精神に則っていると表明していたと指摘している。木村は明治以降の教育行政の展開を「自由と平等の相剋、指導行政と監督行政のパラドクス」に注目し、森の「地方自理」「教育自理」の理念を明らかにしつつ、当該時期の地方教育行政の実態を宮城県を事例として教育会活動とのかかわりを調査考察している。木村の論文（一九八〇）によれば、宮城県は、沖縄県と共に森文政期に実施された小学督業廃止政策の対象外となった県であり、森の「地方自理」実現の模範ともいえる県であった。同論文では、森文政期の教員の人事異動および教育会支部の活動が詳細に記述されている。また、一九七九年の木村の論文では、同県では「森の企望する教育自理が郡区単位で実現され、その実をあげ、教育の方法のみならず、小学督業をも含む教員人事、教育内容、学校管理等に関し、行政を羈束しうる実力を教育会が着々と蓄えつつあったことがうかがえる」（三九六頁）と、森文政の「教育自理」を教育会の自治性の強化として捉えている。しかし、その「教育自理」強化活動も、授業料徴収困難等による財源不足によって頓挫し始めていたこと（四〇二頁）、森の死後には、「経費の膨張と地域間格差の増大を伴う、地域ごとの教育自理競争の助長策による、教育の質的向上をテコに、量的普及をも促す政策を県当局自らが断念した」と指摘している（四〇三頁）。山谷は、森が説いた「自理和働」の分析を通して教育会改組政策を理解しようと試みている。まず、森の「自理和働」を「政策理念ではなく、社会すべてに適用される行為規範」であるとし（六七頁）、その意味を「一人一家一村一郡一市一府一県ヲシテ各自其区域ニ属スル責任ヲ尽シテ」「有機体総体の調和的発展に寄与すること」（六八頁）と分析している。山谷は、森の

「自理和働」の意図を、「行政当局のみが学務に関する権限を独占することは厳としてしりぞけ」（山谷論文注一九）、『自理』『和働』の担い手が自己の職務にとりくむ際、そこへの権力介入を極力なくし、職務遂行の独立を一定程度保障することであった」と、「民と民の和働」をも含めて解釈している（七四頁）。

木村、山谷によって描き出される森文政の諸相は、いずれも教育の地方自治を法律の許す範囲で最大限引き出そうとする森の姿勢である。そこには、佐藤秀夫の「官と民との緩衝弁としての教育会」という解釈では覆いきれないものを含む森文政の内実が描き出されている。すなわち、「一人一家一村一郡一市一府一県ヲシテ各自其区域ニ属スル責任ヲ尽シテ」自らを理《オサ》める「自理」の考え方は、「府県―郡―市―町村―家」を通して中央集権的権力浸透を図る山県の地方制度の精神とは、自治性の振興と権力浸透と方向性が場合によっては衝突する契機を孕んでいたのではないか、と筆者は考える。その争点の一つが、小学校の教育事務を行政事務とするか公共事務とするかにあったであろうことは制度システム上当然と考えられる。

森は、その演説で再三「教育ノ政ハ一般施政ノ方針ニ伴フコト」と述べ、表面上山県の一般行政政策と同方向に歩調を合わせていることを表明している[(11)]。その地方制度の目的は、一八八八年二月一三日に山県内務大臣によって実施された演説「市制町村制度案講究会ニ於ケル内務大臣ノ演達」の中で再三繰り返されるように「地方ノ自治及分権ノ主義ヲ実行スルタメ」であった。山県は、同演説の中で、「自治ノ精神ヲ養成シ国家ノ行政ト地方共同ノ事務ト共ニ其全キヲ得ンコトヲ期セサル可カラス」と説いた[(12)]。すなわち、山県の演説内容と森の主張は、表面上全く矛盾がなく、軌を一にしていたのである。

筆者は、森文政評価が多様であるという現状を踏まえ、その原因の一つとして森文政と地方制度との関係が不明確のままで、森の「国家主義」が時代の変化によって生じた意味合いの異なる「国家観」によって議論され評価されている点にあると考える。それゆえ、本研究は、一八九〇（明治二三）年以降、「国家」の持つ意味が大きく変容したことを踏まえ、同年以前に時期を絞って、同時代を生きた人々、特に教員の目を通して森文政と地方制度および地方教育会の関係を明らかにすることとする。

2　市制町村制の地方教育行政上の意味

佐藤や谷が、森が市制町村制を自身の政策と対立的に捉えていないことを根拠にして、森文政期と市制町村制施行の間に境界線を設けていない点は注目すべきである。また、啓蒙家として森を描き出している木村、山谷の論文においても、市制町村制等地方制度と森文政との関係は、今後の課題とされ、論及されてはいない。

筆者は、学位論文で、市制町村制作成過程で制度編纂委員間に、小学校教育事務を町村住民に委ねる公共事務とするか、国家主導の行政事務とするかをめぐって意見の対立があり、同委員会では結論が出ないままに、一八八七（明治二〇）年九月から一一月までの間に、市制草案における常設委員に関する条文の「市政事務」という文言に「行」という一文字が加筆されて「市行政事務」になり、町村制草案においても「町村一部ノ事務」が「町村行政事務の一部」になるという微細な修正が加えられ、町村の教育事務が公共事務から行政事務となった事を明らかにした。この修正が加えられたのは、「単行書・市制（町村制）草案　明治二〇年九月一七日作成」という題名で綴じられた草案の中で、市制は第三番目、町村制は第二番目の草案である。[13]森は同日の閣議に出席したが、同閣議では井上馨が外相を更迭され、伊藤博文が外相を兼務するという事件があった。また、市制町村制が裁可された一一月二四日の元老院会議に、森は金沢出張後京都に立ち寄り欠席した。[14]もとより非常に微細な変更であるため、森が修正前の市制町村制草案通りに教育事務を公共事務と捉え、教育事務を公共事務とする地方制度に対して「自理和働」を唱えていた可能性も否定できないと筆者は考える。佐藤は、森が市制町村制の公布に伴い、「既存の学校制度に対する改革の必要を示唆しはじめ」、その改革の具体的な方向として一八八九（明治二二）年二月五日文部省修文館で開催された全国各府県学務課長会同の席上における演説を引用し、「もとより市制・町村制などに示された〈公議の制度化〉政策の枠内にあることは当然としても、『官治』の直接化を避けて『自治』を強調するこの発想が、制度改革のトーンに存在していた」と、森が志向していたのは自治的な地方教育行政であったことを示唆している(15)。

市制町村制における教育事務の性格が行政事務としての姿を明らかにし始めるのは、森の死後、一八八九（明治二二）年四月市制町村制が施行されてからである。一八九〇（明治二三）年に公布された第二次小学校令と市制町村制との矛盾を調整するために設けられた地方学事通則は、市制町村制で復活した常設委員としての学務委員を廃止し、市町村長の補助的機関として学務委員を位置づけ、教員採用の権限を市町村長に付与する一般行政者主導の地方教育行政であることを明確にした。森が地方自治制度に則り「自理和働」を主張したのは、現在からみれば極めて中央集権的な権力に森が迎合したかに見えるが、一八八七―八八（明治二〇―二一）年という市制町村制施行への過渡期に文相であった森の目から見れば、市制町村制は、山県の思い通りの中央集権的な制度ではなかった。市制町村制は、その施行時から、特に教育行政についての性格を第二次小学校令・地方学事通則と相俟って変えた制度であったことは、ここでしっかり確認しておく必要がある。佐藤は、一八八九（明治二二）年末に発足した山県内閣による一八九〇（明治二三）年一〇月公布の第二次小学校令および教育勅語の公布によって森文政における諸学校令のすべてが廃案になったと指摘しているが、筆者は、森文政を否定する路線が敷かれ始めるのは、一八八九（明治二二）年四月市制町村制施行と捉えるのが妥当なのではないかと考えている。この時期区分は森文政否定の発端を示し、必ずしも森文政の終結点を示唆した佐藤の説を否定するものではないが、教育史では見えていない森文政と地方制度との関係を明確にする上で意味がある。

地方教育会史研究に集中的に取り組まれている梶山雅史とその研究会が二〇〇六年に教育史学会第五〇回大会コロキウムおよびその研究成果を刊行した『近代日本教育会史研究』、『続・近代日本教育会史研究』両著書における序章

（梶山雅史執筆）において、梶山は、佐藤の前記論文「高等教育会および地方教育会」を、森文相期の「公議の制度化」計画を示唆し、「井上文相が構想した中央・地方『教育会』案に関する」研究として、「教育会史研究にとって必読の先行研究」と高く評価している。[16] 同コロキウムで梶山と教育情報回路研究会は、「森文相の地方教育会改良論と各地の動向」研究をテーマとし、「埼玉私立教育会の成立と動向」（竹内敏晴）、「森文相の地方教育会改良論と福島県教育会」（谷雅泰）、「岐阜県教育会への組織改革論と郡部教育会」（梶山雅史）の三発表をおこない、埼玉教育会、福島県教育会、岐阜県教育会の事例を報告し、総じて県ごとにその展開は大きく異なり、森文相の教育会改良論への対応実態は実に様々であったことを明らかにした。その結果、「市制・町村制発足期に、地方教育行政としての地方教育会による自治・自立の内実が或る期間実現し得ていたのではないかという仮説の点検」などが今後取り組むべき新たな研究課題であると、森文政から市制町村制への移行期に対して鋭い洞察を示した。梶山は、森文政期を含む一八七八（明治一一）年から一九二九（昭和四）年までの期間について、地方行政制度との関係で研究をすることの重要性を次のように示唆している。

教育会史の時期区分は今後の研究の進展によって、より詳細な段階が設定されることとなろうが、その際、基底において近代日本の地方行政制度の変化を明確に踏まえておくことが必要である。一八七八（明治一一）年の郡区町村制公布、一八八八（明治二一）年の市制町村制、一八九〇（明治二三）年の府県制・郡制の制定、一九二一（大正一〇）年の郡制廃止法公布（施行大正一二年四月。大正一五年地方官制の全文改正によって郡役所・郡長廃止）、一九二九（昭和四）年、府県制市町村制の改正。これら戦前の地方制度における一般行政区画、システムの変化に連動して教育行政のありようが大きく変化するのである。その新たな事態への対処、教育行政機関が補い得ない業務の代替、問題処理に向けて地方教育会組織が駆動させられていく。このようにして地方教育会の組織と機能が変化したことによって各エポックにおいてそれぞれの教育会がどのような機能と特質を示したか、各県ごとの具体相が明らかにされなければならない。従来の教育行政史の次元を超えた検討が必要である[17]。すなわち、特に山県の地方制度と森文政と地方教育会との相互関係は、未だに明確に捉えられていないのである。この点を明らかにすることは、地方教育会史研究においても、森文政研究においても、地方教育会と国家権力との関係を考える上で重要な課題といえる。

3　千葉教育会に関する研究

千葉教育会は、全国でも早期に結成された教育会である。『千葉教育会雑誌』第一号によれば、一八七八（明治一一）年「本県小学規程ヲ頒タレ小学校ノ教則ハ各其教頭ノ選定スヘキモノ」となったため教頭間の「通信交通智識交換」のために同志数十名で会を開いたと記されている[18]。翌一二年八月、会名を千葉教育会として会を発足させた。初代会長は師範学校長那珂通世であった。第二回総会で師範学校長小杉恒太郎となった。明治一〇年代の千葉教育会については、既に三浦茂一が詳細な研究をしている[19]。三浦の研究によれば、千葉教育会の会員数は、一八七九（明治一二）年には八五名であったが、一八八三（明治一六）年には二二八名となり、その後は毎年ほぼ百名ずつ増加し、一八八七（明治二〇）年には六六四名になった。一八八九（明治二二）年からは七二〇―七五〇名で維持され、一八九二（明治二五）年以降また急激に増加したとされている。三浦は、もともと千葉教育会は、「諮問会議的な限界を超えるような、とらわれない在野的な精神[20]」を会則に持った教育会であったが、「明治一五―一六年以降急速に行政機構と癒着を深めて公的性格を濃化させ、官による教育会の統制と育成方針に積極的に順応しながら自己を『教育会議』から『組織体』に転化させていった[21]」と結論している。これは、「明治二〇年代に向かって地方教育会の『官府的』性格が直線的に強まった」とする先行研究に対し異論を唱える研究であった。確かに、三浦は、一八八二・三(明治一五・六)年ごろに焦点を当て、そこに変節点があることを実証しているが、一八八五(明治一八)年以降の森文政期については、少なくとも同論文の中では実証的分析を行っていない。このように特に「森文政期」という時期を区別していないのは、おそらく、三浦の論文が一九六九(昭和四四)年の学会発表をもとに執筆されているため、林竹二による森文政評価の刷新が研究に反映されていなかったことにあるのではないかと考えられる。また、柴原和県令については詳述しているが、実際に「官府性」を強めた一八八二(明治一五)年に県令であった船越衛(一八八〇―一八八八年まで千葉県令)については、さほど詳しく言及していない。しかし、この船越こそ、後述するように教育会に対する「官府性」を強める政策を積極的に実施した人物であり、山県有朋の親密な関係にあって、一八八八(明治二一)年の山県の洋行にも同伴することになる「官＝政府」に最も近い人物であった。

本研究の資料として『千葉教育会雑誌』を選んだ理由は、第一に、一八八四(明治一七)年から一八九二(明治二五)年という森文政期前後を含む期間に刊行されていた地方教育会雑誌の一つであること、他の現存し欠損号が少なく分析の対象とできる雑誌として『埼玉教育会雑誌』、『茨城教育協会雑誌』については既にその分析を報告しているからである。第二に、『千葉教育会雑誌』からは他の二誌とは異なる森文政に対する教員の評価が読み取れるからである。その違いとは、筆者の言葉でいえば、千葉教育会が「自らの立地点に立って教育内容および行政を考える姿勢」の色濃い地方教育会であるという点である。本稿では、一八八〇年代後半の国家の権力構造を一枚岩では捉えていないため、三浦の用いた「在野性」という言葉を用いないことにする。

二　『千葉教育会雑誌』にみる森文政に対する対応

1　森文部大臣の就任と授業料徴収

森文部大臣就任の翌一八八六（明治一九）年四月、千葉県教育会会長小杉恒太郎が文部省へ「栄転」した。小杉の「告別の詞」が翌五月の「論説」として掲載された。その主旨は、「森文部大臣ノ嘗テ埼玉師範学校ニ於テ口演セラレシ趣旨ヲ布演シ順良友愛威重等ノ意義ヲ解釈シ以テ両校諸子ニ告グル」ためであった[22]。同論説では、森が教員に求める順良友愛威重質素の意味が丁寧に述べられ、これを実現するために設けられた「兵式操練」や生徒の寄宿舎を兵営に擬した森文政の方針は、軍人を養成するためではなく前記四条を実践するための「一手段」に過ぎないと述べている。その後、森の諸学校令に対する船越県知事の解釈が一八八七（明治二〇）年八月号「雑報」に「知事の訓諭――去月四日本会総集会の翌日学事担任の郡書記小学校訓導及授業生に対し本県知事より訓諭せられたる演述の大意」として掲載された[23]。この演説の内容は、ほぼ森文相の意図をそのまま千葉県の現状に当てはめて解釈し、伝えたものである。主として訓導や授業生を対象にした演説であるから、師範学校令についてまず述べられ、「諸子ハ勅令並ニ文部大臣令達訓示ノ旨趣ヲ遵奉」することを求めた。しかし、小学校については、文部省が内旨として「一戸長所轄区域ヲ一学区トシ其戸数ヲ平均五百ト見込ミ之ニ一尋常校ヲ設置セシメ一郡治内ニ一箇若シクハ二箇ノ高等校ヲ設置セシメントスル」と決めたことに対しては、「毫モ町村費ヲ要セス全ク授業料及学校資産ノ収益ヲ以テ経費ニ充ツルモノニ非サレハ一切之ヲ認可セサルヘシ」と、町村協議費における教育費を出来る限り抑える方針を述べた。

授業料徴収に伴い、森は、一八八七（明治二〇）年六月九州巡回中に実施した演説の中で、「学校積金」は必須であると述べている。小学校令には特に規定は設けていないが、町村費から拠出される補助金は、授業料の総額を超えてはならないことになっているので、「授業料ノ額少キ学校ニ於テ之ヲ保持センニハ必ズ積金ノ利子ヲ以テ其欠ヲ補フコト、スルノ外ナカルベシ」と述べた。また、その積金の方法として、「産物ノ収穫工場ノ製品等売買高ノ幾分」「無尽講等ノ収入金ノ幾割」、「土地ノ売買婚姻ノ契約等ヲナス者ヨリ若干」あるいは「博愛ノ義捐金」を積むことを示唆した。(24)

千葉教育会は、この森の演説に先立つ第九九号（一八八六（明治一九）年一一月）の「論説」（執筆者無記名）で、「町村費ニハ超ユベカラサルノ制限アルニ於テヲヤサレバ主トシテ生徒ノ授業料ヲ以テ経費ノ大半ヲ弁セザルベカラサルヤ必セリ然ルトキハ尋常小学校最下額ノ授業料ニテモ従前ノ額ニ数倍スルニ至ルベシ」、「十中六七ハ皆貧民ニシテ僅カニ旦夕ヲ支フルノミ何ゾ子弟ノ授業料ヲ弁スルノ余財アランヤ」、また、就学にかかる費用は授業料だけではなく、書籍代や筆紙墨も入用だから、「勢ヒ就学ノ念ヲ絶チ空ク小学校ノ門前ニ咨嗟大息スル」ほかなく、保護者は子どもを学校に行かせるのを辞めざるを得ない。この授業料徴収が森文政の一大欠点になりかねないと批判している。そうならないために次のような方策を提案している。

第一　結婚者アル毎ニ其費用ノ幾分ヲ寄附セシムルコト
第二　学区内ノ祭日等ニ際シ慈善会ヲ設ケ其収益ヲ学校ヘ寄附スル事
第三　生徒ノ父兄ハ時日ヲ定メテ其労力ヲ寄附セシムルコト
第四　頼母子講ノ方法ニヨリテ資金ヲ募集スル事
第五　秋穫ノ季節ニ至リ毎戸ヨリ米麦等ヲ徴収スル事
第六　学校内ニ於テ傍ラ耕作又ハ製造ノ業ヲ執リ其収益ヲ資金トナス事(25)

さらに、一八八七（明治二〇）年三月刊行の第一〇三号の「寄書」では、鏑木萬次郎（香取郡鏑木村在住）が「学資金蓄積方法」としてより具体的に、「第一　果実枝葉ノ収益アル樹木ヲ庭内ニ植ユルコト、例セハ茶ノ木又ハ桑ノ木等ヲ学校敷地内ノ周囲ニ二畝乃至三畝ヲ植エ又葡萄ノ如キ植木トシテ所々ニ植ユルコト（中略）」、「第二　家鶏等ヲ畜用スルコト」、「第三　毎年秋期収穫物ノ百分ノ一ヲ学区内ヨリ寄附セシムルコト」の三方法を提案した。一八八八（明治二一）年四月号でも、重田悦太郎（望陀郡戸崎村在住）が「学校資金徴収法一策」を「時事所感」に執筆し、農村部の小学校における学資金調達のために、縄筵草履草鞋を生徒に作らせ、それを売ったお金を貯金すれば、四年も経てば新築校舎を建てることができると述べている。このように、千葉教育会の会員には授業料徴収には異を唱え、他の共同的な方法で、学資金を蓄積する方法を推奨する者が相継いだ。彼らは、子どもの就学を個々の保護者の経済力に委ねるのではなく、村落共同体として負担すべきだと考えていたのである。

これに対して、一八八八（明治二一）年三月号では教育会長である平山師範学校長兼学務課長が、授業料について、「教育ヲ受クルモノ素ヨリコレヲ納ムルノ義務アレハナリ是レ猶ホ物品ヲ求メタルモノニ其価ヲ払フノ義務アルニ均シク其ノ理甚タ明カナリ」と述べ、教育を受ける者が授業料を納めるのは、物品を購入する際に代価を支払うのと同様の義務であると受益者負担主義を説き、森文政に従う立場を示していた[26]。これは、前述の教員たちの共同体で子どもの授業料を捻出しようとする考え方とは明らかなズレがあった。

すなわち、千葉教育会のトップは、森文政に従う姿勢を明確にしているが、一般教員会員たちは、結果的には森の政策と同じことを主張しているように見えても、授業料徴収には根本的には反対していたのである。

2　小学校教育財政をめぐる文部省と内務省の方針の相違への対応

金子照基は、森文政は町村行政から小学校教育財政を独立させるために授業料制を敷いたと指摘している[27]。森の意図を明らかにする資料は現在のところ発見されていないが、授業料や寄附金の使途をどこで議論し決定するかをめぐる文部省と内務省の綱引きは、一八八七（明治二〇）年から活発化していた。第一次小学校令では、小学校経済を左記のように規定した。

第七条　寄附金其他ノ収入金アリテ小学校ノ経済ニ供スルトキハ其収入及支出ノ方法ハ府知事県令ノ定ムル所ニ依ル

第八条　授業料及寄附金等ヲ以テ小学校ノ経費ヲ弁シ能ハサル場合ニ於テハ区町村会ノ評決ニ依リ区町村費ヨリ其不足ヲ補フコトヲ得

第九条　小学校教員ノ俸給旅費ハ府知事県令ノ定ムル所ニ依ル

第十条　小学校資金ノ収入及支出ハ其管理者ヨリ毎三箇月府知事県令ニ報告スヘシ

第十一条　小学校ニ属スル資産ノ管理ニ関スル規程ハ府知事県令ノ定ムル所ニ依ル

このように森は、小学校経済を管理する権限のほとんどを府知事県令に付与していた。しかし、一八八七（明治二〇）年一一月四日勅令第五十六号(28)が公布され、従来府知事県令が権限を掌握していた地方税の雑収入は必ず府県会で議決されなければならなくなった。この勅令第五十六号を起案したのは山県であった。当時は、地方税の中に区町村費は含まれていなかったが、小学校への寄附金の使い方が府知事県令に委ねられていたのであるから、その寄附金の使途を府県会で協議すべきか否かは、判断に迷いが生ずる可能性があった。内務省は、翌日一一月五日に省令第四十七号を出し、「区町村公共ノ経済ニ属スヘキ共有物ニ関スル事件ハ渾テ区町村会ニ於テ評決セシムヘシ　但本文ニ抵触スル従前ノ嗣令訓令ハ取消ス」とした。千葉県令船越衛は、その直後一一月一二日、県訓令第二百二十五号を出し、「町村公共ノ経済ニ属ス可キ共有物ニ関スル事件ハ渾テ町村会ニ於テ評決セシム可シ」とした。そして、その直後の一五日に内務省に伺いを提出し、小学校に属する資産の財源は、授業料・寄附金・区町村費にわたっているが、区町村費を使用するに際しては、区町村会の評決を得る必要があるが、それ以外の小学校経費についても区町村会の評決を得ることは必要か否かを問い合わせた。その結果、「伺之趣本年当省第四十七号訓令ハ小学校ノ経済ニ関セサル儀ト心得ヘシ　但小学校令第十五条ニ依ル小学校簡易科ハ本文ノ限ニアラス」[29]と内務大臣山県有朋の指令があり、小学校経済にはこの訓令第四十七号は適用されないという回答を得た。

他方、内務省は、同年一二月二二日に、左記の内務省訓令第五十一号を発した。

区町村費ヲ以テ支弁スヘキ事業ニ関シ寄附スル金穀物件ハ区町村会ノ評決ヲ経テ寄附者ノ指定シタル費途又ハ使用ニ充テシムヘシ

区町村費ノ雑収入ハ他ノ収入ト同シク区町村会ノ評決ニ付セシムヘシ

右省令により、小学校経済における授業料・寄附金等の使途は、区町村会で協議評決されなければならない可能性も出てきたのである。そのため、船越は、翌一八八八（明治二一）年一月二一日、訓令第七号を発し、前出訓令第二百二十五号は、簡易科を除く「小学校ノ経済ニ関セサル儀ト心得可シ」として小学校経済には関係が無いことを敢えて明文化した。ここに、船越の小学校経済を町村行政から独立させようとする、むしろ森文政の方針に沿った柔軟な方針を読み取ることができる。

千葉県は、小学校経費中町村補助費の額が授業料より多くなることを禁ずる県訓令第十四号を一八八八（明治二一）年二月一日に出した。[30]このように小学校教育費の運用の決定権がどこにあるかについては、区町村会に権限を与えようとする内務省と府知事県令に権限を与え町村行政から独立させようとする文部省の考え方に相違があり、その相違が、一八八七（明治二〇）年末には町村行政レベルでの困惑と対立を生じさせていた様子がうかがえる。それは奇しくも市制町村制草案で隠密裏に修正が施された時期と期を一にしていた。その後、一八九〇（明治二三）年第二次小学校令第四四条「授業料ハ市町村ニ属スル収入トス」により、市町村会で協議評決を要する事項となった。

3　教員の給与と待遇

一八八六（明治一九）年一二月閣令第三十五号が発令され、教員は判任官待遇となった。これは、教員として「喜ぶべきこと」であるが、教員の世間的地位は依然として低いことが歎かれている。一八八七（明治二〇）年一一月号の「論説」は、「今日ノ小学教員ハ斯ク世間ニ薄待セラル、ノ間ニ立テヨク其職ヲ全フセサルヘカラス」と、教員はその地位待遇が低いために離職者が多いことが歎かれている。同論説では、

> 教員ヲ優待スルハ当然ノコトナレハ宜シク地方理事者ニ向テ其注意ヲ促スヘシト是レ或ハ然ラン然リト雖モ注意ヲ促シタリトテ之ニ注意スルトセサルトハ理事者其人ニアリテ存ス余輩之ヲ知ラサルナリ苟モ頼ムヘカラサルヲ頼ミテ其地位ヲ得ントスルハ鄙劣ノ策ナリト謂ハサルヘカラサルナリ況ヤ政府ハ小学教員ヲ優待スルニ判任官ノ取扱ヲ以テスルニ非スヤ（傍点引用者）理事者ハ素ヨリ小学教員ヲ優待スルコト此ノ如シ故ニ理事者ニ向テ不平ヲ訴フルノ非理ナルヲ知ルヘシ今仮ニ其国ニ於テ理事者ハ優待ノ実ヲ行ハストスルモ其レハ理事者ノ事ニシテ余輩ノ喋ヲ容ル、処ニ非ス　余輩ハ飽クマテモ小学教員ノ地位ヲ高ムルハ小学教員ノ力ニ依ラサルヘカラサルヲ信スルナリ(31)

と、教員の待遇に関する仕事は、理事者（戸長）の仕事であるけれども、地位を上げることを戸長に頼むのは「鄙劣

ノ策」である。そのようなことにならないように、政府は教員を優待するため「判任待遇」にしたのでなかったのか、と訴えている。それゆえ、教員は、理事者の判断に嘴をはさまず、「小学教員ノ力」で地位を高めて行くべきだと述べている。ここで注目したいのは、閣令第三十五号を「小学校教員を優待するため」の法律と評価している点である。閣令第三十五号は、森有礼が起案した閣令である。(32) この閣令によって、教員の准官は戸長の下位に位置づけられ、戸長への従属が決定的となった。しかし、それでも、「国家によって保証された地位」という意味は重かったのだろう。少なくとも、森の意図をそう捉えて誇り高くありたいと考えていることが読み取れる。この論説は、教員の公務員としての性格を、その形成過程から考える上で示唆に富んでいる。

千葉県は、一八八七（明治二〇）年二月二日県令第十九号により町村立小学校職員の月俸を定めた。この内容は、市制町村制公布後の一八八八（明治二一）年六月一四日においても「客年県令第十九号ニ拠リ実額ヲ支給シ名実相反セサル様精々御配慮相成度」と南相馬郡長の伺いの返答として県から通知された。(33) この県令第十九号は、一八九二（明治二五）年三月県令第二十四号が公布されるまで有効であった。すなわち、千葉県においては、後述のように実態は伴わなかったようであるが、教員の給与額を決定する権限が市制町村制施行後も法令上は県知事に担保され続けたのである。

４　一八八七（明治二〇）年教育会組織の改変

『千葉県教育会館史』には、「明治二〇年七月の総集会で会の組織が大幅に変更された」と述べられ、森文政期半ばに教育会組織が大きく改変されたことが示唆されている。その組織改変の内容は、「公選であった幹事（五―七名）を会長の特選にしたことと、商議委員会を設置し一二名を公選としたことである。新設された商議委員会は年四回の開催が規定され、会の事業計画や会長の諮問事項を審議したり、そのほか多くの重要な内容についても審議した。つまり教育会の運営の中枢的役割を果たしていたのである。」、また「幹事については二二年に専任制度となり、木内総三郎が専務に就任、他の幹事とともに会運営に活躍した」と記述されている。[34]会長副会長商議員の選挙方法については、「千葉教育会規則」（明治二一年二月）第一〇条に「在千葉会員中ヨリ会員ノ公選を以テ挙グ」と規定された。この場合の公選とは、総会出席者による選挙を意味している。同総集会では、地方委員の設置も決議されたが、同委員は、一六年会則で「地方幹事」とされていたものを名称変更し、人数を「一人乃至七人以上」から「二名乃至五名」に変更したに留まっていた。

まず、商議員会設置については、その新設理由として、一八八七（明治二〇）年の総集会の席上で幹事の斎藤時之助が「幹事ヲ（会長ノ）特撰ニ致ス理由ハ幹事ハ庶務会計編集ヲ掌ルトゴザイマスガ庶務会計ノ如キハ誰レモ幹事ニ投票セラル、位ノ人デ出来マセンコトハナイカ編集ハ一種特別ノ技能デ御座イマスカラ尚ホ書ヲ書クトカ字ヲ書クトカ云フト同様ニテ文章ノ心得ガナケレバナラズ公選デ挙ゲテモ其人ヲ得ザル場合ガアリマス（中略）特撰ニシテ適当ノ人ヲ得タ方カ善カロウト云フ精神デアリマス」と、公選では千葉教育会誌編集者として適任者を選べないためであることが説明された。また、それまで千葉町在住の会員による月次会により会の進行等を協議して来たが、人数が多すぎ、また欠席者も少なくないので、その代わりに「商議委員ト云フモノヲ投票シテ人数ヲ少クシテ其レニ事ヲ委託スルトシタナラバ大層運ビガ善カロウ」と、公選の商議委員を設置した理由を述べている。[35]同総集会で決議された会則第九条によれば、幹事は、庶務会計編集に従事し、商議委員は隔月の会議で、「本会事業ノ伸縮」と「会長諮問ノ事項」を議定すると規定された。一八八三（明治一六）年の会則では、編集委員は幹事に含まれていなかったが、編集委員を幹事に位置づけ、教育会の最も重要な媒体である機関誌の機能強化を図った。

実際に選ばれた幹事、商議委員を調べ表1を作成した。幹事は主として師範学校教員から特選されており、商議委員には、師範学校教員、中学校長、小学校長、県学務課員、県書記官、郡吏員、千葉新報社員が選出されている。な

表1　千葉教育会役員

	会長	副会長	編集委員	幹事	商議委員
1882（明治15）年	小杉恒太郎（師範学校長）	永井兼蔵（長狭郡教員）		小池民次（師範学校教員）、江尻庸一郎（教員・静岡県師範学校へ転出）、**山下安民（県教育課）**、浅羽肅也（千葉校）、多田房之輔（栃木県教員）	
1883（明治16）年	小杉恒太郎（師範学校長）	江尻庸一郎（周准郡教員）		浅羽肅也（千葉校）、小池民次(師範学校教員)、水谷篤蔵（登戸校）、木下邦昌(師範学校教員)、芝垣久道（安房郡北条校教員）	
1884（明治17）年	小杉恒太郎（師範学校長）	**堅山理一郎（県教育課長）、松崎省吾（県庶務課長）**		不明	
1885（明治18）年	小杉恒太郎（師範学校長）	**堅山理一郎（県教育課長）**、江尻庸一郎（周准郡教員）	手嶋春治（師範学校教員）、伊藤万吉(師範学校教員)、小池民次（師範学校教員）	芝垣久道、伊藤万吉（師範学校卒業・周准郡教員）、浅羽肅也（教員）、**山下安民（県教育課）**、小池民次（師範学校教員）	
1886（明治19）年	**堅山理一郎（県教育課長）**	不明		伊藤万吉(周准郡教員)、小池民次（師範学校教員）、芝垣久道（東京都在住・教員）、**山下安民（県教育課）**、斎藤時之助（県教育課⇒師範学校教員）、浅羽肅也（千葉校）、明石吉五郎（福島県三春町）、**永井謙蔵（長狭郡教員⇒県教育課）**、永田一茂（千葉新報社）、**鳥海鯛次郎（県教育課）**、	
1887（明治20）年	平山　晋（師範学校長・学務課長）	佐藤亀世（師範学校教頭）	伊藤万吉（師範学校教員）、小池民次(師範学校教員)、斎藤時之助（師範学校教員）、木村忠（師範学校教員）	小池民次（師範学校教員）、木村忠（師範学校教員）、斎藤時之助（師範学校教員）、伊藤万吉(師範学校教員)、有田速(師範学校教員)	小池民次（師範学校教員）、伊藤万吉（師範学校教員）、**山下安民（県学務課）**、斎藤時之助(師範学校教員)、永田一茂（千葉新報社）、**渡辺新蔵（県学務課）**、田中直吉（千葉中学校長）、**鳥海鯛次郎(県学務課)**、瀧川重太郎（千葉県中学校）、**佐藤幸則（千葉市原郡郡長）、高力衛門(県収税長)、影山昇（千葉市原郡役所）**
1888（明治21）年	平山　晋（師範学校長・学務課長）		**鳥海鯛次郎（県学務課）**、木村忠（師範学校教員）、島田衷（印幡郡鹿山学校長）、伊藤万吉（師範学校教員）、斎藤時之助（尋常師範学	鳥海鯛次郎（12月辞)、高浦芳松（補）木村忠(12月辞)、栗山久吉(補)（安房郡山本小学校)、島田衷（印幡郡鹿山学校長　12月辞)、伊藤万吉(師範学校教員)、	小池民次（師範学校教員)、伊藤万吉（師範学校教員)、斎藤時之助(師範学校教員)、瀧川重太郎（千葉県中学校)、**鳥海鯛次郎(県学務課)**、田中直吉（千葉中学校

			校）、小池民次（師範学校教員）	斎藤時之助（師範学校教員）、**原田直（孝）（県学務課）**、小池民次（師範学校教員）	長）、原庫二（千葉県高等小学校）、永田一茂（千葉新報社）、木村忠（師範学校教員）、**渡辺新蔵（県学務課）、佐藤幸則（千葉市原郡役所）**、島田衷（印幡郡鹿山学校長）
1889（明治22）年	平山　晋（学務課長・兵事課長）	佐藤亀世（師範学校教頭）（10月辞）	木内総三郎（香取郡伊能村学校（辞職）9月より専任幹事）	有田速（6月まで）（尋常師範学校）、斎藤時之助（師範学校教員）、伊藤万吉（師範学校教員）、**原田直（県学務課）**、小池民次（千葉師範学校）、木内総三郎（香取郡伊能村学校（辞職）9月より専任幹事）	小池民次、伊藤万吉、斎藤時之助、原庫二（千葉県高等小学校）、永田一茂（千葉新報社）、**島田衷（県学務課）**、瀧川重太郎（千葉県中学校）、佐藤虎之助（千葉町千葉小学校）、**渡辺新蔵（市原郡役所）**、木村忠、**影山昇（市原郡役所）**
1890（明治23）年	平山　晋（学務課長・兵事課長）	豊岡俊一郎（師範学校教員）＊（11月辞）	木内総三郎（専任幹事）	木内総三郎（専任幹事）、堀越源次郎（千葉師範学校教員）、小池民次（千葉師範学校教員）、伊藤弘一（千葉師範学校教員）、上原保俊（千葉尋常中学校）	小池民次（師範学校教員）、**島田衷（県学務課員）**、青柳巌雄（群馬県出身・印旛郡佐倉高等小学校）、鈴木壽之松（武射郡大網学校）、佐藤啓（香取郡佐原学校）、永田一茂（千葉新報社）、**増川頼風（長柄郡郡役所）**、小出三平（海上郡銚子荒野村）、**鳥海金隄（県学務課）**、原庫二（千葉県高等小学校）、松本長（寒川小学校）、富津亀三郎（尋常師範学校）
1891（明治24）年	平山　晋（参事官・学務課長）	豊岡俊一郎（師範学校教員）	木内総三郎（専任幹事）	小池民次（師範学校教員）、伊藤弘一（師範学校教員）、木内総三郎（東京都在住・専任幹事）、堀越源二郎（師範学校教員）、上原保俊（県尋常中学校）	小池民次、伊藤弘一、原庫二（県高等小学校）、永田一茂（千葉新報社）、**島田衷（県学務課）**、**鳥海金陰（県学務課）**、佐藤虎之助（千葉小学校）、**影山昇（市原郡役所）**、松本長（寒川小学校）、山本正温（五田保校教員）、**佐藤幸則（千葉市原郡役所）**、**岩佐為春（千葉県書記官）**

本表は、『千葉県教育会館史　第1巻』（pp.65–67）、千葉教育会会員名簿　明治17年（『千葉県教育会館史第3巻　史料編（1）』pp.77–81）、明治20年（『千葉教育会雑誌』112号pp.39–65）、明治23年（『千葉教育会雑誌』第142号附録）を参考にして、雑誌情報を最優先にして河田が作成した。　太字ゴチック体は、県郡吏員を示している。明治20年、「教育課」の名称が「学務課」に変更された。＊『千葉県教育会館史　第1巻』（pp.65–67）では「11月辞」となっているが、明治23年8月の名簿では副会長の欄は、既に「欠」となっている。

お、幹事に特選された人物の中に、商議員に重ねて選ばれているものがいる。吏員が占める割合は、商議委員が設置された一八八七（明治二〇）年に一番高く、一二名中六名と半分を占めていた。この傾向は、翌二一年以降弱まり、同年から二三年まで県庁吏員が一二名中三名に減少する。二四年には吏員五人と増加する。もっとも吏員には師範学校出身者が多数採用されているようで、教員歴をもつ者が県教育課員になっているケースが多く認められる。

次に専任幹事として木内総三郎が就任したことについてであるが、一八八九（明治二二）年九月号「報告」欄「本会幹事の事務分担」に、編集を木内総三郎一人に任命したことが明示された。[36] 同年一〇月号「論説」で木内総三郎は、「先ニ会長ヨリ編集ノ任ヲ嘱セラレタ」と述べ、自身の編集委員としての任務は、自治制度が教育上に及ぼした影響を調査し、実際に町村制が「教員ノ俸給ヲ半減」させたり「卒業生ハ不当ノ待遇ヲ受ケテ其職ヲ辞」している実態の真偽を確かめ、その原因と方策を講ずることだと言明している。[37] 木内は、千葉師範学校卒で香取郡伊能村小学校訓導であったがその職を辞して幹事となった。[38] 雑誌の編集については、同年二月頃より、会員から編集内容に不満の声が寄せられていた。たとえば島田衷からは、『千葉教育会雑誌』には「論説寄書ノ駁論又ハ本会其他ニ向テ異論ヲ掲ゲシモノ見受ケシコト少ナク」と、同会の雑誌が会員間の討論の場になっていないという批判が寄せられ、翌月にも同島田会員は「論説ハ会員ノ論説ヲ戴スルモノニハ非スシテ多クハ新聞紙雑誌等ノ社説風ノモノ又ハ諸大家ノ論文ナゾヲ掲ゲ寄書ニ反ッテ会員ノ論説報告等ヲ戴クノハ（中略）感服仕ラス」と指摘し、「論説」は、「会員ノ寄稿ニ係ル本県教育ノ論説ハ記名ニテ本欄ニ掲クヘシ」と改正案を出している。[39] 専任の編集者を任命したことは、こうした不満に対する対応でもあったと考えられる。島田は、理由は不明であるが、一八八八（明治二一）年一二月一四日に鳥海（鯛次郎）、木村と共に幹事を辞任した。[40] この批判は、時期的に見てその直後に執筆されたものである。

総じて森文政期に実施された千葉教育会の組織的変更は、千葉師範学校教員を中心とした会中枢部の組織力を高め、会員数を増やし、会の活動を活発化させたといえる。会員数は、一八八五（明治一八）年四八五名から、翌一九年には五七七名、二〇年には六六四名と毎年約百名ずつ増加した[41]。また、初回こそ県吏員によって半分を占められた商議委員であるが、次年度以降は教員主導でかつ自治的に運営しようとする方向性を持っていたといえる。

森の死後、この組織変更を定めた会則に対し、早くも一八八九（明治二二）年六月に開催された総会では改訂を求める建議がなされた。その建議の内容は、①会員除名の権限を会長一人ではなく地方委員と商議委員の意見を聞くこと、②商議員の職務権限を「経費二十円以下ノ事」に制限すること、③幹事の選出は会長の特選ではなく会員の互選にすること、④正副会長の任期二年を一年にすること、⑤職員酬労及俸給の交付は会長ではなく商議員会の決議に因ると改めること等である。審議の結果、⑤のみ採択されて、他の四つの建議案は賛成者が少数であったため却下された。これら五項目の建議案は、千葉教育会中枢部の運営方法を批判し、その牽引力を阻止する方向性をもっていた。中でも②の商議員の権限制限は、佐藤荘吉（香取郡佐原町学校）から提案され、その賛同者は長峰兼之助（千葉郡寒川村学校）、小熊吉蔵（天羽郡障子谷村）、重田悦太（望陀郡戸崎村）等、「千葉町在住」ではないが故に幹事や商議員になれない地方部に居住する会員たちだった。佐藤は、「商議員ハ非常ノ勢力ヲ以テ本会ハ有レドモ無キガ如シト云フコトガ現レマシタ之ハ外デハアリマセン講習会デアリマス現ニ総集会ヲ開クト云フ場合アルニ関ラズ商議員ガ勝手気儘ニ定メテ会員ヲ募集イタシマシタ」と、商議員のあり方を「勝手気儘」と批判した。そして、「少数ノ商議員ノ為メニ（会ノ）伸張ガ出来ン場合ガ起ルカモシレナイ」（（ ）内引用者）から、その決定権を経費二〇円以下の事業に限ることを提案したいと述べた。これに対し、永田一茂は、不快感を露わにし、商議員を「勝手気儘」と評することは、「建議者ノ口頭ヨリ出ス可ラサルコト」だから会長が注意すべきであり、このような建議が採択されたら、「教育会ハ腐敗ノ極ト思フ」と反論し、この建議を否認する流れを作った[42]。

このように、会中枢部の組織運営に関する二〇年の規則変更は、永田のような強力なリーダーシップに支えられながら、反対意見を抑えつつ千葉教育会の組織力を高めて行った。

5　教育会会長の選出

一八八七（明治二〇）年七月一日、第一〇回総会が開催され、二六四名の会員が出席し、三日目には三〇〇名に増加した。傍聴者も四〇〇人に及んだという。同会議は『千葉新報』でも報じられ、会長小杉恒太郎が文部省に転任し、副会長は病気で欠席したため、議長は幹事小池民次が務めた。[43] 会議中、千葉教育会会長および副会長を改選する段となり、増川頼風（長柄郡茂原郡役所）が、会長職を県知事に依頼してはどうかという案を提案した。これに対し、宮村三多（尋常師範学校訓導）は賛成、吉野健次郎（千葉郡馬加村浜田学校）からは会則に反するので反対、鳥居忠亮（尋常小学校長）は今まで選挙で決めてきたので反対、本吉誠一郎（千葉郡吉橋村塙小学校）は会長の職務は事務が多いので「余リ頭ガ重クテ会員ガビクビクシテ居ルト却テ会員ノタメニ得策デハナイ」ので反対、黒川秀治（安房郡岩井村尋常小学校長・平郡支会幹事）は、「（知事を会長とすることは）些々タル事ニ拘泥シテ重大ナル問題ヲ置キマスルハ実ニ遺憾テアル」から反対、加藤寅吉（天羽郡佐貫村小学校）は、最初賛成に挙手したが、「千葉教育会ナルモノハ諸君ノ知ラル、通リ十年ノ春秋ヲ経過シテ居ルテハアリマセンカ其間ニ会員中ヨリ公選シタル会長ナルモノニ未ダ整理ガ不充分トカ何トカ云フ不都合ヲ生ジタ個条ハ一モゴザイマセン之レ所謂我ガ本会ノ栄誉デアリマス県知事ヲ以テ会長ニ戴クハ却テ栄誉デナイト思ヒマス何トナレハ会員ノ中ニ会長ガ出来テ会長タル可キ者ガ一切ノ事務ヲ総理シテ正々堂々トシ行カルレハコノ位目出タイコトハナイコノ位栄誉ハナイト考ヘル」（一二六頁）と主張し、賛成から反対へ転じた。続いて議長席から席を降りて会員として発言した小池民次から左記のような反論があり、多数決の結果、会長副会長はこれまで同様公選で決定されることになった。

番外一番（小池民次氏）曰段々知事ヲ会長ニ仰グト云フ説ガ出マス様デゴザイマスガ私ハ決シテ人ノ説ヲ駁撃ハシマセン只私ノ考ヲ一ト通リ御参考ニ述ベテ置キタイト思イマス随分重イ位ノアル人ヲ会頭トカ何トカ云フモノ

ニコシラヘテオクコトハ大層ハヤリデゴザイマスカ教育会テモ会頭ヲ知事ニ願テゴザイマス所カ所々ニアリマス福島県ナドハ即チ知事カ総理テゴザイマス其他私ノ知テオル教育会ダケデモ二三ヶ所ゴザイマス其様子ヲ聞キマスト実ハ大変栄誉ダケレドモ実際ハ誠ニ不便カ多イト云フコトヲ幹事ノ様ナモノカラ聞キマシタ私モ最初ハ知事閣下ヲ会頭トシタナレバ重ミカキイテ善カロウト思ヒマシタカヨクヨク考ヘテ見ルニ全体此ノ教育会ノ目的ハ教育上ノ前後ヲ誤ラヌ様ニ隆盛ニシタイ目的テ結合サレテ居ル所ノ六八〇有余名ノ会員デアリマスレハ重ミカキクノカキカンノト云フハ取り除ケテノオ話シテ道理ト便利ヲ土台ニ組ンテ教育会ノ事業ヲ挙グルハ一番ヨイト思ヒマス殊ニ御承知ノ通リ此ノ千葉教育会ナルモノハ明治一二年ニ始メテ立チマシタモノテ其折ニハドウ云フ人ガヤッテイタカト云ヘハ皆ンナ小学校教員計リテゴザイマシテ御役人様ハチットモ這入リマセン併シ御役人様ニハ大層御恩ヲ蒙リマシタケレドモ幹事ト言ヒ委員ト云ヒ総テ組立ッタ所ノ会員カラ出来マシタ斯ク組織シテ来マシタカ会長ダケハ師範学校長ヲ御頼ミ申シタガヨカロウト云フノデ当時ノ師範学校長那珂通世君ニ依頼シ三回ニ到リテ従前ノ通リ師範学校長小杉君ニ依頼シタ所ガ会員中ノ説ニ我々ノ組織シタ千葉教育会ナレハ校長ニ依頼スルト云フハ不見識ナリトテ其レカラ投票トシタ所カ会長ハ小杉恒太郎君ニナリマシタ次第テ御座イマス素ヨリ重ミガキクトカ本会ノ栄誉トカ云フ様ナルコトハ私ハドウデモカマイマセンガ只実際ノ事業ヲ運転シテ行キマスル場合ニ於テドウモ差支ガアロウト云フコトヲ考ヘマスモウ一ツ言ヒマスガ成ルベクコウ云フコトハ教育上ノ見識ノ広イ人ヲ会長ニシテ善イト思フ併シ是レハ銘々ノ料見テアリマスガマア私ハソウ云フ人ヲ投票シマス何セヨ私ノイヤニ思フハ知事公ダカラ会長ニ仰グ書記官公ダカラ御依頼中サウト云フ様ナコトハ誠ニイヤニ思フ（後略)[44]

小池は、教育会が元々小学校教員を中心に組織されてきたのだから、師範学校長が会長になるのが当然とはいえ、公選になり、その上で師範学校長が選ばれてきたといういきさつを述べ、教育会の会長には、「教育上ノ見識ノ広イ人」がなるべきであり、「知事公ダカラ会長ニ仰グ書記官公ダカラ御依頼申サウト云フ様ナコトハ誠ニイヤニ思フ」と、行政のトップが教育会のトップに立つことを道理に合わないと、はっきり批判した。小池は、一八八一（明治一四）年から継続して幹事となり、一八八七（明治二〇）年に発足した商議委員にも選ばれた人物である。小池は、一八五八（安政五）年に静岡県で生まれ、旧鶴舞藩克明館で漢籍英語数学を学んだ後、一八七三（明治六）年市原郡松崎小学校請書師試補となった。千葉教育会発会時の一八七八（明治一一）年には、千葉師範学校に入学したばかりの学生であった。一八八六（明治一九）年には小学教則取調委員、一八八七（明治二〇）年当時三〇歳で千葉県尋常師範学校訓導兼助教諭であった。[45] 議長席を降りて幹事としての彼の発言により、会長を県知事に依頼するのではなく、投票で決めることになった。投票の結果、会長は平山晋師範学校長が選出された。平山は、続く二一・二二年度も会長に選出され、師範学校長と学務課長を兼務していたが、二二年七月一九日に師範学校長を辞職し、学務課長を本官として兵事課長兼務となった。[46] 平山はその後二三・二四年度も引き続き千葉教育会会長に選出された。

三浦は、前述のように一八八二（明治一五）年以降千葉教育会は、既に官との癒着を深め「在野性」が「枯渇し形骸化していた」[47] と述べているが、官、即ち県知事を教育会の長にすることは「意味が無い」「道理に合わない」と、教育会の在り方を根本的に考えることによって否定しているこの第一〇回総会の会の流れと決定内容から、千葉教育会が「明治二〇年」においても尚自治的気運を維持していたと捉えることができる。前節の会の組織変更に続いて行われた会長選挙として考え合わせれば、会の自治性を維持しようと懸命になっていた注目すべき会長選挙であったと考えられる。

6　教科書採択方法

一八八七（明治二〇）年三月二五日、文部省は訓令第三号を発し、公私立小学校教科用図書の採定方法として審査委員を設けて審議させる方針を打ち出した。その審査員としては、尋常師範学校長もしくは長補、学務課員一名、尋常師範学校教頭及附属小学校上席訓導、小学校教員三名、該地方経済上の情況通ずる者二名で組織されることが規定されていた。同年五月には「教科用図書検定規則」を公布し、第一条は教科用図書の検定はただ図書が教科書として弊害ないことを証明するに留めることを指示した。同年九月一二日文部省令第一二号は、訓令第三号によって採定された教科書は四年間変更することができないと定めた。こうした教科書審査制度に対応し、千葉県では同年七月一三日に小学校教科用図書審査委員として千葉尋常師範学校長平山晋、同教頭佐藤亀世、同助教諭小池民次、学務課僚本県属山下安民、県会常置委員片岡治躬、同板倉胤臣、印幡郡鹿山学校長島田衷、香取郡多古学校長神沢佐太郎の八名が選出された。更に一一月八日から千葉師範学校内で審査が開始されたことが九日の『千葉新報』で報道された。[48] こうした動きに対し、『千葉教育会雑誌』一八八八（明治二一）年三月号の論説「小学校教科用書の選択」（執筆者無記名）は、「文部省ニ於テ検定ヲ経タル所ノ書ハ何ニヨラズ直ニ教員ノ鑑定採択ニ任スルノ便ナルニ如カズ」、「審査委員ナルモノヲ設ケテ其撰択スル所ハ若カモ三四種ニ限ルガ如キハ策ノ宜シキヲ得タルモノニ非サルベシ」と、教科書の選択は一般の教員自身に任せるべきで審査員を設けて選択させることは宜しくないと批判した。[49] 最後には、「今回各地ニ於テ更ニ数種ノ用書中ヨリ一種ヲ採用スルトキハ爾後五カ年間ハ之ヲ変更スルヲ得ス」と、法令上は「四カ年」となっているところを「五カ年」と誤って記述しているものの、長い間変更することができないから「深い思慮」が必要であると説いている。

この三月号の論説が出た後、一八八八（明治二一）年三月二七日に出されたばかりの県令第五十号および第五十二号[50]が、翌月の四月一三日には県令第六十四号および六十八号[51]によって改正され、第二条で「一学科ノ図書二種以上ナルモノハ学校管理者及校長若クハ首席訓導協議ノ上一種ヲ選用ス其書目ハ所管郡役所ヲ経テ県庁ヘ開申スベシ」と、県令第五十号が学校管理者にのみ教科書選定の権利を付与していたのに対し、校長や首席訓導が教科書を選定できるようにした。この県令に対し、四月号の「論説」「教員諸君ニ切望ス」（執筆者無記名）は、「教科用図書選定ノ権利タル一ニコレヲ諸君ト学校管理者トニ付与セラレタルコト勿論ニシテ」と歓迎の意を表し、学校管理者は「素ヨリ実地ノ教育ニ従事スルモノ」ではないのであるから、「実際多クハ諸君ノ掌裡ニ帰セザルヲ得ズ」と、教科書選定権はほぼ教員に与えられたに等しく「光栄至大」な権利であると述べている(52)。県令六十四号に規定された教科書選定の権利は、「学校管理者及校長若クハ首席訓導」に与えられたのであり、論説で述べられたように「諸君」（＝一般教員）に与えられたのではない。この点について『千葉県教育百年史』では、「明治二〇年、二一年当時県下の学校一校に付教員の人数は、一・二人―一・五人であり、非常に少なかったため『実際多クハ諸君ノ掌裡ニ帰セリ』というのは当をえた表現であり授業生を除くその大部分の教師が教科用選定に関与したものと思われる」と述べ、県令六十四号と六十八号によって教科書選定の権利を多くの教師が享受できたと解釈している(53)。教科書選定をめぐる以上のような県と教育会の動きを見ると、千葉教育会が県教科書行政を批判したことが、学校管理者のみでの選定方式を更正させたといえる。

その一方で、同四月号論説はさらに、「他人ノ不正ナル干渉ノ為メニ此貴重ナル権利ト自由トヲ防《（ママ）》害セラレテ可ナランヤ」と、教員以外の者が教科書を選定することを「不正ナル干渉」と言い、教科書の自由採択制を支持する立場を明確にした。続けて「諸君多数ノ同意ヲ以テ或ハ一郡治内ヲ通ジテ用書ヲ一定スルコトニ決シ或ハ一郡治内ヲ僅カ二三区ニ分割シテコレヲ一定スルコトニ決シ将ニ勢力アル一二人ノ意見ニ依テコレガ用書ヲ決定セントスルモノアリト」と、教科書選定が二―三の郡においては、郡内すべて統一されたり、一人二人の有力者によって教科書が決められる状態にあるということは、全く教員による「権利ノ放擲デアル」と述べている(54)。すなわち、四月号の論説は、この時千葉教育会自体のあり方として、会員である校長・首席訓導が正に当事者として選書責任を真っ当に果たすのか否か、危うい前兆に対して危惧する警鐘を対内向けに発信した注目すべき論説であったとも捉えられる。

以上、これまで引用した「論説」には、執筆者名が明記されていない。『千葉教育会雑誌』の特徴として、記名が無い「論説」がほとんどであるが、時折名前が明記されている「論説」がみられる。記名がある場合には、会員外が執筆した場合が多い。他の記事には会員名が付されているため、おそらく多くの無記名の「論説」は、編集委員によって執筆されたものと推測される。同雑誌の編集委員は、一八八五（明治一八）年七月には、手嶋春治（二〇年に京都府西本願寺教授となる）、伊藤万吉（千葉県尋常師範学校）、小池民次（千葉県尋常師範学校）であった。その後、八六（明治一九）年は不明、八七（明治二〇）年の編集委員は、伊藤万吉、小池民次、斎藤時之助（尋常師範学校）、木村忠（師範学校）である。一八八八（明治二一）年の編集委員は八月から、鳥海鯛次郎（千葉県学務課）、木村忠、島田衷（印幡郡鹿山学校長）、伊藤万吉、斎藤時之助、小池民次であった。[55]すなわち、一八八七年三月から一八八八（明治二一）年四月までに執筆された教科書関連の「論説」執筆者は、これら編集委員の中で教科書審査委員だった小池と島田が教科書採択制度批判を書く可能性は低いため、伊藤万吉、斎藤時之助、木村忠のいずれか或いは合作、いずれにしても師範学校の教員が執筆した可能性が高いと考えられる。斎藤時之助は、一八八四（明治一七）年の名簿では県教育課に在職し、一八八七年名簿では師範学校の教員となり、一八九〇（明治二三）年に東葛飾郡茂木高等小学校校長となったため、商議委員と幹事を辞した。[56]

7　学校管理者（戸長・学事世話係）批判

教員の任免は、教育令期は学務委員が申請して府知事県令が任免することになっていたが、一八八五年に学務委員が廃止されてからは、戸長がこの仕事を引き継いだ。森文政期には、教員の任免については特に規定が無く、府県によって異なっていた。市制町村制は、市町村長の権限を全般的に強化したため、市町村長が（特に規定が無くても）この権限を持とうとした府県が少なくなかったようである。第二次小学校令第五九条は、「市町村立小学校ノ教員ハ市町村長ニ於テ薦挙スル所ノ三名以下ノ候補者ニ就キ府県知事之ヲ任スルモノトス」と定め、市町村長が教員採用の権限を掌握することが明文化された。

教員と学校管理者即ち戸長と教員との関係について述べた論稿は、一八八八（明治二一）年四月以降に急激に多くなる。これは、同月に市制町村制が公布されたためであろう。同年四月二五日に刊行された『千葉教育会雑誌』には、英善四郎（所属不明）による「学校管理者教育事業ヲ知ラズ」という学校管理者に対する痛烈な批判が「時事所感」に寄せられている。(57) 同論稿では、管理者の多くは、「当時ノ教育ニ通セザルモノ」であるから「学校管理者としてふさわしいのだろうか」と疑問を投げかけ、「管理者ニシテ終年学校事業ヲ見ザルモノハ随分多ク見受クル所ナリ斯ノ如ク其学識才智品位ハ勿論学校事業ヲ碌ニ見タルコトモナキモノニシテ教師ヲ見ルコト己レカ雇ヒタル奴隷ノ如ク」と、教員を「奴隷ノ如ク」扱う横暴さに強い怒りを発している。更に、「教師ノ言論ニ対シテ之ヲ弁解スルノ口実ナク動モスレバ権力ヲ以テ之ヲ圧シ以テ己レノ地位ヲ保タント駟ス」と、教師に言論の自由や弁解の余地を与えず、自らの地位を保つために権力で教師の言論を牽制している状況を報じていた。

同年五月号「寄書」にも、英善四郎は引き続き「時事所感」を寄せ、「校内諸事ノ不整頓」と題して、「管理者ナルモノハ唯其名義ト其権利トヲ有スルノミニテ其実ヲ尽クスモノハ落々晨星ノ如ク一ニ皆ナ教員ノ手ニ委スルモノ多シ」と、管理者は実際の名義と権利を持っているが、実際に実務をこなす者は非常に少なく、仕事を教員に押し付けていると述べている。「校長或ハ首席訓導ナルモノモ自己ノ職務ニ鞅掌シ他ニ関係スルノ余地ナキニモ関ワラズ依託ノ儘ニ之ニ応ジ終ニハ肝要ノ職務ヲ疎カニナシ虻モ取ラズ蝿モ取ラヌ不始末ヲ醸スニ至ルハ世間往々見ル所ナリ」と管理者が仕事をしない分を校長や首席訓導が補うことによって本職に支障をきたしている点を非難している。同寄書の中で小原武松（所属不明）は、学事世話係について、「郡下ノ学事世話掛ハ非常ノ権力ヲ有シ苟モ自家言論ノ通ゼザルアレバ他事ヲ以テ教員ヲ圧倒シ己レ恰モ本校ノ校長タルモノ、如ク動モスレバ教員ニ向ッテ解職セヨト異言ヲ発スルニ至ル」と述べ、その横暴さを指摘し、たとえ自分一人でも承諾することはできないと憤慨している。同号の「当局者ニ望ム」という論稿で、加茂剛(朝夷郡白子学校)は小学校教育においては、父兄が源で教員は末である。管理者はその間で両者の意志の疎通を図るべきなのに「袖手傍観」していることを批判し、さらに、千葉教育会に所属する戸長がわずかで教育に関心を持つ管理者が少ないことは、「小学教育ノ一大患部」であると、当局者に注意を喚起している。(58)

8 千葉県令船越衛と千葉教育会との関係

千葉県令船越衛は、広島県出身、内務省を経て一八八〇(明治一三)年千葉県令に登用された。船越は自由党色の強い千葉県に内務省から送られた県令として、自由民権運動を抑止し、殖産興業政策を積極的に展開した。『千葉県の歴史』には、船越は、「柔軟さ」を以て民権運動家たちに接しながら、「より円滑な県会運営を進めるため、議員の懐柔・抱きこみを画策した」と記述されている。(59)しかし、「政府所管事項のいくつかを府県の負担に移したため、府県財政は行き詰まって、千葉県会でも県当局の原案を削減しようとして、常に対立した」とある。(60)一八八八(明治二一)年三月には県会議員の半数が改選され、新たに選出された県会議員に、新庄克巳と永田一茂、千葉禎太郎、山来健等の旧自由党系の活動家が多く選出された。(61)同年一一月の県会は、利根川の洪水多発地域に道路改修工事のため多額の予算を投じようとする県当局に対し、同地域を茨城県へ移管する決議が行われる等、船越知事の官僚としての威信を大きく失墜させる出来事が起こった。この県会のさなか、一一月二一日、船越知事は突如元老院議官に転任し、山県のヨーロッパへの視察旅行の一員として随行することになった。『千葉県の歴史』は、このことについて「この県会が船越知事もまきこんだ政争になることを予想した内務省は、知事を交代させることで船越衛を守ったのである。」と述べている。(62)船越は、個人的にも山県と懇意だったようで、『朝日日本歴史人物事典』は、船越について「明治五年二月軍制改革にともない陸軍大丞となったが、六年八月、依願免官となる。前年一二月に起きた山城屋和助割腹事件に際して発覚した陸軍省汚職問題で、陸軍大輔山県有朋をかばっての辞職であったとされる。後年、長子・光之丞が山県の二女松子を妻に迎えている。」と記述されている。『千葉県の歴史』には、船越が頻繁に山県に上申書や伺書を出していた経過が述べられている。[63] 船越の知事更迭については、『千葉教育会雑誌』上には報告されなかった。

千葉教育会会長で、県学務課長兼務の平山晋は、一八八二（明治一五）年に設立された民権結社叢談会の会頭を務めていた。一八八九（明治二二）年に学校長から学務課へ転じた島田衷も一八八一（明治一四）年に設立された共治社で仮幹事となっていた。教育会会長を県知事にすることを発案した長柄郡郡書記増川頼風も一八八一（明治一四）年に設立された鳴求社の幹事として板倉胤臣、久我勝三郎、幹徳一郎等の錚々たる自由党闘士等と共に名前を連ねていた。[64] 前述のように、平山は一八八九（明治二二）年七月、学務課長兵事課長兼務となり、島田は一八八九（明治二二）年に学務課員となった。これらの人事は、県当局による教員の抱き込み政策あるいは当事者の猟官の一環なのであろう。前述のように島田は、教育会幹事を辞し、商議員を続けながら教育会雑誌のあり方や、次節で示すように市制町村制に対する批判を展開している。

総じて言えば、明治二〇—二二年段階における千葉教育会は、権力に対抗する自治意識が高く、特に内務省を中心とした地方自治制への警戒心が強かったが、県知事船越が内務省に近い関係にあったためか、それを露わにすることは、彼が県知事在任中にはしていない。船越の在任期間は、千葉教育会は、むしろ森の教育の地方分権政策の意図通り、会の自治的組織運営の強化を図り、教科書採択、会長選出、会則の改変等にその効果を発揮していった。その後船越更迭と森の死の後、木内総三郎を専任編集者にする等、内務省と対峙する姿勢を強めていったと見ることができる。

三　市制町村制に対する教員の評価──森文政後

ここでは森の死後、激変する地方教育行政に対し、教員がどのような考えを抱いていたかを考察する。教科書採択問題でも登場した商議委員島田衷は、一八八九（明治二二）年五月の論説「教育実務者ノ責任」を執筆し、市町村制は実施されたが、「市町村ハ果シテ真ニ自治ノ精神ヲ以テ事ニ従フカ否カハ判然シマスマイ」、「自分デ進ンデ他ノ干渉ヲ受ケナイ様ニ万事行キ届カセナクテハナラナイハズダ」、「独立ノ気象ヲ養成スルコトニテ即チ自治ノ人民ヲ造リ出タスノハ学校ノ事業教育実務者ノ責任」であると、地方自治性とは何かを教育の観点から堂々と論じている。[65]

一八八九（明治二二）年九月『千葉教育会雑誌』「秋の夜のくりごと」（寄書）で次のような町村制批判が述べられている。「町村制実施せられ町村会を開設せるや其教育費の議するに当たり議員諸氏は頻りに減額説を主張し其の町村学校の訓導の俸給を半減し或は三分減し或は一、二割減せしと又曰く某校の訓導は俸給三、四月延滞し其厨下に妻拏の飢寒と呼ぶあり」という「奇怪な報」を耳にしたが、なんとも「忌まはしき報」であると歎かれている。同稿ではさらに、市制町村制施行後に突然教育経費が節減されたことへの憤りを吐露し、この減額は、昨今の町村経費の節減としてやむを得ないというけれども「教育費の如きは町村会の決議によれるものなり然るに先には之が負荷に任へて今日遽に其負荷に堪えずとは豈奇ならずや殊に減節の語の如きは余の尤も了解に苦しむ所なり」、「むやみに節減節減とて正当の訓導を御払箱にして不熟不練無学無術の徒に生徒の教養を委任して若しも其方を誤らしめば、縦令千円の費用を拾円に減じればとて恰も拾円にて教育上の利を得ずして却て害を買ふものなり」と、経費節減の根拠が無いこと、節減によってひどい教員を採用すれば教育上の損害は償いようが無いと、批判している。最後に「今の児童即ち来世紀の人民に善良の教育を施す」のでなければ「町村の真誠の自治」は覚束ないと主張している。[66]

こうした市制町村制批判は、続く一三一号「論説」（木内総三郎筆）にも見られる。同論説では、前年五月から千葉県下で町村自治制が施行されてからの一八カ月間に、世間では「某村会ハ教員ノ俸給ヲ半減ス曰ク某卒業生ハ不当ノ待遇ヲ受ケテ其ノ職ヲ辞ス甲ハ何乙ハ何ト其状恰モ狂閥ノ一時ニ倒レテ洶湧奔走底止スルトコロヲ知ラサル如キ有様ヲ呈セリ」と、それまでにない異様な事態が教員の待遇・給与面で生じていることを強い危機感を以て報じている(67)。

一八八九（明治二二）年一二月刊行第一三四号では池田晋（平郡吉沢村学校）が次のように述べた。

第二　小学校教員ヲ待遇スルハ天爵ニ伴ヒ厚遇優待セサル可カラス小学教員ハ第二ノ公民ヲ製造スル都領ニシテ至重ナル天爵ヲ有スルモノナレハ之レカ待遇其水準ニ達セシメサル可ラス然ルニ名ハ判任官タリト雖其実ナキハ猶ホ国士ヲ待スルニ卒伍ヲ以テスルカ如シ而シテ官吏ニハ尊卑ノ別アリ事務ニ大小ノ差アリト雖皆国税又ハ地方税ニヨリ之レカ俸給ヲ支給セサルハナシ（中略）、若シモ他日同志団結シテ之レカ建白ヲ為スニ当リ採納ナササレハ予輩ノ贅疣ナル判任官タルノ名ヲ削除スルヲ欲スルナリ(68)

すなわち、小学校教員は、公民を育てる「至重ナル天爵」なのだから厚遇すべきであるのに、最早「判任官」の待遇は実のない余計な「疣」のようなものとなっており、むしろ判任官とすることをやめてほしいと主張している。前述のような「判任官待遇」になったことへの誇りは最早微塵も感じられない。

四　『埼玉教育会雑誌』、『茨城教育協会雑誌』との比較

ここでは、『埼玉教育会雑誌』、『茨城教育協会雑誌』の二雑誌と『千葉教育会雑誌』における森文政および市制町村制に対する評価を比較検討したい。筆者は前出科研報告書で、両教育会雑誌において、「当時尋常小学校の教員で

あった人々は、森を教育行政者として尊敬し、その専門性を高く評価していた。そして、森文政と市制町村制は『性格が異なる』と認識していた。」とまとめた。『埼玉教育会雑誌』では、「吾人カ最モ敬愛シタリ森文部大臣」という表現のみならず、森の自他並立論への賛同的意見が見られ、『茨城教育協会雑誌』にも「吾々が親愛なる現文部大臣森有礼君」、「英邁剛毅ノ森文部大臣」という記述が見られた(69)。

しかし、『千葉教育会雑誌』には、森文相をあからさまに尊敬しているような表現はほとんどみられない。千葉新報社の永田一茂は、自由党系の活動家として知られ、一八八八（明治二一）年には県会議員にもなった。表1に示したように一八八六（明治一九）年から千葉教育会幹事に選出され、翌一八八七（明治二〇）年から一八九一（明治二四）年にかけて商議委員に選ばれている。永田は、著書『東京七不思議』中で、東京七不思議の一番目の不思議として「大悪人を崇拝」することを挙げ、鼠小僧や、森文部大臣を刺した西野文太郎のお墓参りをする老婆を例としている。すなわち、西野は「大悪人」であり、森については、「維新の際に於て、国家に大功績を顕して、長き眠りに就き給へる大偉人」と評している(70)。このように森に敬愛の念を抱いていた永田が所属していたにもかかわらず、『千葉新報』にも『千葉教育会雑誌』にも、森文相や文政を讃える記事はほとんど無い。森の地方教育会改革案は、『千葉教育会雑誌』では、一八八八年（明治二一）年一二月号に奥羽での演説が前半部分紹介され、翌一八八九（明治二二）年一月号に後半部分が掲載された(71)。後半部分の方が量的に圧倒的に多く、地方教育会の改革案が示されていた。翌二月号では森の訃報が報じられた。この後、森の地方教育会改革案についての論及は、同誌上ではなされなかった。

他方、市制町村制に対する憎悪や批判は三教育会雑誌全てに共通していた。『千葉教育会雑誌』一八九〇（明治二三）年五月号では、同月榎本文部大臣が更迭され、芳川内務次官が後任になったことについて、また、教育方針が変わるのではないかという危惧と悲歎が述べられ、山県総理大臣に対する不信の念が、次のように記されている。

聞く所に依れば前文部大臣が将に其任を解かんとするに臨み山県総理大臣に向て深く学制の結果を案せられ彼是陳弁せし後総理大臣より、教育の方針は貴下の執りたる如くなるべしとの返答を聴き始めて安心して退かれたりと　嗚呼是れ豈独り前文部大臣の安心するのみならんや予輩も亦之を聴て安心すべきなり只此上は我総理大臣は果たして能く此言を履むや否や新文部大臣は果して能く前大臣の志を継ぐや否やを視るべきのみ(72)

すなわち、山県や芳川に対しては、表向きの言説が信用できないという見方が固まりつつあったと捉えることができる。それは、市制町村制により、教員達の教育行政に対する信頼が大きく裏切られたからに外ならない。続く「雑報」「教育者の覚悟すべき時機到来せり」（執筆者不明）では、第二次小学校令について、その草案は、榎本文部大臣が作成した後、内閣での通過に手間取り、「現に今其修正中にありとも不吉なる風説は予輩の鼓膜を衝動せり　右は全く文部省のとる所は教育其ものを主に置き、他は之をして徹頭徹尾自治制の範囲にあらしめんとするより起こりたる衝突にして畢竟大臣の更迭も亦之に原因する」と述べ、「教育そのものを主に重きを置く」文部省と、「徹頭徹尾自治制の範囲に教育を囲い込もうとする」内務省との衝突が大問題であると指摘し、さらに教育行政が一般行政に統合されつつあることへの危惧と動揺を表出している。そしてこれが現実となれば、「疑懼を懐かさるを得ず教育者の覚悟すべき時機は到来せり今回の変動を以て決して雲烟過眼視する勿れ」と、情勢を見極めることの重要性を述べて結んでいる(73)。こうした記事を読むとき、当時の教員たちが、権力者として不信と懼れを抱いていたのは、山県を中心とする内務省に対してであったことがわかる。

おわりに

本稿では、『千葉教育会雑誌』を資料として、千葉教育会および同会員たる教員たちがどのように森文政および地方制度によって形成された権力を捉えていたかを考察した。その結果、次の諸点が明らかになった。

①森の授業料徴収政策については抵抗感が強く、義務教育費を個人の力ではなく学齢児童とその保護者が形成する共同体で負担しようとする考え方が、千葉教育会の教員から強く打ち出されていた。

②小学校経済において寄附金や徴収した授業料の使途について区町村会の協議および評決を必要とするか否かが問題となり、県令船越が内務大臣山県へ伺いを出していた。船越は、山県と懇意であったが、県会や教育会の意向を無視するほどではなかった。この件に関しても、むしろ森の方針に近い柔軟な取り組み方をしていた。

③教育会は一八八七（明治二〇）年、公選であった幹事を会長特選にして組織の機能強化を図るとともに、会の事業計画と諮問事項を審議する委員会として新たに商議委員会を設置し、執行部と審議部の整備を進めた。一見、教育会の自治的運営を強化すると思える改変であったが、選挙の結果は、一二名の商議員中県庁官吏が半数を占めた。その後翌一八八八年度からは、商議委員中に占める県庁吏員の割合は減少し四分の一程度になった。

④会長選挙は明治二〇年総会で商議員選挙後に実施され、県知事を会長にするという意見に対し、反対意見が強く、会長の公選は維持された。すなわち、一般行政者（県知事・郡書記・町村吏員等）がもつ権力の介入については、確かに三浦の指摘する通りそうした一般行政者におもねる会員もいたが、反発もかなりあり、全体的には知事・内務省系列の権力に対する警戒心が強く、「教員による教育のための教育会」という立場を明確に意識し、その立場を維持し続けていたことが読み取れた。

⑤教科書選定に関しては自由採択制を主張し、教育会が県当局の教科書採択方式を更正させた側面が見られた。

⑥市制町村制に対して、千葉教育会の会員は、施行当初から強い憤懣を抱き、その権力の中心が山県内務大臣にあることを鋭く見抜いていた。教員たちは、教育行政がその専門性を無視されて一般行政に統合されることに不信感と脅威を募らせていた。

⑦森に対し、『埼玉教育会雑誌』や『茨城教育協会雑誌』にみられた共感や熱意や尊敬の感情は、『千葉教育会雑誌』にはあまり読み取れない。

以上のように元自由党系の政党色が強い教員を会中枢部に擁し、「自治性」を求めていた千葉教育会は、山県と親密で、表面上県会や教育会と敵対することを回避しようとする県令船越とは距離を置いていた。会長を県知事にするか否かの一八八八（明治二一）年総会での議論は、千葉教育会会員の権力介入に対する強い抵抗の顕れであったと捉えられる。教育行政を地方分権的に運営しようとする森文政下に千葉教育会は、小学校教育財政の決定権、教科書採択方法、教育会会長選挙および組織運営等の側面で、教員による自治性を強化しようとする意図を十分に実現させていた。一八八八（明治二一）年には、千葉教育会の活動の諸局面で、自治的気運の高まりが認められた。

この自治的気運の高まりは、一八八八（明治二一）年一一月船越更迭後さらに加速されるかと思われたが、その直後一八八九（明治二二）年二月に森が逝き、同年四月の市制町村制施行と同時に、その自治性が危機に晒されているという認識が教育会で一挙に高まった。森文政と山県の地方政策との対立は、森の生前にもある程度認められ、地方教育行政に混乱を生じさせていた。その対立は森の死後一挙に顕在化し、教員の自治と尊厳に対し鋭く対峙した現実を教員界に突きつけたのである。すなわち、森文政の性格が中央集権的国家主義だったのではなく、森がその方針に同調していた施行前の市制町村制が森の死後、施行と同時に特に地方教育行政の面で大きくその性格を変えたのである。教員の自治性が尊重されることを強く主張していた千葉教育会の教員達は、その変化をはっきり認識していたことを本研究は明らかにした。

注

（1）河田敦子『近代日本地方教育行政制度形成期における森有礼と山県有朋』日本学術振興会科学研究費助成事業（基盤研究（C）平成二三年度―二五年度　報告書）、二〇一四年。

（2）河田敦子『近代日本地方教育行政制度の形成過程』風間書房、二〇一一年。

（3）佐藤秀夫「高等教育会および地方教育会」（海後宗臣編『井上毅の教育政策』東京大学出版会、一九六七年、七九一―九〇八頁）。岐阜県教育委員会編『岐阜県教育史　通史編　近代一』二〇〇三年、六九九―七〇九頁。谷雅泰「森の『自理ノ精神』と福島県での受容――福島（県）私立教育会の発足から規則改正まで」（梶山雅史編著『近代日本教育会史研究』学術出版会、二〇〇七年、八一―一〇五頁）。木村力雄「森文政期宮城県にみる郡村教育自理運動の限界――明治公教育における自由と平等の相剋」（石川松太郎ほか編『講座日本教育史　第二巻』第一法規、一九七九年、三八二―四〇六頁）。「森文政期宮城県における教育指導行政――その成立条件・課題的実態及び限界について」（東北大学教育学部『研究集録』第一一号、一九八〇年、八九―一二五〇頁）。山谷幸司「森有礼に於ける一八八六（明治一九）年勅令第一四号『小学校令』改定の論理――『和働自理』の分析を中心に」（東北大学教育学部教育行政学・学校管理・教育内容研究室『研究集録』第一四号、一九八三年、六五―八四頁）。

（4）佐藤秀夫「高等教育会と地方教育会」海後前掲書、八六四頁。

（5）海後宗臣編「森有礼の思想と教育政策」（『東京大学教育学部紀要』第八巻、一九六五年）で地方教育会について佐藤が論じているのは、「制度改革の基本構造」の一部分である（七三一―七四頁）。佐藤は、「森のこの『自理和働』論とは、〈官〉の統轄と指導を前提にしたうえで、共同体的秩序に依拠しつつ〈民〉のエネルギーを吸収しようとするものであって、その点では、当時発足しつつあったわが国独特の『地方自治』制度にまさに適合した地方教育行政施策の構想であったといわねばならない。」と述べている。

（6）佐藤秀夫「森有礼の教育政策再考」小野雅章・寺崎昌男・逸見勝亮・宮澤康人『教育の文化史一』第Ⅶ章、阿吽社、二〇〇四年（初出は一九八一年）、二二九頁。

（7）林竹二「森駐米代理公使の辞任――森有礼研究（一）」（『東北大学教育学部研究年報』第一五巻、一九六七年）、「森有礼とキリスト教――森有礼研究（二）」（『東北大学教育学部研究年報』一九六八年）。両論文共に林竹二『森有礼　悲劇への序章』一九八六年、筑摩書房所収。

（8）森文相の評価をめぐる研究史については、佐藤前掲論文「森有礼の教育政策再考」、秋枝蕭子『森有礼とホーレス・マンの比較研究試論』二〇〇四年（初出は一九六九年）、梓書院、一五八―一六八頁、同書に寄稿された千葉昌弘執筆「序」、長谷川精一『森有礼における国民的主体の創出』思文閣出版、二〇〇七年「序章」等がある。
（9）大島美津子『明治国家と地域社会』一九九四年、岩波書店、一五六―一七一頁。笹森健『明治前期地方教育行政に関する研究』一九七八年、講談社、三六七―三七〇頁。坂本紀子『明治前期の小学校と地域社会』二〇〇三年、梓出版社、二四五―二七四頁。
（10）河田前掲書、二〇一一年、一四三―二〇六頁。
（11）「奥羽六県学事巡視中の演説」一八八八（明治二一）年秋『森有礼全集　第一巻』六四七頁。
（12）山中永之佑監修『近代日本地方自治立法資料集成2』弘文堂、一九九四年、三〇六―三〇七頁。
（13）河田敦子「市制町村制の成立過程における教育事務の国家化――学務委員規定に関する条項の消滅過程」『日本の教育史学』第四七集、二〇〇四年。拙著、二〇一一年所収。
（14）一八八七年一一月二八日、いわゆる森文相の伊勢参宮不敬事件が発生している。詳しくは、前掲拙報告書（注1）第Ⅲ章参照。
（15）佐藤秀夫「一八九〇年の諸学校制度改革案に関する考察」小野雅章・寺崎昌男・逸見勝亮・宮澤康人編『教育の文化史1』所収（初出は一九七一（昭和四一）年）二八七頁。
（16）「近代日本における教育情報回路としての中央・地方教育会（2）――森文相の地方教育会改良論と各地の動向」『教育史学会第五〇回大会発表要綱集録』二〇〇六年。梶山雅史「教育会史研究へのいざない」梶山雅史編著『近代日本教育会史研究』序章、学術出版会、二〇〇七年。「教育会史研究の進捗を願って」『続・近代日本教育会史研究』序章、学術出版会、二〇一〇年。
（17）梶山前掲書、二〇〇七年、二九―三〇頁。
（18）『千葉教育会雑誌』第一号（一八八二（明治一五）年七月刊行）「論説」「千葉教育会ノ沿革及び本誌刊行ノ旨趣」一頁。
（19）三浦茂一「明治一〇年代における地方教育会の成立過程――千葉教育会を例として」『地方史研究』第二〇巻第五号、一九七〇年。
（20）三浦前掲論文、四八頁。
（21）三浦前掲論文、五四頁。
（22）『千葉教育会雑誌』第九三号（一八八六（明治一九）年五月）「論説」五頁。
（23）『千葉教育会雑誌』第一〇八号（一八八七（明治二〇）年八月）「雑報」三六―四六頁。
（24）『森有礼全集　第一巻』宣文堂、四九八頁。

(25)『千葉教育会雑誌』第九九号（一八八六（明治一九）年一一月）「論説」「貧民ノ子弟ヲ如何スルヤ」一三―一五頁。
(26)『千葉教育会雑誌』第一一五号（一八八八（明治二一）年三月）「雑報」「平山師範学校長の巡視」三七―三八頁。
(27)国立教育研究所編『日本近代教育百年史　第二巻』一九七三年　六四頁。
(28)勅令第五十六号
第一条　地方税ヲ以テ支弁スヘキ事業ニ関シ寄附スル金穀物件ハ府県会ノ議決ヲ経テ寄附者ノ指定シタル費途又ハ使用ニ充ツヘシ
第二条　地方税ノ雑収入ハ他ノ収入予算ト同シク府県会ノ議定ニ付スヘシ
第三条　本令ハ明治二十一年度ヨリ施行ス
(29)『千葉県教育史　第三巻』青史社、一九七九年、二七六―二七七頁。
(30)県訓令第十四号「二一年度より小学校の経費中町村費補助の額は授業料の額より多きを許さざる義と心得べし」。
(31)『千葉教育会雑誌』第一一一号（一八八七（明治二〇）年一一月）「論説」「小学校教員ノ地位」一―五頁。
(32)この点については、前掲報告書で詳しく検討している。
(33)『千葉県教育史　第三巻』青史社、一九七九年、二五七―二六二頁。
(34)『千葉県教育会館史　第一巻』六二頁。
(35)『千葉教育会雑誌』第一二八号（一八八七（明治二〇）年七月）、六七―六九頁。
(36)『千葉教育会雑誌』第一三〇号（一八八九（明治二二）年九月）、二六頁。
(37)『千葉教育会雑誌』第一三一号「論説」「目下ノ急務ハ果シテ何物ゾ」（一八八九（明治二二）年一〇月）、一―二頁。
(38)『総房人物論誌』博聞館、一八九三（明治二六）年八月。
(39)「島田氏ノ書状」（寄書）『千葉教育会雑誌』第一二五号（一八八九（明治二二）年二月）三五―三六頁、「本会雑誌ニツキ管見」（寄書）『千葉教育会雑誌』第一二六号（一八八九（明治二二）年三月）二〇―二三頁。
(40)『千葉教育会雑誌』第一二三号（一八八八（明治二一）年一二月）三九頁。
(41)『千葉県教育会館史　第一巻』六五頁。
(42)『千葉教育会雑誌』第一二九号（一八八九（明治二二）年七月）一三―二九頁。
(43)『千葉新報』一〇六四号（一八八七（明治二〇）年七月三日）。

(44)『千葉教育会雑誌』第一〇七号（一八八七（明治二〇）年七月）、一二八―一二九頁。
(45) 千葉県教育会編『小池民次先生小伝及追想録』一九三七（昭和一二）年。千葉はその後一八九一（明治二四）年には小学校令実施取調委員にも命じられている。
(46)『千葉教育会雑誌』第一二九号、明治二二年七月号「雑報」三六―三七頁。
(47) 三浦前掲論文、五四頁。
(48)『千葉新報』第一〇七四号（一八八七年七月一五日）「雑報」欄。
(49)『千葉教育会雑誌』第一一五号（一八八八（明治二一）年三月）二―三頁。
(50) 千葉県訓令第五十号、一八八八（明治二一）年三月二七日抜粋。
小学校教科用図書左之通相定メ来ル四月一日ヨリ施行ス
但シ該図書ハ之ヲ課スヘキ最下ノ学級ヨリ用イ其他ノ学級ニハ従来ノ教科用図書ヲ襲用シ漸次之ヲ変換スヘシ
第二条　一学科ノ図書ニ種以上ナルモノハ学校管理者ニ於テ一種ヲ撰用シ所管郡役所（郡長管理ニ係ルモノハ県庁）へ其書目ヲ開申スヘシ
訓令第五十二号（一八八八年三月二七日）
小学簡易科教科用図書左之通相定メ来ル四月一日ヨリ施行ス
第三条　学校管理者ハ第一条第二条ノ範囲内ニ就キ一種ノ図書ヲ撰用シ所管郡役所（郡長管理ニ係ルモノハ県庁）へ其書目ヲ開申スヘシ
(51) 千葉県令第六十四号（一八八八年四月一三日）
本年三月県令第五十号第二条左ノ通更正ス
第二条　一学科ノ図書ニ種以上ナルモノハ学校管理者及校長若クハ首席訓導協議ノ上一種ヲ撰用シ其書目ハ所管郡役所ヲ経テ県庁へ開申スヘシ
千葉県知事　船越　衛
千葉県令第六十八号（一八八八年四月一三日）
本年三月県令第五十二号第三条左ノ通リ更正ス

第三条　学校管理者及校長若クハ首席訓導ハ第一条第二条ノ範囲内ニ就キ一種ノ図書ヲ撰用シ其書目ハ所管郡役所ヲ経テ県庁ヘ開申スヘシ

(52)『千葉教育会雑誌』第一一六号（一八八八（明治二一）年四月）一―六頁。

(53)千葉県教育百年史編さん委員会編『千葉県教育百年史　第一巻通史編（明治）』一九七三年、六〇七頁。

(54)『千葉教育会雑誌』第一〇七号（一八八七（明治二〇）年七月）一二八頁。

(55)編集委員については、一八八六（明治一九）年から一八八八（明治二一）年までの毎年総会報告が掲載される七月号を参照した。一八八七（明治二〇）年は九月号に掲載されている。会員名簿は、一八八七年一二月刊行一一二号（三九―六五頁）に掲載されている。

(56)『千葉教育会雑誌』第一三八号（一八九〇（明治二三）年三月）一一頁。斎藤は、一八九〇（明治二三）年、学習院へ異動した。『千葉教育会雑誌』第一四二号（一八九〇（明治二三）年八月）四六頁。

(57)英善四郎「時事所感」『千葉教育会雑誌』第一一六号（一八八八（明治二一）年四月）二九―三二頁。

(58)英善四郎「時事所感」、加茂剛「当局者ニ望ム」、小原武松「入会ノ旨趣ヲ陳ヘ併セテ県下各小学校学事世話掛諸君ニ望ム」。いずれも『千葉教育会雑誌』第一一七号（一八八八（明治二一）年五月）英、二六―三一頁。小原、三八―四〇頁。加茂、四〇―四四頁。

(59)『千葉県の歴史　通史編　近現代1』二〇〇二年、千葉県、ぎょうせい、二四九頁。

(60)『千葉県の歴史　通史編　近現代1』二一〇頁。

(61)『千葉県の歴史　通史編　近現代1』二五九頁。

(62)『千葉県の歴史　通史編　近現代1』二六一頁。

(63)『千葉県の歴史　通史編　近現代1』二三一頁、二三八頁、二四四頁、二四五頁、二四九頁。

(64)『千葉県の歴史　通史編　近現代1』二一六―二一九頁。

(65)『千葉教育会雑誌』第一二八号頁数は、剥がれていて不明。一八九〇（明治二三）年の会員名簿に「千葉県庁学務課」と記載されている（名簿二頁）。

(66)『千葉教育会雑誌』第一三〇号（一八八九（明治二二）年九月）「秋の夜のくりごと」（寄書）鹿山子（在夷隅）二五―二六頁。

(67)『千葉教育会雑誌』第一三一号（一八八九（明治二二）年一〇月）「論説」「目下ノ急務ハ果シテ何物ゾ」木内総三郎、一―二頁。

(68)『千葉教育会雑誌』第一三四号（一八八九（明治二二）年一二月）「寄書」「予メ二三年ニ告グ」三六頁。
(69) 前掲拙報告書、二八頁。
(70) 永田一茂（蒼龍窟主人）『東京七不思議』一九〇五（明治三八）年、六―七頁。
(71) 前半は、「雑報」「文部大臣の演述書　明治二一年秋史社九森文部大臣奥羽六県学事巡視ノ際説示ノ要領」『千葉教育会雑誌』第一二三号（一八八八（明治二一）年）一二月、七―八頁。後半は、第一二四号（一八八九（明治二二）年）一月、「雑報」一三―一三頁。
(72)『千葉教育会雑誌』第一三九号「雑報」「文部大臣の更迭」（一八九〇（明治二三）年五月）一一頁。
(73)『千葉教育会雑誌』第一三九号「雑報」「教育者の覚悟すべき時機到来せり」（一八九〇（明治二三）年五月）一一―一二頁。
（本論文中に記載された会員の所属は、千葉教育会員名簿（明治一七年、二〇年、二三年）を参照している。）

本研究は、ＪＳＰＳ科研費ＪＰ二三五三〇九九一の助成を受けたものです。

第3章　地方教育会の中の生活綴方運動

――一九三〇年代における綴方教師「茨城の三田」の活動を通して――

山田恵吾

はじめに

本稿は、教育会史研究の一環として、一九三〇年代の民間教育運動との関係性を明らかにすることにより、地方教育会の新たな側面を捉えることを目的とする。具体的には、茨城県内の生活綴方運動の展開において茨城県教育会が果たした役割を、「茨城の三田」と呼ばれた三人の綴方教師の活動を通して検討する。

従来、一九三〇年代の生活綴方に関しては、文章表現指導や社会認識教育、生活指導などの観点から、また、教育史では大正自由教育との連続性や教員の自律的な教育研究、民間教育運動としての可能性などの観点から多角的に研究がなされている。本稿が対象とする教育運動の観点からは、小砂丘忠義、野村芳兵衛、峰地光重、千葉春雄といった人物の思想と実践、北方教育社、北海道綴方教育連盟などの組織的活動の展開を中心に研究がなされてきた。そこでは、綴方が国定教科書のない、教師の自律的な教育活動の余地の大きい領域であることを前提に、どこまで子どもやその生活環境を立脚点とする豊かな実践を展開し得たか、また、体制側の抑圧・弾圧に対して、いかなる抵抗を示し得たか、という観点から多くの蓄積がある。とりわけ、北方性教育運動の展開や北海道綴方教育連盟事件にみる教員に対する苛烈な弾圧の実態は、「ファシズム教育政策」と「教育運動」の一九三〇年代の教育をめぐる対立的な構図を鮮明に描き出している。

他方で生活綴方が多くの教師たちの下支えによって運動体として成立していたことも明らかにされている。たとえば、中内敏夫は、生活綴方の成立において小砂丘忠義、野村芳兵衛らの『綴方生活』第二次同人宣言の役割を重視し、それを支える基盤形成という観点から、「宣言発表以後の『綴方生活』誌につながり、その〈書くこと〉による教育たる生活綴方の指導体系とイデオロギー形成に関与したグループ」として地方の動向に着目している。(1) また、太郎良信は、『綴方生活』に加えて千葉春雄が主宰した『教育・国語教育』や『綴り方倶楽部』などの全国誌が地域の綴方教師の「組織化・集団化と運動の高揚」に果たした役割の大きさを指摘するとともに、地域の研究活動を同人誌を手がかりに検討している。(2)

地域の生活綴方運動が全国的な組織と何らかの関わりを持ちながら展開したことは確かであろう。ただし、北海道綴方教育連盟事件では、治安維持法違反容疑で検挙され、辞職に追い込まれた教員の多くが、政治的な活動とはほとんど無縁であったことが明らかにされている。(3) 体制側の弾圧の実態を示すものではあるが、その対象は必ずしも体制側との対峙に自覚的な教育運動家ではなかったのである。それぞれの地域の教員社会の中で綴方教師がいかなる位置と役割を果たし得たのか、これまでの「政策と運動」の対立的な構図では捉えきれない、地域の生活綴方運動の解明は依然として重要な研究課題といえよう。(4)

地域における生活綴方運動を見定める上で、一つの有効な窓口となるのが、地方教育会との関係性である。本稿が取り上げる綴方教師「茨城の三田」も治安維持法違反で検挙されることになるが、自身の教育実践や研究の成果を地方教育会雑誌に多数発表していた。このことからも「政策と運動」の単純な対立図式では綴方教師の性格も、また地方教育会の役割も割り切れない多面性を持っていたことが推察される。長く「体制の翼賛機関」「権力の末端機構」

として位置づけられてきた地方教育会は、近年の研究によって政治的な対立図式を超えた、機能面からの分析が進められている。とりわけ「教育情報回路」としての教育会という観点から、政治的な側面に解消し尽くされない、教育会の多面的な機能と役割が明らかにされている(5)。本稿もその研究視角に学び、教育運動並びにそれを支えた地方の教員のありよう、またその活動に地方教育会がどのような関わりを示したのか、それらの新たな側面を明らかにしたい。

「教育情報回路」としての教育会史研究の一環として、教育運動の地域展開に地方教育会が果たした役割について解明が進められている。新教育に関しては、佐藤高樹が宮城県を事例に、地方教育会がその理念に共鳴しつつも「その具体的実践化の可能性という視座に立ち」、情報を集積・発信したことを明らかにしている(6)。また郷土教育に関しても板橋孝幸が秋田県を事例に、学務当局の施策形成における地方教育会の役割を明らかにしている(7)。新教育も郷土教育も体制側が支持する政策としての一面を有しており、その普及展開に地方教育会が一定の機能を発揮したことは納得しうる。それでは、教育の内容と方法に関する裁量を教員が持ち、そのことによって活発な実践と研究に基づく自律的な運動が展開され、後に体制側と対峙し、弾圧の対象ともなった、一九三〇年代の生活綴方運動における地方教育会の立ち位置は如何なるものであったか。当然、教育会の性格も綴方教育もそれ自体、地域によって異なり、また時代状況とともに変化するわけであり、単純なものではない。しかしながら、「体制の翼賛機関」「権力の末端機構」と一面的に捉えられてきた教育会の性格を捉え返す上で、生活綴方運動との関係は好適な検討対象といえる。

本稿では、「茨城の三田」と呼ばれた三人の綴方教師の教育研究活動において、茨城県教育会がどのような役割を果たしたのかを明らかにする。具体的には、①地域における「茨城の三田」の教育活動、②「茨城の三田」の生活綴方運動に果たした茨城県教育会主事清水恒太郎の役割、③茨城県教育会雑誌『茨城教育』における「茨城の三田」の位置について検討する。

一　綴方教師「茨城の三田」の検挙

1　綴方教師に対する弾圧

一九三〇年代末から一九四〇年代の初頭、全国各地で綴方教育や図画教育に力を注いでいた教師たちが治安維持法違反容疑で逮捕された。体制側からすれば、「唯物史観の観点に立ち現代教育の半封建性、ブルジョア性及ファッショ性を排撃して児童に対し、其の現実生活に即し自発的に資本主義社会の矛盾を認識させて資本主義社会の変革、社会主義社会の建設に寄与すべきやうな人物の育成を目的とする生活主義教育理論」、特に「一定の教科書なく従って教師の創意を自由に発揮し得る綴方教育」を中心とする「極めて広汎多岐なる活動」に対する弾圧であった(8)。「之が対策指導は一日も忽にすべからざるものがあり、特に戦時下思想国防の重要性の求めらるゝ折柄之等の運動の絶滅は勿論、その温床となれるこの種傾向の教育理念の払拭こそは、最も抜本塞源的緊要事でなければならない」との当局の強い危機認識に基づいて逮捕された教員は、表1のように一三七名に及ぶ。北海道、岩手県、秋田県、山形県、宮城県、福島県など東日本の府県が多い。北海道の逮捕者が多いのは北海道綴方教育連盟関係者の一斉検挙によるものである。ただし、これら一連の逮捕のきっかけとなった北方性教育運動の指導者である村山俊太郎、国分一太郎らの逮捕は、中央の指示によるものではなく、山形県警察部特別高等警察課の砂田周蔵警部補の発案による業績作りの側面が強いようである(9)。

表1から、茨城県では七名（一九四一年）の検挙者となっている。しかし、当時茨城県特別高等警察課巡査部長で教員の取り調べにあたった羽田《はねだ》邦三郎によれば、実際には表2のとおり九名（一九四一年に八名、一九四二年一名）が治安維持法違反の容疑で検挙されている。

この九名は、表2中の「運動上の地位事実」欄の事項からもわかるように、多田、滝沢、石井、木村、中津、和泉

表１「生活主義教育運動関係国民学校教員検挙一覧表」

都道府県 / 年度	北海道	岩手	秋田	山形	宮城	福島	茨城	東京	新潟	静岡	香川	鳥取	合計
1939 年				2									2
1940 年	55	5	3		2			1					66
1941 年	20		3		3	5	7		15	4	1		58
1942 年										7		4	11
	75	5	6	2	5	5	7	1	15	11	1	4	137

［備考］文部省教学局『思想情報』第 31 号、1942 年 10 月 1 日、p.13（荻野富士夫編・解説『編集復刻版 文部省思想統制関係資料集成』第 7 巻、不二出版、2008 年、p.311）掲載の表を一部改変したもの。北海道の 1940 年には中等教員 2 名、同 1941 年には中等教員 1 名、中等学校生徒 5 名を含んでいる。宮城県の 1941 年には女子専門学校職員 1 名を含んでいる。

田の稲敷郡教育科学研究会と、増田、吉田、羽田の綴方視察会（のちに増田が中心となる茨城国語教育研究会）の二つの組織的活動に関わって検挙された[10]。一九四一年に検挙が集中しているのは、茨城県に関して言えば、同年の三月に文部省から各府県あてに学校教員等の組織した思想団体に対する調査依頼への対応が発端となっているからである。茨城県学務部から相談を受けた同県特別高等警察課が、稲敷郡教育科学研究会の中心人物で治安維持法違反の検挙歴のある多田公之助への内偵を進めた。その過程で多田に『茨城教育』への掲載論文のあることがわかり、その内容には「共産主義的傾向」があるとされた。そして、同誌における他の教員の傾向を調査すると、増田、吉田が「数年前から各数十回にわたって、記事を投稿した事実があ」り、その内容がいずれも「共産主義的傾向が濃厚で、一般読者を左翼的に啓蒙していた事実が認められた」ことにより、両者に対する嫌疑が浮上したのである[11]。

稲敷郡教育科学研究会は、一九三八年に多田が中心となって発足した稲敷児童文化研究会が主体となったもので、教育科学研究会の稲敷支部として中央組織との連絡を深めつつ活動を展開していった。綴方視察会（または茨城国語教育研究会）の羽田、増田、吉田が、本稿の対象とする「茨城の三田」と呼ばれる綴方教師である。三名とも一年半の拘禁生活ののち、一九四三年四月、懲役二年、執行猶予三年の判決が下っている。

以上の事実は、一見すれば戦前期における綴方教師の体制変革を目指す組織的

表2　茨城県における「生活主義教育運動関係者」の検挙者

氏名	年齢	職業	検挙年月日	運動上の地位事実	備考
多田公之助	32	訓導	1941年7月1日	稲敷郡教育科学研究会の組織を主宰し生活主義教育運動をなす	送致
増田実	38	訓導	同上	綴方視察会その他の団体を組織し生活主義教育運動をなす	送致
吉田三郎	38	訓導	同上	同上	送致
滝沢富士男	29	訓導	1941年8月7日	稲敷郡教育科学研究会指導者として生活主義教育運動に従事す	送致、起訴猶予
石井理平治	35	訓導	同上	同上	送致、起訴猶予
木村良夫	27	元訓導	同上	同上	送致、起訴猶予
中津慶甫	37	訓導	1941年12月9日	同上	送致、起訴猶予
羽田松雄	42	訓導	同上	増田実と同一行動なり	送致
和泉田原之	36	元訓導、会社員	1942年1月8日	多田公之助等と行動を共にし生活主義運動の指導的地位にありたり	送致

［備考］羽田邦三郎『茨城県共産主義運動史・下』崙書房、1977年、p.266の表を一部改変したもの。同書は、原本である茨城県特別高等警察課『茨城県に於ける共産主義運動史』（1938年）とその続編のための未完原稿からなる。

教育運動が体制側の弾圧によって阻まれたこと、すなわち体制対運動の構図による見方を強固にするものである。そのような側面を認めつつもなお、そこに収斂しない運動の側面、特に地方教育会との関わりを明らかにするのが、本稿の課題となる。

2　綴方教師「茨城の三田」

羽田松雄、増田実、吉田三郎は、一九四一年に、ともに治安維持法違反の容疑で逮捕され、有罪判決を下された。検挙へとつながる活動は、三人が「綴方視察会」を結成してお互いに研究会や研究授業を行い、綴方講習会を開催するなどの活動を行ったこと、またその成果を『茨城教育』に掲載したことにあった。本稿ではこの「茨城の三田」と呼ばれた三人の動きを追うことになる。まずは三人について検挙されるまでの略歴と彼らの出会いについて述べることにする。

羽田松雄（はねだまつお・一九〇一―一九八三年）は、一九〇一年栃木県日光町生まれ。幼少時に父母を亡くし、茨城県筑波郡谷田部町の伯父に預けられる。一九一九年に五箇小学校の代用教員となる。[12]この頃、野口雨情と知り合い、以後指導を受ける。一九二九年、新興綴方教育講習会（東京）に参加。一九三一年、野口雨情、奥野庄太郎を講師とする常南国語研究会を結成する。一九三四年、千葉春雄の紹介で豊多摩郡桃井第三小学校に就職。[13]同年杉並童話会を結成し、各校巡回で研究会を開く。[14]

増田実（ますだみのる・一九〇六―二〇〇一年）は、一九〇六年茨城県生まれ。茨城県師範学校第二部卒業後、一九二五年に羽田松雄の勤務校である結城郡五箇小学校に着任、一九三〇年まで勤務した。一九三四年、茨城国語教育研究会を結成、機関誌『茨城国語教育』を刊行した。一九三七年まで同郡大形小学校に勤務。一九三八年三月、宗道小学校の教頭に転じる。[15]

吉田三郎（よしださぶろう・一九〇四―一九五八年）は、茨城県真壁郡騰波之江《とばのえ》村若柳生まれ。茨城県師範学校中退後、真壁郡大宝小学校の教員となる。ここで中山省三郎と自由詩教育に専念、同人誌『夕焼』を発行した。真壁郡河内小学校、同郡黒子小学校訓導を勤めた。

三人の出会いは、次のようであった。羽田によれば、吉田は「研究熱心で、子ども達から信頼された点、つねに私達は敬服させられた」存在で、一九二〇年頃から「親交」があった。[16]羽田と増田の出会いは一九二五年であった。茨城県師範学校を卒業した増田の最初の赴任先が、羽田の勤めていた五箇小学校であったことによる。学級文集「文林」を発行するなど、児童文芸活動を展開していた羽田に影響される形で両者が結びついていった。[17]増田が吉田と知り合ったのは、一九二七年頃で羽田の紹介によるものであった。増田は吉田のことを「真摯で人間味あふれる読書好きの彼の人がらに魅力を感じた［中略］何の警戒心もなく応接できる彼の人がらは誠にうれしいことであった。私の家や、五箇小学校の宿直室に泊ってもらったり、彼の家や黒子小の宿直室に泊ったりの生活が続いた」と回想している。[18]

二〇歳代前半の三人の教員を結びつけたのは、児童文芸活動、綴方教育という指導者の創意工夫が活かされる領域への研究心や子どもと向き合う姿勢などであろう。そして、その背景には以下に明らかになるように、彼らの研究心を促し、この時期に「茨城の三田」と呼ばれる綴方教師を誕生させる茨城県西部の教育風土や教員社会が存在したのである。

二　一九二〇年代における茨城県内の綴方教育運動——県西部の動向を中心に

1　茨城県西部を中心とする児童文芸運動の展開

ここでは、一九四一年の検挙に至るまでの「茨城の三田」の活動を、茨城県西部の教育風土や教員社会の特質に照らしつつ、一九二〇年代に遡って捉えることにしたい。

茨城県では、一九二〇年代、童話や童謡、自由詩などの児童の文芸運動が、主として県西部で展開する。北原白秋が「全国的にみて、こどもの作品活動が活発であったのは、山梨、長野、千葉、茨城の諸学校であった」と述べているように、全国的に見ても茨城の児童文芸運動は注目されていた。その原動力となったのが、県西部の教員の活動であった[19]。一九一三年の取手・下館間の常総鉄道の開通によって東京の児童文芸運動との連絡が容易になったことに加えて、長塚節や横瀬夜雨を産んだ文学的な風土に恵まれ、教員の自律的活動を重んじる教育文化が背景として指摘できる。

増田によれば、県西部各地において児童文芸運動の「核的存在」として実績を示したのは、粟野柳太郎の若柳小、吉田三郎の関本小、中山省三郎の大宝小、佐藤博の中結城小、羽田松雄の五箇小、栗原真平[20]の石下小、落合隆一の水海道小のほか、宮村逸男、宮本雅由などであった[21]。

このうち、たとえば栗野柳太郎は「雨情の指導を受けながら、同時に雑誌『赤い鳥』に拠る北原白秋にも指導を受け」、一九二一年時点で『赤い鳥』にも入選作を出していた。翌一九二二年、栗野は野口雨情の序文による若柳小学校創作部編集『蝙蝠の唄』を出版し、同校の二―六年生の児童の創作童謡二五〇篇を発表している。当時、下妻中学の四年生で後に大宝小の児童の指導に当たることになる中山省三郎も創作童謡の指導にあたっていたという。

一九二一年三月に野口雨情、北原白秋、西条八十を中心に童謡誌『とんぼ』が創刊され、日本童謡会が発足すると、県西部の水海道を中心に茨城童謡会が結成された。事務所を水海道小学校に置き、雑誌『つばめ』を発刊（創刊号のみ）した。水海道小の蔵田茂夫、枝川壮、神田重夫、石下小の湯沢卯吉、栗原真平、五箇小の高橋五村、羽田松雄らが同人として活動を支えた。

一九二二年一〇月、夕焼社が誕生した。児童文芸は自由詩であるべきとする夕焼宣言が発表された。同人は羽田松雄、吉田三郎、中山省三郎、栗原真平、佐藤博である。その活動は『常総新聞』の「夕焼欄」の活用と雑誌『夕焼』の発行が中心とされ、編集は中山、吉田があたった。『夕焼』第五号には横瀬夜雨、栗野らも関わる。児童の作品（童謡）は集まった一一〇〇以上の中から、大宝小七、若柳小五、五箇小一〇、中結城小二、山梨県多摩小二、この他、玉小の児童の作品が別に一〇点（栗原指導校）掲載された[22]。

『常総新聞』の「夕焼欄」を舞台に野口雨情と横瀬夜雨による童謡論争が起こる。いわゆる「童謡・自由詩論争」である。「子供の創作童謡でもやはり定型的リズムを尊重すべきだと主張する」野口雨情の童謡を支持する一派には、当時「童謡視学」の異名をとっていた清水恒太郎、後述する少年雑誌『旭』をもりたてていた長岡袞や森田麦の秋、栗野柳太郎が加わっていた。もう一派は、北原白秋の児童自由詩を支持した横瀬夜雨ら『夕焼』グループで、「詩は自然観照の眼を育て、生活の観方考え方や感じ方を深めて、鋭さもあればやわらか味もある人間を育てるものであるから、かたちに促［「捉」カ］われた詩作態度はとらせたくない[23]」とする主張であった。横瀬夜雨派では結城郡の教師佐藤博、栗原真平、羽田松雄、吉田三郎、中山省三郎等が論陣を張った。結果的に、夜雨派が雨情派を「沈黙せしめてしまった」といわれる。[24] 県域を越えて指導者に学ぼうとする姿勢と志ある教員同士が切磋琢磨する様子がうかがえよう。

文章表現指導に重心を置くのか、それとも生活指導に置くのかという児童文芸の論点は、その後に論争ともなる生活綴方の課題と符合する。このような論争が茨城の一地域で展開しうるほど、児童文芸運動あるいは綴方教育の水準の高さを示していたのである。

2　茨城県教育会雑誌『旭』の刊行

以上のような活発な活動や新聞紙上の論争によって、児童文芸の動きは県央へと広がり、県下教育界でも一定の位置を占めるようになる。一例として、一九二二年四月に茨城県教育会によって月刊誌として創刊された児童雑誌『旭』の存在を挙げることができる。

『旭』は毎号約五〇―八〇頁、定価一二銭、発行所は東京神田の文泉社で発行部数は一〇〇〇〇部とされる。編集長は松浦竜（照波）、編集委員に今宮白雨、浜口如水、長岡のぼる、大津桂葉、小池幸太郎、青木江左、関谷昇、鈴木火羊の一〇名。後に向坊英文、徳宿倭、斉藤義雄、堀健吾らが参画した。

その内容は、前半が「教育者・文学者に優れた随想やら文学作品を依頼して、こどもたちに自由な思考活動と主体的学習の啓蒙を図る」目的で書かれた読み物、後半が「自由な発想と表現による」児童生徒の投稿作品によって構成されていた。[25]

前半の執筆者には、野島藤太郎（女子師範長）、城戸達夫（男子師範主事）、水戸中学校の教員らが名を連ね、童謡の森田麦の秋、俳句の武石佐海、童話の今宮千勝（白雨）が巻頭を飾った。[26]

後半の児童生徒の投稿作品に関しては、青木江左（綴方）、今宮白雨（童話）、北斗星（童謡）、松岡京三（短歌）、武石佐海（俳句）、大津桂川（自由研究）、関みつぎ（図画）、浜口如水（読者クラブ）がその選考にあたり、「特選」「秀逸」「佳作」を掲載した(27)。

読者は全県下、のちには東京・横須賀等にもひろがり、また中学生・女学生にも及んだといわれ(28)、「小学校の先生方の童話や童謡も多数投稿されておりますが、五十頁内外の紙数にやりくりがつかぬため掲載の機会がなくて困って居ます。でも到着順に載せてゆくつもりですのであしからず」と編集便りに載せるほどの反応があった。

この他、『旭』には長岡襄や森田麦の秋に加えて、「童謡視学」清水恒太郎が「支持」していたと言われる(29)。後に県教育会主事に就任するこの人物は、茨城県の生活綴方運動の展開に大きな役割を果たすことになる。

3　守屋源次郎知事の「自由教育」弾圧と児童文芸運動

守屋源次郎（当時、茨城県内務部長）が菊池謙二郎水戸中学校長を辞職に追い込んだ、教育史上に位置づく事件が一九二一年に起きている。一九二〇年一二月茨城県教育会総会（茨城県師範学校講堂）での菊池の講演「国民道徳と個人道徳」の内容が国民道徳を破壊するものとして守屋が問題視し、菊池を辞職に、これに対して校長留任を唱えて同盟休校を行った生徒や菊池派の「残党」と見なされた教員へ徹底的な弾圧を加えた事件である。同じく守屋による、いわゆる「石下自由教育事件」も同時期に起きている。一九二一年一〇月に郡市長会議で自由教育不可の訓示をし、一二月に結城郡石下小学校で予定されていた自由教育研究会（手塚岸衛と中島義一が講師として予定）の開催を禁じたものである。この後、水戸市教育会（菊池謙二郎会長）主催の自由教育講演会に講師として招かれた手塚岸衛と中島義一が守屋の圧力に抗して講演を行っている。

千葉県師範学校で手塚とともに自由教育を牽引した中島義一は、一八九八年結城郡石下生まれ、石下小の卒業生であり、茨城県師範学校入学前に同校で代用教員を務めている。一九二一年に予定されていた自由教育研究会は、当時石下小で自由教育を推進していた主席訓導湯沢卯吉が、中島と茨城県師範学校時代の同級生であることから計画されたものであった。

石下の自由教育は学級自治会と学校自治会に加えて、上述したような児童文芸運動に刺激された童謡、童話、児童劇、舞踊等、児童の主体性や活動性を重視した教育活動と地域社会を基盤とした「コムミニテイースクール」としての学校経営のあり方に特徴があった。[30] 当時、石下小の栗原真平[31]は代用教員であったが、児童自由詩を中心とする綴方教育を展開し、指導した児童の作品が『赤い鳥』に掲載されるなど、石下の自由教育を支える柱であった。[32] 一九二一年、石下小主催自由教育講習会に出席した羽田は「知識本位の詰込み教育に対する批判、考える生活―生活主義、児童中心主義等。とにかく、いま考えても実に意義のある講習会だった」と回想している。[33]

この石下小は他校の優れた取り組みに学ぶ姿勢も鮮明であり、宗道小、若柳小、五箇小などとの「学校交流」も積極的に行っていた。とりわけ栗原とともに綴方教育を推進したのが、「茨城の三田」のひとり、五箇小の羽田であった。上述したとおり、ガリ版刷りの『夕焼』を刊行した夕焼社も学校間の教員の自主的サークルの一つで、栗原、羽田の他、「三田」の増田、吉田、佐藤博、中山省三郎が同人であった。

一九二三年六月、茨城県教育研究会主催の綴方系統案研究協議会において、代用教員の羽田が結城郡の代表として自身の綴方系統案を発表した。これに関して増田実は「この会に代表として選ばれるということは、衆目この道のリーダーとして認めるというほどの格式を持つもので、なまじっかの実力では選ばれないのである。教職経験数年の一介の代用教員が、堂々選抜されるということは並みの事ではない」と述べている。[34] この協議会には守屋知事が出席し、その冒頭で「童謡教育、学校劇等、いわゆる芸術教育と称してこれらの試みが教育界に行きわたりつゝあるようだが、これら根底なき教育の実践はまかりならぬ」という趣旨の訓示が発せられた。[35] 羽田によれば、一市一四郡から選ばれてきた代表の綴方系統案には、「多賀の村山英雄、筑波の宮村逸男、結城の羽田松雄、真壁の市村兵一郎等」、

「堂々と〈綴方教育即芸術教育〉を標榜したものもあっ」た。[36] 二二才の代用教員であっても「実力」があれば郡代表に選出する（選出主体は郡教育会）地域の教員文化、それを背景に展開しつつある児童文芸運動、そして児童文芸の教育活動の場となりうる綴方。守屋はこれらに対する抑圧の姿勢を彼らの目の前で明確に示したのである。

なお、茨城県における大正期の自由教育に関しては、多くの先行研究が明らかにしているように、その芽が守屋知事の専制的な政治的行為によって潰され、昭和初期には水戸学による体制翼賛的な教育実践へと展開したことが明らかにされている。石下自由教育事件の石下小も茨城県内では「孤立した少数派」とされ、茨城県教育史上「異端に近い位置」に置かれるとの見方もある。[37] その根拠の一つに、たとえば鹿野政直は、千葉県師範学校附属小による雑誌『自由教育』の講読者数が栃木、群馬、埼玉などと比較して「少なさではなはだ目立つ数字となっている」点をあげている。[38] 確かに千葉県における「自由教育」との関わりからすれば、そのような指摘も可能である。しかし、これまで明らかにしてきたように、石下小の教育実践の背景には、茨城県西部の豊かな教育風土とそれを支える教員文化の厚みと広がりがあった。守屋の弾圧行為は、彼自身の思想の問題に加えて、地域に根を張る学校間交流を基盤とした教員社会に対する潜在的な危険を察知したものであった。

三　茨城県教育会主事清水恒太郎と「茨城の三田」――「綴方視察会」の結成

1　「童謡視学」清水恒太郎

清水恒太郎は「[守屋源次郎知事による―引用者]『童謡禁止令』が出た前後に『童謡視学』の異名をとった文学視学」[39]と言われた人物である。守屋の教育観とは異なる方向性をもつ人物であったことが推測されるが、「童謡禁止令」に対して清水が具体的にどう対応したのかは不明である。しかし、「童謡禁止令」が発せられた後、清水は県内の児童文芸活動や綴方教育に対して、むしろ積極的な支援・協力の姿勢を示している。

ここで清水恒太郎の略歴について触れておく。清水は、一九一四年に茨城県女子師範学校訓導となり、新治郡土浦小学校長などの教育現場を経て、茨城県嘱託（社会教育主事補）として教育行政に入った。一九三〇年五月に茨城県教育会主事に就任し、一九三七年三月に同職を退くまでの七年間、『茨城教育』の編集をはじめとする教育会の経営と実務の中核を担った人物である。

『茨城教育』に掲載された清水の記事は、表3のとおり、全三五点ある（うち編輯担当者として執筆した巻頭言が二〇点ある。編輯後記の類は除く）。主事就任以前に「国語教授に関する改正法令一読所感」（第三五〇号、一九一三年七月）、「五十音図騒動」（第三六五号、一九一四年一〇月）などの国語教育に関する論文が掲載されているものの、「童謡視学」「文学視学」と呼ばれるような際だった特徴は『茨城教育』誌上には認められない。

2　綴方視察会の結成

一九三〇年五月、羽田松雄、増田実、吉田三郎は、彼ら三名を正会員とする綴方視察会を結成した。この他に佐藤博（結城郡玉小学校長）、粟野柳太郎（真壁郡下館小学校訓導）、清水恒太郎（茨城県教育会主事）の三名が「顧問として御援助下さる方」として「綴方視察の規則」に明記された[40]。佐藤、粟野は、上の「茨城の三田」とともに一九二〇年代の県西部の児童文芸運動を推進してきた教員で、これに元「童謡視学」の清水が加わった形となった。羽田が一九二二年に「童話教育研究会」を水海道小学校で開催した際に、講師として清水恒太郎を招いており、そうした交流が下地となって顧問就任に至ったのである。

『茨城教育』に掲載された、羽田の手による「『綴方視察会』に宣す」に設立趣旨が示されている[41]。

表３　清水恒太郎執筆掲載記事一覧

年月日	巻号数	所属	論文題目
1913.7.31	350	なし	【論説】国語教授に関する改正法令一読所感
1913.9.30	352	なし	【雑録】左鉢巻の教授法大家
1913.10.31	353	なし	【雑録】長良の川風
1914.1.31	356	なし	【雑録】新領土の教育状況
1914.5.31	360	茨城県女子師範学校	【雑録】船中教室
1914.10.31	365	茨城県女子師範学校	【雑録】五十音図騒動
1916.12	390	なし	【雑録】旅行みやげ
1917.8.1	398	新治郡土浦小学校	【論説】自誡三章
1920.7.1	432	新治郡土浦小学校	【論説】尼港事変と小学教育
1926.12.1	508	茨城県嘱託	【雑録】東京みやげ
1934.4.1	595	茨城県教育会主事	桜花譜（清泉）
1934.7.1	598	茨城県教育会主事	偉人の教訓（清泉）、「教育持論」廃刊ヲ惜ム
1934.11.1	602	茨城県教育会主事	義人讃仰　（義人慰問号）
1935.10.1	613	茨城県教育会主事	味加減（清泉）、恩師中村豊吉先生
1935.12.1	615	茨城県教育会主事	終刊之辞（清泉）
1936.11.1	616	茨城県教育会主事	新春号のことば（清泉）
1936.3.1	618	茨城県教育会主事	松木前会長を送ることば（清泉）
1936.4.1	619	茨城県教育会主事	教育塔成らんとす（清泉）
1936.5.1	620	茨城県教育会主事	視察特輯号発行に就て（清泉）
1936.6.1	621	茨城県教育会主事	御親閲のマスゲーム（清泉）
1936.7.1	622	茨城県教育会主事	遠山・黒田両君を送る（清泉）
1936.8.1	623	茨城県教育会主事	暑中所感（清泉）
1936.9.1	624	茨城県教育会主事	右田前副会長を送る（清泉）
1936.10.1	625	茨城県教育会主事	乞ふ一歩を進めよ（清泉）
1936.11.1	626	茨城県教育会主事	遠山・黒田両君の帰朝を迎へて（清泉）
1936.12.1	627	茨城県教育会主事	終刊所懐（清泉）
1937.1.1	628	茨城県教育会主事	歳首のことば
1937.2.1	629	茨城県教育会主事	当面の重要二問題（清泉）
1937.3.1	630	茨城県教育会主事	時事寸言（清泉）
1937.4.1	631	茨城県教育会主事	無題録（清泉）
1937.6.20	633	なし	なつかしき我等が会館を訪ねて
1939.9.15	660	なし	【先輩を語る】千ヶ崎粂之助先生
1944.9.1	720	なし	茨城教育の出陣を送る　（休刊記念年号）

[備考]『茨城教育』1913年～1944年による。【　】は記事欄名。

「綴方視察会」どうもいゝ名が浮びません。綴方教育使命を本質的に掘下げて見ようと少々暴虎馮河的の気狂泌みた同志です。

いふまでもなく綴方教育は行きつまつてゐます。方法的には、系統の排列といひ、表現の姿態といひ、それら示標は既に開拓されては居りますが、尚こゝに本当の意味の生きた綴方教育がどこかに有るべき筈だと信じぬわけにはいきません。そこで、炬火を自らとつて探らう。真の生活をぬきにしては、綴方教育はなく而して生命はのびる筈です。真に児童の生活を凝視する。……どんな環境で。如何なる培ひの経路を辿り、どう伸展しつゝあるか。……そのことが綴方教育なんだと思ひます。その真の生活の実体に触れることに徹せやう。これのみが、今の私達教育―人生の営為として最善であると信ずるのです。

門を叩いてアラを探すコソ泥根生は毛頭有ち合ひません。かといつて、教室内外の整頓斉一の美（？）に随喜の涙をこぼす視察報告の名目は借りたくありません。

［中略］

すべて「欠陥」を力説するのは面白半分の戯談でもなければ、破壊そのものを喜ぶ不誠実な心体からでもない。将来否、現状のよりよき、更生を希念する為に、現在のマスクを剥奪し、内在の朽廃を掃蕩するのである。

よろしく教育に従ふ者は、教育は天職なり、神聖なる天職なりといふ負惜みじみた其癖何の意義もない命題を口にすることを止めて、まつしぐらに人間にかへらねばならぬ。人間の生命をつかまねばならぬ。

［傍点は原文による。ただし、原文では●または○で強調されている。］

教育方法面では既に研究され、一定の方向性も示されている「綴方教育」であるが、「行きつまつてゐ」る。今後は、児童の「真の生活」を見定め、「培ひの経路」を発見することで「伸展」する姿を捉えたい。そのために「綴方教育」はどうあるべきかを「本質的に堀下げ」る。

これまで児童文芸運動を推進してきた「茨城の三田」が、新たに生活綴方として実践と研究の場を定めたのは、如何なる認識に基づいてのことなのか。同じ時期に羽田は、茨城県下の童謡教育界について、「十年前の童謡洪水から、現在アハレに、いたましい残骸をみるに到つ」ているとの認識を『茨城教育』誌上に披瀝している[42]。「童謡道は真の人間道である。ほんとの童謡道に入る事は人を浄化することである。童謡が大人の玩弄物であつて堪るものか。童謡の聖域は天使のやうな子供でなくて足を踏み入れる事を許さぬ。まして道楽気分でさまよひ込む人は何より迷惑」「泣くもの丶多くは、今後の子供の上を考へるからだ。下等な媚と誘惑とを用ゐて巧みに読者を吸寄せる俗悪雑誌の天下になつていく、ことを怖れるからだ。『少年倶楽部』『少女倶楽部』では純白な子供性は培はれぬ」と述べていることからもわかるように、子どもの「真の生活」を見定め、「伸展」する姿を捉えようとしない童謡の状況を指摘したのである。そして「県下童謡教育殿堂の残骸―その奥底にひそんで必ずや、生命ある童謡教育が呼吸してゐる筈だ。『叩けよ―さらば開かれん』」と結んだ。

このような認識は羽田だけではなく、たとえば一九二九年の『赤い鳥』の休刊、一九三〇年の『綴方生活』の刊行（第二次綴方宣言）など、童謡教育や綴方教育の転換期において、ある程度広く共有されたものであった[43]。問題は、「茨城の三田」が児童文芸運動の克服を、生活綴方の中に明確に求めたことであった[44]。増田もまた同時期に「綴方も、はや国語科に於ける一分科としての随伴的存在ではない［中略］綴方といふ、小さな矩を超えたこ丶に、綴方の人生科としての全き意義と価値がある」として「綴方は文芸」との主張をしており、生活綴方に児童文芸の新たな展開を期待していた[45]。

綴方視察のあり方を記した「予定視察」には、以下の五項目が掲げられていた[46]。

一、授業参観（主として鑑賞批評の参観をのぞむ。指導者の綴方文章観に接したい）
二、作品参観（記述せる作品を見せて戴きたい。研究家の指導作品以外に、各学年の模範文、数篇づゝ見せていたゞきたい。研究家の作品に就ての語り合ひをすると共に学校全体の傾向を見きはめたきため）
三、視察員の時間（大体午前八時より→午後は五時—八時頃までは差支へなし。）（夏より秋にかけては夜の座談会も可）
四、批評はおざなりのほめを一切禁じ、なるべく悪口をたゝくを本体とす。内心は極めてよし、たゞ反動的な悪口を言ふこともあり。
五、視察の結果は「茨城教育」に記して大方の鞭撻を受く。

［傍点および○部ルビは原文のまま。］

綴方視察会は、ある教育理念を実現するための方法の探究というよりは、視察・批評・発見を通じて進むべき新たな綴方の方向性を掴むためのものである。なかでも重要なのは「五」である。すなわち、新たな綴方の模索の場として、茨城県教育会雑誌『茨城教育』の誌名を挙げて位置づけたことであった。それは、『茨城教育』を通じて、①綴方のあり方、授業研究のあり方を含んだ「茨城の三田」の考えを読者である県下教員に広く伝えること、②「茨城の三田」の考えに照らした、学校における綴方教育の現状を読者に伝えること、③として①、②に関する読者側の反応が期待でき、交流の場を広げること、を意味するものであった。④さらに誌名を明記したのは「茨城の三田」が将来の掲載を確実視していたからである。県教育会主事清水が掲載を確約していたことが推測できる。
吉田は、この「綴方視察会」の記事が掲載された後、『茨城教育』の「談話室」欄に次のような感想を寄せている。

待つてゐました。茨城教育誌を手にしました。前前号、前号に比し、質も量も著しい進境を見せてゐる、編輯、茨城教育誌も茨城教育会と茨城教育界とが不離の関係にある時、よりよく伸長する。その握手を指導するのが編輯者のなやみであり、よろこびであります。この点で教育者には我等の茨教誌であり、編者にも吾の茨教誌であります。しかしてそこには党派的対立心はなく、融け合ふところの温い感情の交流があり《〔ママ〕》す。[47]

〔○部ルビは原文のまま。〕

「我等の茨教誌」というほどの帰属意識と県内教員社会との一体感が喜びとともに表現されている。地域の生活綴方運動と学校現場と『茨城教育』の読者をつなぐ回路としての『茨城教育』が、清水と「茨城の三田」らによって創り出されたのだといえよう。そして、児童文芸運動の流れを綴方教育実践・研究に水路づけ、教員社会を結びつける場としての『茨城教育』に「茨城の三田」をいざなった存在として、清水は欠くことのできない人物だったのである。

3　綴方視察会の展開

第一回綴方視察会は一九三〇年五月一二日、結城郡玉小学校で開催された。同校の校長は佐藤博である。これまで県西部で児童文芸運動を推進してきた同志であり、綴方視察会の顧問でもあったことによるものであろう。参加費は無料。会員の三名と近隣の学校から参集した十数名の教師たちが参加した。視察対象となった授業は、尋常科四年の「文の鑑賞」で、浅野平治訓導が担当した。「おざなりの批評はしないことを立前にして、それを契機に共々に伸びようとする前向きの一種の啓蒙運動的性格の会[48]」であった。そのためか、「ある学校からは大変喜ばれ、ある学校からは敬遠されて、一般の学校からは声がかからずじまい」となった。

第二回目の視察会は翌一九三一年、吉田三郎の勤務校である真壁郡黒子小学校、第三回は増田実の勤務校である結城郡大形小学校で行われた。第二回の視察会には顧問の粟野、清水も参加した。第二回、第三回ともに近隣の学校から数十名の参加者があった。当時、研究会といえば「多くは講師として師範附属小の訓導か、その道に精しい県視学かを呼んで行なうのが常識であった時代、こうしたかたちの研究会は異色の研究会[49]」であったといわれるように、綴方への問題意識を基盤とした自律的な研究空間が存在したのである。

その後、綴方視察会は「いよいよ軌道にのって、ボツボツ会員以外の学校からも声がかりがあろうかという段階[50]」の一九三三年、羽田が上京し、翌年豊多摩郡桃井第三小学校に就職したことで、「自然消滅」した。ただし、この綴方視察会結成と同時期に県西部で綴方を中心とする国語教育の研究会が結成されており、教員による自生的な綴方研究の動きは衰えてはいない。綴方視察会顧問の粟野柳太郎が中心となって結成された常南国語研究会、綴方視察会第一回の研究校の校長であった佐藤博が会長となって結成した北総国語研究会などはむしろ活性化を示す動きといえる。両会には「茨城の三田」も結成時から参加している。さらに一九三四年一二月、増田実が中心となって「茨城国語人の大同団結を企図して」結成した茨城国語教育研究会は、県西部を越えて全県的な広がりを持つものとなった。吉田も東京の羽田も同人として参加し、機関誌『茨城国語教育』も第二号まで刊行するなどした。一九三八年までの活動が確認できる。[52]「茨城の三田」が中心となった生活綴方運動は、清水は「羽田・吉田・増田を茨城の三田と命名」し、「視察会の広がりを示していたのである。増田の言葉を借りれば、清水は「羽田・吉田・増田を茨城の三田と命名」し、「視察会の記事を［『茨城教育』に―引用者］掲載して全面的にバックアップしてくれた人」であった。[53]

さらに後述するように一九三三年以降の増田、吉田の『茨城教育』掲載論文は増えており、清水が主事を辞任した一九三七年四月以降も続いていく。一九二〇年代初頭において、児童の主体性や活動性を活かした教育を否定し教育現場に介入し続けた守屋知事の存在があり、一九二〇年代半ばになると「自由教育」が下火となる傾向も認められる。こうした中で、地域の児童文芸運動の芽を育て、県教育会主事就任後も、むしろ積極的に「茨城の三田」の活動を支えた清水の存在は大きかったのである。

四　地方教育会雑誌の中の生活綴方運動

1　『茨城教育』の文芸誌的性格

茨城県教育会は、一八八四年に設立された茨城教育協会を引き継ぐ形で一九〇八年に設立された。機関誌『茨城教育』も『茨城教育協会雑誌』を引き継ぎ、第二八七号から刊行された。『茨城教育協会雑誌』は当初、文部省や茨城県の法規類を巻頭に掲載した広報誌的性格を持つものであったが、一九一〇年代半ばから一九二〇年代半ばにかけて、小学校教員執筆者を中心とする教育研究誌として性格を強めていった。(54) 本稿の対象となる一九三〇年代に入ると、①教育専門誌としての性格はさらに強くなるとともに、②文芸誌的性格が加味され、③編集上、県学務当局の意向が反映するようになること、④誌代未納問題すなわち財政上の困難への対応、といった特徴が認められる。

清水の主事就任を機に誌面に現れた顕著な特徴として、文芸誌的性格がある。具体的な誌面の変化を見ていくと、一九三〇年五月に「研究」欄、「雑録」欄に加えて、「参観記」「文芸」「随筆」などの文芸欄が新たに加わり、翌六月には「児童生活」、七月には巻頭に「思潮」、他に「教材集」、上述した「視察記」「児童生活指導」(「児童生活」から変更) などの記事欄が加わった。さらに八月には「想華」、一二月には「児童作品」欄が加わって、教育研究誌としての性格に加えて、児童の作品を含む文芸誌的性格を帯びていく姿が明確に読み取れる。『茨城教育』の原稿募集を見ると、一九三〇年五月に「論説、研究、調査、報道、文芸、雑録、等々何でも宜しいから玉稿御恵投を乞ふ。」(第五四八号)、「今迄の誌面は殆ど小学校教育に関する事項で填められた傾向がありましたが今後は中等教育、実業補習教育、社会教育、家庭教育等に関する事項をも掲げたく」(一九三〇年八月、第五五一号) と新たな誌面づくりを意識した幅広い内容の原稿を募っている。さらに「本誌は常に文芸記事に乏しく誌面に温みと潤ひとが無いといふ批評がありますから詩歌俳句随筆漫録何なりと御投稿下さる様切に希ひます」(一九三三年二月、第五八一号)、「文芸は編輯部に於て別に選者を置きません。来るもの拒まずで御座います。従つて文芸家より御覧になりますれば兎角の御批評も御座いませうが、本誌は申す迄も無く堅苦しい研究調査等が誌面に漂ふ空気の中に、一種のやはらか味とあたゝか味とを添へることが出来ますればそれで結構と存じて居るのであります。」（一九三六年二月、第六一七号）と、文芸関係の原稿募集をよびかけている。それは「堅苦し」くなりがちな誌面に「詩歌俳句随筆漫録」など、執筆者個々の生き方や生活経験、人間性が直截に現れる文章を掲載することで「温みと潤ひ」「やはらか味とあたゝか味」、言い換えれば慰安の性格を加えるものであった。そのことは、また『茨城教育』が読者と教育会、主要読者である教員社会の結び付きを強める機能を期待するものであった。さらに、それが文芸であったことは、それまで児童文芸運動を支援してきた清水の明確な教育方針の反映とみてよい。教育活動が専門的技術的な教育研究によって伸展する側面と、教員が自身の生き方やものの見方を見つめ直すことで伸展する側面があるという清水の教育観を示すものであった。つまり、児童文芸と綴方教育に共通して求められる教師像が『茨城教育』誌上に表現されるとともに、後述するような「茨城の三田」の綴方教育論が展開する素地が形成されたのである。

ここで『茨城教育』の編集における清水の裁量を考える上で、県学務当局との関係について触れておかなければならない。一九二〇年代までの『茨城教育』の編集は、男女両師範学校の教員が持ち回りであたっていた。一九二〇年代後半になると、『茨城教育』の誌面には県視学や主事などの学務課の意見が示されるようになった。一九三〇年五月に茨城県教育会の会則が改正され、教育会に専任の主事を置くことになり、『茨城教育』の編集も主事の担当となった。清水は初代主事であった。つまり『茨城教育』に学務課の意向が現れるとともに、主事の編集方針が誌面に反映しやすい仕組みとなったともいえる。すでに見てきたような清水主事就任後の誌面の変化は、学務当局の意向から逸脱するようなものではなかったはずである。

後で見るように、清水が茨城県教育会主事に就任する前年の一九二九年から「茨城の三田」による多数の論文が

『茨城教育』に掲載し始める。そのことは、『茨城教育』における文芸誌的性格の付与と同様に、清水の誌面づくりの一環として捉えることができる。

2 『茨城教育』における「茨城の三田」

次に『茨城教育』における「茨城の三田」の位置について検討する。表4は『茨城教育』に掲載された、「茨城の三田」すなわち、羽田松雄、増田実、吉田三郎の三人の執筆論文の一覧である。共著のものを含め、合計四三点の掲載が認められる。掲載時期は一九二九年から一九四〇年までである。一九二九年に八点、一九三〇年に一三点、計二一点と、この二年の掲載が特に多い。これは綴方視察会が発足した時期の前後に該当しており、また増田自身も清水と「知人であった関係で大いに書きまくっていた」[55]と回想しているように、「茨城の三田」が清水と関わりを深めたことによるものであった。上述の「綴方視察会」結成の話が一九二九年頃から出ていたと増田が述べている[56]ことから、『茨城教育』への掲載も「綴方視察会」結成に向けた一つの契機となっていたといってよい。一九三一年と一九三二年の掲載は認められない。一九三三年から一九四〇年までは年によって増減するものの、平均して年に三―四本と継続的に掲載されている。また、羽田による論文は七点、増田が二五点、吉田が一三点ある（延べ数を含む）。羽田に関しては一九三三年の上京が影響しているためか、掲載論文は一九二九年と一九三〇年に限られ、それ以降の論文掲載はない。これらの論文・実践記録が、茨城県特別高等警察課によって「いずれも共産主義傾向が濃厚で、一般読者を左翼的に啓蒙していた事実」と認定されることになる。

以上のことから、「茨城の三田」は清水恒太郎との交流を深める過程で『茨城教育』へ自身の生活綴方の研究活動の場・運動の場を広げていったこと、またその活動は治安維持法違反容疑で逮捕される一年前まで『茨城教育』誌上において続けられていたことがわかる。

表4 『茨城教育』掲載「茨城の三田」執筆論文一覧

年月日	巻号数	執筆者	論文題目	備考
1929.2.1	533	増田実	「部落学芸会の断想」	
1929.3.10	534	羽田松雄	「童話教育の提唱」	
1929.4.10	535	羽田松雄	「『桃太郎』教育の考察」	常総講話会
1929.5.10	536	増田実	「村に行く若い友に」	
1929.6.10	537	羽田松雄	「童話教育の実際（一)ー材料選択の標準ー」	常総講話会
1929.9.10	540	羽田松雄	「童話教育の実際ー実演篇ー」	常総講話会
1929.9.10	540	増田実	「児童自由詩の鑑賞ー尋五児童作ー」	
1929.11.10	542	増田実	「部落学芸会の目的と方法とについて」	
1930.1.10	544	増田実	「児童自由詩教育の目的ー創作指導の目標ー」	
1930.2.10	545	増田実	「鑑賞教材としての童謡ついて（一)ー教材選択の一般的基準と特殊的基準ー」	
1930.3.10	546	増田実	「鑑賞教材としての童謡について（二)ー高等科、尋五六児童に適する材料ー」	
1930.3.10	546	羽田松雄	「童話問題の二三ー(続々童話教育の実際)ー」	常総講話会理事
1930.5.1	548	増田実	「鑑賞教材としての童謡について（三)ー尋三、四児童に適する材料ー」	
1930.6.1	549	吉田三郎	「綴方鑑賞指導の記録」	
1930.6.1	549	増田実	「童謡と童心」	
1930.7.1	550	増田実	「児童文芸としての綴方論」	
1930.7.1	550	吉田三郎	「児童の鑑賞眼に対する一考察」	
1930.7.1	550	羽田松雄 増田実 吉田三郎	「綴方視察会記録 第一回」	1930.5 開催
1930.8.1	551	増田実	「個性と教育と綴方教育」	
1930.8.1	551	吉田三郎	「児童鑑賞眼に対する一考察（二)」	
1930.8.1	551	羽田松雄	「県下童謡教育界の残骸」	
1933.2.1	581	吉田三郎	「農村児の弁当調査の記録ー尋五女児童を中心にしてー」	
1933.5.1	584	増田実	「読方に於ける文章力の査定」	
1933.9.1	588	増田実	「聴方教育の提唱」	
1934.7.1	598	吉田三郎	「教育実践に立つ学級通信」	
1934.7.1	598	増田実	「児童詩教育上の諸問題」	
1934.9.1	600	吉田三郎	「村の綴方のために」	
1934.12.1	603	吉田三郎	「病臥感謝録」	
1935.2.1	605	増田実	「綴方教育史」	
1936.1.1	616	増田実	「教師の娯楽」	

1936.3.1	618	吉田三郎	「病中独語―ひとりをたのしむ―」	
1936.8.1	623	吉田三郎	「教育的反省」	
1936.9.1	624	増田実	「読方教育に於ける実践的中心問題」	
1936.10.1	625	増田実	「読方教育に於ける自学―実践的中心問題の四―」	
1936.10.1	625	平井柳村 吉田三郎	「綴方指導の基礎訓練（二）」	茨城国語教育同人
1936.12.1	627	吉田三郎	「児童生活環境と綴方」	
1937.12.23	639	増田実	「尋一綴方の出発」	
1937.12.23	639	吉田三郎	「公開授業論」	
1938.1.20	640	増田実	「綴方に於ける『生活』論に就いて」	
1938.2.25	641	増田実	「尋一綴方の出発（Nさんへ）（承前）」	
1940.9.15	672	増田実	「綴方教育夜話」	
1940.11.25	674	増田実	「綴方教育夜話（承前）」	
1940.12.25	675	増田実	「綴方教育夜話Ⅲ（承前）―続綴方基礎訓練―」	

［備考］『茨城教育』1929年～1940年による。

次に掲載論文の内容に関しては、最初期の一九二九年二月（第五三三号）から一九三〇年五月（第五四八号）までは、論文の多くは、「童話」「童謡」「自由詩」「学芸会」の指導と、それを教材に用いた「鑑賞」の指導に関するもので占められている。「綴方」が論文題目に用いられるようになるのは、綴方視察会発足後の一九三〇年六月（第五四九号）が最初である。以後、児童文芸に関わる論文が減り、「綴方」や「読方」に関する論文が増え、一九三六年以降は論文のほとんどが綴方教育に関する内容となる。綴方視察会の活動の開始とともに、児童文芸という文章表現や音楽、自治活動などを含んだ広範な教育活動を対象としたものから、学校教育の国語の一領域として問題を捉えていこうとする指向が強くなったことが指摘できる。

この他、「綴方」の増加にともなって、「農村児」（第五八一号）、「村」（第六〇〇号）、「生活（環境）」（第六二七号、第六四〇号）などの児童の生活環境を重視する用語の頻度も高くなることから、綴方教育の質に関しても表現活動から生活認識を重視するものへと変容していることもうかがえる。この論文の変化は、先に述べた綴方視察会の発足以降の動きと連動するものと捉えてよいだろう。

一九三七年三月、七年間『茨城教育』の編集担当の任にあった清水が教育会主事を退職した。あらたに宮田福次郎が主事に就任している。宮田は、師範学校訓導、県内小学校長の後、県視学となった清水と同様の来歴を持つ人物であった。この主事交代を機に編集体制に変革がもたらされた。これまで清水が単独で担っていた編集実務は、複数担当者の共同で行われることになったのである。[57]宮田の他、茨城教育編輯主幹今泉嘉廣、同編輯委員菅谷真佐の三人体制となった。一九三九年にはさらに、宮田主事の他、茨城教育編輯主幹として菊池清三、茨城教育編輯委員に小沼俊平、塚本勝義、加藤芝、今泉嘉廣、菅谷真佐、また県教育会嘱託の鈴木美喜之助も加わるなど、編集体制が大幅に強化されている。他方、主事の交代を機に同誌の編集発行を主事個人名から「教育会同人」によるものとした。

最も注目すべきは、一九三七年七月から『茨城教育』の編集会議を開催したことである。これまでも「協議」の中で県視学らの意見を『茨城教育』に位置づけてきたが、特に山崎隆義教育会会長[58]（茨城県学務部長）、小田島助吉副会長（学務課長）をはじめとする県教育会首脳陣を編集会議のメンバーとしたことは重要であった。つまり教育会の全会体制による編集となったわけだが、それは実質的に学務当局主導の『茨城教育』の編集体制を意味した。主事の考えが直ちに誌面に反映する編集方式からの転換であった。ただし「茨城の三田」の掲載が一九四〇年まで継続していることもあり、誌面の内容が大幅に転換したわけではない。編集体制の変革には何らかの問題意識が存在したと考えられるが、清水主事の編集に対する批判を確認することはできない。

総じて、この時期の『茨城教育』は、地域の教員による教育研究活動を受け止め得るような、教員社会に対して開かれた雑誌であった。[59]従来、地域の生活綴方運動は、中央の組織的な活動との関わり、特に全国誌の役割が指摘されてきた。「茨城の三田」も後述するように、千葉春雄との関係や全国の組織化傾向の中に位置づけられてきた。そうした一面を持ちながらも、一方では地方教育会を中心とする教員社会に位置づくことで着実に進展していったことも確かなことなのである。

3　「茨城の三田」と生活綴方運動

一方、全国的な生活綴方運動の中で「茨城の三田」は如何なる位置を占めるものであったのか。ここでは、第二次大戦前の生活綴方運動において重要な役割を担った全国誌である『綴方生活』（志垣寛、小砂丘忠義、野村芳兵衛ら。一九二九年―一九三七年）と、千葉春雄が主宰した『教育・国語教育』（一九三一年―一九四〇年）への掲載状況について検討する。

『綴方生活』に関しては、増田が「創刊号から講読し、その刊行を喜んだ」[60]としており、「多作主義への反逆」（第二巻第三号、一九三〇年三月）、「てんにん」（第三巻二月号、一九三一年二月）、「『わからせる』文話組織――高学年児を対象として」（第八巻第五号、一九三六年六月）の三点の論文を掲載している。

『教育・国語教育』に関しては、増田、吉田が論文を掲載している。その一覧が表5である。増田が一一点、吉田が二点の計一三点を掲載している。特に増田が一九三六年から一九三七年の一年間に七点と多数寄稿していることがわかる。太郎良信によれば、一九三六年から一九三七年の『教育・国語教育』は「生活綴方教育論においては、最も意欲的な編集がなされた時期」とされる[61]。それはまた、上述した『茨城教育』において増田、吉田が活発に寄稿していた時期と重なり、その内容もエッセイ類を除けば、『茨城教育』の同時期の掲載論文と同様に、綴方と読方の指導に関するものである。

増田は五箇小学校勤務時代（一九二五年―一九三〇年）に、学級で「指導している中で、問題的な作品、あるいは優秀作と思われるもの十篇程集まると随時」、文集「十篇集」を作成して、批評を求めて外部に送付している。その中で「いつでも、ていねいに書いて送ってくれたのが、千葉春雄さん、峰地光重さん、田川貞二さん」であったと回想している[62]。

千葉春雄は、増田に招かれて北総国語研究会で講演したり、羽田松雄に対しては東京転任の世話をしたりしている。

表5 『教育・国語教育』（『教育国語教育』）掲載「茨城の三田」執筆論文一覧

年月日	執筆者	論文題目	備考
1931.11.1	増田実	「こどもの手紙」	『教育・国語教育』
1932.9.1	吉田三郎	「窮乏農村の展望」	『教育・国語教育』
1934.12.1	増田実	「村の綴方の行くべき道」	『教育・国語教育』
1935.3.1	吉田三郎	「社会性の薄い子供を」	『教育・国語教育』
1936.7.1	増田実	「高学年に於ける読方学習帳―自学に立つ―」	『教育・国語教育』
1936.10.1	増田実	「児童詩の形態」	『教育・国語教育』
1936.11.1	増田実	「綴文母体培育の組織的実践」	『教育・国語教育』
1937.1.1	増田実	「現今読方教育の病弊を衝く」	『教育・国語教育』
1937.3.1	増田実	「『米ひき』批評」	『教育・国語教育』
1937.5.1	増田実	「指導過程の有機的発展相」	『教育・国語教育』
1937.6.1	増田実	「読方教育と統覚意識」	『教育・国語教育』
1938.4.1	増田実	「綴方に於ける指導の完結と遍照主義」	『教育国語教育』
1939.3.1	増田実	「三月の綴方設計図」	『教育国語教育』

［備考］滑川道夫・野地潤家監修『教育・国語教育』（復刻版第1巻～第36巻、教育・国語教育復刻刊行委員会、1987年～1988年）による。

羽田も千葉春雄を「教育上の師と慕い死にいたるまで東宛会の機関誌『東宛』のガリ版を彫みつづけ［中略］特に『綴《［ママ］》方倶楽部』誌上に綴方・詩または自作童話を発表した因縁［千葉は一九四三年七月死去―引用者］」があったという。[63]「茨城の三田」との関わりは浅いものではなかった。『教育・国語教育』では「人物月旦増田実論」（一九三三年四月号）で増田を「茨城の三田」の一人として紹介しており、その活躍が期待されてもいた。[64]「茨城の三田」は、千葉をはじめとする生活綴方運動を牽引した人物たちと交流して、先進の研究や実践から学ぼうとした。また、自らの綴方の教育実践に即した研究成果を発信することで全国の生活綴方運動の一端を担っていた。そして、その成果が『茨城教育』に発信され続けたということになる。『茨城教育』は、全国的な生活綴方の実践・研究の動向を県内教員に伝える媒介となっていたのである。

おわりに

一九二〇年代に茨城県西部の児童文芸運動に見られる豊かな教育風土とそれを支える学校間交流や教員同士の横のつながりを基盤として、綴方教師「茨城の三田」は誕生した。「自由教育」や童謡教育を禁じた守屋知事の県政下にもかかわらず、「童謡視学」と呼ばれた清水恒太郎のような人物によって、如上の教育風土や教員文化は支えられていた。一九三〇年に茨城県教育会主事に就任した清水は、『茨城教育』に文芸記事の掲載を多くするなどの誌面改良に取り組むとともに、「茨城の三田」が主催する綴方視察会には顧問として活動に参加し、彼らの児童文芸教育や生活綴方の実践と研究を全面的に支援した。また、その成果を『茨城教育』に掲載することを促し、実際に多数の掲載論文が県下教育界に発信された。『茨城教育』への掲載は、清水が主事を辞任したあとの一九四〇年まで続いたことからも、「茨城の三田」が県内の教員社会に位置づき、その研究活動の一角を担っていたといってよい。また、「茨城の三田」は生活綴方運動の指導的な役割を担った千葉春雄ともつながり、全国誌『綴方生活』や『教育・国語教育』にも自らの実践と研究の成果を発信した。当時の先進の研究活動に加わりつつ、『茨城教育』を通じてそれらの成果を伝えたのである。

一九三〇年代の『茨城教育』は、教育会主事清水の考えを反映した特色ある誌面を映し出していた。地域の自生的な教育運動に目配りしながら、その活動を支え、活動の成果を『茨城教育』を通じて県下教員に発信する道を開いた。

以上の検討結果から、「体制の翼賛機関」「権力の末端機構」と性格付けられてきた地方教育会は、一九三〇年代の地域の生活綴方運動を支え、活動の展開において欠くことのできない役割を果たしていたことがわかる。体制の抑圧と運動の抵抗の認識枠組みでは見えてこない、地域の教育運動とそれを包摂し得た地方教育会のありようが明らかとなったのである。

従来、生活綴方運動は、一九三〇年代後半の北方性教育運動や生活教育運動が弾圧されたこともあり、体制に対する抵抗の側面に強い関心が払われてきた。「茨城の三田」も検挙されたことから「政策と運動」の対立図式の中に解消されがちな事例である。それは教育運動家とそれ以外の教員社会との峻別を前提としている。教育運動家に対する過酷な弾圧・抑圧という事件性の濃い従来の統制は、それ以外の教員社会との間にある境界の存在を見い出して、前者の抵抗可能性と後者の体制順応とにそれぞれ焦点をあてることになる。

また、同時代の教員たちにとってみれば、教育運動家への弾圧・抑圧は、それ以外の教員社会との境界、つまり「逸脱者」と「非逸脱者」との相違を明瞭にし、両者の断絶を引き起こすものとなる。

本稿の事例は、明瞭な「逸脱者」に対する弾圧・抑圧ではなく、地域社会を基盤とし、教育会に支持された、いわば境界の内側にいた教員を外側へと引き剥がす形で行われたものである。特に『茨城教育』掲載論文が治安維持法違反の「証拠」とされたことは、教育会に公認・支持された教育実践・研究の場そのものに打撃を与え、一般教員の教育実践・研究の豊かな可能性を削ぐものとなったであろう。

恣意的な適用が可能な治安維持法の性質によるものでもあるが、逸脱・非逸脱の線引きが不明瞭な、誰もが摘発の対象となりうる統制が、地域の教員社会に対して与え得た不安や恐怖は、極めて大きいものであったといえよう。地方教育会を窓口として民間教育運動をみることで、一九三〇年代の統制の新たな一面が浮かび上がるのである。

注

（1）中内敏夫『生活綴方成立史研究』明治図書、一九七〇年、八〇一―八〇二頁。
（2）太郎良信『生活綴方教育史の研究――課題と方法』教育史料出版会、一九九〇年。
（3）平澤是曠『弾圧――北海道綴方教育連盟事件』道新選書、一九九〇年、佐竹直子『獄中メモは問う――作文教育が罪にされた時代』

道新選書、二〇一四年など。
(4)対立構図の中に解消されがちであった教育科学運動下の地域の生活教育の実践に光を当て、内在的な分析を行った船橋一男の研究に学ぶところが大きい（「教育科学運動下の生活教育実践――岩手県九戸郡種市尋常高等小学校・安藤玉治の教育実践」教育史学会『日本の教育史学』第三七集、一九九四年）。
(5)梶山雅史編著『近代日本教育会史研究』学術出版会、二〇〇七年、梶山雅史編著『続・近代日本教育会史研究』学術出版会、二〇一〇年など。
(6)佐藤高樹「大正新教育をめぐる情報の流入・交錯と地方教育会――宮城県を事例として」（梶山前掲書『続・近代日本教育会史研究』）。
(7)板橋孝幸「昭和戦前期秋田県における郷土教育運動と地方教育会――農村の小学校を重視した施策の転換に着目して」（梶山前掲書『続・近代日本教育会史研究』）。
(8)文部省教学局『思想情報』第三一号、一九四二年一〇月一日、二一―三頁（荻野富士夫編・解説『編集復刻版 文部省思想統制関係資料集成』第七巻、不二出版、二〇〇八年、三〇八頁）。
(9)黒羽亮一『学校と社会の昭和史』第一法規出版、一九九四年、二九頁。
(10)羽田邦三郎『茨城県共産主義運動史・下』崙書房、一九七七年、二一〇―二一三頁。同書の原本は茨城県特別高等警察課『茨城県に於ける共産主義運動史』（一九三八年）である。
(11)同右、二六二―二六三頁。
(12)増田実「師 羽田先生」（阿蘇華一・増田実ほか『回想の羽田松雄』あい書林、一九八四年、七―八頁）。松岳寺の小僧をしているときに「こんな優秀な人を小僧にしておくのはもったいない」と寺の総代格で元郡会議員の池田という人物が村長や校長に談じ込んだといわれる。
(13)入江道雄「『教育生活の回想』に於ける生活綴方教師 羽田松雄」（阿蘇華一・増田実ほか前掲書『回想の羽田松雄』八一頁）。
(14)第二次大戦後は、さまざまな文芸活動を展開、一九八一年に自伝『教育生活の回想』（筑波書林）を出版した。
(15)増田の晩年の活動については、河野みち『広河村異聞戦前・戦中茨城県教育史――祖父母の生き来し道より』（青山ライフ出版、二〇一五年）が参考になる。
(16)羽田松雄前掲書、三三頁。

(17) 増田実『戦前の民間教育運動——茨城に於ける』筑波書林、一九八九年、三九頁。
(18) 同右、四八頁。
(19) たとえば、カルピス社が全国の小学校から童謡・自由詩を懸賞募集し選んだ最優秀作品集である『日本童謡選集』(実業之日本社、一九二四年)にも茨城県西部の教員の指導による児童の作品が多数掲載されている。選者は北原白秋、西条八十、野口雨情、葛原滋の四名。応募総数は二三七六〇点、府県別の応募数の内訳は、①東京府一三六二点、②香川県一〇五〇点、③茨城県一〇三二点、④静岡県九五九点、⑤埼玉県八五一点、⑥山梨県七五七点などであったという。白秋の一等に水海道小、野口の一等に若柳小、西条の二等に五箇小(羽田松雄の指導、羽田、増田の教え子)の児童が入選している。学校賞は若柳小に授与された(増田実『子供たちは唱う——大正期常総の童謡・自由詩運動』崙書房、一九七八年、一一二—一一四頁)。
(20) 一八九八年生まれ。下妻中学卒業後に石下小学校に奉職、代用教員として石下の自由教育を支えた中心メンバーの一人であった。一九二七年死去(増田前掲論文「師 羽田先生」三一—三二頁)。
(21) 増田前掲書『子供たちは唱う——大正期常総の童謡・自由詩運動』はじめに。
(22) 同右、三〇—三二頁。
(23) 同右、三三—三四頁。
(24) 茨城県教育会『創立百周年記念誌』一九九〇年、五二—五三頁。
(25) 同右、五一頁。
(26) 同右、五三—五四頁。
(27) 同右。
(28) 同右、五〇頁。
(29) 増田前掲書『子供たちは唱う——大正期常総の童謡・自由詩運動』二七頁。
(30) 増田実『大正期「石下の自由教育」附・児童自由詩運動』一九七一年、一一—一四頁。
(31) アララギ派。
(32) 当時、栗原と同僚であった増田弥太郎は「栗原訓導の自由画教育および新しい綴方教育の偉大な開発は確かに当時他の追随を許さないものがあつたといわなければならない」と述べている(増田弥太郎「石下時代をふり返って」、前掲『大正期「石下の自由教育」

附・児童自由詩運動』一三二頁)。
(33) 羽田松雄『教育生活の回想』筑波書林、一九八一年、二四頁。
(34) 増田前掲論文「師 羽田先生」一〇―一一頁。
(35) 羽田松雄「石下教育をめぐつて」(前掲『大正期「石下の自由教育」附・児童自由詩運動』一四一―一四二頁)。
(36) 同右、一四二頁。
(37) たとえば、鹿野政直「石下自由教育の周辺」(茨城県史編さん委員会『茨城県史研究』第三四号、茨城県歴史館、一九七六年、四五―四六頁)。
(38) 鹿野前掲論文、四六頁。
(39) 増田前掲書『戦前の民間教育運動――茨城に於ける』五〇―五一頁。
(40) 羽田松雄・増田実・吉田三郎「綴方視察会記録」(茨城県教育会『茨城教育』第五五〇号、一九三〇年七月、一八一―一八二頁)。
(41) 同右、一七九―一八一頁。
(42) 羽田松雄「県下童謡教育界の残骸」(茨城県教育会『茨城教育』第五五一号、一九三〇年八月、一一〇頁)。
(43) 羽田は前掲『教員生活の回想』の中で、『綴方』が、とくに村の児童文化としての素朴さや、雅拙美を誇大して、単なる美文的なものに関心をもって指導してきた傾向を排して、農村独自の現実認識に立脚した、いわゆる『生活綴方』への再認識をモットーに『綴方視察会』を結成し、近隣同士の教師による実践活動をすすめていった」と述べている(五三―五四頁)。
(44) これは羽田のみならず、増田や吉田にも共通された問題意識であった。たとえば、吉田は一九三〇年七月の『茨城教育』に「児童文芸としての綴方論」を寄稿している。そこでは「文芸は純然たる生命の表現だ。[中略]人間が一切の虚偽や胡魔化しを棄てゝ、純真に真剣に生きることの出来る唯一の生活だ。文芸が人間の文化生活の最高位を占め得る所以もまたこの点にある。」との厨川白村(『苦悶の象徴』)の言葉を引き、「児童の綴方も亦『文芸』であるべきを主張する私は又児童文芸としての綴方に於て之を求むるに毫もはゞからない。特に、過去に於ける綴方指導の実際を回顧して、その創作の境涯が『何物にも制縛されぬ絶対自由の心境』でなければ生命の表現も畢竟するに声のみに終るものではないかと疑ひ、かゝる態度の建設を強調する一人である。」と述べていることからもわかる。「低級なメカニズムを排し、児童文芸が全生活を対象とし、児童生命の創造作用である点に於て、綴方は『文芸』であつてい ゝ。」とも述べており、綴方に児童文芸の活路を見いだそうとしていた(増田実「児童文芸としての綴方論」、茨城県教

育会『茨城教育』一九三〇年七月、七―九頁)。
(45)増田前掲論文「児童文芸としての綴方論」一二頁。
(46)羽田・増田・吉田前掲論文「綴方視察会記録」一八一頁。
(47)「談話室」(茨城県教育会『茨城教育』第五五〇号、一九三〇年八月、二二五頁)。「談話室」は清水主事の編集によるもので、寄稿者は「吉田君」となっているが、吉田三郎のことと思われる。
(48)増田前掲書『戦前の民間教育運動――茨城に於ける』五三頁。
(49)同右、五四頁。
(50)同右。
(51)羽田の家は「共稼ぎ」であったが、子どもが増えて妻が勤めを辞めざるを得なくなり、「家計」のために妻の両親のいる東京に一家で移住することを「決心」した(羽田前掲書『教員生活の回想』四〇頁)。
(52)増田前掲書『戦前の民間教育運動――茨城に於ける』五四―八七頁。
(53)同右、五〇―五一頁。
(54)拙稿「地方教育会雑誌からみる教員社会――一九〇〇―一九二〇年の『茨城教育』(茨城県教育会)の分析を通じて」(梶山前掲書『続・近代日本教育会史研究』)。
(55)増田前掲書『戦前の民間教育運動――茨城に於ける』九四頁。
(56)同右、四八頁。
(57)今泉生「編輯後記」(『茨城教育』第六三二号、一九三七年五月、一一九頁)。
(58)この時期の茨城県教育会の役員に関しては、定款によって知事が「総裁」に、「会長」「副会長」は「理事」五名の中から互選によって選出することが決められていた。「理事」のうち二名は学務部長と学務課長が推薦されることが決められており、慣例的に学務部長、学務課長がそれぞれ「会長」と「副会長」が就任した(「茨城県教育会定款」『茨城教育』第六三〇号、一九三七年三月、一四〇頁)。
(59)「茨城の三田」と同時期に検挙された稲敷郡教育科学研究会の六名の『茨城教育』への掲載状況は、多田公之助、木村良夫、和泉田原之の三名に一点ずつ認められる。すなわち、和泉田原之(稲敷郡・沼里小)「生活指導の一端」(『茨城教育』第六三七号、一九三七年一〇月)、多田公之助(稲敷郡・高田小)「教養・その他[「特輯・時局と女教員問題」の一論文]」(『茨城教育』第六六三号、一九三九年一二月)、木村良夫(稲敷郡・君賀小)『「壁新聞」報告』(『茨城教育』第六六八号、一九四〇年五月)の三点である。これを『茨城教育』の開放性の現れと捉えるかは、別途検討が必要である。

(60)増田実「一つのねがい」(『綴方生活』復刻版刊行委員会『「綴方生活」復刻版月報』第一四号、一九七六年三月、一七頁)。

(61)太郎良信「『教育・国語教育』の書誌」(滑川道夫・野地潤家監修『教育・国語教育』(復刻版解説、教育・国語教育復刻刊行委員会、一九八八年、八四―八五頁)。

(62)増田前掲論文「一つのねがい」。

(63)入江前掲論文、八一頁。

(64)「人物月旦増田実論」(『教育・国語教育』一九三二年四月号、八一頁。復刻版)。

[謝辞]本章に関わる史料の調査・収集に際して、茨城県立歴史館史料閲覧室の係の方にたくさんのご配慮を賜った。この場を借りて心から御礼申し上げる。

第4章　満蒙開拓青少年義勇軍と信濃教育会

伊藤純郎

はじめに

昭和一二（一九三七）年一一月三〇日の閣議決定により創設された満蒙開拓青少年義勇軍（以下、青少年義勇軍と略称）の募集・送出実績は、初年度の昭和一三年度は計画人員三万人に対して送出人員二万一九九九人（七三・三％）であったが、翌昭和一四年度は計画人員三万人に対して送出人員八八八七人（二九・六％）と大幅に低下した。

こうした事態をうけ拓務省は、昭和一四年度の募集・送出と並行して、募集・送出の不振を打開するための方途を模索し、七月三日付で各府県学務部長宛に、以下のような内容の通牒を発した。

義勇軍運動ニ関シ熱意ヲ有スル郡教育会一ヲ選ヒ、之カ主催トナリテ小学校高等科二年在学中ノ男子児童中ヨリ来年度義勇軍タラントスルノ希望ヲ有スル者、又ハ二、三男等ニシテ義勇軍ニ送出スルヲ適当ト認ムル者、其ノ他適当ト認ムル者ヲ当該郡内各学校別ニ送出シ、之ヲ郡内適当ノ個所ニ参集セシメ、今夏之ニ拓務訓練又ハ拓植講習ノ如キヲ施シ（大体四泊五日又ハ六泊七日）以テ東亜建設ノ認識ヲ附与シ、来年度卒業迄ニハ是等拓務訓練ヲ終了セル者ノ内ヨリ来年度第一次ノ義勇軍ヲ最小限度一個小隊編成シ、之ニ随時適当ナル教育ヲ施シ送出スルモ

ノトス　斯クシテ来年度以降漸次之ヲ全府県下ノ郡教育会ニ此ノ方法ヲ及ホサシム。[1]

この通牒により、青少年義勇軍運動に熱意をもつ郡教育会を選定する↓郡教育会管内で小学校ごとに義勇軍を選出する↓郡教育会主催の拓務訓練・拓植講習を実施する↓訓練・講習終了者のなかで六〇名単位の小隊を編成し義勇軍として送出するという方法が確立された。

通牒を受け、信濃教育会は、「昭和十五年度青少年義勇軍編成方針案」と「義勇軍拓植訓練実施要項」を掲げ、高等科を卒業予定の児童を対象に郡市教育部会が主催する拓務訓練を学校や農民道場で実施し、郷土小隊を編成して青少年義勇軍を送出する方針を郡市教育部会に示した。こうして、昭和一四年秋から、青少年義勇軍の募集・送出に信濃教育会・郡市教育部会が直接関与するようになる。[2]

青少年義勇軍と信濃教育会に関してはすでに多くの先行研究があるが、[3]これらにほぼ共通する傾向は、青少年義勇軍の募集・送出において信濃教育会・郡市教育部会と教員が果たした「負の役割」を指摘し、その責任を弾劾するというものであり、青少年義勇軍の募集・送出における信濃教育会・郡市教育部会の関与の実態やそこに内在する構造的な問題に対する関心は意外と低いように思われる。[4]

現時点で満蒙開拓青少年義勇軍史に関する最高水準の研究書である白取道博『満蒙開拓青少年義勇軍史研究』は、「青少年義勇軍と公教育との密接な連関は自明のことであるかのような認識が流布しているけれども、その連関の動因と様態が実証されたことはない」、「教育会にとって青少年義勇軍の募集・送出活動への関与を深めていく過程は、教育会がその自立的な活動の局面を拡大していく過程でもあって、それは言わば自らの存在意義を確認する過程であったと思われる」[5]と重要な指摘を行っている。

本研究会では、「教育情報回路」という概念を教育会史研究の核と位置付け、各時代における教育会の歴史的意義を考察してきた。教育会は、「機関誌・刊行物・演説・討議などにおいて言語表現された（文字には限定しない）教育に関する論説・思想・学説等」である「教育情報」を「どのように凝集・循環してどのような時事案件の処理に活用したのか」という観点から、各時代における教育会の機能と構造を考察してきたのである。[6]

以上をふまえ、本稿では、「教育情報回路」という概念を視野に入れながら、青少年義勇軍の募集・送出に対する信濃教育会・郡市教育部会および関東連合教育会の関与の諸相について考察したい。具体的には、信濃教育会・郡市教育部会は「教育情報」を「どのように凝集・循環」して青少年義勇軍の募集・送出に関与したのか、信濃教育会の上部組織である関東連合教育会は青少年義勇軍の募集・送出に対してどのように対応したのかについてそれぞれ考察し、「教育情報回路」としての教育会の歴史的意義を明らかにしたいと思う。

一　信濃教育会と青少年義勇軍

信濃教育会の歴史は、明治一七（一八八四）年二月二八日、上水内郡長野町とその周辺の教育者有志によって組織された「長野教育談会」（一一月二四日に「長野教育会」と改称）に始まる。明治一九年七月一八日、「信濃教育会」と改称され（明治三三年一〇月四日に社団法人組織）、公私立の小学校（国民学校）・青年学校・各種中等学校・専門学校の教職員・教育関係職員・各方面の有志者を会員とし、十八の郡市に部会が置かれた。

『昭和十四年度信濃教育会並各部会事業概要』によると、前年度より二四六人が増加し一万六八六人の会員を有する信濃教育会は、以下のような事業を展開した。[7]

一、　雑誌『信濃教育』の発行……第六三〇号―第六四一号を発行。

二、図書の出版……（一）本年度編纂刊行物―『信濃郷土誌』『青年学校修身公民教科書』『尋常・高等理科学習帳』など計一七冊、（二）編纂中―『小学校理科教授書』『青年学校普通科教科書』など計一五冊、（三）従来から出版中の教科書・学習帳・読本・参考書・図書（①小学校、②青年学校、③中等学校、④学校職員・一般青少年読物）。

三、研究調査……（一）時局下に於ける本県教育強化に関する研究、（二）中等学校に於ける人格陶冶の具体的研究（続行）、（三）関東連合教育会に提出されたる諸問題（①青少年学徒に賜はりたる勅語の聖旨徹底に関する方策、②普通教育に於ける国際認識及経済思想の教育を一層徹底せしむる方案、③新体制国民精神総動員下に於ける学校職員の活動すべき具体的事項、④国民大衆の公共的訓練を普及徹底せしむる具体的方策、⑤長期建設の時局下に於ける国民生活の事象に鑑み今後の教化対策、⑥師範学校に優秀なる生徒を得るの方策）、（四）中等学校に於ける運動競技に関する研究（続行）、（五）青少年読物調査研究、（六）海外教育事情調査、（七）長野県学事統計調査、（八）農村振興根本方策研究（続行）。

四、教育参考室（昭和四年設置）……各郡市部会の研究物・各地方における文献などの蒐集。

五、東亜研究室……（一）事業（①満蒙研究資料の蒐集整理、②本県出身者並に青少年の満蒙進出の助成、③満州国人の本県留学生招致、④本県拓植教育機関並に現地指導所の設置促進、⑤視察員の派遣及び満蒙に関する講演講習の開設、⑥在満本県人との連絡提携其の他、⑦満蒙に関する著作物の発見）、（二）視察員派遣（①満州視察員―一五名、八月二九日―九月二七日、②支那視察員―一二名で計画するが中止）、（三）南洋資料の蒐集、（四）満州資料の蒐集。

六、研究会……（一）農村振興根本方策研究会、（二）裁縫科研究会。

七、諸集会……（一）総集会（第五四回、六月一七日・一八日）、（二）評議員会（八回）、（三）部会長会（三回）、

（四）監事会（三回）、（五）代議員会（二回）、（六）部会幹事会（一回）。
八、関東連合教育会開催……第三五回、一〇月二〇日―二二日、加盟教育会数一七三、出席代議員三七三名。提出議題二三。
九、各種教育会への派遣……（一）第一九回全国小学校女教員大会（三名）、（二）第五回帝国教育会通常総会（五名）、（三）第四回教育祭・時局教育大会（四名）、（四）中央府県教育会理事者会（一名）、（五）部会総集会・組合職員会（会長・主事・雑誌編集主任、十数回）。
一〇、卒業生招待会（昭和五年三月開始）……長野県師範学校・松本女子師範学校・青年学校教員養成所卒業生を招待し講話・茶話会。
一一、銃後々援事項……（一）神社参拝・武運長久祈願・感謝文、（二）出征会員に『信濃教育』送付、（三）松本陸軍病院・上山田療養所・若槻療養所の慰問、（四）松本聯隊の慰問・弔辞、（五）戦没者遺族の慰問・香奠、（六）善光寺にて戦没会員法会。
一二、時事問題に関する陳情並実際運動……（一）高等工業学校招致陳情、（二）時局下教育強化問題の陳情、（三）小学校教員俸給道府県支弁問題、（四）昭和十五年度市町村予算編成に関する問題、（五）中等学校入学考査問題、（六）長野県教育史編纂・郷土博物館建設の陳情、（七）教員保養所建築促進陳情、（八）青少年義勇軍進出に関する件。
一三、其他……上松火災義捐金。
信濃教育会の事業に関して、他府県の教育会の事業と比較して、筆者が注目するのは次の三つである。

一つ目は、出版活動が多岐に及んでいることである。雑誌『信濃教育』は、明治一九年一〇月に創刊された『信濃教育会雑誌』の後継誌（明治四〇年一〇月に改称）で、昭和一五年三月時点で六四一号が発行された。特筆すべきは、個人購読者の占める割合の多さで、発行部数（一八〇〇部）の約四五・五％に当る八一八部が個人購読である。図書類の出版は、教科書（小学校高等科・青年学校・中等学校）・学習帳・参考書・教授書・一般青少年読物に加え、郷土教育運動を反映して『信濃郷土誌』『長野県地図』『郷土地理の観方』『郷土調査要目』など郷土教育に関係する図書類が出版されている(8)。

二つ目は、研究調査活動が活発に行われていることである。研究調査部は、「研究すべき問題の選択、整理、研究方法の立案、研究の結果の処理」を目的とし、初等部・師範教育部・中等教育部・実業教育部・青年学校教育部・体育教育部・社会教育部の七つの部会が設置された。この年の研究調査活動で最も重視されたのが、「農村振興の具体的根本方策を樹立し、教育上に之が具現を図る」ことを目的に前年度から継続して行われた農村振興根本方策研究で、「農村振興根本方策研究会」も設置された。

三つ目は、東亜研究室である。これは、昭和八年一二月に創設された「満蒙研究室」が、「支那事変勃発以来、時局の進展につれて東亜建設の段階に入り、満蒙の外支那南洋方面に関する研究の緊要なる時勢」を受けて改称された研究室で、「興亜に関する資料蒐集、支那視察等」を主な事業とした。

では、信濃教育会が青少年義勇軍の募集・送出に関与する過程で、どのような事業が新たに展開されたのか。言い換えるならば、青少年義勇軍の募集・送出という時事案件に対して、信濃教育会はどのような「教育情報回路」を形成したのか。このことに関して、以下の三点を指摘することができる。

第一点は、雑誌『信濃教育』誌上に青少年義勇軍に関する論考や情報が掲載されたことである。一〇月に発行された『信濃教育』第六三六号には、満州視察員として満州国に派遣された東筑摩郡波田尋常高等小学校長野村篤恵が「満蒙開拓青少年義勇軍」と題する論考を寄稿した。野村は、国策である満州移民の「先遣隊中最も順応性強く純真にして愛国の至情に燃え、身を以て大陸日本建設の礎石たらんと希求し一大決心を以て進出したものは、実に満蒙開拓青少年義勇軍である」と青少年義勇軍の重要性を指摘したのち、「義勇軍の指導は其の思想的方面が先行されねばならぬが、此の指導は現在の所全く小学校教育殊に高等科に於てのみ為される所であつて、二ケ年高等科に於て書物に図譜に又各教科に熱心に指導されて行くならば、必ず生徒は報国の確固たる精神が出来、渡満後如何なる労苦をも辞せぬ頼母しき拓士となるのだ」と「拓植教育」の重要性を強調した(9)。

波田尋常高等小学校は、昭和一四年四月一七日付『信濃毎日新聞』で「異色・波田村少年群　三十一名が一丸　少年移民史の圧巻」と報道されたように、青少年義勇軍の募集・送出において「模範校」であった(10)。青少年義勇軍の募集・送出において「模範校」の学校長が、満州視察員として渡満し、満州視察の体験をふまえて青少年義勇軍の重要性を『信濃教育』を通じて購読者である会員に説くという「教育情報回路」が形成されたのである。

第二点は、青少年義勇軍に関連する事項が信濃教育会の事業のなかに取り込まれたことである。年に八回開催された評議会で「青少年義勇軍送出に関する件」が、年に三回開催された部会長会で「青少年義勇軍に関する件」がそれぞれ協議された。また「時事問題に関する陳情並実際運動」として「青少年義勇軍進出に関する件」が掲げられ、「該件に関する協議の為、部会長会二回（十四年秋）、部会長並拓務訓練主任会一回（十五年一月）県に於て招集せり。本会は県と協力本年二四〇〇名送出を目標に本会並各郡市部会其の任を担当し、更に児童の拓務訓練講習等専ら其の衝に当り努力を傾注す」という文章が『事業概要』に初めて記載された。評議会や部会長会において具体的にどのような協議がなされたのかは不詳であるが、昭和一五年一月三一日に開催された部会長会における更級教育部会長のメモには「青少年義勇軍送出ノ件」に関して「各郡市ノ労多ケレドモ国策ニ依テ極力配慮ヲ希望」という信濃教育会長の発言と思われる文章が記されている(11)。

第三点は、満州視察が青少年義勇軍を重視した視察に変わったことである。信濃教育会は、「満蒙方面の認識を深め、以て国策による県の移植民計画に協力」するため、満州事変の翌年から「満蒙支方面視察」を始め、昭和一四年度までに計八回、約百数十名の視察員を「満蒙支方面」に派遣してきた。

昭和一四年度の「視察方針は主として満州農業移民地、青少年訓練所の実情視察、並びにこれに対する現地関係当局の所見に重きを置」いたものとなった。野村篤惠校長も参加した満州視察（八月二九日―九月二七日）は、視察員が前年度の四名から一五名と大幅に増加し、「移民村の組織機構、教育制度、保健医療衛生施設」に加え、「青少年義勇隊訓練所の施設教育の実際」や「勤労奉仕隊の活動状況」の視察が行われた。満州視察員による報告書は、『満州国農業移民地視察管見』第六輯として昭和一六年三月に発行された[12]。

右から、昭和一四年度、信濃教育会は、青少年義勇軍の募集・送出という時事案件に対して、雑誌『信濃教育』誌上での紹介・周知、各種会議での協議、満州視察員の派遣と視察報告書の刊行などの事業を展開したことがわかる。

それでは、青少年義勇軍の募集・送出に年度当初から直接関与することになる昭和一五年度以降、どのような「教育情報回路」が形成されたのか。

昭和一五年度の信濃教育会の事業のなかで、青少年義勇軍の募集・送出に関して筆者が注目するのは次の四つである。

一つ目は、『信濃教育』誌上に掲載された青少年義勇軍の募集・送出に関する記事が、青少年義勇軍の意義や重要性を啓蒙する色彩の強い論考から、募集・送出の記録や児童の作文など具体的な情報となったことである。

『信濃教育』第六四三号（五月）の「雑録」のコーナーに掲載された「義勇軍を送るに際して」は、四名の割り当てに対し一〇名の義勇軍を送出した小学校高等科の記録である。記事は三つの文章群で構成され、前半部は「今年度からは高等科二年の受持が主になつて、義勇軍送出の心配をして欲しいとのお達し」を受けた高等科担任が、三三名の児童のなかで志望者が一人もなく「最初は誰に見当を附けたらよいものか随分迷つてしまつた」状況のなか、満州から一時帰郷した義勇軍との面接を企画し、生徒に「生きてゐる義勇軍」を体感させ、父母懇談会を開催して父兄を説得し、村民や全校生徒・教職員による壮行会を開いて義勇軍を送出する過程が記されている。中間部は、「義勇軍へ行くことを決心した」過程と「私だつて小さいけれども満蒙開拓青少年義勇軍の一員である。満州へ行つたら最後まで頑張つて、死んで満州の土台となるつもりである」という五人の児童の決意が吐露された作文から構成されている。後半部は、青少年義勇軍募集・送出に際しての総括で、「受持の先生に主になつて心配してもらひたいと依頼を受ける前に、何故もつと充分に働かなかつたか。自分のいとしい子供達が十名も満州へ骨を埋めに出かける使命を持つてゐたことを一年間に予期し得たか。さう自問して私は恥しさを覚える」と、高等科二年担任としての反省が語られる。[13] ここから、記事は、青少年義勇軍の募集・送出に苦慮する小学校や高等科二年生担任へのメッセージとしての役割をもっていることがうかがえる。

二つ目は、東亜研究室の事業が強化されたことである。東亜研究室の委員は前年度の六名から一一名に増加（野村篤恵も委員に就任）され、「蒐集資料の分類陳列に大刷新を加へ、研究室の整備」が行われた。

八月二〇日から九月二一日の日程で実施された満州国視察も、視察員が三名増加して一八名となり、視察の報告書である『支那・満州国視察管見』第七輯では、「義勇軍送出について」と題する論考が掲載され、現地訓練所の幹部・寮母の人選は「教育会の全力を挙げて善選しなくてはならぬ」こと、「義勇軍を大切に考へ、送出後も常に関心を持ち慰問をも為す」こと、「将来満州国は長野県人に依つて動くと云う程の気概」をもつことなどが説かれたのち、「義勇軍送出については、大部分我々教育者にまかせられてゐる現状である。当に象牙の塔を出づべき時である。我々は之を光栄ある任務と観じて力を尽し度く思ふ。今後各学校では十分内外の研究を為し拓殖教育に努め、益々海外発展の機運を作られんことを切望」すると、教育会・教職員の重要性が強調された。[14]

三つ目は、「銃後々援及其他の事項」に青少年義勇軍が加えられ、十月九日に「本会派遣の支那及満州視察員、県派遣の満州視察員並教学奉仕隊勤労奉仕隊等数十数名」による「報告座談会」が開かれたことである。

教学奉仕隊は、正式には「満州開拓青年義勇隊教学奉仕隊」といい、「青少年義勇軍の送出に深き熱意を有する」「青少年義勇軍郷土部隊編成運動に関与せる」小学校・青年学校教職員より選抜し、現地義勇隊訓練所に派遣して「教学に協力せしむると共に訓練生に対し主として内地及郷土事情並に国際諸情勢」を教授するとともに、「開拓訓練生活の体験により興亜教育の真髄を体得せしむる」ことを目的に、昭和一五年度に結成されたものである。(15) 拓務省は、満州開拓青年義勇隊教学奉仕隊約六〇〇名を夏季休業中の一か月間現地訓練所に派遣し、長野県から三一名の割り当てに対し三七名が派遣された。帰国後の一〇月四・五日、文部省・拓務省共催で満州開拓青年義勇隊教学奉仕隊代表者報告協議会が開催され、「吾人ハ東亜新秩序建設ノ重点タル満蒙開拓青少年義勇軍ノ政府割当数ハ万千ノ困難ヲ排除シ誓ツテ之ヲ編成送出ス」「吾人ハ満蒙開拓青少年義勇軍運動ノ強力ナル推進力タランガ為、地方ノ実情ニ応ジ推進団体ノ結成乃至統合、拡大、強化ヲ期ス」「吾人ハ国策ノ第一線ニ立ツ満蒙開拓青少年義勇軍ニ対シ各地方ニ於テ定期的ニ組織的、計画的ナル慰問激励ノ方途ヲ講ズベク、速急ニ郷土的色彩濃厚ナル栗、海藻類蒐集、献木運動ノ展開、激励文発送等ノ実施ヲ期ス」など計十三項目を決議した。(16) 一〇月九日の「報告座談会」では、視察の報告に加え、決議に関する協議も行われたと思われる。

四つ目は、「職業指導研究」が研究調査に復活したことである。職業指導研究は昭和一一年度に「中小学校並青年学校に於ける職業指導に関する研究」として新設され、『信濃教育』誌上に調査報告が掲載された。「職業指導研究」は「小学校に於て実践すべき一般的基本事項について、更に今日の時勢に適応した実際的な研究が要望されて来た」ことを受け設置されたものである。このなかで、「青少年義勇軍指導」は「適職指導」のなかに位置づけられ、講話・講習・映画・読書などによる「青少年義勇軍精神ノ昂揚」(拓士精神)、青少年義勇軍の目的・応募資格手続其他・内地訓練所の組織と訓練・現地訓練・訓練終了後並に兵役関係などの「内容ノ理解」「父兄トノ懇談」「拓植訓練講習」の重要性が『信濃教育』誌上で指摘された[17]。

以上から、青少年義勇軍の募集・送出に対して信濃教育会は、『信濃教育』・『支那・満州国視察管見』などの「機関誌・刊行物」、満州国視察団・教学奉仕隊の派遣と帰郷後の報告会・討議、「時事問題に関する陳情・実際運動」などの幅広い「教育情報回路」を形成したことがわかる。

二　郡市教育部会と青少年義勇軍

以上のような信濃教育会の事業に対し、各郡市教育部会はどのような事業を展開したのだろうか。表１は、昭和一四年度―昭和一六年度『信濃教育会並各部会事業概要』から、郡市教育部会における青少年義勇軍の募集・送出と関わる事業を整理したものである。記載内容には教育部会によってかなりのばらつきが見られるが、ここから、以下の五点を指摘することができる。

第一点は、郡市教育部会単位、もしくは合同で拓務訓練講習が実施されていることである。これは、信濃教育会が郡市教育部会に示した「青少年義勇軍編成方針案」と「義勇軍拓植訓練実施要項」に基づくものである。実施時期が一二月から一月に集中するのは、軍需工場労働者などの「求人募集」と混乱をきたさぬよう職業訓練所や町村会長と連携して義勇軍に参加を希望する者を早めに選出せよという指示による。

拓務訓練講習には県から交付金が出され、昭和一五年一月二六日から三泊四日の日程で更級農業拓殖学校を会場に「今春高等小学校卒業児童中義勇軍参加希望者」を対象に実施された更級郡拓植訓練では、参加児童賦課負担金（六七円）・教育会負担金（五〇円）に加え、県交付金（三〇〇円）と父兄懇談会費県交付金（四〇円）が県から交付されている[18]。

表1　郡市教育部会における青少年義勇軍募集・送出

昭和14年度

教育会	拓務訓練・講習会	場所／参加人数	壮行会	送出数	派遣／研究会等
信濃教育会					満州視察3人／東亜研究会、『満州国蒙辺彊北支視察管見』第五輯
南佐久	記載なし				満州国視察
北佐久	開催の記載のみ				義勇軍父兄会
小県上田	1月27日～30日	上田実科高等女学校・上田小学校／36人	3月25日	45人	
諏訪	開催の記載のみ				満州農業移民地視察
上伊那	開催の記載のみ				満州視察
下伊那	記載なし				満州視察
木曽	記載なし				満州地方視察
東筑摩	1月21日～24日	養真堂　松本市と合同			満州視察／講演会
南安曇	記載なし				満州視察
北安曇	1月26日～28日	木崎夏期大学	3月25日		
更級	1月26日～29日	更級農業拓殖学校			満州移民地視察
埴科	1月7日～10日	松代小学校／75人			満州視察
上高井	記載なし				満州移民視察
下高井	1月21日～24日	中野小学校・平穏小学校・木島小学校・野沢小学校／120人			研究協議「満蒙開拓義勇軍の進出を一層盛ならしむる方策如何」
上水内	開催の記載のみ				満州視察／興亜研究「義勇軍問題の研究」
下水内	開催の記載のみ				満州視察／義勇軍壮行会
長野市	記載なし				満州移民地視察
松本市	1月21日～24日	養真堂　東筑摩と合同			満州視察／講話「青少年義勇軍現地事情」

（『昭和十四年度信濃教育会並各部会事業概要』 昭和15年7月）

昭和15年度

教育会	拓務訓練・講習会	場所／参加人数	壮行会	送出数	派遣／研究会
信濃教育会					満州視察3人／東亜研究室、『満州国農業移民地視察管見』第六輯
南佐久	1月8日～11日	野沢小学校／54人	3月23日	31人	満州農業移民地視察、満州教学奉仕隊派遣
北佐久	開催の記載のみ				義勇軍父兄会
小県上田	12月7日～10日	奈良原小県農学校修道場	3月23日	54人	
諏訪	開催の記載のみ				満州農業移民地視察
上伊那	記載なし				満州視察
下伊那	記載なし				満州国視察／高二担任教員会、少年拓士送出の件打合
木曽	1月8日～11日	共栄社			満州国視察
東筑摩	10月31日～11月2日 教員拓務訓練講習会 1月31日～2月2日	松本養真堂／86人 松本養真堂、長野県拓務課と合同			満州国派遣／青少年義勇隊教学奉仕隊報告、拓務少年義勇軍祈願祭・壮行会
南安曇	記載なし				満州視察

北安曇	記載なし		3月22日		
更級	12月19日～23日	更級農業拓殖学／70人		43人	満州更級村視察、3月23日義勇軍壮行会
埴科	11月27日～30日	屋代小学校／58人		43人	満州派遣12人／内原訓練所拓務訓練講習派遣9人
上高井	12月24日～27日	58人		40人	満州移民地視察、満州教員奉仕隊派遣2人／内原訓練所義勇軍慰問
下高井	12月15日～18日	中野小学校・38人			満州移住地視察、青少年義勇軍訓練所視察
上水内	開催の記載のみ			74人 幹部3人	教学奉仕隊6人／興亜教育「義勇軍送出運動方式、拓務訓練実施方策と其実施、青少年義勇軍壮行会の計画実施」
下水内	開催に記載のみ				満州視察　内原訓練所視察
長野市	記載なし				満州移民地視察
松本市	記載なし				満州国視察

（『昭和十五年度信濃教育会並各部会事業概要』 昭和16年7月）

昭和16年度

教育会	拓務訓練・講習会	場所／参加人数	壮行会	送出数	派遣／研究会
信濃教育会	8月21日～24日 8月24日～27日	八ケ岳中央修練道場／16人			教学奉仕隊2人／興亜研究室、臨時総集会（興亜教育大会）
南佐久	8月3日～6日 1月8日～11日	野辺山原／108人 野沢国民学校／45人	3月24日	11人	満州教学奉仕隊／興亜教育
北佐久	開催の記載のみ				興亜教育
小県上田	11月4日～7日 11月8日～11日	奈良原小県農学校修道場／146名	3月24日	65人	拓殖研究・父兄会
諏訪	開催の記載のみ				内原訓練所郷土部隊慰問
上伊那	記載なし				満蒙支事情調査研究
下伊那	10月26日～30日	下伊那農学校			教員拓務講習派遣（内原訓練所89人）
木曽	記載なし				満州国教学奉仕隊1人
東筑摩	2月8日～10日	松本養真堂	3月17日		信濃教育会臨時総集会興亜教育大会開催・興亜研究
南安曇	1月7日～10日	32人			満州視察1人／満州視察報告
北安曇	記載なし		3月23日		教学奉仕隊1人／秋季総会招待員講演「青少年義勇軍について」、興亜教育研究
更級	記載なし				
埴科	11月17日～20日	更埴共同蚕種製造組合千曲社／81人			教学奉仕隊1人
上高井	12月23日～26日				教学奉仕隊2人／内原訓練所慰問
下高井	11月13日～16日	中野国民学校／64人			教学奉仕隊1人／青少年義勇軍送出についての研究
上水内	記載なし				教学奉仕隊1人／興亜科研究
長野	11月6日～9日	上水内農学校		64人	満州視察1人／義勇軍に関する講演会（柳町国民学校）、義勇軍研究、
松本	1月13日～16日	養真堂			教学奉仕隊1人

（『昭和十六年度信濃教育会並各部会事業概要』 昭和17年7月）

昭和一四年度は、全郡市教育部会の拓務訓練講習が終了した後の昭和一五年二月九日、長野県庁で学務部主催により信濃教育会・郡市教育部会長、拓務訓練講習会主任が出席して青少年義勇軍拓務訓練協議会が開催され、中隊編成・訓練生の指導・割り当て数の確保・父兄会の開催など「今後ニ対スル方策」が協議された[19]。

第二点は、拓植訓練とあわせ、義勇軍幹部の推薦が行われていることである。これも「義勇軍幹部ハ郡教育会ニ於テ適当ナル者ヲ銓衡シ、義勇軍送出前幹部訓練所ニ於テ訓練ヲ受ケタル上義勇軍ヲ引率入所セシムルヲ理想トス」という「青少年義勇軍編成方針案」に基づくものである。

「青少年義勇軍幹部銓衡要項」によると、教育会が推薦する義勇軍幹部は中隊長・教学指導員・農事指導員で、「人格高潔ニシテ身体強健、熱誠、質実剛健、意志鞏固ニシテ実践躬行、不撓不屈ノ人物」「充分指導力、統率力ヲ有スル」「中等学校卒業以上ノ学歴ヲ有シ農村指導又ハ教育ニ経験ヲ有スル」「農業ニ理解ヲ有シ率先農耕ニ従事シ得ル」「年齢二十五歳以上概ネ三十五歳以下」「妻帯者ニ在リテハ当分別居生活ヲ為シ得ル」という六条件を満たす者の中から、中隊長は「幹部並義勇軍ノ統制、指導上遺憾ナキ人物」、教学指導員は「相当期間青少年教育指導ノ経験ヲ有スル者」、農事指導員は「相当期間農事指導ノ経験ヲ有スル者」が推薦された。

昭和一四年一二月二〇日、長野県庁において、「各郡市教育会推薦ノ幹部候補者」を対象に義勇軍幹部銓衡が行われ、「所属学校長承諾書」「郡市教育会長推薦書」「本人自筆履歴書」「医師ノ身体検査証」、写真などの書類と面談により義勇軍幹部が選出された[20]。県から推薦された義勇軍幹部は、内原幹部訓練所で訓練を受けたのち、満州拓植公社社員に採用された。

中隊長とあわせ大隊長の選考も行われ、義勇軍幹部銓衡の前日一九日付で学務部長から信濃教育会長宛に、「明春卒業児童ヲ以テ編成送出セントスル義勇軍ノ大隊長ヲ本県教育者中ヨリ選出致度候条校長級ノ人物ニシテ適任者一名今月中ニ御推薦相成度此段及御依頼候也」という内容の「義勇軍幹部推薦方法依頼」が出されている[21]。

昭和一五年度の満蒙開拓青少年義勇軍幹部の推薦・選考は、「将来永ク満州ニ在リテ開拓ノ聖業ニ従事スルコトヲ希望スル者」という新たな条件が加わるなか、一年を通じて計六回、「昨年通リ郡教育会ヨリ推薦願フ」方法で行われた。[22]

第三点は、「教員拓務訓練講習会」「内原訓練所拓殖講習会」の記載からうかがえるように、「内原訓練所視察訓練」が行われていることである。

昭和一四年九月二五日付で示された「学校職員内原視察訓練要綱」によると、内原訓練所視察訓練は高等科二年担任と青年学校職員を対象に「内原青少年義勇軍訓練所ヲ見学セシメ義勇軍制度趣旨ノ普及ヲ図ルト共ニ訓練所ニ於テ宿泊訓練ヲ行ヒ、義勇軍運動ニ付キ確固タル信念ヲ把握セシメム」ことを目的としたもので、総計一〇〇名が各郡市教育部会単位で割り当てられ、「学校長ヨリ郡市教育会長ニ推薦シ、郡市教育会長ニ於テ銓衡ノ上県へ推薦スル」方法で選考された。[23] しかし、内原訓練所視察員の推薦理由は様々で、更級教育部会長に提出されたある小学校長の推薦書には、「当校卒業生ニハ義勇軍希望者僅少ニツキ学校トシテモ一段努力致シタク、該担任訓導モソレヲ希望イタシ居リ候」と、自校の青少年義勇軍の募集・送出の不振を挽回するために高等科二年担任を推薦した事例もあったという。[24]

翌昭和一五年度以降は「内原訓練所拓殖講習」となり、「時局ノ進展ニ伴ヒ東亜ノ新秩序建設ニ上下ヲ挙テ邁進シツ、アルノ秋満蒙ノ開拓ハ焦眉ノ急務ニシテ愈々其ノ重要性ヲ加ヘツ、アル実情ニ鑑ミ、小学校並青年学校教員ヲシテ開拓訓練生活ヲ実践セシメ以テ興亜教育ノ真髄ヲ体得セシメントス」という方針のもとで行われた。総計九〇人が割り当てられ、「将来其ノ地方ニ於テ青少年ニ積極的ニ働キカケ義勇軍参加ヲ奨励シ得ル所謂地方ノ中心タリ得ル人物タルコト」という「銓衡方針」にもとづき、「特ニ高等科受持教員中」より各郡市部会長が選考した。[25]

第四点は、昭和一五年度から始まる教学奉仕隊の選考と派遣である。各郡市教育部会が派遣する教学奉仕隊は、昭和一五年六月三日付で学務部長が小学校長・青年学校長に出した「満州開拓青年義勇隊奉仕隊教員隊派遣ニ関スル件」と題する文書にもとづき、小学校長・青年学校長が教学奉仕隊（「満州開拓青年義勇隊教学奉仕隊」）適任者の推薦書を郡市教育部会長に提出する→教育部会長は割当て人数に応じて教学奉仕隊を選考するという手順に沿って決定され派遣された。

第五点は、青少年義勇軍の祈願祭・壮行会の挙行である。

以上から、郡市教育部会における青少年義勇軍の募集・送出と関連した事業は、拓務訓練講習会の実施、青少年義勇軍幹部の推薦・選考、内原訓練所拓殖講習会への派遣、教学奉仕隊の選考・派遣、青少年義勇軍の祈願祭・壮行会の挙行など多岐にわたっていることがわかる。

昭和一五年度から本格的に採用された県単位の中隊編成や郡市単位の小隊編成による青少年義勇軍編成において、郡市教育部会は、市町村・職業紹介所・青年団などと連携して青少年義勇軍の募集を管内の小学校長や高等科担任に強く働きかけ、拓務訓練講習会を実施して郷土部隊を編成するなど中核的な役割を果したのである。

こうした郡市教育部会の重要性は、『長野県報』に記載された青少年義勇軍に関する「通牒」の表記にも表れた。昭和一五年八月二六日付学務部長通牒「青少年義勇軍銓衡ニ関スル件」の宛先には、従来の市町村長・小学校長ではなく、郡教育部会長が筆頭に掲げられた。[26] さらに、一〇月三一日付各市町村長・各小学校長宛学務部長通牒「昭和十六年度満蒙開拓青少年義勇軍編成計画協議会ニ関スル件」では、出席者の筆頭に「各小学校高等科二学年受持担任教員」が表記されるようになる。[27]

三　関東連合教育会と青少年義勇軍

前節に述べた信濃教育会および郡市教育部会の事業に対して、上部組織である関東連合教育会は青少年義勇軍の募集・送出に対してどのように対応したのだろうか。

昭和一四年一〇月二〇日から三日間、信濃教育会主催で長野県師範学校を会場に開催された第三五回関東連合教育会では、次年度から青少年義勇軍の募集・送出に府県教育会が直接関与することになったことを受け、以下のような青少年義勇軍に関する建議案が関東連合教育会会議に初めて提出された。

第十七号議案　興亜開拓の真理想実現の為、大陸進出青少年義勇軍訓練所並同教員養成機関を増設せられむことを其の筋に建議するの件

（理由）今や我が国は挙国一体滅私奉公の誠を致し、興亜の偉業達成に邁往しつつあり、而して之が目的の貫徹は今後相当長期に亘り国民の努力に俟たざるべからず、青少年を教養し其真使命を体認し大陸進出聖業翼賛の資質を練成するは我が国策喫緊の急務なり、之本案を提出する所以なり

千葉県市原郡教育会提出

第十八号議案　青少年義勇軍の募集成績を挙ぐる為め、一層適切なる方策を樹立せられんことを其の筋に建議するの件

（理由）現下青少年義勇軍の進出は国策遂行上最も緊切なる問題なりとす、当事者毎々之が募集に努力しつつありと雖も猶不振の状況にあるは甚だ遺憾とする所なり、依て本目的達成の為め一層適切なる方策を樹てられんことを其の筋に建議せんとす、之れ本案を提出する所以なり

栃木県各加盟教育会提出

二つの建議案は、「これは充分にわかつて居ることで説明の必要はないと存じます。直に即決を希望致します」との声をうけ可決された[28]。青少年義勇軍の募集・送出を「国策遂行上最も緊切なる問題」と位置付け、青少年義勇軍に関する議案を「其の筋」に建議しているのである。

また、翌昭和一五年一〇月二五日から三日間、神奈川県教育会と横浜市教育会の共催で開催された第三六回関東連合教育会では、文部・内務・大蔵各大臣あてに「開申書」として提出した「東亜新秩序ノ建設ニ関シ学校教育ニ於テ協議スベキ事項」を「満場一致」で可決した。そのなかでは、「児童生活ニ対シテハ常ニ生気溌剌タル明朗精神ヲ培養シ、第二ノ国民トシテ此聖戦ノ目的ヲ確認セシメ、質実剛健ノ気風ヲ養成シ、国策ニ即応シテ東亜新秩序ノ建設ニ協力スル様指導」するために「要望スベキ学校教育上ノ施設事情」として「青少年義勇軍ノ進出ニ協力スルコト」という一項が掲げられた[29]。

そして、昭和一六年一一月一五・一六の両日、茨城県教育会館で開催された第三七回関東連合教育会では、常任委員会から提出された「青少年義勇軍送出ニ関シ最モ有効適切ナル施設方策如何」と題する議案に対し、「青少年義勇軍送出ニ関シテ、我等ハ既ニ過去数年ニ亘リ実施研究ヲ為シ来レリ」「義勇軍送出ノ主体ハ教育者ニシテ、此レガ順調ナル送出ト周到ナル育成トハ我等教育者ニ課セラレタル重大任務ナリ」として、以下のような「当局ニ於テ速カニ実施セラレタキ方策」を掲げた。

一、 興亜運動ノ堅実ニシテ急速ナル進展ヲ図ルタメ全国ノ権威アル学者並ニ有識者ノ協力ヲ求メ、上ハ大学ヨリ下ハ国民学校ニ至ル系統的ナル植民学校（仮称）ヲ結成シ常ニ根本的重要問題ノ研究並ニ方策ノ樹立実践ヲナサシムル方途ヲ講ゼラレタキコト

二、 青少年義勇軍幹部ニ優秀ナル人物ヲ多数送出シ得ル有効適切ナル方途ヲ講ゼラレタキコト

三、青少年義勇軍幹部ノ訓練ヲ一層充実スルタメ訓練期間ヲ一ケ年以上トシ終了者ニハ中等学校教員免許状ヲ附与セラレタキコト
四、青少年義勇軍幹部優遇ノ途ヲ講ジ義勇軍訓練期間中ノ年数ヲ有資格勤務年数ニ加算セラレタキコト
五、青少年義勇軍中隊附幹部ハ少クトモ十名ヲ下ラザル様増員セラレタキコト
九、青少年義勇軍ノ訓練課程教科課程ヲ充分強化シ訓練終了者ニ中等学校卒業者ト同等ナル資格ヲ附与セラレタキコト
一五、青少年義勇軍送出ハ必ズ郷土部隊トシテ編成セラレタキコト
一九、青少年義勇軍送出ニ関スル予算額ヲ増加シ送出ヲ容易ナラシムルヤウ取計ラハレタキコト
二六、青少年義勇軍後援会ヲ市町村単位、府県単位ニ結成セシメ義勇軍ノ配偶者ノ斡旋、送出家族ヘノ援助等ヲナサシムルヤウ方途ヲ講ゼラレタキコト
（六―八、一〇―一四、一六―一八、二〇―二五は省略）。

全部で二六に及ぶ要望の中で注目したいことは、「終了者ニハ中等学校教員免許状ヲ附与」「訓練終了者ニ中等学校卒業者ト同等ナル資格ヲ附与」という一節に象徴されるように、青少年義勇軍幹部の待遇と拓務訓練講習終了者の資格の向上がうたわれていることである。

あわせて、「教育会府県郡市ニ於ケル方策」として、㈠郡市教育会内ニ興亜部ヲ設ケ義勇軍問題ノ研究立案実施ヲナシ上通事項ハ府県教育会ニ通ジ府県教育会ハ更ニ整理研究シテ日満政府及府県当局ニ上通ス、㈡県教育会ニ興亜研究室ノ設置、㈢各種興亜訓練講習会ヘノ協力援助、㈣義勇軍、父兄会、後援会ヘノ援助指導、㈤教員現地視察員ノ派遣及教学奉仕隊員ノ選定、㈥義勇軍幹部ノ選定送出、㈦義勇軍壮行会開催及慰問激励、㈧

青少年義勇軍読本ノ編纂、（九）教職員及有志ニ依ル興亜推進隊（仮称）ノ結成の九項目を示した。[30]

関東連合教育会は、青少年義勇軍の募集・送出という時事案件に対し、建議案・「開申書」・要望書という「教育情報回路」で対応したのである。

おわりに

昭和一六年一一月、第三七回関東連合教育会が開催される約一週間前の六日・七日、信濃教育会は臨時総集会（興亜教育大会）を開催し、拓務省諮問「時局下ノ新事態ニ即応シ満蒙開拓青少年義勇軍ノ一層堅実ナル進展ヲ図ルノ要アリ之ニ対処スベキ具体的施策如何」に対し、「当局ニ於テ速ニ実施セラレタキ事項」「国民学校教育ニ於テ特ニ留意実践スベキ事項」「社会的施設ニ於テ整備補強スベキ事項」を「答申」するとともに、各郡市教育会が三つの研究課題（「東亜民族の中核として興亜聖業を完遂するに足るべき大国民性格の錬成上其の眼目を何れに置くべきか其の具体方案如何」「興亜聖業完遂の為、社会教育、家庭教育特に女子教育上留意すべき重点如何」「興亜教育振興のため実施すべき具体的方案如何」）に対する具体策を発表した。[31]

こうした信濃教育会・郡市教育部会の姿勢を裏付けるように、昭和一六年度の青少年義勇軍募集・送出実績は、割り当て数三個中隊九〇〇人に対し送出数八一五人（九〇・六％）と好成績を挙げた。

本稿では、「教育情報回路」という概念を視野に入れながら、青少年義勇軍の募集・送出に対する信濃教育会・郡市教育部会および関東連合教育会の関与の諸相について考察した。

青少年義勇軍の募集・送出という時事案件に対し、信濃教育会は、『信濃教育』・『支那・満州国視察管見』などの「機関誌・刊行物」、満州国視察団・教学奉仕隊の派遣と帰郷後の報告会・討議、「時事問題に関する陳情・実際運動」、興亜教育の実践などの幅広い「教育情報回路」を形成した。これに対し郡市教育部会は、拓務訓練講習会、青少年義勇軍幹部の推薦・選考、「内原訓練所拓殖講習会」、教学奉仕隊の選考・派遣を通じて様々な教育情報を発信した。そして関東連合教育会は、建議案・「開申書」・要望書という「教育情報回路」で対応した。

「義勇軍郷土部隊編成運動は教育者の自発的奮起に依る興亜教育の実践徹底に俟つ所頗る大[32]」という『拓務要覧』の指摘を裏付けるように、教育会は、青少年義勇軍の募集・送出という時事案件に対して様々な「教育情報回路」を形成し、その存在意義を示したのである。

注

（1）満鉄東京支社調査室『事変下開拓民募集方策ノ検討』（一九四〇年）二八―二九頁。

（2）拙稿「満蒙開拓青少年義勇軍と信濃教育会覚書き」（『信濃』第六五巻第一一号、信濃史学会、二〇一三年一一月）を参照。

（3）満蒙開拓青少年義勇軍募集・送出に果たした信濃教育会の役割について考察した論考として、①高橋忠治「教育会と義勇軍送出」（『信州白樺』第二〇号、信州白樺、一九七五年）、②太田秀保「長野県における満蒙開拓青少年義勇軍の送出（上）」（『信濃』第四二巻第四号、一九九〇年四月）、③駒込幸典「青少年義勇軍の送出と教育会」（『市誌研究ながの』第六号、長野市、一九九九年）、④長野県歴史教育者協議会編『満蒙開拓青少年義勇軍と信濃教育会』（大月書店、二〇〇〇年）、⑤塚瀬進「長野県から送出された「満蒙開拓青少年義勇軍」――信濃教育会との関係を中心に」（『長野大学紀要』第二二巻第二号、長野大学、二〇〇〇年）、⑥小林信介「信濃教育会による満蒙開拓青少年義勇軍送出背景の検証（上）（下）」（『信濃』第六一巻第七・八号、二〇〇九年七月・八月）、⑦小林信介『人びとはなぜ満州へ渡ったのか―長野県の社会運動と移民』（世界思想社、二〇一五年）などがある。

（4）たとえば、前掲注（3）―②太田「長野県における満蒙開拓青少年義勇軍の送出（上）」は「信濃教育会がしだいに国策協力へと歩みより「国策への協力を前面に押し出した」（二六八―二七一頁）、前掲注（3）―⑤塚瀬「長野県から送出された「満蒙開拓青少年義勇軍」――信濃教育会との関係を中心に」は「満洲国建国以後、信濃教育会は日本政府の大陸政策にすり寄り、青少年義勇軍の送出を補完する役割を果たしていた」（六四頁）、また唐木達雄「満蒙開拓青少年義勇軍と信濃教育会」を問い直す」（『歴史地理教育』第七七八号、二〇一一年）は「信濃教育会が常に国策を先取りし「送出」の最先端に立って推し進めたことが次第に明らかになり、戦慄を覚えました」（一九頁）と述べている。

（5）白取道博『満蒙開拓青少年義勇軍史研究』（北海道大学出版会、二〇〇八年）二一八―二二〇頁。

（6）白石崇人「「教育情報回路」概念の検討」（教育情報回路研究資料、二〇一二年）一〇頁。

（7）『昭和十四年度信濃教育会並各部会事業概要』（信濃教育会、一九四〇年八月）七―三五頁。

（8）郷土教育運動の概要に関しては、拙著『郷土教育運動の研究』（思文閣出版、一九九八年）および『増補　郷土教育運動の研究』（思文閣出版、二〇〇八年）を参照。

（9）野村篤恵「満蒙開拓青少年義勇軍」（『信濃教育』第六三六号、一九三九年一〇月）七一―七三頁。

（10）波田尋常高等小学校における青少年義勇軍の募集・送出については、鈴木幸広「満蒙開拓青少年義勇軍と学校教育――長野県波田小学校を事例として」（『信濃』第五四巻第一一号、二〇〇二年一一月）を参照。

（11）『昭和十四年度受付文書　更級郡教育会』（更級教育会館所蔵）。

（12）『満州国農業移民地視察管見』第六輯（信濃教育会、一九四一年三月）。

（13）「雑録　義勇軍を送るに際して（小宮山多賀芳）」（『信濃教育』第六四三号、一九四〇年五月）七三―七八頁。

（14）「義勇軍送出について」（『支那・満州国視察管見』第七輯、信濃教育会、一九四二年五月）一〇〇―一〇三頁。

（15）『拓務要覧　昭和十五年度版』（日本拓殖協会、一九四一年）五八八―五八九頁。

（16）昭和一五年一一月四日付信濃教育会長・小学校長・市町村長・青年学校長・郡市校長会長・郡青年団長宛学務部長通牒「満州開拓青年義勇隊教学奉仕隊代表者並ニ開拓関係者報告協議会ニ於ケル決議ノ件」（『長野県報』第一四一二号、一九四〇年一一月四日）二〇四一―二〇四二頁。

（17）本会調査委員「職業指導」（『信濃教育』第六五二号、一九四一年二月）五四―七〇頁。

（18）『昭和十四年度発送文書　更級郡教育会』（更級教育会館所蔵）。更級郡教育会の史料については前掲注（3）―③駒込「青少年義勇軍の送出と教育会」から多くの示唆を受けた。

（19）『昭和十四年十二月　満州開拓農民　青少年義勇軍関係書類　信濃教育会』（一九三九年、信濃教育会教育博物館所蔵）。

（20）『昭和十四年度受付文書　更級郡教育会』（更級教育会館所蔵）。

(21) 前掲注（19）『昭和十四年十二月　満州開拓農民　青少年義勇軍関係書類　信濃教育会』

(22) 昭和一五年四月一八日付、職業紹介所長・市町村長・小学校長宛学務部長通牒「満蒙開拓青少年義勇軍幹部募集ノ件」（『長野県報』第一三五五号、一九四〇年四月一八日）七六六―七六八頁。

(23) 昭和一四年九月二五日付、各小学校長・各青年学校長（私立ヲ除ク）宛学務部長通牒「小学校及青年学校職員内原訓練所視察訓練ニ関スル件」（『長野県報』第一二九九号、一九三九年九月二五日）二二四〇―二二四四頁。

(24) 前掲注（3）―③駒込「青少年義勇軍の送出と教育会」一一九―一二〇頁。

(25) 昭和一五年五月二三日付、小学校長・青年学校長宛学務部長通牒「小学校並青年学校教員内原訓練所拓殖講習ニ関スル件」（『長野県報』第一三六五号、一九四〇年五月二三日）一〇二〇頁。

(26) 昭和一五年八月二六日付郡市教育部会長・市町村長・小学校長・青年学校長・職業紹介所長・男子青年団長・軍人分会長宛学務部長通牒「青少年義勇軍銓衡ニ関スル件」（『長野県報』第一三九二号、一九四〇年八月二六日）一七四七―一七四八頁。

(27) 昭和一五年一〇月三一日付各市町村長・各小学校長宛学務部長通牒「昭和十六年度満蒙開拓青少年義勇軍編成計画協議会ニ関スル件」（『長野県報』第一四一一号、一九四〇年一〇月三一日）二〇〇五―二〇〇七頁。

(28) 『昭和十四年十月　第三十五回関東連合教育会記録　主催信濃教育会』（一九四〇年）四六―四八頁。

(29) 『昭和十五年十月　第三十六回関東連合教育会議案処理報告　主催神奈川県教育会・横浜市教育会』（一九四一年）一二―一三頁。

(30) 「第三十七回関東連合教育会報告」（『信濃教育』第六六四号、一九四二年二月）七六―七七頁。

(31) 臨時総集会（興亜教育大会）に関しては、『信濃教育』第六六二号（興亜教育特輯号、一九四一年）および拙稿「太平洋戦争下の興亜教育再考」（『信濃』第五八巻第八号、信濃史学会、二〇〇六年八月）を参照。

(32) 前掲注（15）『拓務要覧　昭和十五年版』五八九頁。

〔付記一〕本稿では「満洲」の表記は「満州」に、「拓殖」「拓植」の表記は原則的に「拓植」に統一した。

〔付記二〕本稿執筆にあたっては、信濃教育会教育博物館、更級教育会館のみなさまにたいへんお世話になりました。末筆ながらお礼申し上げます。

（二〇一五・三）

第5章　群馬県における地方教育会の終焉と戦後教育研究諸団体の結成

清水禎文

はじめに

地方教育会は地域の教育の発展に関わって多様な機能を発揮した職能団体である。その機能は多様であり、地方教育会の定義は容易ではない。しかし総体としてみれば、時代と社会の変遷を機敏に受け止めつつ、地域独自の教育情報を紡ぎ出し、地域独自の教育文化を醸成してきた組織体と言えよう。教育文化とは、教育情報に基づく教育的営みに関する教員の思想と行動との様式の総体であり、究極的には個々の教員の所産に帰せられるが、地域の教員社会の中で共有化され、蓄積されてきた実践の様式の総体である。そして、こうした地域の教育文化の発展を支えてきたのが、職能団体としての地方教育会であった。より具体的に言えば、地方教育会は教育雑誌の刊行および交換を通じた教育情報の還流、講習会・研究会・講演会などの事業による人材育成などを通じて、地域に固有の教育文化を形成してきた団体であった(1)。

本稿においては、地方教育会の本質的な機能を、地域の教育文化の形成の中心に位置したと考えられる教員による教育研究活動と見立て、その活動組織が戦前から戦後にかけてどのように継承されたのかを検証することにある。この作業を通じて確認できることは、以下の事柄である。

① 戦前における地方の教育研究活動は、実質的に地方教育会によって担われてきた。戦後、教育会の位置づけをめぐる政策的・政治的な論争の中で、多くの道府県の教育会は解散する。しかし、教育会が解散された府県にあっても、職能集団としての教育研究活動の必要性、とりわけ戦後新教育におけるカリキュラム開発において地域における共同的な教育研究活動が求められ、一九五〇年前後から、郡市単位あるいはさらに狭い地域単位において教育研究組織が形成された。その組織と活動は、戦前の教育会的な様相を呈していた。

② しかしながら、これらの教育研究組織は戦前の教育会組織の有していた全国におよぶ教育情報回路を欠き（全国・地方・道府県・郡市という多層的な構造の解体と教育情報の媒体としての各種会合および教育会雑誌の廃刊）、その活動は相対的に孤立し、次第に衰退する。

③ 地域の教育研究活動は、一九五〇年代後半から県や市町村に設置される教育研究所と、文化活動として教育研究活動を位置づけるようになった教員組合とが担い取ることになる。

以上の三点が本稿の仮説でもある。

本稿は群馬県における教育会を対象としたケース・スタディーである[2]。これまでの地方教育会史研究から、群馬県における教育会は、郡市教育会が独自の雑誌を刊行するなど相対的に自律的な活動を展開してきたことが一つの特徴と言えよう。また戦後における教育会の解散過程と教員組合の結成過程も各郡市に独自性が認められる。

終戦から昭和三〇年頃までの教員による教育研究活動については、『群馬県教育史』、『群馬県教組四十年史』、また『日教組十年史』などでは十分に論じられていない。たとえば、『群馬県教育史』の場合、この時期の記述は主として地方新聞である『上毛新聞』や教職員組合の中心的なメンバーであった大手利夫の『群馬県教組十五年の回想』（以下『回想』）に依拠しつつ、県教育会の解散とともに県下の教育会が完全に機能停止に陥り、戦前の教育研究活動は断絶したこと、そして一九五〇年以降、各地域で自主的な教育研究組織が新たに組織されたことを指摘している。一方、大手の『回想』によれば、県教員組合に文化部が設けられ文化活動を開始しようとするものの、労働組合としての教員組合活動と教育研究活動との関わり方をめぐって議論がまとまらなかったこと、そして一九五〇年頃から教員の自主的な研究サークルが族生し、その後教職員組合として組織的に教育研究活動に取り組むようになった様子が記述されている。こうした記述は、『群馬県教組四十年史』にも認められる。このように県教育史と教職員組合による記述には共通点を見いだすことができる。しかし、戦前と戦後の教育研究組織の関連性については言及されていない(3)。

もう少しアングルを引いて広めに先行研究を確認しておこう。全国的な動向を視野に入れた地方教育会史研究として最初に挙げるべきは、近藤健一郎の教育会史研究である(4)。近藤は地方教育会雑誌の廃刊および戦後における復刊状況について全国的に網羅している。史料的制約の多い地方教育会研究においてもっとも堅実な研究であり、個々の地方教育会の実態に入り込む上で、最初に確認すべき基本的情報を提供している。また白石崇人は全国教育会の一九四〇年代について詳細な作業を行っており、本稿も記述を進めるにあたり、白石の作業を参照した(5)。

また地方教育会の事例的な研究も積み重ねられている。佐藤幹男は戦前戦後通じた地方教育会の組織および教育研究の継続性について福島県や宮城県などの事例研究から、「戦後の教育研究活動とその組織化、校長会主導で推移していく。こうしたいくつかの特徴を見るとき、実質的には戦前の教育会の運営、活動と比べて大きな違いは認められない」とし、戦前の教育会の教育研究活動の持っていた特徴や方法が校長会に継承されたことを指摘している(6)。須田将司は神奈川県における足柄上郡・下郡の事例から、戦後の教育研究組織が「教育会の人的・物的連続性を残しつつ、戦後への再編を図」ったと指摘している(7)。これらの研究は、従来、ややもすれば戦前と戦後における教員組織が断絶して捉えられてきたが、教育研究に焦点を当て地域の実態から戦前と戦後の連続性を指摘するものである。

阿部彰は戦後地方教育制度成立史の視点から、戦後初期における教育会と教員組合との関わりを、GHQ関連資料を踏まえて論じている。阿部は日本教育会のパンフレット『教育会改組の手引』を「表向き、「職務向上（主として教養向上その他）に係る役割分担」に、教育会存続の意義と改組の必要性を指摘したが、その文脈は、究極的に教組への一本化を期し、その過渡的措置として教育会の併存を容認するかの趣旨が明らかに読み取れた[8]」とし、教育研究を含むであろう「職務向上に係る役割分担」は教育会を一時的に存続させるための、いわばレトリックと捉えている。しかし、『教育会改組の手引』が配布された一九四七年六月三〇日には、すでに学習指導要領も出されており、また地方にあっては新教育のための研究も始まりつつある段階にある。これらの状況を勘案すれば、教育研究の必要性は教育会組織存続のための単なるレトリックではなく、むしろ地方の教育界の喫緊かつ切実な課題であった。

なお、本稿においては主たる史料として『上毛新聞』を使用した。一九四五年前後の史料はきわめて限定的である。そもそも教育会関係史料は、県教育会が設立当初から私立上野教育会として発足するため、県行政文書や議会史料の中にはあまり見出すことができない。またより地域に密着した郡市教育会に関係する史料も限定的である。本稿の眼目である教員による教育研究活動を担った乙種学事会に関する史料は、さらに限定的であり、また断片的である。そもそも乙種学事会の活動は文書資料として残されなかった可能性もある。地域の教育研究活動――可能であればその内実――を明らかにするためには、学校文書の包括的な収集と分析が必要不可欠であろう。

こうした理由から、『上毛新聞』を中心として、二次資料である県史、県教育史、郡市史、市教育史などを活用しつつ、地方教育会の終焉と教員組合の発足と、また教育研究活動の組織体の変遷を追ってみることにしよう。

一　戦争末期の地方教育会　地方教育会の改組と教育研究

群馬県教育会の機関誌『群馬県教育』は一九四四年七月号をもって終刊となる。郡市教育会の機関誌や会報も一九四三年前後に終刊となる。このため、第二次世界大戦末期における教育会の活動実態の把握は困難であり、主として地方紙である『上毛新聞』を参照しながらこの空白の時期における地方教育会の活動を確認することにしよう。

1　群馬県教育会の活動

一九四四年三月四日、群馬県教育会の評議会が開催され、昭和一八年度の決算、昭和一九年度の事業計画として以下の一三項目が決定された[9]。昭和一九年度の予算は二三六九七円であった。「応召兵慰問並殉職者弔問」など時局を反映する項目も入っているが、基本的にほぼ例年通りの事業計画が立てられている。

①　総会及評議員会＝総会及評議員会二回
②　図書編纂＝国民学校用郷土読本編纂、青年学校用図書編纂及改定、学習帳類編纂及改定、青少年読者編纂
③　講習会及講演会＝国民学校教員講習会、青年学校教員講習会、中等学校教員講習会、教育振興座談会、科学振興講演会、地方講演会
④　教育視察＝内地、外地、其の他
⑤　教育調査＝教育問題調査（随時）
⑥　連合教育会＝関東連合教育会（主催埼玉県予定）帝国教育会県連合教育会
⑦　研究奨励＝研究生派遣、研究助成、生徒奨励、研究発表会
⑧　先賢偉人顕彰事業＝先賢偉人の道徳顕彰事業
⑨　表彰＝教育功労者表彰
⑩　本会創立五十周年記念事業＝群馬県教育史編纂
⑪　応召兵慰問並殉職者弔問＝慰問通信、殉職者弔問

⑫　雑誌図書刊行＝『群馬県教育』毎月一回、学事関係職員録
⑬　会館経営　貸事務室、随時貸室

同年五月三一日には県教育会の派遣研究生の発表会が、六月一一日には県教育会主催の国民学校地理教育座談会が開催されており、定例の教育研究活動が行われていた。

2　郡市教育会の活動

『上毛新聞』には郡市教育会の動向も断片的に伝えられている。記事数では県都の前橋市の報道が最も多い。報道記事から郡市レベルでの活動をまとめると下記の通りである。

年月日	地区	主催	活動内容
四四年一月三〇日	前橋	乙種学事会	国民科国史研究会
四四年三月三〇日	山田	山田郡教育会	教育功労者精勤児童生徒の表彰式
四四年五月三日	前橋	国民学校教員会	前橋市国民学校職員精神作興大会
四四年五月一〇日	利根	利根郡教育会	春期総会講演：橋本節師範学校長「師道の本質」
四四年五月二一日	吾妻	吾妻郡教育会	総会と教育功労者表彰式
四四年七月一三日	前橋	前橋市教育会	前橋市教育会の総会
四四年九月二二日	邑楽	邑楽郡教育会	戦局に関する士魂の昂揚大会
四四年一〇月三一日	邑楽	邑楽郡教育会	児童の表彰式
四四年九月二一日	利根	利根郡教育会	士気高揚戦力増強講演会［九月二一日より一〇月五日まで一五校を巡回］

四四年九月二九日	前橋	乙種学事会	食糧増産並に貯蓄増強研究会
四四年一〇月一五日	前橋	女教員会	錬成大会講演：西村教学課長「決戦下女教員の使命」酒井師範女子部教諭「戦時下の家庭教育」
四四年一二月二一日	前橋	前橋市教育会	総会と教育功労者表彰式講演：石原忍前橋医専校長「大東亜戦争と日本人の視力」

これらの記事から、当時の教育会の活動、また教育を取り巻く状況ないし世相を最も鮮明に伝えていると思われる記事を一つ紹介しておこう。一九四四年一〇月一五日に開催された前橋市女教員会の錬成大会の報道記事である。(10)

前橋市女教員会の錬成大会は十五日午前八時四十分から市立桃井国民学校に於て開催されるが会議に先立って午前八時県社八幡宮に全員参拝戦捷祈願を行ふ而して会議は午前八時三十分の国民儀礼に引続いて開会左記代表の研究発表が行はれ之に対し研究討議の後座談会を開いて午前の行事を終り午後一時から西村教学課長の「決戦下女教員の使命」酒井師範女子部教諭の「戦時下の家庭教育」と題する夫々講演を聴く

養護学級を担当して　矢島ふき（桃井）
前橋市で味ふ秋　近藤しづ江（中川）
新薙刀　鈴木政子（城南）
□□に就いて　近藤淑子（敷島）　［二字判読できず］
衣生活に就いて　森山二美枝（城東）
非常携帯食品とその作製　倉林フミ（久留万）
芸能科音楽と発声指導に就いて　五十嵐友子（男子部）
前橋市の方言訛語について　横田澄江（若宮）

戦勝祈願と時局講演に挟まれた時間帯に、上記八本の研究報告がなされている。郡市教育会においても県教育会と同様、戦時下にあってもなお教育研究活動が行われていたことが確認できる。

3　大日本教育会の発足と大日本教育会群馬県支部の設立

一九四四年四月二七日に帝国教育会は大日本教育会と改称し、官立私立の幼稚園から大学の全職員を正会員とする教育翼賛団体となった。同年六月には機関誌『帝国教育』も『大日本教育』に変わった。こうした中央の動向は、地方教育会にも組織の改編を迫ることになった。

一九四四年七月一三日、大日本教育会群馬県支部設立懇談会が開催された。内政部長を委員長とする設立準備会は、県下の三〇の教育団体を発展的に解消することを目的として、地方教育会の改編に着手した。そして翌一九四五年四月二三日、県知事石井英之助を支部長とする大日本教育会群馬県支部が新たに発足した。

従来の群馬県教育会が初等学校教員を主な会員とする組織とは異なり、大日本教育会群馬県支部は大日本教育会の理念に即して、幼稚園から中等教育まで包括する組織となった。組織は中等学校、青年学校、国民学校、幼児保育の四つの専門部会に加え、厚生部会が設けられた。厚生部会を除く四つの部会長は次のように決定された。[11]

国民学校部会長　前橋市立久留万国民学校　田村信一
青年学校部会長　多野郡藤岡青年学校長　田口丁十郎
中等学校部会長　県立前橋中学校長　柏木廣吉
幼児保育部会長　群馬師範女子部長　富岡貫一

予算は七〇一〇一円が計上され、前年比でほぼ三倍となっており、事業内容は以下の一四項目が掲げられている。[12]

①　大会、参与会、常任参与会、分会長会、専門部会、地域協議会、其の他
②　教育視察、調査、企画
③　国民学校職員講習会、青年学校職員講習、中等学校教職員講習会、教育振興座談会、科学振興講演会、地方講演会
④　各専門部会の連絡調整
⑤　動員学徒教育の視察調査研究及慰問等
⑥　疎開児童教育の視察調査研究及慰問等
⑦　教育創作品展覧会の開催
⑧　教育功労者の表彰
⑨　先哲偉人の遺徳顕彰、県民民士の昂揚
⑩　創立五十周年記念事業＝群馬県教育史編纂
⑪　国民学校用郷土読本の編纂、学事関係職員録の編纂並刊行
⑫　会員の互助厚生（災害病気、死亡等の慰問弔慰）、会員の研究助成
⑬　学徒厚生に関する事項、学校給食、学用品、被服等の配給斡旋
⑭　教育資材斡旋に関する事項＝学用品、機械、器具読本等の配給斡旋

この事業計画を前年度における群馬県教育会の事業内容と比較すると、新たに加わった事業は組織拡大に伴う「各

専門部会の連絡調整」、厚生関係の「会員の互助厚生（災害病気、死亡等の慰問弔慰）、会員の研究助成」「学徒厚生に関する事項、学校給食、学用品、被服等の配給斡旋」である。前年の「研究奨励＝研究生派遣、研究助成、生徒奨励、研究発表会」は「研究助成」のみが残り、厚生関係の項目に残された。また「教育調査」は「動員学徒教育の視察調査研究及慰問等」「疎開児童教育の視察調査研究及慰問等」として、より時代の実態に即して特化されている。さらに「教育資材斡旋に関する事項＝学用品、機械、器具読本等の配給斡旋」も新たに加わっている。

一方、前年度と比較して欠落した項目は「雑誌図書刊行」「会館経営」、そして「召兵慰問並殉職者弔問＝慰問通信、殉職者弔問」である。

4　大日本教育会群馬県支部郡市分会の設立

大日本教育会および大日本教育会群馬県支部の設立に伴い、郡市教育会も解散と再結成が行われた。県支部の設立に先駆けて碓氷郡教育会は一九四五年四月一六日に解散し、同年五月八日に大日本教育会群馬県支部碓氷分会を結成した。他の郡市教育会では、同年五月七日に勢多分会が、八日には佐波分会が結成されている。

前橋市教育会は、五月五日付けで前橋市教育会長から同市教育会役員宛てで役員会開催通知が発せられ、五月七日に役員会を開催し、そして五月一五日に総会を開いた（会員数七二五名中、出席会員数五一六名、欠席会員数二〇九名）。

前橋市教育会総会の議題は、解散決議ならび財産処分の二件であった。解散事由は以下の通りである。また財産処分は、近く発足する大日本教育会群馬県支部前橋分会が引き継ぐことになった。総会議事録によれば、解散事由が読み上げられた後、質疑を受け付けるが「異議なし」との声が多く、全会一致で承認された旨が記されている。

解散事由

大東亜戦争ヲ完遂シ国運発展ノ根基ニ培フ教育国策ノ遂行ヲ愈々旺盛ナラシムル為ニハ教育翼賛体制ノ確立ヲ図ルコト刻下喫緊ノ要務ナリ
斯カル国家ノ要請ニ応スル為ニハ教育界ノ総力ヲ結集シ政府ノ外郭団体トシテ強力ナル機能ヲ発揮シ得ル如ク全国ノ教育団体ヲ整備スルノ要アリ依ツテ今回政府ノ決定セル教育非常措置ニ即応シ従来地方ノ教育振興ニ貢献シタル全国各地方教育会ヲ発展的解消シ文部大臣ヲ名誉会長ニ推戴スル大日本教育会ヲ結成シテ名実共ニ文部省ト表裏一体ノ教育翼賛団体タラシメ会員協力一体トナリ国体ノ本義ニ基キ切磋泙励シ教育精神ノ昂揚実践ニ力メ以テ教育報国ノ誠ヲ竭シ得ル体制ヲ確立スル為本会ヲ解散シ其ノ事業ハ大日本教育会群馬県支部前橋市分会ニ於テ継承セシメ以テ決戦下益々国家ノ教育政策ノ遂行ニ寄与貢献セントス(13)

こうして前橋市教育会は、一九四五年五月一九日に結成された大日本教育会群馬県支部前橋分会に引き継がれることになった。なお、前橋市教育会は、正式には六月一八日をもって県知事より解散を許可された(14)。

二　戦後初期における教育会と教員組合

群馬県教育会は一九四五年四月二三日に大日本教育会群馬県支部に改組され、終戦を迎えた。戦後、大日本教育会は日本教育会と改称し、県教育会の連合体として組織の存続を企図した。県教育会はこうした全国教育会の動向を踏まえ、郡市教育会の連合体として組織再編を目指したものの、結果的には組織再編を行いえないまま、一九四七年九月一〇日の総会で解散を決議するに至る。県教育会は解散後、県教員組合と「一本化」する方針を示した。本節ではこの「一本化」の意味を念頭に置きながら、県教育会が解散に至る経緯を追うことにしよう。

この時期の教育会の動向を記述するにあたり、中央の教育会の動向に加え、軍政部と県内の教員組合――教員組合内部の組織づくりや路線の対立――の動向も等閑視できない。これらの要因が教育会の再編に大きな影響を与えているからである。本節ではこれらの諸要因を意識しつつ、教育会の再編に焦点を当てながら記述を進めることにする。しかしながら、教育会の組織改編に言及する前に、群馬県内の教員組合の動向について触れておこう。

1　戦後初期の教員組合の動向

戦後直後の教員組合の立ち上げ時の構想に関しては、少なくとも三つの類型が認められる。

第一の類型は、県が主導し、教員組合結成を支援ないし、助言しているタイプである。県は労働組合法の施行に先立って、一九四五年一一月下旬頃から教員組合規約草案を山田弁護士に作成依頼し、山田弁護士は校長を中心とする教員組合案を作成した。県はこの山田弁護士案を各校長を通じて全県下に配布し、県の意向に沿った組合結成を進めようとした。しかし山田弁護士案は漏洩し批判に曝され、各郡市では山田弁護士案をめぐって批判が繰り返されることになる[15]。

一九四五年一二月二五日、教員組合設立準備会が開催された。そこにおいて、労働組合法に基づく法的な組合を結成し、方針として（1）講習、研究会、先進他府県への教員派遣を含む教員文化の向上、（2）衣料、食料、物流などを含めた生活確保を眼目とした教員組合の発足を目指すことが確認された。県から視学が出席しており、また具体的な提案内容から推測すると、県が教員組合結成を支援したケースと考えてよいであろう。

教員組合設立第一回の委員会は二十五日群馬師範大講堂で開き午前十時開会県下七千余名の教員を代表する各部の代議員四十名並に県から吉田、上原両視学が出席数時間に亘る討議を遂げたが既に各府県で結成されている私的な申合せ会でなく飽くまでも労働組合法を基盤とした法的強力な組合を結成、これが根本方策としては（一）教員の文化向上（二）生活確保の二点を眼目とした民主的教員組合の新発足を遂げることに基本方針を決定、今後は単なる待遇改善といった線香花火的なものでなく真に安じて教員の生活を保護し併せて文化向上を図り新生群馬の再建に挺身するやう確乎たる方針を決定したがこれが運営については目下各方面とも調査研究中で、第一の教員の文化向上に対しては極力講習、研究会を開く一方先進他府県に教員を派遣し群馬教学陣の強化を図る、第二の生活確保に対してはまづ七千教員の衣料、製靴工場を県下十四カ所に設置し学校農園を強化して職員自ら鋤鍬をふるって食料の大増産を行ひこれが自給の計画をたて、更に他府県との物資交流を図るためトラック数台を購入運輸の完備を期するなど頗る大規模のものである、そして機構は総務、庶務、計理、教養、運輸、生産、消費の七課を置き県下各郡市に支部を結成することとしてその結成大会は年内に各支部毎に挙行の上県組合は新春早々から新発足を遂げることになった(16)

第二の類型は、組合結成に際し校長ないし校長会が指導的な役割を果したタイプである。一九四五年一二月一日、高崎市で国民学校長懇談会が開催された。『上毛新聞』は「国民学校長懇談会、組合結成申合せ」との見出しのもと、二点の申し合わせ事項「教員組合の結成＝中央の運動如何に拘らず県自体の組合を急速に結成するため委員会を設置する」、「待遇改善問題＝現在の教職員の待遇改善に関し県には現行昇級程度以外には方法なしとの説明あり、実態調査部を設けて調査、具体的状況を明かにして上申する」を伝えている(17)。国民学校長も加わった組合結成が申し合わされたと考えてよいだろう。

ここでは校長ないし校長会の主導で組合が結成された事例として二つの事例を挙げておこう。一九四六年一月二九日、吾妻郡では吾妻郡教員組合が結成され、組合長に中之条町国民学校長・黒沢幸蔵、副組合長に中之条町国民学校長・桑原一二が選ばれた。また一九四六年二月二一日には多野郡学校教員組合が結成され、組合長には藤岡青年学校長・田口丁一郎、副組合長には藤岡国民学校長・宇津木与平が選ばれた。[18]

そして第三の類型は、校長を組合から排除するタイプ、あるいは組合員として認めても組織内で役員などの中心的な役割を与えようとしないタイプである。一九四五年一二月二〇日、高崎市第一国民学校で高崎市自由教員組合が結成された。『群馬県教組四十年史』によれば、この高崎市自由教員組合は後の群馬県教組の始原の一つに位置づけられている。この会合には市内の国民学校、青年学校、幼稚園の教員が集った。規約審議中、第一国民学校から校長を組合員として認めないとの強硬な意見が出された。議長の梅津錦一（片岡国民学校）の説得で校長も含める形となったが、組合から校長を排除しようとする立場は組合結成当初から伏在していた。[19]

このような構図の中で、紆余曲折を経ながら最終的にヘゲモニーを握っていくのは、第三の類型である。その雰囲気を伝える記事を掲げておこう。一九四六年一月二九日の『上毛新聞』である。

教壇の徹底的民主化を企図する群馬県聯合教員組合結成準備委員会は二十七日午前十時半より高崎市片岡国民学校に於て地元高崎市を始め前橋、桐生、伊勢崎、勢多、佐波、多野、碓氷、利根、北甘楽の四市六郡下に於る精鋭分子を集めて開催された、委員会は先づ片岡校梅津錦一訓導を座長に推して開会、「高崎市に於ける校長意見」として塚沢校阿久沢校長より校長も教員故平教員として組合に加盟、共同闘争をしたいと組合参加の意志を明かにすれば「一片の声明だけで平教員となれぬ」の野次が飛び早くも闘争的な空気が流れ会の前途に凄じい物を感ぜしめ次いで特に出席した全教東京都書記小針寛氏より詳細なる「東京都闘争報告」あったのち別項の如き郡市別動勢報告あって零時半休憩、午後一時再開議事に入り中心題目「全群教単一組合結成方法」を採り上げ活発なる意見の交換を行った結果次の如き結論を得て五時過ぎ漸く散会した即ち三月の人事異動目指して既に校長視学などの暗躍が開始された、吾等は之を厳重監視管理して先づ異動の民主化を図らねばならぬ、そのためにも全県下教員を一丸とせる全群教単一組合結成を急ぎ既設教員組合の強固なる結束、末組織郡市に対する結成促進運動の展開、之に対する□□［二字判読できず］事務所を高崎市片岡校に設置する

之が運動方針として左の曾て全国を風靡せる「幸福の鍵」式宣伝方法を採用、幾何級的同志獲得に向つて邁進することを申合せた

幸福の鍵

一、旧勢力主道による天下り御用組合を粉砕せよ

二、校長を中心とする教員組合を排撃し全教員総意による自主的群馬県教員単一組合結成に参加せよ（此の手紙を見たら同文のもの二枚を友人同士に必ず出してくれ）[20]

高崎市において開催されたこの群馬県聯合組合結成準備委員会では、校長を除く教員を中心とした組合結成を望む声が強く、また一九四六年三月末に大規模の人事異動が予期されたことから、組合組織づくりの方針として全県単一組織が構想されていた。

一九四六年三月六日、県教員組合結成大会において群馬県教員組合が結成された。執行委員長は梅津錦一（高崎）、書記長に梅津正名（前橋）、副執行委員長には金田与一（桐生）と矢野間又（利根）、書記には徳武万年（高崎）と内山和夫（伊勢崎）が選出された。[21] 彼らは一九四五年秋から教員組合づくりをリードしてきた急進的なグループである。しかし、群馬県教員組合は結成を急いだため、会則に一部不備があり、また郡市教員組合との調整がつかず「郡市の連合体的性格を多分に有する単一体」という曖昧さを残しながら発足した。これらが一因となり、群馬県教員組合は

一九四六年六月二五日の大会で一旦解散することになる[22]。

次に、郡市教員組合の動向について簡単に触れておこう。中央では教員組合結成をめぐり、全日本教員組合協議会（全教協）と教員組合全国連合（教全連）との間で分裂が起こり、群馬県においてもいくつかの郡市教組が教全連と個別的に連絡を取り、それぞれ独自の動きを示したため足並みは揃わない。大手利夫の『回想』によれば、全教協側についたのは高崎市と桐生市を中心として利根、吾妻、碓氷、多野、勢多であり、一方教全連側についたのは前橋市、群馬、北甘楽、新田、山田、邑楽であった[23]。

さて、上述の一九四六年三月六日の県教員組合結成大会では会則等に不備もあったことから、六月二五日の県教組大会に向けて準備が進められた。この過程で五月一八日に県教組大会準備会が開催され、新役員候補を選挙した。この結果、齋藤隆平（渋川校長）が選出され、現委員長の梅津錦一の得票はその半数にも満たなかった。一一郡市支部が校長級のみを送り込んだためである。清宮県教学課長は個人の見解として校長が組合長でも支障はないとの談話を発表した[24]。これに対して梅津錦一の地盤である高崎市教組では「校長は現在情勢に於ては組合員たり得ず、但校長公選の場合は此の限りにあらず」として労働委員会に提訴した。審査の結果、「学校長は現段階では役員に着任するのは認められない」との決定が下された[25]。

こうした混乱の中で上述の一九四六年六月二五日、県教組大会が開かれた。梅津錦一が議長となり、県教組の新規約の審議に入ったが、高崎、桐生、伊勢崎の三市教組は単一体を、前橋市および各郡教組は連合体を主張して双方ともに譲らず、採決の結果（一一五対一八）連合体案で一応の決着がなされた。規約審議に続き役員改選に移るが、途中で北甘楽郡代表四〇名が退場するなど会議は紛糾し、結局、議事未了で散会することになった[26]。

この会議の結末については大手利夫の『回想』には収められていない。また『群馬県教組四十年史』でも言及されていない。その後の新聞記事を追っていくと、「郡市の連合体的性格を多分に有する単一体」として結成された県教組はこの六月二五日の大会で解散したことが伝えられている。たとえば、伊勢崎市教組では七月一〇日の委員会で、県教組解散を批判し、今後は独自の組合活動を展開する方針を確認し、同時に県教組解散に関するアンケート調査を実施することを決定している。(27)

解散の一ヶ月後の一九四六年七月末、県教員組合は前橋市教員組合（委員長宮下大八・中川校長）の斡旋により再建に向けて始動する。この過程について、『上毛新聞』は次のように伝えている。

二十五日［六月］分裂したまま帰趨の定まらなかった県教員組合も前橋教員組の斡旋で二十六日午前十時前橋城南国民学校に各郡市代表五十余名参集宮下前橋教組委員長座長のもとに各組合とも極めて熱意をもって一日も早き県連合組合を結成し強力に推進せんとするに意見一致、一切を白紙に還してなごやかな内に群馬県教員組合連合体の新発足を決定した

尚一切の事務関係は前橋教組に一任し来月八日を期して速急にこれを決定県下七千組合員の要望に応へることになった、ここに三カ月に亘ってもめぬいた全教、都教協二派の底流も完全に静まり民主教育へのラインに着いた(28)

また八月九日には次の記事が掲載されている。

去る六月二十五日県教員組合大会の結果、県単一教組は解散し新たに県教組再建委員会の提唱する同委員会が新発足するものとして注目を惹いていたが九日朝再建委員会各郡市代表六十五名は前橋市城南国民学校に参集、県教組再建委員会を開催連合体形式による規約を設定、投票の結果宮下大八前橋地区教組長を執行委員長に大隅

もとめ、坂上安太郎、岩崎久三の三氏をそれぞれ副執行委員長に選出(29)

これらの記事に示されている通り、県教員組合再建委員会は前橋の宮下大八を中心とし、これにともなって事務組織も高崎から前橋に移った。そして一九四六年八月九日、県教員組合は連合体組織による規約を定め、宮下大八を執行委員長に選出した。

ところが、その後も全教組と教全連との対立は収まることがなかった。その様相について、『上毛新聞』は次のように伝えている。一九四六年一一月一六日の記事である。

慎ましやかといはれる教員の六百円要求は最低線に於て一致し乍らも底流するイデオロギーの問題で全教組と全教聯とは依然感情的な反目を続けている、足並の揃はぬところに大同団結なきところに強固な力の結集はない従って運動自体も自然弱体化されているのが実情だ、では県下の教員組合はどんな色別、どんな指導体系で組織されているのかいまこれを系統的に解剖の俎上に載せてみやう

県下の全教員数市立中等学校を含めて約八千名を数へる内国、青教が七千、残りの一千が中専教となっている、これを色分けしてみると高崎桐生の国青教三百名日教系とみられ、最近利根郡がこれに傾きつゝある動向を示している、これに対して教全系は前橋、北甘楽新田、山田邑楽、群馬の一市五郡の国、青教員四千尚網羅し、数の上では断然多く都教協の息が根強くかゝっている、其の他が所謂ゆる中立組と称されどちらにも属さず一応県教員組合（総合組合）に包含されているのが現状だが此の外に市立中等学校を含めた中専（?・）教組一千名がある

俗に呼ぶ全教組とは正確な意味からいふと組合ではなく日教労を主体に今回の六項目要求貫徹を目指して共同戦線を展開しやうとする各派が大同団結した仮の名称である日教労の前身は人も知る四月デモで失敗して解体さ

れた日全教である、さて再び県下に視野を転じてみるとき、日教系にいはせると「発足直後一度改組された県下の全教連は其の後役員の大半を校長乃至、教頭級が占め、天下り的な御用組合の範疇から一歩も出ていない、思ひ切った再改組の荒療治を敢行しなかったならば反動以外の何物でもない」と痛論している、一方教全連は日教労系を指して「誓約を無視してことごとに事態を混乱化そうとする政治的イデオロギーを持ち、某派に躍らされた破壊分子の集団で組合運動を逸脱した之等の人達に成行を任せて置いたなら教育の再建は到底望まれない」と逆襲している、何れが是か否かは識者の判断に任せるとして、此処に見落してならないのは全国的にみると日教労の構成分子八割迄が国民学校教員で占められているのに反し県下の場合には全教員数の半数以上が国、青教員が教全連に加盟し保守的動向を示している、之に対して一般に保守的と目される中立組の中専教組が世論の思惑を蹴って反って急進的なことである(30)

一度はその対立に収束を見せたかに思われた県教員組合は、一九四六年一一月二二日の県教員組合執行委員会において、教全連系と見られる執行委員長の宮下大八、副委員長の岩崎久三（群馬・倉賀野）は突如辞任し、彼らに代わって後任には坂上安太郎（粕川）、副委員長に梅津錦一が就任した。終戦直後から教員組合結成の中心的メンバーであった梅津が副委員長に就任し、組合から校長を排除する急進的なグループが教員組合の中心に復帰した。

群馬県教育会は一九四六年八月以降に改組を模索し始めることになる。一九四六年秋からは、組織づくりと会則の制定に取り組む。しかし結果的には、一九四七年九月一〇日の総会において解散が議決される。この過程で県教育会の会議に教員組合がオブザーバーとして参加するようになる。その教員組合とは、上述した教員組合の三類型の中で教育会の存在自体を否定する最も急進的なグループであった。

2　群馬県教育会の解散

群馬県教育会の動向は一九四六年八月三一日の報道から確認できる。

大日本教育会の解散と日本教育会の発足により、各府県教育会は独立した教育会となる見通しのもと、県支部も一九四六年秋に改組を行う予定となった。県支部長の辞任の後、新会長および役員の選挙を一九四六年一〇月に行い、そのさい各郡市分会も独立した教育会として再編され、県教育会は郡市教育会の連合体として構想されようとしていた[31]。

大日本教育会群馬県支部長の西田博太郎（桐生工業専門学校長）は、一九四六年八月三一日の『上毛新聞』紙上において、「教育会の改組があたかも教育会の解散のやうにとられて一部教員間にいろいろな策動があるやうに聞いているが、これは非常な誤解である、戦時中とった教育会の組織は天降りであったのでそれを今度自主的に下からの組織によって出直すだけである[32]」と述べ、教育会の解散を要求する教員組合の動向を批判的に見据えながら、戦時中の組織を改め「下からの組織」と再編する意向を示している。

こうした県教育会再編の動きに対して、中等教組と国民教組の連絡協議会は一九四六年九月二〇日、教育会県支部改組の進捗問題について議論している。記事によれば、「過去の性格をなす教育会並に非民主的な教育会改組の否認」を基本方針とし、「大日本教育会の改組は絶対否認す」「真に民主的教育団体の発足を期す」「教組の意志に反する改組運動は断固排撃す」の三点を掲げた[33]。

一九四六年一〇月二六日、県教育会改組準備委員会が前橋市桃井国民学校において開催され、郡市代表が集まった。準備委員会では会則案等を準備していたが審議には入らず、郡市側で一二月を目処に組織案を作成し、その上で一九四七年一月に県教育会の改組に着手することが確認された[34]。

この会を受けて、郡市教育会の改組が進められることになるが、すでに郡市教育会を発足させた地域もあった。吾妻、邑楽、佐波の三郡である。

各郡市毎に現在の分会を解散して自主的教育会を作ることに一決し教育会改組は持越の形となったが早くも吾妻郡を初め邑楽、佐波の三郡では各町村から負担金を出して運営する町村会員制をもって新発足し急速に現在の如き教員組合と対立的な教育会の改組を行はんとしてをり、これら各郡市独立の教育会が連合して来春早々県連合教育会を結成するのではないかと見られている(35)

この記事によれば、各郡市において独自の判断で教育会設立が進められることになったこと、吾妻、邑楽、佐波の三郡ではすでに郡教育会が発足していたこと、また教員組合とは対立的な組織として教育会の改組が行われようとしていたことが読み取れる。前掲の県教育会長・西田の談話とつきあわせてみると、教育会と教員組合との間には緊張関係が存在していたことを確認できる。

もっともこの段階では、教育会と教員組合とは部分的に協調関係にもあった。事実一九四六年一二月二日、前橋において教員待遇改善を求める県教員組合闘争大会において、県教育会および郡市教育会は、次の声明文を寄せている。

声明

文化的平和国家建設の方途は一に教育の振興による、現下教職員の待遇は極めて悲薄なるに鑑み、これが待遇改善の要求を全面的に支持し其の貫徹を期す

群馬県教育会、郡市教育会(36)

群馬県教員組合は、全国的な動向とは異なり、一二月二日の闘争大会・教員ストを経てもなお全教組と教全連との団結が困難視されていた。こうした状況に対して、県教育会では一二月一〇日に闘争完遂への三つの鍵として、以下の声明を発している。[37]

第一の鍵は組合の団結にあるお互いに最低生活を目指しながら大同団結の出来ぬところに大きな疑問をもつ、比較的知識人の集まりである教員がイデオロギーまで一つにするのは至難のことであらう、併し本運動に若し最低生活の保障以外に何物か考への動きが仮にあるとすればこの要求貫徹のため教員はこれを現運動より除去せねばならぬ、更に団結は個々の組合に於でも然りである、仄聞するに相当数の教員が中央の様子が知れぬ我我の声がとどかぬとなげいている、少しでも幹部ファッショの感を組合員が持つとすれば共々に反省せねばならぬ

第二の鍵は教員の日常の在り方である、教員生活即組合運動の自覚に徹せねばならぬ幹部は組合運動の前衛として直接これにあらゆる努力をなすと共に後衛として学校に在る数多き教員は幹部と密接な連絡のもとこれに後顧の憂いを持たせぬようあくまで児童生徒を守り抜くの態度を堅持せねばならぬ万一組合運動の活発になるにつれてその本分を忘れ浮かれる者が一人でもあればこれこそ四十万教員の敵である

第三の鍵は教員が盲目的にストを恐れぬことである、外は合法的手段であることをはっきり知るべきである、併しその断行は極めて慎重であるべきだ、即ち客観情勢の細密な情報を公正な判断の後に決すべきでこれは単に幹部のみに委す問題でない若しこの機が未だ熟さぬとすればその開拓に一段の努力をなすべきである

県教育会の三つの鍵とは、組合運動のイデオロギー性に対する批判、教育活動を蔑ろにした組合運動への批判、しかし教員によるスト権行使は慎重であるべきだが、合法的な手段であること、の三点であり、急進化する教員組合の

運動に対して一定の留保を示しつつ、教組の運動を支援するという両義的な態度が読み取れるだろう。

さて、翌一九四七年に入ると、県は設立準備委員会を開催し、教育会改組に向けて動き出す。そのおりに、連合軍最高司令部から教育会の組織運営について以下の指示が出された。いわゆる「GHQ勧告」とされる文書である。

(一)教育会は現職員(現職者)で組織される職能団体で職能の向上と教育の振興を目的とするので、待遇改善を目的とする教組とははっきり別のものである
(二)会員は教職員が正会員で父兄や教育理解者は特別会員でどこまでも教職員の職能団体であること
(三)役員は正会員で正会員中から階梯を追って選出すること
(四)教育会は本省県町村等の指揮制肘を受けず完全独立し財政的援助も受けず会員の力で維持すること
(五)教職員が真に自分等の職能団体であるとの意識と興味を持たせ職能上の利益を受けられるようにし会員の意志が下から盛り上って会の事業をすること[38]

教育会の職能団体としての性格を前面に打ち出した「GHQ勧告」を根拠として、県教育会は一九四七年一月一五日、幹部の会合を開き、県支部解体、支部長以下現役員の総退陣、現職教員による各郡市町村等の教育会結成、必要に応じて連合会として県教育会の設立を申し合わせた[39]。その改組案は一九四七年三月に作成された。

しかし、県教育会の改組案をめぐり、県教育会と県教員組合との間で対立が生じた。『上毛新聞』五月三一日の記事である。

県教育会の改組は昨年十月以来組合から準備委員をあげ着々事務当局と改組原案を作成しつゝあったが、ようや

く去る三月末成案を得た、しかし未だに役員その他の分担が決定をみない、しかも成案を準備委員と事務当局が決定案として総会にかけず印刷配布したことが問題となり、組合から非民主的な案として排撃している

組合談＝我々が改組準備委員を出したのは準備委員に決定権をあたえたのではない、某準備委員はこれを決定案だとし他の委員は原案だと言って委員の意見がまちまちでは折角改組される教育会の正しい出発は害される、我々はこんなボス的委員は不信任だ

県教育会談＝その問題について一部組合員から文句があったが、こちらは組合員に徹底するよう期間をおいたわけだ、しかしお互いに言い合いをしても始まらないので、さきに常任委員と改組委員が話し合い、結局六月早々総会を開いて右案を決定することになろう、役員等はその後に決定をみる予定である[40]

この記事によれば、一九四七年三月末に作成された改組案は、その手続きをめぐって教育会側と組合側とが紛糾し、総会を開けないまま時間が経過する。

次に県教育会関係記事が見られるのは、一九四七年九月である。これは、県教育会の解散を伝えている。

改組か合体か九千教員の注目のうちに県教育会では、十日各郡市の教育会長並びに全議員五十余名が県教育会館に参集最後的な協議を行ったが、組合至上主義の時代思潮は大勢を決し全会一致解散を決議した、一方同協議会にオブザーバーとして参加した県教組執行部では教育会問題解決で直ちに執行委員会を開き、教育会なき今後を協議すると共に、問題化した派閥と戦時中の視学陣一掃について各支部に緊急指令をとばして問題の田村県学務課長始め川田、関、高橋（以上県視学）黒田（群馬郡）福田（勢多郡）の五視学のパージに関する調査を進めると共に二十日開催の中等、青年、県教組の三者大同団結を行う全群馬教員組合結成大会を機に同問題の□□を切

るべく決議各方面に働きかけることになったが、全官公労県支部も同問題を重視し、行政民主化の点で県教組に協力的態度を示しており各方面から今後の動きが注目されている[41]

また翌日の『上毛新聞』では次のように報じられている。

改組か合体か九千教員の注目のうちに県教育会は組合至上主義の□□□に押され十日すでに結成された桐生、前橋、勢多、群馬、新田、邑楽、碓氷、吾妻の二市六郡の教育会と各郡市三名ずつの協議員が教育会館で最終的協議員会を開いた結果、県教育会は吾妻郡を除いて全郡市全会一致で解散、郡市教育会の存廃は各メンバーの意見できめることになったが、すでに結成された二市六郡の教育会では町村から寄付を集めており、これが責任問題が表面化しようとしており、校長級の地位的問題とからんで解散後の動きが注目されている、一方県教育会では組合一本で行く方針を決定、書記局の人員拡充を行い県十二名、日教組二名、支部二十七名計四十一名を配置して文化面への活発な展開することゝなった[42]

これらの記事から、確認できることは以下の通りである。

① 群馬県教育会は一九四七年九月一〇日に各郡市代表からなる協議会を開いた。

② 代議員は二市六郡の郡市教育会の代表各三名、教育会の結成されていなかった高崎、利根、北甘楽、多野、佐波、山田の五つの郡市からの代表各三名、全体で五〇余名が集い、評決を行った。

③ その結果、県教育会の解散が決議された。一二日報と一三日報では矛盾も見られるが、圧倒的多数で解散が決議された。

④　県教育会は教員組合に一本化し、組合の書記局を拡充し「文化面への活発な展開」を行う方針を示した。
⑤　郡市教育会の存廃は、それぞれで判断することになった。
⑥　協議会には県教組執行部がオブザーバーとして出席していた。

教育会は解散し教員組合に一本化するものの、組合書記局の拡充により組合活動の中で教育会の行ってきた「文化的活動」の維持・継承が掲げられた。教育会側からすれば、教員組合に「文化的活動」を委ねたことになろう。この県教育会解散をめぐって組合側の証言を並べておこう。大手利夫『回想』によれば、県教育会解散より二ヶ月ほど前の一九四七年七月二一日、群馬県教組は新役員による大会（委員長は北村三喜）を開催した。そのさい、県教組の運動方針として「支部作りを中心とする組織方針」「給与の凹凸是正等七項目に及ぶ賃金、労働条件改善要求」「教育会解散と教育会館の接収」「六・三制完全実施とそのための予算要求」の四点を掲げた。大手利夫は教育会解散とその後の教育会館接収の過程について次のように述べている。


群馬の教育会は大日本教育会の群馬支部で、戦後も尚改組して存続しようとする動きも一部にはありましたが、群馬教組はいち早く教育会の解散を主張しました。

信濃教育会（長野県）はとうとう改組して、現在も残っていますが、そのために長野の教組運動は相当ブレーキがかかったことも事実です。これに比べて群馬は教育会解散の与論が強く、改組の動きをおさえてしまったわけです。

ところがここにもう一つ面倒なことがおきました。教育会館は実質は教育会で管理していましたが、名義上は教育会館維持財団というものになっていて裁判所に登記までしてあります。この維持財団というのは総会というものがなくて理事会で何でも決められる独裁組織になっています。その理事長は何と櫻井伊兵衛さん（高崎）です。（教育会は有名人をもってきて会長にする悪いクセがあった）理事の中には既に死んだ人もいるというわけで、教育会館の接収は法律的には大変ややこしいものでした。

私たちは櫻井さんと何度も交渉を持ちました。櫻井さんは元貴族院議員で大家のお坊ちゃん育ちですがなかなか新しがりやで、話はよくわかりました。「教員のみなさんがお金を出し合って建てたものですから、教員のみなさんのいいようにして下さい。世の中は変ったのですから、今後は教員組合の方々が教員のみなさんを代表して教育会館を管理すればよいでしょう」と話はスラスラと決まりました。

ところが理事会を召集しても人が集ってこないので成立しません。やっと委任状をとって理事会を成立させ理事の改選をやり、理事長に北村三喜委員長を決め、新理事を組合役員から選び接収を完了しました。

（中略）

今の県教組の応接室は教育会当時の事務局長室でジュウタンが敷いてあり、事務局長室にはいった経験のある人は県下の教員でも数少ないのではないかと思います。

赤旗と、労働者のドタ靴が、何の気兼ねなく、入れる教育会館などというものは戦前には、夢にも想像できませんでしたし、私たちは社会の急激な移り変わりを教育会館にみて、感慨を新たにしたものです。[43]

これは大手利夫の個人的回想であり、即断は慎まなければならないが、しかし一連の記述から以下の四点は指摘できる。（１）県教組は少なくとも一九四七年七月二一日の段階で、組織の運動方針として教育会の解散と教育会館の接収を掲げていた、（２）県教組委員長の北村三喜が県教育会館維持財団の理事長となり、県教育会館の接収が行われた、（３）教育会の存続は組合運動にとって阻害要因であるとの認識が示されている、（４）教育会の担ってきた職能団体としての諸活動、とりわけ教育研究については記述がなく、その代替案も示されていない。

組合側の別の証言を掲げておこう。一九四八年四月に刊行された『群馬 文化と教育』は、県教組の文化的活動の象徴である。その第一号に県教組委員長・北村三喜が創刊の辞を寄せている。北村によれば、県教育会解散後の一九四七年一〇月一三日、県教組委員会において書記次長・内山和夫から、県教組は文化運動を推進すべきとの動議が提出され、これが採択された。その結果、県教組は文化的運動を推進することになった。その背景について、北村は次のように述べている。

何が組合をそうさせたか、其の根拠は色々あろうが最も基本的な理由は次の二点である。一つは組合が教育会を接収して教員の組織する団体を一本にして強化拡充する要求を持っていた。その事が着々進行しつつあったので組合は労働組合本然の目標たる労働条件の維持改善を実施するの外、我々教職員に必要なる労働文化並に職能文化の向上発展に努力せねばならなぬ必要が生じて来たのである。

二つには組合の組織が漸く安定し、組合活動も内容的に拡充されなければならない段階に達して来たのである。「組合の設立当初に於いて文化活動を取り上げることは組合を弱体化する。然し、いつまでも文化活動を取り入れない組合も又発展性を失って弱化する」とは金田書記長の言であったが多くの人の賛意を表した意見であった。(44)

この北村の証言によれば、①県教組には、教育会の持っていた文化的運動ないし「職能分化」を、教組の活動として組織的に接収しようとする動きが、すでに教育会解散直後に存在していたこと、②県教組は組合を発展させるために文化的運動を包摂しようとする姿勢を持っていたことが読み取れる。

県教組内部における組合運動と文化的活動あるいは教育研究活動との関連についての認識を確認するため、内山和夫（執筆時は青年部長）の見解も提示しておこう。

教員組合は労働組合法によって組織され認可された経済団体である。……（中略）……本質的には政党でもなければ文化団体でもなく、又消費組合であってもならないのであって、あくまでも雇用主である知事又は文部大臣と対等にたって団結の力により団体交渉を以て労働条件の維持改善を図ることを生命としなければならないのである。政治、文化、厚生等の諸活動は付帯的に目的達成への補助的使命をもつものであるべきである。……（中略）……此処に根基をおかない教員組合の諸活動は既に労働組合としての本質的性格を失ったものであり、教員組合としての資格を失ったものというべきである。……（中略）……教育そのものの持つ内容からいって文化活動との密接な関係を必然的に持たなければならないことは確かである。正しい力強い文化活動は、経済的地位向上を目指す教員組合運動の裏づけをなすもので此の意味に於て従来あった教育会との二本立てという複雑な組織を教員組合一本立にすることが主張され実現されたのである。そして職能分化の向上は単に組織者である教職員のみにその範囲を限定することはできない。何故ならば労働条件と非常に密接な関係を持っているので、必然教職員と不離に置かれている学童にまでその範囲は拡大されなければならないのである。(45)

内山和夫は教員組合を「労働組合法によって組織され認可された経済団体」と規定し、「団体交渉を以て労働条件の維持改善を図ること」を組合の目的と見なしている。この前提の下で、教員による組合としての特殊性を考慮し、かつて教育会が担ってきた文化的活動を位置づけている。労働運動と文化的活動とは並列されうるものではなく、前者が後者に優先するものとの見解を示している。

教組側の第四の証言は、初代県教組文化部長・青柳武門である。青柳は、県教組の取り組むべき文化的活動として、

以下の一〇項目を掲げた。(46)

① 教育研究所
② 体育協議会
③ 各教科別研究会
④ 組合員の資質向上
⑤ 各種文化団体との関係
⑥ 生徒児童用の学習書編集
⑦ 教師用参考書
⑧ 青少年文化指導
⑨ 健康教育及び職業教育の振興方法
⑩ 国語及び国字問題、教科書の改革

具体案は明示されていないものの、青柳の構想は幅広いものである。しかし、この構想が労働組織としての教員組合の中で、いかなる位置を占めるべきであるかについては、言及されていない。

新聞報道、大手利夫『回想』そして『群馬 文化と教育』誌上の三論考との照合から――もっとも大手、北村、内山、青柳の四氏の証言は微妙に食い違っている――次のように言うことができよう。県教育会は解散時に「文化面への活発な展開」を組合に託そうとした。一方、県教組では早い段階から教育会の文化的活動を引き継ぐ構想は持っていたが、労働条件を巡る闘争を優先させた。文化的運動の意義を認めつつも、その優先順位は必ずしも高くなかった。県教育会の解散後、県教組は県教育会の活動を継承し、「一本化」されたものの、結果的には教育会の言う職能文化は組合の言う文化的活動へと継承され、発展したとは言えない。

この時期の県教員組合活動は全教組と教全連との対立もあり、統一的な組織づくりに苦慮していたことに加え、いわゆる不当転任撤回運動、戦争末期に大量に雇用された教員の不当解雇反対運動、七項目要求実現を掲げ父兄会をも巻き込んだ教員ストライキの準備と実施、さらに一九四六年、一九四七年の総選挙など矢継ぎ早に政治的な活動に対してその勢力を傾注せざるを得なかったこともあり、県教育会の「文化面への活発な展開」は後回しにならざるを得なかったとの推測もできる。また一九四九年にはいわゆるレッドパージによって、県教組執行部の大量処分（執行部一〇人のうち七人が解雇処分）があり、県教組は痛手を負うことになる。こうした事情もあり、組合側で組織的に教育研究活動への取り組みが始まるのは、一九五〇年以降であった。

結果として、教育会の有していた重要な活動の一つであり、戦争末期でさえ教育会の事業として掲げ続けられ、また実際に実施されてきた教育研究を含む文化面の活動は、全県的な組織的指導体制を一時的に失うことになった。大手の『回想』によれば、この空白地帯が、戦後初期、地域に根ざした教員たちによる自発的な教育研究活動を促進する間接的な要因になった。

県教育会解散時、郡市教育会の存廃はそれぞれの組織に委ねられることになった。次項では郡市教育会の動向を検証してみよう。

3　郡市教育会の動向

上述したように、一九四六年七月二六日、大日本教育会が日本教育会へと改組した。中央の動向を踏まえ、地方教育会も改組を進めることになる。群馬県においても、大日本教育会群馬県支部を解散し、新たに郡市教育会の改組を待って、郡市教育会の連合体として再発足することを構想していた。しかし結果的に県教育会は解散に至った。そのさい教育会なき後は、教員組合に一本化する方針を出し、郡市教育会の存廃については各教育会の判断に委ねられることになった。

前節の県教育会関連記事の中から、一九四六年一〇月の段階で吾妻、邑楽、佐波の三郡で、一九四七年九月の段階で桐生、前橋、勢多、群馬、新田、邑楽、碓氷、吾妻の二市六郡の教育会が存在したことが記されている。

北甘楽郡教育会は上述の一九四六年一〇月、四七年九月のリストに名前はないが、北甘楽郡では一九四六年二月中旬に大日本教育会県支部北甘楽分会の改組が行われている。その様子は次のように短く伝えられている。

教育会北甘楽分会では今回民主化による改組を行ひ分会長に富岡校長矢野幸三郎氏を県支部協議員に同氏と富中校長新井金次郎氏、中央青年校長大里頼善氏を夫々推薦した(47)

なお北甘楽郡では北甘楽分会改組の直前、一九四六年二月八日に北甘楽郡教員組合結成の常任理事会が開かれており、組合長に矢野幸三郎(富岡校長)、副組合長に吉岡正平(下仁田校長、安藤久太郎(金鶏青年校長)が推薦されている(48)。教育会と教員組合の長は同一人物である。教育会と教員組合とが別組織として存在したが、構成員は重複していたことが確認できる。

邑楽郡では、一九四六年九月二〇日に大日本教育会県支部邑楽分会の今後のあり方について議論され、新たに教育会を発足させることが決議された。

大日本教育会が日本教育会に改組改名して新発足したのに対し邑楽郡全教職員をもって組織されて居た旧大日本教育会群馬支部邑楽分会の今後の在り方に就いて二十日午後一時から郡下中学、青年、国民の各校役員八十三名が館林町北国民学校に参集、種々論議の結果、従来の邑楽分会は一応解組して新しい理念と組織によって新発足する事を決議して、新規規約、綱領起草委員として左記代表六名を選任した
松下（館林高女）大塚（館中）吉間（家政女）栗原（館城青年校）家□（大郷青年校）大川しま（中野高島青年校）
布川（北校）齋藤（北校）福田藤江（西谷田）
【決議】従来の天降り的な役員、事業並に単に教職員のみによる役員及び会長をもって組織されたる教育会を排して、新に民間人を入れ民間人と教育者との協力により真に民主的教育会を組織するものなり(49)

吾妻郡では、一九四六年六月一日に吾妻郡教育会の総会および表彰式、同年八月一〇、一一日の両日に教育研究会が開催され校長のあり方が討議されている。

群馬郡では、一九四七年三月一日付けで群馬郡教育会設立準備委員長より、群馬郡金島村長への書簡が残されている。

拝啓　幾分寒さもゆるんで参りました。かねて本郡教育分会が解散し新に群馬郡教育会が設立になりましたことは、過日申し上げて置きましたが、此の度別紙声明書により、賛助会員募集方貴町村青年学校長、全国民学校長を通して御願申上て置きましたので、何れ近く御話もございますと存じますが、御協力下さいまして、貴町村教育理解者をして多数御入会を見ますやう御斡旋戴き度切に御願申上ます。　拝具

昭和二十二年三月一日

群馬郡教育会設立準備委員長

群馬郡金島村長　殿[50]

この書面から判断すれば、一九四七年三月には大日本教育会群馬支部群馬郡分会は解散し、その後継組織として群馬郡教育会の設立準備が進められていた。

しかし、戦後における郡市教育会の動向については情報が断片的であり、山田郡教育会を除き、活動を停止する。教員組合へと「一本化」が進む中で、自然消滅に至ったと推測してよいだろう[51]。

三　戦後における新教育研究と地域教育研究組織の必要性

地方教育会は多様な活動を展開してきたが、中でも重要な活動は教員による教育研究活動であった。これまで述べてきたように、戦争末期にあっても地方教育会は教育研究を事業計画の中に取り上げてきたし、また戦後、教員組合に「一本化」する際にも「文化面への活発な展開」を維持しようと企図していた。しかし県教育会は解散し、郡市教育会の活動も停滞する。教育会側からすれば、教育会に代わる組織として期待を寄せられた教員組合は、発足当時、労働組合としての運動に重点を置き、教育会の担ってきた教育研究機能を継承することができなかった。

群馬県においては、県教育研究所の設置が一九五四年であり、他の県と比較するとその設置は遅い。市町村立教育研究所は一九五三年に桐生市、一九五五年に伊勢崎市と館林市、そして前橋市、高崎市では一九五八年である。組織的な教育研究組織が不在の中、戦後新教育の研究とその普及はどのような形で展開したのか、戦後新教育を推進するための組織体はどのような形で開設されたのであろうか。

戦後新教育への対応は、文部省・県・軍政部が相俟って種々の新教育研究会が開催されることから始まる。しかし組織的なカリキュラム開発に着手されたのは、一九四八年度からである。県による研究指定校（太田市立太田東小・勢多郡木瀬中）、また群馬大学師範学校教育研究所の支援を受けた研究指定校（一九四八年度から三年間、都市（附属小・中）に加え、町（多野郡吉井小・中）・農村（佐波郡宮郷小・中）、山村（吾妻郡伊参小・中）の八校）が中心となり、カリキュラム開発が進められた。

戦後新教育の研究と普及を図るこの過程において課題として認識されたのが、研究指定校の成果を地域において共有化するための方途である。いわば研究指定校という「点」を、「面」へと拡げるための方途である。群馬大学師範学校の朝賀太一郎は、「新教育の出発点」として「一学校プランでは不充分であり、少なくとも二三の学校の学区乃至大きくは行政区画のいくつかの集った位のものの協力によってつくられるものが、ぜひとも必要であると強調したい。出来れば先ず県単位に次に郡市単位位が適当である(52)」とし、地域の協力体制が必要であることを説いた。

また研修指定校の吉井中学校では、反省として「今迄のカリキュラムのプランは一校一校の独自なもので一定期間の実践的試行なく公開した傾向があります。そのプランを発表した学校だけが英雄視される一校英雄主義は、いたずらに、非難、嘲笑、警告、罵倒、攻撃の連続で、へちまのうらなりみたいに一校のプラン、プランと競合ってばかりいたのでは、カリキュラムの混乱と構成のための多大の労力のため好ましい事態でない」、「カリキュラムは地域的にある程度の同一性を持つべきだし、地域的な共同労作として構成することが、最も能率的であろう(53)」とし、やはりカリキュラムを地域における協力的な研究体制の必要性を主張した。

しかし、群馬県においては県や市町村の教育研究所の開設が遅れたため、地域において教育研究を推進する組織がなかった。こうした状況の中で、群馬県教育委員会は郡市における研究組織開設を示唆している。群馬県教育委員会事務局編『ぐんま教育』第一一号には、県教育委員会指導課主催の座談会の記録が掲載されている。そこでは、郡市の研究組織、現職教育、研究の機会の三点から、郡市レベルでの教育研究組織整備の必要性が論じられている。この座談会は指導課指導主事・佐野金作（後に県教育研究所長）の司会の下に進行され、その記述からは県教育委員会指導課の政策的意向を反映した文書であることがうかがわれる。たとえば、郡市の研究組織に関しては、次のように記されている[54]。

U……この頃の学校の動きには、気合いがかかっていますね。実験学校、その他で実によくやっている所があります。
J　学校としてもそうですが、先生の中にも、頭が下がる位熱心な人がいますね。
E　山奥の分校等にも時々そういう先生を見うけます。
I　そういう先生の存在をお互いに知り合って、研究を交換する機会を設けることが必要だと思います。
K　そういえば、最近各郡市に教育会とか、教育研究会とか、いろいろな組織が持たれるようになって来ましたが、これは非常によいことで、会員自身が大いにその組織を利用すべきだと思いますね。

また現職教育と研究機会に関しては、次の記述が見られる。

D　一番手近な方法は、各学校で文部省の手引類の読合せ会をやることでしょう。
K　それには学校長の現職教育に対する熱意が基礎になりますね。私は現在各郡市で盛り上がっている教育会とか研究会とかを盛にすることが能率的な方法だと思います。

県教育委員会は、県および郡市における教育研究組織が未だ整備されていない段階で、かつての教育会のような組織を活用することにより、戦後新教育や現職教育への対応を示唆した。こうして一九五一（昭和二六）年度に発足したのが、地域問題究明地区別教育研究協議会である。

地域問題究明地区別教育研究協議会は「県下小、中学校に於ける教育現場の実践的諸問題を中心に、現場の教職員、教育委員会事務局当事者その他が協力して、民主的に研究協議を遂げ、以て現場に於ける指導の実質的向上に資する」ことを目的として掲げており、指導主事・佐野金作によれば「認定講習の単位かせぎから現場の教育実践を軽視する傾向を救い、諸地の小講習を統合して、地域性に立脚した、堅実な研究態度を馴致する目的で奨励した」ものである[55]。

地域問題究明地区別教育研究協議会は五市一二郡において開設された。年一回の教育研究協議会ではあったが、その準備ために地域の教員たちが度々集い、会合を重ねた。教員たちによる地域教育研究協議会は——少なくとも協議会を設定した指導主事・佐野金作の中では——、戦前の地方教育会を原イメージとした教育研究組織であったと言えよう。

四　職能団体としての地方教育会の「再建」

教育会は多様な活動を展開してきたが、その中でも重要な活動は教育研究の促進であった。これまで述べてきたように、戦争末期にあっても教育会は教育研究を事業計画の中に盛り込み、また戦後も「文化面への活発な展開」を維持しようとしていた。しかし結果的に県教育会は解散し、郡市教育会の活動も停滞する。教育会側からすれば、教育会に代わる組織として期待された教員組合は、政治的運動に重点を置き、教育会の担ってきた教育研究は等閑視された。

『群馬県教育史』、また大手利夫『回想』においても、地域の教員たちによる自主的な教育研究運動が族生するのは一九五〇年前後からである。教育委員会はこれらの研究会を束ね、地域問題究明地区別教育研究協議会に包摂する方針を示した。こうした流れの中で、教育研究組織として教育会が「再建」される。

一九五〇年以降、いくつかのタイプの教育会が「再建」されている。その中には現在でも存続している（1）桐生市教育会、（2）教職員組合と両立している碓氷教育会と甘楽教育会がある。その一方で現在では存在が確認できない事例として（3）山田郡教育会と勢多郡教育会が挙げられる。

『桐生市教育史』によれば大日本教育会桐生支部は終戦とともに解散した[56]。しかし、教育研究の必要性から一九五二年四月に教育会創立準備委員会が立ち上げられ、同年九月二二日に桐生市教育会が発足した。桐生市教育会では、教育文化発表会（秋）、新聞『教育文化』の発行、研究誌『霧』の発行（年一回）、市教委との共催で教職員体育大会の開催、研究指定校への協力（補助金）を行うことになった。桐生市教育会は、現在、日本連合教育会に加盟している。

『安中市誌』によれば、碓氷教育会は明治二一年に設立された私立碓氷郡教育会の流れを汲む教育会である。一九四七年七月一五日に大日本教育会県支部碓氷分会から改組し、碓氷教育会となるものの、一九四六年一月に結成された郡教員組合の活動が活発になる中で機能停止に至ったとされる。しかし一九四九年頃から学校長を中心に教育会的活動が始められた。教員から新教育に対する研修の要望が上がり、また各方面での研究会が立ち上がってきたため、一九五〇年七月、碓氷教員団体結成小委員会が結成され、同年八月二二日に碓氷教育協議会が発足した[57]。

碓氷教育協議会では、一九五三年一月に信濃教育会、岩村田教育会、甘楽教育会を視察し、翌一九五四年四月二五日に碓氷教育協議会は発展的に解散し、碓氷教育会として再発足した。一九五九年には社団法人となり、今日に至っている。

甘楽郡では一九四九年に新しい教育会設立の動きがおこり、一九五〇年三月、校長会代表三名と組合代表三名で信濃教育会の視察を行い、甘楽教育会設立準備会が設置された。そして七月三日に校長会と代議員との合同会議をもち教育会設立について両者合意に達し、七月一一日の総会で甘楽教育会が誕生した。

甘楽教育会会則前文

「新学制発足以来われわれは複雑な社会環境の中にあって、教育の刷新と充実のため真剣な努力と不屈の精神とをもって、この研究に全力を傾注してきた。然し教育は日進月歩止まるところのない難事業であって、我々がより一層の奮起と不断の研究とを継続することなしには、その進歩改善はあり得ない。われわれがより自覚して協力研磨その任務に専念する時、より高い児童生徒の幸福と成長とが期待され、且つ地域社会により貢献し得られることを確信する。而してわれわれの専念する研究は地域の特殊性に立脚した教育の場より発し、且つその職場につながりをもつものである。それはあくまでわれわれのもり上る研究意欲を結集した組織によって自主的に営まれねばならない。よってここにわれわれは次の基本原則に立って民主的教育研究団体を組織し、教職的教養を高めて今日の教育を更に刷新すると共に明日の教育の充実を希うものである」

基本原則

(1)　現職の教職員で組織する。

(2)　民主的に組織し運営する。

○　自主的で他からの不当な制約は受けない。

○　自然発生的であることを原則とする。

○　本部の特殊性に立脚する。

（3）　既設の研究団体はこの会に合流するよう努力する。(58)

ここに示されている通り、甘楽教育会は教育研究を前面に押し出し、既設の研究団体を束ね、あるいは連絡調整を行う組織として発足した。

甘楽教育会は一九五三年に社団法人の認可を受けたものの、同年妙義軍事基地反対闘争をめぐり、甘楽教育会から校長会が脱退（ただし校長個人は会員として残る）した。また一九五八年には新教育会館が完成したものの、同年九月の臨時総会で、勤評問題で紛糾し事態の収拾ができず会長以下役員、理事全員が辞表を提出し、甘楽教育会は休眠状態となった。教育会館の負担金だけが残り、会館運営管理は教員組合が担うことになった。約二〇年間の休眠状態の後、一九八一年二月七日に再建されている。甘楽教育会は、碓氷教育会と同様、今日でも地区の教職員組合と連携しながら活動を展開している。

戦前から解散することなく、戦後も活動を継続していた事例として、山田郡教育会が挙げられる。群馬県教育委員会秘書室編集『群馬県教育広報』第一二号（昭和三〇年七月二五日）の「出張所だより　山田出張所の巻」には次の記事が見られる。

　戦争中も県下に於て唯一の解散せざる教育会であった。かゞやかしい伝統のある山田郡教育会のリードのもと、着々と成果をあげている。今年も上山田小二、中一校、で山田小中各一校の研究公開が予定されている。しかも研究会には学校間の連絡をよりよく図る為、小中の全学校全教職員が参加する事になっている。(59)

この記事によれば、郡市教育会の中で唯一解散しなかった山田郡教育会の活動は、一九五五（昭和三〇）年においても継続していた。しかし今日、山田郡教育会の存在は確認できない。

またこれより先の『群馬県教育広報』第二号では、勢多郡の報告が掲載されている。

新教育が実施されてから八回目、昭和二九年度の幕が開かれた。学校教育が新教育の軌道に乗りかえて、設備も職員も教育計画も一応新装が整ったのは嬉しいことである。だのに文部省、県教委、地教委を結ぶ教育行政の路線は未だ基礎工事さえ定まらない遅進ぶりであるから県教委出張所などへ通ずる路は極めて不明瞭なものである。しかしこんなときには伝統や慣例という有難い方途が解決を与えてくれる。勢多郡の教育会、校長会の伝統は輝しく且つ強固である。教組も堅実なレールを敷きつつある。地教委協議会も着々独自の地歩を築いている。これらとスクラムを組んで出張所も堂々の布石の陣を敷いている(60)

勢多郡教育会も今日ではその存在を確認できないが、記事からは一九五〇年代には教育会、校長会、教員組合、教育委員会による協議会が矛盾することなく併存していたことが窺える。

五　結びに代えて――残された研究課題

職能団体としての教育会の本質的な機能は、教育研究活動にある。この事実は、戦前の教育会においては戦争末期においても、事業計画の中に教育研究に関わる項目が挙げられていたことからも確認できよう。そして戦後、大日本教育会（後に日本教育会）の改組に伴って、地方教育会も改組を行い、組織の存続を目指したが、結果的には地方教育会は解散に至った。そのさい、地方教育会は教員組合と「一本化」することにより、文化活動、教育研究活動を維持しようと企図した。しかし組合の活動の中では、文化活動は後回しにされた。教員の教育研究活動を支える組織は、一度消滅するに至った。

戦後、新教育の研究が進められていく中で、教育研究を組織的に担う必要が認識されたとき、明治以降に培われてきた地域の教育会組織が再び注目されることになった。第四節で論じたように、少なくとも勤評闘争が激化する一九五〇年代後半までの間、「再建」された教育会は校長会や教員組合と連携しながら、地域の教育研究活動の一端を担っていた。その後、教育研究活動は地域の教育協議会や県教育研究所・市町村教育研究所、また教職員組合が担っていく中で、教育会独自の活動領域の幅は狭まったと考えられる。これが地域における教育研究組織の衰退につながったと考えてよいだろう。

戦後に残った郡市教育会の教育研究活動が衰退するもう一つの要因として、戦前の地方教育会の有した多層的な組織構造――全国・地方・県・郡市など――が解体したこと、これに伴って様々な集会や雑誌の刊行と交換による教育情報の流れが遮断したことが挙げられよう。郡市教育会組織が存続しても、かつてのように教育会同士のネットワークと相互作用は失われ、次第に孤立していったことが考えられよう。この点については、稿を改めて検討したい。

もう一つの検討課題は、地方教育会における教育研究の質である。教員たちの教育研究に対する関心は、地方の教育を取り巻く社会的・政治的構造を主体的に認識し、そこから教育実践を構想し、教育の質を改善していくことよりも、むしろ複雑な現状認識を回避し、また原理的な問いを棚上げし、具体的な教育方法論に収斂する。このシステムは、自分たちが培い、創り上げた技術、習慣、文化などを閉じられた輪の中で循環させ、共有化し、深い省察を欠いたまま、ひたすら自己強化を図るシステムとも言えよう。こうした教育研究は、戦争中の教育研究にも、また戦後初期の教育研究にも認められる。この仮説的見解が事実であったとすれば、教員たちの教育研究に対する意識、そして彼らの教育研究の質を水路づけたシステムとは何であったのか。こうした観点から、「教育情報回路」としての地方教育会の機能と内実が改めて問われるべきであろう。

注

（1）地方教育会および全国教育会の歴史的展開については、梶山雅史『近代日本教育会史研究』学術出版会、二〇〇七年、梶山雅史『続近代日本教育会史研究』学術出版会、二〇一〇年を参照。梶山雅史『近代日本における教育情報回路と教育統制に関する総合的研究　中間報告書（Ⅰ）』二〇一三年（以下『中間報告書（Ⅰ）』）は、一九四〇年代を中心とする教育会の動向について焦点を当てている。また教員文化については、久冨善之『教員文化の日本的特性』多賀出版、二〇〇三年および『教師の専門性とアイデンティティ』勁草書房、二〇〇八年を参照。

（2）群馬県教育会の史的展開については、清水禎文「明治期群馬県における教育会の展開」、梶山雅史（二〇〇七）所収を参照されたい。とくに一八九五年の県学事会規定により、県教育会―郡市教育会―乙種学事会という多層的な構造が形成されたこと、また一九二〇年、県教育会は個人会員制から郡市の団体会員制に移行している。この二点は一九四五年前後の県教育会の解散と県教員組合の立ち上げをめぐる動向を読み解く上で重要である。

（3）『群馬県教育史戦後編　上巻』一九六六年。大手利夫『群馬県教組十五年の回想』。同書は北海道大学教育学部所蔵。複製本であり、出版年は不詳。雑誌に連載されたものと思われる。また、『群馬県教組四十年史』一九九五年。

（4）近藤健一郎「アジア太平洋戦争下における府県教育会機関誌の「休刊」と敗戦直後におけるその「復刊」」、全国地方教育史学会『地方教育史研究』第三三号、二〇一二年。

（5）白石崇人「一九四〇年代日本における全国教育団体の変容と再編（年表解説）」、梶山雅史『中間報告書（Ⅰ）』二〇一三年。

（6）佐藤幹男「戦後における教育会の終焉と教育研究団体の組織化」、梶山雅史『中間報告書（Ⅰ）』二〇一三年、二五頁。

（7）須田将司「神奈川県内における戦後教員組織の再編と教育研究団体の発足について」、梶山雅史『中間報告書（Ⅰ）』二〇一三年、三九頁。この他にも梶山雅史『中間報告書（Ⅰ）』に掲載された熊本県の事例研究である軽部勝一郎、沖縄県の事例研究である照屋信治、秋田県の事例研究である板橋孝幸の論考を参照。

（8）阿部彰『戦後日本地方教育制度成立過程の研究』風間書房、一九八二年、五一七頁。

(9)『上毛新聞』一九四四年三月五日。群馬県立図書館所蔵マイクロフィルム。
(10)『上毛新聞』一九四四年一〇月一五日。
(11)『上毛新聞』一九四五年五月九日。
(12)『上毛新聞』一九四五年四月二四日。
(13)前橋市教育会『解散ニ関スル書類』所収。前橋市総合教育プラザ所蔵。『解散ニ関スル書類』に綴られた書類を見ると、解散事由は県教育会の解散事由書を下書きとして、一部修正を加えた上で作成されている。また、前橋市教育会の財産は、大日本教育会群馬県支部前橋市分会が引き継ぐことも示されている。
(14)群馬県指令教第三四五号。前橋市教育会『解散ニ関スル書類』所収。
(15)『上毛新聞』一九四六年一月二九日。
(16)『上毛新聞』一九四五年一二月二六日。
(17)『上毛新聞』一九四五年一二月五日。
(18)『群馬県教職員組合四十年史』、九三―九七頁。
(19)大手利夫『群馬県教組十五年の回想』の(1)、また『群馬県教組四十年史』、九〇―九三頁。
(20)『上毛新聞』一九四六年一月二九日。
(21)『上毛新聞』一九四六年三月七日。
(22)大手利夫、前掲書の(2)。
(23)大手利夫、前掲書の(3)。
(24)『上毛新聞』一九四六年五月二六日。
(25)同上。
(26)『上毛新聞』一九四六年六月二六日。
(27)『上毛新聞』一九四六年七月一一日、七月一七日。
(28)『上毛新聞』一九四六年七月二八日。
(29)『上毛新聞』一九四六年八月九日。

(30)『上毛新聞』一九四六年一一月一六日。
(31)『上毛新聞』一九四六年八月三一日。
(32)同上。
(33)『上毛新聞』一九四六年九月二一日。
(34)『上毛新聞』一九四六年一〇月二七日。
(35)『上毛新聞』一九四六年一一月一〇日。
(36)『上毛新聞』一九四六年一二月三日。
(37)『上毛新聞』一九四六年一二月一三日。
(38)『上毛新聞』一九四七年一月四日。
(39)『上毛新聞』一九四七年一月一八日。
(40)『上毛新聞』一九四七年五月三一日。
(41)『上毛新聞』一九四七年九月一二日。
(42)『上毛新聞』一九四七年九月一三日。
(43)大手利夫『群馬県教組回想の十五年』の（9）より抜粋。なお引用中の櫻井伊兵衛（一八八七―一九六六）は一九一八年に貴族院議員となり、一九二六年から一九四五年まで高崎市教育会会長を務めた。県教育会副会長も兼任し、さらに帝国教育会長・永田秀次郎の信任が厚く、会長指名の理事も兼任し、市・県・全国の教育会に関わりもった人物である。戦後は、群馬県教職員適格審査委員会長を務めた。
(44)群馬県教育図書刊行会出版局『群馬 文化と教育』1、一九四八年、一頁。
(45)同上、二二頁。
(46)同上、一二頁。
(47)『上毛新聞』一九四六年二月一五日。
(48)『上毛新聞』一九四六年二月一〇日。
(49)『上毛新聞』一九四六年九月二一日。

(50)『渋川市史』第六巻。資料番号六七六。
(51)たとえば碓氷郡においては、碓氷郡教育会は教員組合が成立する過程で活動が停滞した、とされている。『安中市誌』、一九六四年、七二九—七三〇頁。
(52)群馬県教育委員会事務局『ぐんま教育』第六号、一九五〇年。
(53)同上。
(54)群馬県教育委員会事務局『ぐんま教育』第一一号、一九五〇年。
(55)群馬県教育委員会事務局『ぐんま教育』第一七号、一九五二年。
(56)『桐生市教育史』下巻、一九九三年、七七一頁。
(57)『安中市誌』、一九六四年、七三一頁。
(58)『甘楽教育会再建十周年記念誌』一九九〇年。
(59)群馬県教育委員会秘書室編集『群馬県教育広報』第一二号、一九五五年。
(60)群馬県教育委員会秘書室編集『群馬県教育広報』第二号、一九五四年。

第6章　岐阜県教育会の解散過程

――恵那郡教育会の発展的解散事例の分析――

梶山雅史

はじめに

明治一〇年代に全国各地に登場した教育会は、明治・大正・昭和の各時代を通して、教員養成、教員研修そして中央・地方教育行政にも深く関わり、学校教育・社会教育の担い手として極めて大きな役割をはたした。戦時期には、国家総動員体制を担い戦時翼賛団体として戦争遂行の国策を鼓吹した。敗戦を迎え、占領軍の施政下、教育会がどのような道筋をたどって解散するに至ったか。昭和二一（一九四六）年以降二四年にかけて、日本教育会と地方教育会の大半が解散してゆくこととなった。それぞれに約七〇年間の歴史を重ねてきたゆえに、そのプロセスは一様ではない。解散の諸相と戦後新教育への移行の実態について緻密な本格的な研究が必要である。

昭和二一年、大日本教育会が連合国軍総司令部（GHQ）の勧告をうけ、昭和二一年七月二六日、日本教育会と改称し組織変更を行った。大日本教育会各支部教育会は独立組織となり、地方教育会としてそれぞれに民主的組織への改組を迫られるに至る。GHQは一二月九日、日本教育会の改組をいまだ極めて不十分とし、さらなる民主的改組を要求した（いわゆる「GHQ勧告」）。「教育会は現職教員を正会員とする教員の職能団体であり、教育行政から独立した民主的組織であること」が指示された。日本教育会は再改組委員会を作り、翌二二年五月「再改組趣旨」および「再改組基準要項」を決定し、六月末に小冊子『教育会改組の手引』を各府県教育会に配布した。

昭和二二年七月一七日、日教組中央委員会が日本教育会の解散を訴える声明を打ち出し、各都道府県教員組合がこの方針に即して当該教育会の解散と教員組合一本化に向けて積極的な活動をすすめた。全国的に教育会と教員組合の二本立て、一本立て、教育会解散をめぐる論争、せめぎ合いが進行していく。このような全国におよぶ道府県教育会改組の動きの中で、岐阜県は昭和二一年九月一二日段階に「岐阜県教育会規程」を制定、翌二二年六月二一日に一部修正を加え極めて早期に民主的改組を実施した。それは全国的に最も早い先端的改組であった。

さらに岐阜県恵那郡教育会ではより徹底した改組が進行した。教育会の現状点検を行い、各学校現場の下からの意見を集約し協議を重ね、教員組合と教育会・校長会が連携し一体となった郡教育会を結成するに至る。昭和二三年後半さらに注目すべき大きな組織改編が進行した。六三校長会は教員組合と協力し、昭和二四年二月教育復興会議を立ち上げ、教育会を「発展的に解消」し、地域諸団体を包含した強力な組織体として教育振興会を結成した。そしてその不可欠の機関として教育研究所設置に至る大きな動きを生み出した。昭和二四年中に岐阜県内四市一八郡すべてに教育研究所が設立されるに至った。岐阜県の教育会の発展的解散、教育振興会結成、教育研究所設置の動きは極めて注目すべきものである。戦後新教育発足時に現出した先端的改革の一典型事例といえる。

本章は、恵那郡教育会の「発展的解消」の詳細な経緯を分析することを軸にして、岐阜県教育会解散の実態を明らかにする。教育会の解散に関する先行研究は、教員組合と教育会の対抗関係を軸とした考察が大半であり、教育会の屋台骨となっている校長会の実態に踏み込んだ研究は数少ない。教育会解散の分析には教育会、校長会、教員組合の三つの分析軸を立てることが必要である。戦前から教育会は校長会がその屋台骨を支え、教育会の具体的事業の運営は校長会スタッフが担っていた。昭和二二年六三制新学制発足を迎え、国民学校長会を廃し新たに結成された六三学校長会の活動が、この期の教育改革の主動因となる。敗戦で戦前の強固な教育行政機関が崩壊し、占領軍支配下、新たな教育委員会の発足前後の状況において、校長会、校長層が到来する難題に対して教員組合と連携し、どのような動きをしたのか、校長層の詳細な行動を把握することが必要となる。校長会会議録、教育会記録、学校日誌、組合関係文書など第一次史料を探索し、具体的人物群像の動きを明らかにすることを目指した。

今回、調査し得た岐阜県中津川市立南小学校内教育文化資料室には、明治七（一八七四）年以来の学校日誌等々膨大な学校文書が保存され続けている。戦中そして敗戦から戦後新教育発足時、歴史の大転換期の日々を記録した学校日誌、校長会会議録、教育会関係記録、教育研究所会議録・発刊物、教員組合関係史料、ＰＴＡ関係文書等貴重な史料が残されている。史料の質、分量とも全国的にも稀な貴重な学校文書と位置付けることが出来る。浅野信一氏（九三歳）をリーダーとする中津川市教育文化資料委員会の方々が、史料保存・整理・研究を続行されている。浅野信一氏は戦後新教育発足時に南小学校教員で教育研究所員でもあった当事者であり、史料解釈に貴重なご教示を頂き、多くのことを聴き取りさせていただいた。西尾洋昭氏（元中津川市教育長）はじめ委員会の方々にも史料探索に大きな支援をいただいた。本章は岐阜県戦後教育改革時の教育会の存在とその発展的解散の経緯を、紙数が大幅に膨らむことになったが、多くの第一次史料を紹介することによって明らかにすることに努めた。

一　大日本教育会から日本教育会へ――戦後「岐阜県教育会」への改組

１　「ＧＨＱ勧告」と「教育会改組の手引」

敗戦後、連合国軍総司令部の勧告をうけ、大日本教育会は昭和二一（一九四六）年七月二六日、金沢市での総会において日本教育会と改称し組織変更を決定した。各支部は独立体となり、日本教育会はそれぞれ独立した道府県教育会の連合体となる。九月二一日、岐阜県支部は岐阜県教育会と改称し、新たな規程づくりと組織改編に取り組んだ。その難作業を中心的に担ったのは岐阜県教育会専務理事（主事）阿部榮之助であった。

ターニングポイントの重要人物である阿部の経歴については注（1）に詳記した。[1] 参照願いたい。阿部榮之助が昭和二二年一月末、県教育会主事を退いたことに対し、岐阜県教育会役員・校長会長等が世話人となり、学校教職員各位宛に阿部への謝恩費を募った。以下に紹介する呼びかけ文書から昭和二一年秋―翌年二月段階、岐阜県教育会の改組・新規程作成に関する注目すべき経緯が読み取れる。

教育会の改組を機として阿部先生が勇退さるゝことになりました。

社会情勢の激変と教員組合運動の勃興に伴ひ教育会改組の急を見る様になりまして先生は此の難局を一身に引受け本春以来真に血塗な奮闘を続けられました。先づ顧問参与並に郡市教育会関係者の意見を叩き教員組合代表の意向を質し発足すべき新教育会の規程を起案して学校種別代表の審議を請はるゝこと前後六回関係委員の努力によりまして漸く成案を得るに至りました。斯くして議決機関の協賛を経役員の選任も順調に進行致しまして県下教職員の総意による県教育会が他府県に先駆けて組織されました。之偏に先生が県下の教職員から絶大な信頼を受けてをらるゝ事に起因することは勿論でありますが、又此の間に於ける先生の実に並々ならぬ御苦心の成果と申すべきでありませう（後略）[2]。

これは、戦時中の大日本教育会岐阜県支部から戦後の岐阜県教育会に転換・改組するターニングポイントの様相を伝える実に興味深い記述である。県教育会規約改正・民主的組織へ改組する具体的作業ならびに阿部主事の役割が判明する。阿部主事が職務として難局を引き受け、県教育会の顧問、参与、郡市教育会関係者の意見を打診し、教員組合代表の意向を質して新教育会の規程を阿部主事が起案していた。そして学校種別代表すなわち幼児保育部会、国民学校部会、中学校及び青年学校部会、中等学校部会、専門学校部会代表の審議を六回重ね関係委員の尽力を得ることによって、岐阜県教育会規程の成案が作成されていた。代議員会と総会の議決機関の協賛を経て、人事・役員選任も順調に進行したこと、特に県下教職員の総意による岐阜県教育会が他府県に先駆けて組織されたものであったと強調されており、この改組が実現し得たのは阿部榮之助への県下教職員からの絶大な信頼があったこと、そして阿部主事の並々成らぬ苦心と尽力の成果であったと讃えられ強い謝意が綴られていた。既述のごとく阿部榮之助は岐阜師範学校教官、恵那中学校長、大垣中学校長を歴任していたゆえに、県内教員の指導層の多くにとっては恩師であった。それゆえ惨禍を被る恩師への謝恩費として一口金十円の募集がなされていた。戦時国策を翼賛し戦争遂行を鼓吹してきた教育会専務理事の責任を自覚し、転轍作業の区切りをつけて辞任した身の処し方について、張り詰めた動きがあったことが文面から浮かび上がってくる。

全国的一元組織であった大日本教育会の解散から戦後新たな各地域教育会への改組が、どのように進行したか、都道府県ごとにさまざまに異なる展開があった。このプロセス自体教育会史研究において比較検討すべき重要な検討事項となる。岐阜県は他府県に先駆けて「県下教職員の総意による県教育会改組」を行い得たと、この文書には誇らしげに記されていた。「岐阜県教育会規程」の成立・実施が昭和二一年九月二一日と記されており、また一部改正実施が翌年六月二一日であった。この日付の早さには特段に注目しておかねばならない。

昭和二一年九月に大日本教育会から日本教育会への転換として定款改正が行われたのであったが、連合国軍総司令部はいまだ極めて不十分であるとしてさらなる民主的改組を要求した。そして具体的に日本教育会に「日本教育会の組織運営に関する最高司令部の勧告」（一九四六・一二・九　以下「ＧＨＱ勧告」と略称）を与えた。それは、教育会は現職教員を正会員とする教員の職能団体であり、教育行政から独立した民主的組織に改組することを勧告するものであった。日本教育会は昭和二一年一二月二四日に再改組委員会を組織し、翌年五月二八日に「再改組趣旨」及び「再改組基準要項」を決定した。そして六月末に日本教育会編『教育会改組の手引』（前年の「GHQ勧告」、五月決定の再改組趣旨及び再改組基準要項等を解説した小冊子）が「急回覧」の注意書きを入れて各府県教育会に配布されたことが、これまでの先行研究で明らかにされてきた。(3) この日本教育会編『教育会改組の手引』を拠り所として各府県教育会の再改組の取り組みが要請されたのであった。この「改組の手引」を日本教育会が地方教育会事務局長会議で配布したのは昭和二二年六月一五日であった。「岐阜県教育会規程」成立・実施は前年九月二一日であり、翌年「改組の手引」を受けてほんの一部を修正したのが六月二一日であった。中央の日本教育会が改組・再改組と手間取っていたのであるが、岐阜県教育会は第一段改組で本格的な改組を実施していたことになる。大日本教育会長野県支部が、会則の民主的改正を断行して再び信濃教育会として改組したのは、昭和二一年一一月二二日であった。(4) 岐阜県はそれより二ケ月早い同年九月二一日であり、全国的には最も早いものであったと位置付けられる。

2　岐阜県教育会規程——構成と内容

阿部榮之助主事が中心となって作成した「岐阜県教育会規程」は如何なるものであったか。その内容・改組程度はどのようであったか。全体の構成は、「第一章　総則」、「第二章　会員」、「第三章　役員及び職員」、「第四章　会議」、「第五章　学校部会及び委員会」、「第六章　資産及び会計」、「附則　岐阜県教育会役員選挙内規、岐阜県教育会会費内規、岐阜県教育会学校部会及委員会規程」と実に詳細な規程づくりとなっていた。(5) 戦時から戦後への大転換、価値観を反転させることになった条文の主要部を引用、紹介することにしたい。

岐阜県教育会規程

第一章　総則

第一条　本会は岐阜県教育会と称へる。
第二条　本会は事務所を岐阜市美江寺町二六番地に置く。
第三条　本会は民主教育の振興普及に寄与し以て平和国家の建設と地方文化の発展に貢献することをその目的とする。
第四条　本会は前条の目的を達成する為に左の事業を行ふ。
一、教育自主性の確立と教育立国の実現
二、教育に関する輿論の喚起指導並に実践
三、各種教育の刷新改善に関する研究
四、教育と政治及び経済との連関事項の調査研究
五、教育に関する図書雑誌の編纂刊行
六、教育に関する各種協議会総会等の開催並に全国教育諸団体との連絡提携
七、教育者の修養向上並に教育功労者の表彰
八、教育者の社会的経済的地位の向上並びに各種厚生事業
九、青少年の奨学並びに養護
十、教育必需品の配給斡旋
十一、その他必要なる事業

第二章　会　員

第五条　県内の学校（幼稚園を含む）教職員及び教育振興に志を同じうする者を以て会員とする。（翌年六月二一

日修正「県内学校の教職員を正会員とし教育振興に志を同うする者を賛助会員とする」。この修正は昭和二二年六月段階、日本教育会編纂『教育会改組の手引』にある「ＧＨＱ勧告」が、地方教育会正会員は現職教員であり、完全に教員の職能団体であることを掲げたことを受けての修正であった。」

第六条　本会員は其の勤務地（教職員）又は居住地に依つて其の地方名を冠称する郡市町村教育会を構成する。
郡市町村教育会の規程は本会の趣旨に則つて之を定める。

第七条　会員は別に定める規程によって会費を負担するものとする。

会の目的に「民主教育の振興普及に寄与し以て平和国家の建設と地方文化の発展に貢献すること」を掲げ、第四条に、その目的を達成する為の事業として「教育自主性の確立と教育立国の実現」、「教育に関する輿論の喚起指導並に実践」、「各種教育の刷新改善に関する研究」、「教育と政治及び経済との連関事項の調査研究」以下七項目挙げられている如く、根本的に戦前教育の否定、新教育の構築に向けての研究・実践課題が打ち出されていた。さらに第八条から第三二条までの本則そして附則、内規、委員会規程によって、組織の民主化を図る詳細な条文が整えられるに至っていた。要点を取り出しておく。

役員は、会長一名、副会長二名の外、理事、代議員、監事を置いた。
会長、副会長は代議員会で選出される。
理事は、別に定める規程により、各郡市教育会及び各種学校部会から選出される。
会長はこの外に若干名の理事を委嘱することができる。
理事は理事会を組織し会務の執行に当たる。理事員数は五〇名以内。

理事の選挙は、一．各郡市教育会から一名ずつ二〇名、二．専門学校部から一名、三．中等学校部から七名、四．青年学校部から五名、五．国民学校部から七名、六．会長委嘱に依るもの八名。
代議員は代議員会を組織し、重要事項の議決に当たる。
代議員の選挙法は、各その団体に委任する。
先ず五四名は学校教職員組合協議員中から充当する。一．郡市別国民学校二二名、二．郡市別青年学校二二名、三．中等学校一〇名、それ以外に各郡市教育会毎に会員から選出する。その員数は前年度会員数に基づき一五〇名毎に一名（端数は四捨五入）。

以上役員（会長、副会長、理事、代議員、監事）とその選挙内規に明確なごとく、旧県教育会役員は行政職トップが就任していたがその体制は全く消え、役員は教職員から選出されるのであり、現職の教員で構成する職能組織であること、旧来の半官半民の行政翼賛組織から全く脱却したものであることがみてとれる。

第五章「学校部会及び委員会」についても注目しておきたい。「第二七条　本会に学校種別に依って学校部会を置く。」「第二八条　本会に文化委員会、政経委員会を常置する。」とし、その活動について詳細な別規程「岐阜県教育会学校部会及委員会規程」を設けていた。職能組織として教員が主体性を以て当該学校教育の刷新振興に尽力すること、調査審議実践を促進することが目指されていた。

第一条　本会に左の学校部会を置く。
一、専門部会　二、中等学校部会　三、青年学校部会　四、国民学校部会　五、幼児保育部会
但し中等学校部会は更に中学校班、高等女学校班、男子実業学校班　女子実業学校班として運営する

ことができる。

第二条　学校部会は本会ゝ員の内当該学校教職員を以て之を組織する。

第三条　各学校部会は当該学校教育の刷新振興を図るを目的として左の事項につき調査審議実践するものとする。

一、教育運営に関すること　二、各学校間の連絡提携に関すること　三、部会員の研修に関すること　四、教育文化、運動への協力に関すること　五、その他必要なこと

第四条　各学校部会に左の役員を置き会長が之を委嘱する。

一、部会長　一　二、常任幹事　若干名　三、幹事　若干名

部会長は部会の事務を統理し会議の議長となる。役員の任期は二年とする。但し重任することができる。

第五条　学校部会総会の幹事会及び常任幹事会は部会長が之を招集する。

第六条　学校部会に於ては会の記録を作成し其の重要な調査審議の結果は部会長から報告書として事務局に提出するものとする。

第七条　部会長は必要に応じ当該部会に分科会を設くることができる。この場合、常任幹事の一人をその主任とする。

第八条　各種委員会の委員は会長が之を委嘱する。

第九条　文化委員会は本会規定第四条各号中の文化面に関する事項につき調査研究並に企画をする。

第十条　政経委員会は本会規程第四条各号中政治、経済面に関する事項につき調査研究並に企画をする。

第十一条　文化、政経両委員会の機構は左のやうにする。

一、委員長　一名　二、常任委員　若干名　三、委員　若干名
委員長は常任委員の推薦に依り会長が之を委嘱する。委員の任期は二年とする。但し重任することができる。

第十二条　前条委員は委員長が之を招集する。委員長は分科会を設けて運営することができる。この場合常任委員の一人が分科会の主任となる。

第十三条　臨時委員会は委員の互選により委員長を定めて運営することゝする。

第十四条　各委員会は会の記録を作り其の重要な調査、研究の結果、並に企画は委員長から報告書として事務局に提出するものとする。

各種学校部会がそれぞれの具体的課題を設定して調査・審議・企画し問題解決にとり組み、設定された各委員会がその記録を作成し結果を報告することが要請されていた。

さらに文化委員会と政経委員会が常置委員会として設定されていたことは注目すべきである。戦前の教員が昭和八年の長野県二・四事件を頂点として全国的に強烈な思想・文化・教育統制をうけて形成され、偏狭な社会認識、貧困な政治・経済認識が陥った不幸、その悲劇に対して、自己反省・自戒を込めて、新教育の担い手となるための希求がこの両委員会常置となっていたといえる。

なお昭和二二年六月二一日付改正で、第二十三条は「代議会は毎年一回開く」と記されていた文面を削り、「総会は毎年一回開く。但し必要ある場合には随時之を開く事が出来る。総会では代議員会議決事項の報告及び会員の意見発表、研究討議等を行ふ」と、総会設定を改めて位置づける文面に改正した。また役員選挙内規も各種学校部会の会員増に対応できるよう改正された。

改組後の昭和二二年段階の県教育会役員は次のような人物が選出された。一覧表の○印は校長会、□印は教職員組合関係者である。(6)

会長　伊藤恭一（衆議院議員、元岐阜市京町国民学校長）
副会長　○伊藤喜一（岐阜第一中学校長）県中等学校長協会理事長
同　○水谷儀一郎（岐阜市京町小学校長）県六三校長会会長
同　□中村又一（岐阜市長良小教諭）県教職員組合組合長
専務理事　江崎栄一（教育会　元岐阜県師範学校代用附属長良小学校長）
常務理事　○後藤弥三（岐阜市金華小学校長）県六三校長会副会長
同　○野村芳兵衛（岐阜市長良小学校長）同　理事
同　○山中鉱一（岐阜市第四中学校長）同　副会長
同　□河村利夫（大垣市興文小学校教諭）県教職員組合副組合長
同　□浅野周一（羽島郡竹ヶ鼻中学校教諭）同　副組合長
同　□岩堀豊種（本巣郡真正中学校教諭）
同　□篠田忠雄（山県郡山県小学校教諭）県教職員組合政経部長
同　○井上英一（武儀郡美濃小学校長）県六三校長会理事
同　○山田信次郎（可児郡広美中学校長）同　理事
同　○熊谷誠三（岐阜高等女学校長）県中等学校長協会理事
同　○山田光之助（岐阜農林学校長）同　理事

同　□仲澤倹次郎（岐阜第一中学校教諭）県中等学校教職員組合組合長
同　□升味ヱキノ（加納高等女学校教諭）　同　　婦人部長
同　□坂井田富士雄（岐阜市華陽小学校教諭）県教職員組合文化部長
同　□赤木満壽男（岐阜薬学専門学校教授）県教職員組合連合会実行委員長

新たに編成された岐阜県教育会組織の概要を見るならば、県教育職員組合の浮上が明白に見て取れる。常務理事は校長会と教職員組合関係の人数割合が同じとなっていた。新たな岐阜県教育会の運営は、校長会と教職員組合が両輪となるよう編成されるに至っていた。会長伊藤恭一は、明治二一（一八八八）年恵那郡付知村生まれ。明治四四年岐阜県師範学校卒業。岐阜県女子師範学校訓導（七ケ年）。恵那郡付知小学校教頭（一〇ケ年）。恵那郡付知小学校校長（三ケ年）。岐阜県視学（五ケ年）。岐阜市白山小・徹名小・京町国民学校長（一一ケ年）。岐阜県知事表彰、文部大臣表彰、岐阜県教育会表彰、実業教育振興会表彰賞授与。昭和二一年四月衆議院議員に当選、二二年に再選、といった経歴の持ち主であった。

これまでは知事や県学務部長等県の教育行政トップが教育会会長となっていたが、伊藤恭一の経歴から明らかなように、教育実践現場で着実に実績を積み、名校長と評され県視学も務め、教育界の数々の表彰を授与され、教育者として第一人者と信望されてきた人物であった。校長会と教員組合の全面的支援を得て衆議院議員選挙で当選した人物が教育会長に選出されたのであった。以上、岐阜県教育会の改組は教育会組織の民主化を、全国に先駆けて極めて早急に高いレベルで発足させたものであった。役員構成の半分を教員組合から充当し、組合と教育会が合体した具体的モデルを作り出していたのである。阿部榮之助の後を承けた教育会専務理事江崎英一や校長会リーダー達は、他県で浮上していた教育会解散論には同意しなかったに違いない。敗戦直後の教育会改組の動きとして、岐阜県での早期の展開は極めて注目に値する。

3　「岐阜県教職員連盟」結成　伊藤恭一校長衆議院議員へ

新岐阜県教育会会長になる伊藤恭一が、戦後最初の衆議院議員選挙に候補者として選出され、当選するに至った経緯を、この時期の岐阜県教育界の大きなうねりとして踏まえておく必要がある。

西尾彦朗著『戦後岐阜県教育十年史』（昭和三二年六月五日、日本教育新聞社岐阜支局発行）は、この時期の様相を鮮やかに語っている。長い引用になるが、時代状況を把握し得る貴重な叙述として引用しておきたい。

（昭和）二十一年四月十日戦後最初の衆議員選挙が行われることになった。政治上の結社に加入することを禁止され、官僚機構の圧力の下に、低い経済的待遇と視学制度への屈従と政治的自由の完全な剥奪とに甘んじて生活していたものが、大手をふって選挙にたずさわることが出来るという基本的人権を認められることになったので、教育者が自由な大気を吸うてみたい衝動にかられたのも当然である。

二十一年の春、揖斐町小学校の二階で県内各郡市小学校長会長の会議がもたれた。数日前から駅に交渉して切符を準備し、配給米を雑嚢に入れて集会した。会議を終って一同は学校に合宿した。長官訓示、県指示事項、注意事項の上からの示達に育った校長ではあったが、談たまたま選挙に及んだこの夜の懇談は、生気に満ちあふれて、これがかっての県召集の校長会で育った人々かと思わせるものがあった。談じ来り談じ去り頬は紅潮し夜が更けても尽きなかった。結論をいえば、新しい日本を立て直す力は教育である。日本がこの敗戦の不幸をみたのは教育と政治との隔離にあったのだ。我々教育者が本当に愛国の熱情に燃えているならば、政界浄化のためにも、道義日本を建設するためにも我々が直接政治に協力しなければならぬということにあった。そこで衆議員候補の人選にとりかかったが、人格といい政治力といい、抱擁力といい京町小学校長の伊藤恭一先生が最適任者であると期せずして満場が一致した。当時の小学校長会長が梅沢栄造先生であり、副会長は水谷儀一郎先生であったので、両先生が伊藤先生の決意をうながすべく説得の役を引き受けた。（三〇―三一頁）

国民学校長と中等学校長を中心とした「岐阜県教職員連盟」を結成し推薦母体となり、「衆議院議員候補者伊藤恭一氏推薦趣意書」を配布した。長良国民学校長川口半平は選挙対策の参謀を務め、岐阜市長良国民学校から県内に「衆議院議員選挙にむけての檄」を発し、全面的な選挙活動を展開した。[7] 四月一〇日の選挙結果は、得票一一万一四三票、県下最高得点での当選となった。「推薦趣意書」の代表者の一人であった西尾彦朗は、「これは単に伊藤先生が当選した慶びだけでなく、教育者の人間解放の第一頁であった。かくして教育者だって正しい言い分は通すことが出来るという自信を獲得した。この選挙ほど教育者自らの力を自覚したことはかってなく、岐阜県教育史に新しい頁をつけ加えた。」（三一―三二頁）「伊藤恭一先生の選挙によって、教育界に新しい人間解放の機運が台頭した前後に岐教組の結成をみた。一方が校長を中心にした人間解放であるならば、一方は教員を中心とした人間解放運動であった。」（同前三五頁）と位置づけていた。教権確立・国会に教育者の代表を送ることに燃えた校長・教員達が存在していた磁場において、岐阜県教育会・郡市教育会の規約改正、教育会改組作業が進められていたのであった。

二　恵那郡教育会改組

1　恵那郡教育会規程の改訂経緯

岐阜県教育会規程第六条に「郡市町村教育会の規程は本会の趣旨に則つて之を定める」とあり、県教育会の改組に連動して郡教育会の改組が行われた。中津川市立南小学校内中津川市教育文化資料室には、明治七（一八七四）年以来の学校日誌はじめ貴重な学校文書・地域教育史資料が大量に保存されており、まず恵那郡教育会を分析対象に据え研究を深めることにしたい。

岐阜県教育会規程が昭和二一（一九四六）年九月二一日に実施されたのを受けて、大日本教育会岐阜県支部恵那郡分会から恵那郡教育会と改称し、同年一〇月に恵那郡教育会規程を定めた。岐阜県教育会規程を親規程としてその要点をふまえて地域版に整備し、全二八条と附則、役員選挙内規五条、会費内規二条にとりまとめた規程が作成されていた。恵那郡教育会の目的と事業を掲げた第三条、第四条ついては、戦後教育改革の理念・原点を掲げた岐阜県教育会規程とほぼ同じであるが、事業のうち「教育に関する図書雑誌の編纂刊行」と「教育必需品の配給斡旋」の二項は地域の物資調達事情の現状からして恵那郡教育会では項目として挙げえていなかった。会長、副会長、理事、代議員、監事の人数など役員組織は地域規模に即した員数にしていた。会長、副会長、監事は代議員会で選出、理事は各町村教育会及び各種学校部会から選出、その選挙については各関係団体に委嘱、会長はこの外に二名理事を委嘱、代議員の選挙は各学校に委嘱された。なお選挙内規では岐阜県教育会役員選挙内規と異なって、理事や代議員の選出において教職員組合側の人数は定めていなかった。会費は会員一名につき年額一五円とされた。この昭和二一年一〇月の恵那郡教育会規程の作成は、親規程である岐阜県教育会規程の条文を地域規模に適用する作業として恵那郡教育会の役員レベルで行われたと考えられる。この時期の『資料　興風学校日誌　第九集』を検索すると、一〇月四日、恵那郡校長会理事会、七日、郡教育会事務員鈴木氏来校、九日、郡教育会事務のため団体事務所鈴木氏来校、一二日、教育会打合せのため学校長団体事務所へとの記事（一五一－一五二頁）が拾えるのみであり、教育会規程作成の特別会議開催との記録は見当たらない。おそらく一〇月一二日、中津町の団体事務所での教育会打合せ会議において、第一次の恵那郡教育会規程が決定されたものと考えられる。

昭和二二年六月一一日、恵那郡教育会長西尾彦朗は郡教育会の協議会開催通知を発した。文面は「御多忙中恐れ入りますが左記に依り協議会開催致しますから、是非御出席下さいますやう御願ひ致します。協議内容　郡教育会規約改正、日時　昭和二二年六月二一日午前九時より、場所　中津町団体事務所楼上」と簡明に記されていた。(8)前年一〇月に郡教育会規則を作成したばかりの郡教育会規約改正とは、一体何が生じたのか。『資料　興風学校日誌　第九集』(9)でこの時期の西尾校長の動きを検索してみる。六月一〇日に西尾校長は、岐阜県教職員購買組合役員会で岐阜市に出張していた（一八一頁）。その際、来る六月二〇日に県教育会理事会が開催され、県教育会規則改正が決定される情報を得た。それゆえ恵那郡教育会の規約改正に取り組むため六月二一日に協議会を設定することとし、会議招集通知を発信したと考えられる。

岐阜県恵那郡中津中国民学校罫紙に綴られた簿冊中に、六月二一日の直前の頁に、「司令部より教育会勧告」と万年筆で書かれた控えがあり、次のように記されている。

1. 立派な組織

1　教員組合とは異る団体である
　現職者によって組織される職能団体である・・・・職能向上
2　教職員が正会員である　　中央教育会は聯合体
3　役員は現職者で下部から選んで来なければならぬ
4　教育会　　政府　市町村の指揮指図を受けてはならぬ
　補助等を受けてはならぬ
5　かくて下から盛り上つたものとなる

原則として正会員
職員、学校管理者（校主、学校長）、教育に関する研究調査に従事しているもの(10)

これは日本教育会編「教育会改組の手引」に掲載された「ＧＨＱ勧告」の五本柱のキーワードを略記したものであった。『資料　興風学校日誌　第九集』（一八二頁）によれば、西尾彦朗校長は昭和二二年六月二〇日に県教育会理事会で岐阜市に出張しており、この理事会で「ＧＨＱ勧告」等「教育会改組の手引」情報を入手したと考えられる。そして重要課題として「ＧＨＱ勧告」の骨子が六三校長会の記録に書き留められるに至っていた。

恵那郡教育会長西尾彦朗は、これまで関与してきた教育会と異なる「ＧＨＱ勧告」の教育会像に衝撃を受け、教育会改組に即刻きわめて真剣に取り組んだことが以下の記録から判明する。まず恵那郡教育会規程の再点検に着手し、教育会の現状把握、地域としての改正課題の検討作業が行われる。六月二一日、二三日に規約改正会議が開催された。この二三日に中津町団体事務所で行われた「郡教育会規約改正協議会」の要点が、「記録　恵那郡六三学校長会」に次のように記されている。

一．下部カラ相談シテ之ヲ改組セヨ（西尾嘉躬君〔岩邑中学校教諭〕）
二．一般会員カラ遊離シテヰル　今迄ノ教育会ハ全面的ニ解散シテ発足セヨ（春日井耕作君〔福岡小学校長〕）
三．組合運動ニ於テモ職能活動ヲシ様々努力シ自己反省ヲシテヰル
四．教育会ハ校長賛助員ヲ包含シテヰル点ニ組合トノ差異ガアル（長尾博之〔大井小学校教諭〕）
五．組合ハ文部省ト対立的ナモノダッタ　教育会ハ此ノ点円満ナルモノ（西尾岩夫君〔恵北中学校教諭〕）
六．組合ガ文化活動ヲスルノデ解消シタラ如何ンヤ

（［　］は『岐阜県学事関係職員録』（昭和二二年五月現在）から著者注記）

決議　発展的解消シ再出発スル
　1　郡ノ規約印刷配布
　2　各学校代表一名〃七月五日、大井国民学校　九時〃
　3　県教育会役員選挙(11)

郡教育会が一般会員から遊離している、校長会の存在の重み、組合が文化活動をするので教育会は解消したらとの主張等、郡教育会・組合・校長会の有り様について、多様な論議が交わされ、現教育会を一端解散し下部から改組しなおすこと、結論として「発展的解消シ再出発スル」ことが決議されたのであった。そして郡教育会規約を印刷し郡内各学校教職員に配布すること、各学校現場の下からの意見を集約して、学校代表が七月五日に大井国民学校において審議し、新たな郡教育会を結成することを決定した。更なる改組が決意されたのであった。六月二六日に、西尾彦朗は恵那郡教育会長名で郡内の学校長宛に次のような依頼を発信した。

新制中学校発足に伴ふて恵那郡教育会の規約改正に迫られていたので、去る二三日に郡内の中等学校及び中学校小学校教職員、組合役員各位及び教育会役員の一部参集し、慎重協議の結果、郡教育会を我々教職員の職域団体として活発な活動をするために根本的に之を改廃し名実共我々の教育会として発足することと話しがまとまりました。ついては貴校職員に於かれましては別紙の郡教育会規約を参照して十分の研究討議をなし下され、その総意をまとめて来る五日午前九時に貴校職員代表一名大井小学校に御出席下さる様御願いします。
当日各位の意見を中心として審議し郡教育会の規約原案を作製し改正の手続きを経て新発足をしたいと存じます。

なほ当日、岐阜県教育会会則が改正せられましたのでこれが趣旨を報告します。つきましては右新規約に基いて岐阜県教育会の恵那郡新制中学校小学校選出議員四名、恵那郡教育会選出理事四名を選出いたします。貴校御出席の代表者に於ては之が委託をも受けて来て下さるようお願ひいたします。　以上

学校長殿　　恵那郡教育会長[12]

実に注目すべき教育会改廃の手続きが進行した。「我々教職員の職域団体として活発な活動をするために根本的に之を改廃し名実共我々の教育会として発足する」のであり、郡内教職員、組合役員、教育会役員の協議を図り、総意をまとめる徹底した協議手続きを取っていた。[13] なお『資料　興風学校日誌　第九集』(一八四頁)を検索すると、七月三日午前、教育会恵那郡の改組原案作成について、各部長打合せの会を南小学校でもっていた。[14] さらに四日(金)の夜間に恵北中学職員座談会(一一時まで)に南小学校校長と教員一八名も参加していた。西尾彦朗は恵北中学校の兼任校長でもあった。この中・小学校職員との座談会は、翌日に迫った郡教育会の改組、新たな教育会規約の作成についての意見集約の会合であったと考えられる。このようにいくつもの会議がもたれ、諸会議での討議の結果、従来の郡教育会の問題点・限界を脱し、「発展的解消をし再出発する」ことが決議されるに至っていたのである。改組を規定する郡教育会規約を印刷配布し、各学校が意見を集約する手続きを進め、七月五日大井小学校に各学校代表一名出席による協議会が開催された。南小学校からは校長西尾彦朗、教諭丸山武典が出席した。その七月五日協議会の記録が残されている。

協議会(各校代表)二三・七・五　於　大井学校

一　郡教育会改組ニツイテ

1. 組合と教育会の連絡をとるようにしたい（長尾君）［長尾博之　大井小学校教諭］
2. 奈良県に於ける全国日教組会大会に於ける教育会改組問題報告（丸山［武典　中津南小学校教諭］）
教育会の活動と組合の文化部とが連絡して活動したい
感情の対立をさけること。校長も含めて活動したい
3. 教育会の役員と組合とを兼ねるようしたし（長尾）
4. 組合と全く一体のようで存続の意味が無い（古屋［武　坂下小学校長］）
5. 組合が文化運動をするのは組合全体の問題ではない　↑　職域
校長を含めた全郡の一体の教育会を作りたい　↑　職能
6. 組合は生活の面から……　文化の興隆へ　職域
教育は教育活動から……　教育会　職能
教育の営みの連携　……　校長　実践の場
7. 鶴岡中学　聯合軍の命令なりや、
1. 必要ありや　否や、—必要ではない　二重機構である
2. 校長会に於て連絡したらよい
3. 経費を負担したことは一方的にした方が効果がある
8. 教育会を文化活動機関として必要だと思ふ、
特に暫定的教育会を作れ、
9. 組合活動を助長する意味に於て審議する

○七月十一日午前九時　於大井小学校　［次回の会議設定　著者注記］
委員附託により理事会　代議員会を兼ねて開催する
役員を選出スル　県（教育会）ノ役員選出スル　規約改正
委員
中等学（校）長一、組合二、六三組合　男三　女一、校長一、会長　副会長
罫線上部欄外に長尾［長尾博之　大井小学校教諭］君　三尾［富郎　加子母中学校長］君
理事〃西尾〃［の書き込みあり］

○組合、県、此の案を参照して改組せよ
○（幼稚園を含む）
○正会員及賛助会員を設けよ。
○事業〝相互扶助を加えよ〟
○第五章、文化委員が役員に加はること
○表彰、規定⒂

西尾彦朗の筆になるこの協議会記録から、組合と教育会・校長会が連携し一体となった郡教育会への改組に合意がなされていったことが読み取れる。次回会議設定について「委員附託により理事会　代議員会を兼ねて開催する」と記されたことは、論議は尽くされたので教育会規則の改正文仕上げを行う委員会を構成（一〇名）し、委員会に付託する。規則改正は理事会・代議員会承認事項であるので、七月一一日に理事会と代議員会を兼ねて開催するとの改組

手続きが最終段階に至ったということであった。七月八日には中津町団体事務所において郡教育会理事会が開催され、西尾校長が出席した。前出の「六三校長会雑録　昭和二二年」には、西尾彦朗の筆跡で「委員会　八日　団体事務所　午前九時　氏名　中・小学校組合側　山本芳己、西尾岩夫、梶田敏朗、板津えつ子、学校長側　玉置忠良、中等学校　宇野［儀三郎］、山下［正夫］」と委員会の氏名が記されている。翌九日には、大井小学校玉置忠良校長が中津南小学校を訪れており、午後から各部連合自治役員会が開催されていた。次いで一〇日には中津南小学校応接室で六三校長理事会が開催されていた。前出「校長会記録」には会議項目として「一、郡教育会改組の件報告、二、職域、職能、校長との関係について」と記されており、教育会改組の経緯説明と校長会の職域と職能について論議がなされていた。続いて岐阜県恵那郡中津中国民学校罫紙に、七月一一日の理事・代議員会の内容が記録されていた。

各校代表及理事代議員会　　於大井　　二二・七・一一

一、郡教育会規約改正

二、役員選挙　（［　］は『岐阜県学事関係職員録』昭和二二年五月現在による、筆者注記）

会長　　西尾彦朗［中津南小学校長・中津恵北中学校長・中津青年学校長を兼務］

副会長　内海定正［中津商業・工業学校長］

　　　　玉置忠良［六三校長会代表　大井小学校長］

　　　　梶田敏郎［教員組合恵那郡支部長　岩邑小学校教諭］

理事　　中等学校三名

　　　　地域　(1)　伊藤光教［明知小学校長］　河野喜陸［吉田小学校教諭］

伊藤益子［明知小学校教諭］
(2)田口久治［岩邑中学校長］　西尾十三［上村小学校教諭］
松島きみ［遠山中学校教諭］
(3)中垣　桂［大井中学校長］　山本芳己［久棲小学校教諭］
石井輝代「大井小学校教諭］
(4)堀忠義［中津東小学校長兼幼稚園長］　鈴木保吉［落合中学校教諭］
原美代［川上中学校教諭］
(5)熊澤嘉吉［付知中学校長］　大島虎雄［苗木中学校教諭］
木原良子［高山小学校教諭］

監事　加藤道郎［恵那中学校長］
原田貞光［坂本小学校長］
三宅一男［遠山中学校長］

代議員　二十一日講習の際　報告を願う

県教育会理事　4西尾彦朗　3三宅一男　2梶田敏郎　1長尾博之

県教育会代議員　2河野喜陸　3田口久治　1山本芳己
4古屋武［坂下小学校長］
5大島虎雄　6石井輝代　7日比弁良

県教育会文化部　西尾嘉躬［岩邑中学校教諭］　丹羽康平［佐々良木小学校長］

県教育会政経部　西尾岩夫［恵北中学校教諭］　渡辺甲［中津西小学校長］

恵那郡教育会規程が七月一一日に改正され実施となった。役員選挙内規によって会長、副会長、監事、地域別学校部会からの一五名の理事が選出された。中等学校部会から選出の理事三名と各校から一名選出される代議員については、七月二一日の講習の際に報告となった。また岐阜県教育会への理事と代議員並びに県教育会文化部と政経部の委員が選出された。副会長には校長会代表と教員組合恵那郡支部長が選出されていた。恵那郡教育会役員は、校長と教員組合のメンバーが選出されていた。

敗戦後二年目、恵那の地の教育界において、これまでの教育会の発展的解散として、教育会と組合文化部と校長会、三つの組織の一体化により、現職教員のみの新たな職能団体づくりが目指された。

恵那郡教育会規程は以上の経過をたどり、附託された委員によって文言の修正・変更・加除がおこなわれた改正案に最終訂正を加えて昭和二二年七月一一日に決定・実施となった。

2　改正　恵那郡教育会規程の内容・構成と特質

恵那郡教育会規程

第一章総則

第一条　本会ハ恵那郡教育会ト称エル

第二条　本会ハ事務所ヲ岐阜県恵那郡中津川恵那郡団体事務所ニ置ク

第三条　本会ハ郡内教職員並ニ教育ニ志ヲ同ウスルモノ相寄リ相提携シテ教育ノ振興ト地方文化ノ発展ニ貢献スルコトヲ其ノ目的トスル

第四条　本会ハ前条ノ目的ヲ達成スルタメ左ノ事業ヲ行ウ

一．教育ニ関スル輿論ノ喚起指導

二．各種教育ノ刷新改善
三．教職員組合並ニ本県教育諸団体トノ連絡提携
四．教育ニ関スル各種協議会委員会ノ開催
五．教育者ノ修養向上
六．青少年ノ奨学
七．其ノ他必要ナル事業

第二章　会員

第五条　郡内学校ノ教職員ヲ正会員トシ教育振興ニ志ヲ同ウスル者ヲ以テ賛助会員トスル
第六条　会員ハ別ニ定メル規定ニヨッテ会費ヲ負担スルモノトス

第三章　役員及職員

第七条　本会ニ左ノ役員ヲ置ク　役員ハ原則トシテ正会員トス
会長　一名　副会長　三名
会長、副会長ハ理事及代議員ヲ兼ネル
理事　若干名　代議員　若干名　監事　三名
第八条　会長、副会長、監事ハ代議員会デ之ヲ選ブ
第九条　理事、代議員ハ別ニ定メル内規ニヨリ之ヲ選出スル
第一〇条　会長ハ本会ヲ代表シテ会務ヲ総理シ、総会、理事会及代議員会ノ議長トナル、副会長ハ会長ヲ補佐シ
会長事故アル場合ハ之ヲ代理スル
第一一条　理事ハ理事会ヲ組織シ会務ノ執行ニ当ル、但シ代議員会ノ任ニ依ル事項ニツイテハ之ヲ議決スルコト

ガ出来ル

第一二条　代議員ハ代議員会ヲ組織スル、代議員会ハ総会ノ代行機関トシテ重要事項ノ議決ニ当ル

第一三条　監事ハ会計ヲ監査スル

第一四条　本会ニ顧問若干名ヲ置クコトガ出来ル　顧問ハ本会ニ功労アル者又ハ学識名望アル者ニツキ会長ガ理事会ニ諮リ之ヲ委嘱スル

顧問ハ会長ノ諮問ニ応ズルモノトスル

第一五条　役員ノ任期ハ総テ一年トスル、但シ重任ヲ妨ゲナイ

補欠役員ノ任期ハ前任者ノ残任期間トスル

第四章　会議

第一八条　総会ハ本会ノ意志最高決定機関デアル、毎年一回開ク但シ必要アル場合ハ随時之ヲ開クコトガ出来ル、総会ニハ代議員会議決事項ノ承認及ビ会員ノ意見発表研究討議ヲ行フ

第一九条　代議員会、理事会ハ会長ガ之ヲ招集スル

第二〇条　代議員会ニ附議スベキ事項ハ次ノ通リデアル

一．会務ノ報告

二．事業実施の方針決定

三．役員ノ選挙

四．予算ノ議決及決算ノ承認

五．基金ノ処分

六．本規程ノ変更

七　其ノ他重要ナル事項

第五章　学校部会及委員会

第二一条　本会ニ中等学校部会、地区別学校部会ヲ置ク

第二二条　本会ハ必要ニ応ジ委員会ヲ設ケルコトガ出来ル

第六章　資産及会計

第二三条　本会ノ経費ハ基金カラ生ズル収入会費事業収入寄付金、其ノ他ノ収入デ支弁スル

第二四条　基金ハ代議員会ノ議決ヲ経テ運用スルコトガ出来ル

第二五条　本会会計年度ハ四月一日ニ始リ翌年三月三一日ニ終ル

附則

本規程ハ昭和二二年七月十一日カラ実施スル

恵那郡教育会役員選挙内規

第一条　本会規程第九条ニ基ク理事、代議員選挙ハ左ノ如クスル

一　中等学校部会　三名

一　地域別学校部会　十五名

第二条　理事ノ選挙ニツイテハ各ソノ関係団体ニ委嘱スル　但シ選出ニ当ツテハ成ルベク各層ノ代表ヲ選ブコト

第三条　本会規程第十二条ニ基ク代議員　各校カラ一名選出スル

第四条　代議員ノ選挙ニツイテ　各学校ニ委嘱スル

恵那郡教育会会費内規

第一条　本会会員ハ会員一名ニツキ年額一五円トシ毎年五月末日迄ニ本会ニ納入スルモノトス
第二条　中途退会者ノ会費ハ割戻ヲセヌコトトスル(16)

昭和二一年一〇月実施の「恵那郡教育会規程」では、親規程である「岐阜県教育会規程」の第三条「本会は民主教育の振興普及に寄与し以て平和国家の建設と地方文化の発展に貢献することを目的とする」、第四条事業の一「教育自主性の確立と教育立国の実現」との理念的文言をそのまま掲げていたが、地域の現実的課題・困難な問題に具体的に取り組んでいかねばならない状況に即して、足を地に着け本格的に下部から改革を進める積極的な改組規程が作成された。最終決定版では第三条目的規程が「本会ハ郡内教職員並ニ教育ニ志ヲ同ウスルモノ相寄リ相提携シテ教育ノ振興ト地方文化ノ発展ニ貢献スルコトヲ其ノ目的トスル」と実質的に地域に引き寄せて目的を限定し、第四条の事業では、戦後のスローガンである理念的文言の列挙でなく、第一、二番目に「教育ニ関スル輿論ノ喚起指導」、「各種教育ノ刷新改善」そして三番目に「教職員組合並ニ本県教育諸団体トノ連絡提携」を掲げ、現場教職員の職能組織としての教育会づくりを端的に企図した規程となっている。教職員組合との連携を明確に掲げていたのは、本組織の大きな特質であった。さらに特質として、第一二条「代議員ハ代議員会ヲ組織スル、代議員会ハ総会ノ代行機関トシテ重要事項ノ議決ニ当ル」、と下線の文言が最終決定版で挿入され、代議員会の議決権がきわめて高いものとなった。またそれと連動して「第四章　会議」において、第一八条総会の文面に、「岐阜県教育会規程」には無い一文「総会ハ本会ノ意志最高決定機関デアル」との強い文言が最終決定版作成時に書き加えられた。そして「総会ニハ代議員会議決議事項ノ承認及ビ会員ノ意見発表研究討議ヲ行フ」の一文において、親規程と本規程の原案では「代議員会議決事項ノ報告」と書かれていたのであるが、「承認」に修正されて総会が「意志最高決定機関」であることを明示させていた。改組された恵那郡教育会は、郡内各学校から必ず一名代議員を出し、代議員会で会長始め役員が選ばれるのであり、下からの民主的組織であること、そして代議員会・総会が意志最高決定機関であり、教職員で結成された極めてラディカルな教育職能団体が登場するに至っていた。現実的に地域の教育改革を推進する上での状況把握と討議を重ねた故に、地域に足を付けた改組規程となっていた。

教育会改組の過程において終始論議進行の中軸となっていたのが校長会であり、初期組合結成にも校長が深く関わる動きがあった。戦後改革期に於ける校長会組織の動きについて、次節で詳しく考察することとしたい。

以上、恵那郡教育会規程の改定経緯についての検討は、中津川市立南小学校内中津川市教育文化資料室所蔵、簿冊F15校長会記録「昭和二十二年五月　記録　恵那郡六三学校長会」並びにF16「昭和二十二年　六三校長会雑録　恵那郡六三校長会」に綴じられている謄写版刷「恵那郡教育会規程案」「恵那郡教育会規程」、それに書き込み修正がなされたもの等、数種の閉じ込みがあり、校長会記録、通信物などの諸史料等を重ね合わせつつ解読作業を進めた。謄写版刷規約案への万年筆等の修正筆跡は、中津川市教育文化資料委員会の浅野信一氏、西尾洋昭氏の鑑定によれば西尾彦朗のものであった。両氏の懇切な支援・教示、助言に心からお礼を申したい。

三　六三校長会

1　岐阜県六三校長会の結成

昭和二二（一九四七）年二月五日、文部省は新学制実施方針を発表。四月一日、新学制による小学校（国民学校初等科を改称）・中学校発足に伴い、従来の県国民学校校長会は解散した。四月一〇日、岐阜県は新制中学校長二六二名（小学校長兼務を含む）を発令。五月一二日に県内の小学校長と新制中学校長を以て組織する岐阜県六三校長会が発足する。「岐阜県六三校長会会則」第二条で「会は小学校中学校相互の連絡を緊密にし教育の向上発展を図ることを目的」とした。第八条で「小学校、中学校の部会を特設せず、全体会議を原則とする。但し、事務打合せの分科会を開くことを妨げない」と、小・中学校長が一体になって新教育の推進にあたることとした。会長には岐阜市京町小学校長の水谷儀一郎、副会長は岐阜市金華小学校長の後藤彌三、岐阜市第四中学校長の山中鉱一が選出された。九月二一日小学校部会、中学校部会を設置し現実的対応を深めた。さらに新制中学校造りには校舎建築・施設整備・教員不足等々、独自の折衝事項・難課題に直面して、一〇月二四日、中学校部会会則を決定し、岐阜県六三校長会中学校長部会が結成された。

敗戦後、崩壊しきった学校現場において教育再建作業を具体的に背負い、中軸となって各地域で苦闘したのが、校長、校長会という存在であった。当時の時代状況と岐阜県校長会の緊迫した動きを端的に伝える五点の史料を示しておきたい。苦渋に喘ぐ時代の様相が如実に窺える

①「請願書」　岐阜県会議長　水野後八殿

教育力の拡充強化に関する件

新学制の実施は現下の我が国情に於ては無謀の暴挙であると知りつゝも敢えて実行に移さねばならぬ喫緊の要事として遮二無二に出発したのであります。既に吾々国民の意識を代表する国会の議を経て難事中の難事たることを覚悟して発足した六三制であります、最早や絶体絶命後退の余地はありませんのに児童生徒を収容する教室さへも非常に不足している現状ではあって器具器械などの設備に至っては全然問題にされませぬ、此の上に教育力が弱体化し低下したらそれこそ教育の破滅であります、そこには新学制の形式は存在しても生命の抜けた醜骸をさらしているだけになります、斯くなっては由々しき一大事であります、教育力の低下を防ぐことはいかなる障害困難があっても守り通さねばならぬ必死の一線であります。教育力拡充強化の方途として

一．僻陬地勤務の教職員に適正なる特別手当を即時支給すること、
二．昭和二十三年度学級増加の要求を十全にみたすこと、
三．教職員充足の方策を急速に確立すること、
四．養護教諭の定員を増加すること、
五．小学校中学校の事務官を増置すること、
以上五項は根源的なものであり、本県教育の興廃にかゝはるものであります、すべての施策に優先して実現されますやう岐阜県教職員の総意をもつて請願いたします。

昭和二十二年十二月二十六日
岐阜県教育会長伊藤恭一
岐阜県六三校長会長水谷儀一郎
岐阜県教職員組合長中村又一⑰

そしてその二ヶ月後、昭和二三年二月二三日、岐阜県六三校長会長水谷儀一郎から各郡市校長会長宛に次のような強力な活動依頼が発信されていた。

② 「教育力拡充強化に対する請願事項貫徹について」
曩に本会の決議により別紙写しの通り請願書を提出し採択されましたが、二十三年度予算に対する知事査定の結果を見ると殆ど期待に反し不満坐視するに忍びないものがあります。
岐教組が団体交渉権を発動し学級増加教員定員の増加等につき知事に要求書を提出し期限を附して回答を求むる

の行動をとるに至ったことも当然のこと、存じます。かくの如きは畢竟知事の教育に対する理解の不足と県議会の知事を鞭撻する熱意に於て欠くるところがあることに因由するものであります。この事態に直面して本会は請願の趣旨を貫徹するため更に強力な運動を展開する必要を痛感し二十三日（学校衛生会の結成総会）御参集の校長会長諸君に御協議致しまして左記緊急措置を講ずることに致しました。ご多忙中で恐縮ですが早急左記事項について御高配をお願ひいたします。

一．各郡市校長会毎にその会の総意決議により代表者（適当員数）が知事に面会し請願書の五項目特に岐教組の要求について実現方上申折衝し知事に対し市郡毎に波状攻撃を加へること、

二．郡出身の県会議員に面接し前記事項につき如何なる見解を持つかを質し必要にして大切なることを確認させ努力することを約束させること、[18]

六三学制造りの現場において、根源的に必要不可欠の教職員、事務官、予算の欠落状況に対して善処しない知事、議会への強力な抗議運動、「波状攻撃」を展開すべしと県校長会長から郡市校長会に行動要請がなされていた。教職員の待遇改善に校長会が組合を支援し共闘する姿勢を取っていたことを注目しておきたい。この当時の校長会と組合の連携の強さが次に示す史料によく窺える。

③「校長の組合加入に関する件」　昭和二十三年四月二十日

各郡市長会長殿

校長会　理事　殿　　　校長会長　水谷儀一郎

標記の件に関しては三月末役員会に於て原則として組合加入を適当と認める事に決すると共に、加入前に於て本部並に各郡市毎に組合幹部と懇談を願ふ様致して置きましたが其の後客観情勢に変化を来しましたので県教組幹部と懇談の結果別記の通り処理することに致しましたから左様御承知の上万事御高配を得たいと存じます。

記

一．本県労働委員会は校長加入を全面的に認め、東海ブロック会議に提案其の通過に努力されましたが、愛知静岡が反対して成立せず、其の結果来る五月開催の全国地方労働委員の総会に提案其の裁決に委ねることとなりました（本県労委の見通しは本総会に於て認められるものと思ふとの事）

二．従って本問題は一時保留として今暫く静観することとする

三．今後組合との連絡に関して、

1．本部に於ては教組の会議（執行部会、協議員会等）に出席発言協議に参加する。

2．定例懇談会を持つ。

3．郡市に於ても常に組合との連絡を密にし一体的運営に当たること。

四．今後教組の行ふ団体交渉等の場合には学校長側も組合側より委任を受けたる形に於て之に参加協力する。

昭和二三年五月二三日(19)

先行研究では昭和二一年一一月に岐阜県地方労働委員会は校長を除外することを決定、軍政部は教員の労働組合から校長を除くことを強く指導したとされているのであるが、昭和二三年三月末段階、岐阜県校長会役員会では「原則として組合加入を適当と認める事に決す」る姿勢であったこと、「本県労働委員会は校長加入を全面的に認め、東海ブロック会議に提案其の通過に努力され」たとの記述は興味深い。また昭和二二年五月に新制の小・中学校と一部分

残った青年学校教員が結成した岐阜県教職員組合では、校長加入を大会決議としていたのであり、この時期の動きについては今後掘り下げが必要である。

④　各郡市六三校長会長　六三校長会各理事殿

岐阜県六三校長会長　水谷儀一郎　　昭和二十三年　五月二十二日

本会定例会合日変更に関する件

岐教組との連絡を一層密にするため同幹部と懇談の結果次の様に了解決定致しましたからご承認下さい。

一　本会と岐教組との定例連絡会議を毎月一回第一金曜日に行う

二　時刻は午前十時より午後三時迄とし、会場を岐阜市華陽小学校とする。

三　午前午後の何れか半日を連絡会議に、半日を校長会議に充てる予定

（校長会議半日に終了困難の場合には奇数月に限り翌日延長することも考慮）

四　連絡会議に要する旅費は組合費より支弁する。[20]

岐阜県六三校長会の定例会日を変更して組合の定例会日に合わせ、両者の連絡を一層密にすること、その際に旅費は組合費より支弁されることとなった。毎月の開催に伴う費用は総計すればかなりの金額となる。定例連絡会の設定は、極めて重い意味を持つものであった。岐阜県六三校長会長水谷儀一郎は、昭和二一年三月一九日、国民学校・中等学校教職員による最初の岐阜県教職員組合結成の際、組合長に選出された人物であった。元視学の経歴を持つ有力な校長であり、県教員組合の委員長にも県校長会の会長にも選ばれた人物であったが故に、組合と校長会の一体化がスムーズに実現していたといえる。

またこの年の秋には、激変する時代状況の中で校長は如何にあるべきか、何を為すべきか、自己の存在意義を点検し、実践課題を論議する県六三校長総会が設定されていた。その開催要項が印刷され、会議日の詳細な行事日程、進行表と一二本の討議題が示された案内状が郡市校長会に届けられていた。昭和二三年一〇月九日午前九時―午後三時四〇分、岐阜市立加納小学校講堂で開催される「岐阜県六三校長総会要綱」を以下に引用しておきたい。

⑤「岐阜県六三校長総会要綱」

一、目的　われわれの総会の中絶すること、茲に六ケ年その間における一切の情況の激変に処して今日及今後われわれは如何にあるべきか。総会は、総会の意志に於て、これを究め、これを理会し、これを実践し、以て新教育の確実な進歩の上に、新日本の建設に努力せんとする。

一、期日　昭和二十三年十月九日（土）午前九時―午後三時四十分

一、会場　岐阜市立加納小学校講堂

一、行事　1．軍政部指示
2．討議
3．講演
4．決議

一、日程　九時　開会、総会の目的（二〇分）、知事挨拶（二〇分）
一〇時　軍政部講演（四〇分）
討議（五〇分）（民主教育に於ける校長の在り方）
一一時　討議（四〇分）校長会の性格と運営

一二時　　昼食（六〇分）
一三時　　討議（四〇分）　教育委員会に何を望むか
一四時　　　講演（九〇分）
　　　　　宣言決議（二〇分）
一五時四〇分　閉会

一、備考
1．討議題
A　民主教育に於ける校長のあり方について
　現下学校長としての在り方如何　西濃一市五郡、高山市
　民主教育に於ける校長の地位活動　郡上郡
　民主的な学校経営と校長の在り方について　土岐郡
B　校長会の性格と運営について
　校長会活動対策　山県郡
　校長会の性格並びに在り方について　加茂郡
　校長会の在り方について　土岐郡
　県校長会運営改善に関する件　大野郡
　本会に強力な給与調査部を設置する件　稲葉郡
C　教育委員会に何を望むべきか
　新学制実施上教育革新の方向如何　本巣郡

県郡市に於ける教育文化について活動は如何に調整せられたらよいか　郡上郡
本県教育振興策に着いて承りたし　可児郡
県下各校に養護教諭の配置を早急に実現せられんことの建議について　益田郡

2. 講演　講師、文部省初等教育課長　坂本彦太郎氏

二. 付記

1　討議題に関しては十分ご研究の上当日活発なご発表を切望します。
2　時間厳守御出席ください。
3　宿泊希望者は十月三日迄に加納第一小学校宛に御申込下さい。(21)

冒頭に「総会の中絶すること、茲に六年」とあり、昭和一七年から二二年の六年間、もっぱら戦時国策の上意下達・戦時動員そして敗戦の混乱によって岐阜県では校長会総会なるものは開かれなかったゆえに、この総会の開催には強い思いが込められている。開催目的にそれは明確に見て取れる。「六年、その間における一切の状況の激変に処して今日及今後われわれは如何にあるべきか。総会は、総会の意志に於てこれを究め、これを理会し、これを実践し、以て新教育の確実な進歩の上に、新日本の建設に努力せんとする。」とあり、総会の主体性発揮を唱えた強い宣言がなされていた。それゆえに開催準備に時間をかけ、本格的な会議を設定していた。知事挨拶、軍政部指示、文部省初等教育課長坂本彦太郎の講演を組み込み、討議題として、「A　民主教育に於ける校長のあり方について」、「B　校長会の性格と運営について」、「C　教育委員会に何を望むべきか」、いずれも戦後教育改革の原理に関わる根本的検討課題を設定し、あらかじめ各郡市校長会に討議題に関して、各郡一題責任提出とし、その報告郡市名と討議題リス

トが「総会要綱」備考欄に掲載されていた。そして「付記」には「討議題に関しては十分ご研究の上当日活発なご発表を切望します」と参加者に活発な発言を求めていた。この総会の内実こそが重要な検証課題となるのであるが、資料探索の現段階では会議記録、決議文等を発見できていない。校長層の戦前から戦後への自己点検、主体的自己変革の内実に迫りうる史料発見に努めたい。

2　恵那郡六三学校長会

昭和二二（一九四七）年五月一二日の岐阜県六三校長会結成を受けて、各郡市六三校長会が結成された。恵那郡では同年五月二三日午前八時三〇分より南小学校講堂において、郡下中学校長ならびに小学校長の会合が開催され、次のように会則を定めた。(22)

恵那郡六三学校長会会則

第一条　本会ハ恵那郡六三学校長会ト称シ郡内中学校長小学校長ヲ以テ組織スル。
　事務所ヲ会長在勤ノ学校内ニ置ク。
第二条　本会ハ学校相互間ノ協力連絡ヲ図リ教学ノ振興ニ資スルヲ以テ目的トスル。
第三条　本会ニ左ノ役員ヲ置ク。
　一、会長　一名　　二、副会長　二名　　三、理事　五名。
第四条　会長ハ本会ヲ統轄シ本会ヲ代表スル。
　副会長ハ会長ヲ補佐シ会長ノ事故アルトキハ其ノ代行ヲスル。
　理事ハ重要ナ会務ニ参与スル。

第五条　会長ハ会員互選ニヨッテコレヲ定メル。
副会長ハ会長コレヲ推薦スル。
任期ハ一年トシ、再選ヲ妨ゲナイ。
理事ハ各部落校長会長ヲ以テ充テル。
第六条　本会ハ必要ニ応ジ六・三別ニ会ヲ持ツコトガアル。（鉛筆書き修正追加）
第七条　本会ノ経費ハ会費補助金其ノ他ノ収入ヲ以テコレニ充テル。
本会ノ会計年度ハ四月一日ニ始マリ翌年三月三十一日ヲ以テ終ル。
第八条　本会ハ会員ニ対シ必要ニ応ジテ弔慰スルコトガアル。
第九条　本則ノ施行ニ必要ナ細則ハ別ニコレヲ定メル。
第十条　本則ハ昭和二十二年五月カラ之ヲ施行スル。(23)

会員互選で会長には西尾彦朗（中津南小学校長兼恵北中学校長）が選ばれた。副会長は加藤亮一（恵那南中学校長）、玉置忠良（大井小学校長）、理事は伊藤光教（明知小学校長）、田口久治（岩邑中学校長）、原田宗之（坂本小学校長）、熊澤嘉吉（付知中学校長）となった。

会則は組織構成に最低必要なシンプルな条文であったが、新学制の発足、新教育内容・方法の模索、中学校造出の超困難な課題を担う中核体として恵那郡六三学校長会は注目すべき活動を展開した。恵那郡教育会改組には既述したように、六月二三日の郡教育会規約改正協議会、七月五日の郡教育会改組についての（各校代表）協議会、七月一一日の各校代表及び理事代議員会に深く関わっていた。また、師範学校の学芸大学昇格運動、学校衛生会結成、財団法人岐阜県教職員互助会（協議員四名）、岐阜県教職員購買組合（総代四名）、教職員共済組合、新学制実施協議会、県人事委員会、県教育民生委員との協議会、夏期講習会設定等々、各種組織の構成員あるいは協力団体として会議に加わり多面的に関係を持っていた。

翌昭和二三年度に入って、組織整備、活動・運営方法に大きな改変がなされた。五月二四日、大井小学校で開催された新年度第一回の会議において、協議事項の第一番目に「校長会の性質並に運営に関する件」を討議した。組合との連絡、校長の教養を高めること、校長のあり方の研究、組織運営の点検について活発な意見が交わされ、西尾彦朗会長より運営案が提出された。討議の結果次のごとく決定されるに至った。各委員の人選は各部会より二名委員が出て決定する事とした。全メンバーでもって到来する課題に対応する活動的組織体が編成されるに至った。以下、「六三学校長会」については「六三校長会」と略称する。

組織と運営方法

(1)　総会　　定例に開き会員の意思決定機関とする

(2)　理事会　定例に開き部会の代表機関

(3)　委員会　部長は副会長たること　委員は地域性を主として決定すること

学校教育部　　部長　玉置忠良

（委員）　　　　　　　　　　　　　　　（委員長）

（イ）学校教育委員会　第四部会　　坂下小　古屋　武

（ロ）保健教育委員会　明知小、陶小、吉田中小、本郷中小、串原中小　明知小　伊藤光教

（ハ）教育法規委員会　笠置中、笠置一小、笠置三小、三郷中、野井小、長島中　小島幸吉

久棲小、長島中、蛭川小、飯地中小、大井小

(ニ) 教養委員会　付知中、苗木中、福岡中、田瀬小、加子母小　加子母小　三尾英三
(ホ) 組合連絡委員会　岩邑中、岩邑小、下原田中小、上村中小、大成中、大成小　岩邑中　田口久治

社会教育部　部長　加藤亮一

(ヘ) 社会教育委員会　遠山中、鶴岡中、鶴岡小、阿木中小　遠山中　三宅一男
(ト) 政経委員会　蛭川中、中野方中小、武並中、大井中、長島小、東野中小、笠置二小、藤小、佐々良木小　東野中小　鈴木常次郎
(チ) ＰＴＡ委員会　福岡小、髙山中小、苗木小、下野小、付知小、加子母中　福岡小　春日井耕作
(リ) 教育会委員会　恵南中、東方小、三濃中小、陶中　恵南中　加藤亮一

(4) 実行委員会　総会の代行機関として、理事と委員長とを以て組織
(5) 運営方法
　校長会と実行委員会　隔月開催
　理事会と委員会　毎月開催
(6) 校長会開催場所　中津、大井、岩村（七月は岩村、その次は中津）(24)

校長会が果たすべき多様な機能について学校教育部に五特別委員会、社会教育部に四特別委員会を設置した。各委員会ごとに数名の校長が配置され、当該問題への対応、課題処理案の検討をおこなう組織体制がつくられた。組合連絡委員会、ＰＴＡ委員会、教育会委員会等、諸団体との連携体制が整えられた。校長全員がいずれかの委員として任

務を分掌することとした。各会議の定例開催は、理事会と委員会は毎月開催、実行委員会と校長会は隔月開催とした。全方位に窓口を備えた活動的な組織造りが行われた。理事会と委員長で構成された実行委員会の見識・力量が教育改革の質を示すことになる。地域の教育事業推進において、教育会という団体以上に校長会が強力で影響力をもつ存在であったことに充分留意する必要がある。

昭和二三年五月二四日の新年度第一回恵那郡六三校長会（大井小学校）において、協議事項「教員組合との連絡に関する件」では、組合側会合には校長会の組合連絡委員が、組合の代議員会並びに協議員会毎に出席、組合執行委員会には必要により出席。校長側会合には校長会総会と実行委員会の際に組合側に通告することを決定していた。組合と校長会は双方の会議に出席を可とし協力関係にあった。以後校長会の会議には、組合の梶田郡支部長（岩邑小学校）、西尾岩夫（恵北中学校）書記長や鈴木（恵北中学校）書記次長が出席し、給与・待遇改善要求など県との闘争状況の説明をおこなった。

また注目すべき事として西尾彦朗会長から協議事項「恵那郡教育研究所（仮称）設置に関する件」が提案されていた。協議の結果、恵那郡ＰＴＡ聯盟と校長会より委員が出て研究すること、その委員は学校教育委員より林鍵雄（落合中学校長）、勝野秀夫（坂本小学校長）、ＰＴＡ教育委員より春日井耕作（福岡小学校長）、熊崎豊明（苗木小学校長）が選出されていた。そして六月二五日の恵那郡校長会実行委員会（於長嶋中学）においては、学校教育委員会（古屋委員長）より次のように報告された。「恵那郡教育研究所を盛り樹て、行く。児童研究を中心にして行く。各学校に児童研究部を作る。校長が主体となって行く。校長、主任、副主任、教官、中津町に歩調を合せて行く。各学校希望校は参加のこと」[25]。さらに七月一日の恵那郡校長会では、西尾彦朗会長より規定案の説明があり、質疑応答のあと、校長会からの委員選出（会長委任）で、古屋武（坂下小学校長）、春日井耕作（福岡小学校長）が委員となった。所員推薦は各学校に於いて部員決定、委員部員によって七月一〇日までに決定することとなった[26]。八月一〇日の校長会実行委員会に参加していた西尾岩夫組合書記長は、教育研究所については組合文化部も推進していくことを表明していた。

一方五月二四日の第一回会議において、田口久治理事から協議事項「恵那郡教育会に関する件」が提案され、教育会委員に研究するよう委託された。そして次回六月二五日の恵那郡校長会実行委員会（於長島中学）において、教育会委員会の加藤亮一（恵那中学校長）から次のように報告された。「再検討　方向1．廃止の潮流が流れるかも知れぬ、教育委員会と組合との中間的なものとして欲しい。2．詮議内容　一般、PTA、教官を含む　傍系団体の衆知を集めたものとしての団体へ切替えて欲しい。3．組合の文化運動の一線を画する必要がある。なお上部欄外書き込みとして「教育会へ案をたてて具申する」と記録されている。方向1の教育会廃止の潮流については、日教組中央の動きを示しており、現実に翌七月一七日、日教組は日本教育会の解散を訴える声明を発表し、より積極的な運動で対処する方針を明らかにすることになる。恵那郡校長会の教育会担当委員会は、方向2を示し、教育会解散ではなく、一般、PTA、教官を含む傍系団体の衆知を集めたものとしての団体へ切替えることを欲するとし、「教育会へ案をたてて具申する」との方針を提示した。また3については、組合の文化運動が教育会の文化活動と競合する状況に至っていることに対して、日本教育会会長佐野利器が、組合が文化活動を採り上げることは差し支えないが、あくまでも第二義的なものであり、両団体はそれぞれの機能を分担して両立共存すべきであるとした主張に重なるものであった。

全国的に労働組合運動が大きく昂揚し、昭和二二年二・一スト決行の態勢が組まれ、占領政策に危機感を抱いたGHQは一月三一日、ゼネスト中止命令を出し、組合運動に大きな打撃を与えた。七月二二日に至ってマッカーサー書簡は、公務員から団体交渉権、争議権を剥奪することを命じ、政府は七月三一日政令二〇一号を発してその命令を具体化した。府県教組が締結していた労働協約は失効し、府県側との協議の場、専従制および組合運動に対する保護、便宜供与規程等すべてが消滅した。GHQが組合運動の急速な昂揚を抑止する方針を打ち出し、日教組は非常事態宣言を出すに至った。情勢が大きく変化してゆく状況における校長会の生々しい記録がこのように残されている。当時の恵那郡における校長会と組合の実像を把握する上で極めて貴重である。

昭和二三年八月十日　恵那郡校長会実行委員会　於大井小学校　（四百字原稿用紙）
一、参会者
校長会　西尾［彦朗］恵北中校長　伊藤明智校長　田口岩邑（中）校長　三宅遠山（中）校長　鈴木東野校長　小島長島（中）校長　熊澤付知（中）校長　春日井福岡校長　三尾加子母校長
教　組　西尾［岩夫］書記長

二、校長会側と教組との懇談、協議
a．公務員法案に伴う政令による客観的情勢の変化により、今後の教育界について打合せ協議の必要を認める―西尾会長
b．西尾書記長
対県闘争のしめくくりに就いて
其の後の情勢の大体について報告
c．マ書翰、政令以後の郡教組の態度
教組側西尾［岩夫］書記長
○しばらく沈潜する。団体交渉権がなくなれば如何なる運動方法ありや。研究し情報をあつめる。

○資料を蒐集。給与調査・生計調査。
○委員会法の研究。
○従来通りの猪突ではいけないということはわかった。
○地域給、寒冷地手当等は続けて注視する。
○組合組織についても改組の必要は認めるも、今しばらく静観する。
○教育研究所に就いては組合文化部も推進して行く。
○教育委員会法に就いて。公務員法の研究。
1．研究会を持ちたい。
2．しかして協議会を（教組、校長教育会合同）

西尾会長
○父兄一般社会とつながりを持ち、広範な連携を持ちたい。社会的な与論を作り上げる。間けつ的でなく。継続的であるべきだ。生活革新運動。
○組合運動としての問題は国会、県会、教育委員会が大切である。あくまでも密接な連絡が組合の要求を持つことは大切である。
代表を送った後の計画がない。

三宅校長
○組合の既得権を出来るだけ擁護し度い。
団体交渉権は確保するように。
○本来の教育者自体に立ち返る猛反省をすべきである。

西尾会長
○例えば水質検査、消毒法、井戸ざらえまでするとなれば、一つの小さな事実から社会革新運動ともなりはせんか。
西尾書記長
○組合運動をどこえ《ママ》向けるかということを考えている。
熊澤［付知中学校長］
○教育委員会についての協議会を持ち度い。
西尾書記長
○組合今後の行き方に就いて合同協議会を持ち度いが、おもむろに時機を待つことにし度い。
鷲見［恵那教育事務所教育課長］
○団結して主体性を持って動き得る、そして成果を得るという自信は今後に於ても持ち続けて貰いたい。早く組合自身の問題を見つけて立上って貰いたい。
○校長は校長の責任のもとに画然とした教育活動を推進して行って貰いたい。
鷲見視学〔鷲見臣一郎（恵那地方事務所視学）発言〕
○真の組合の民主化がほしい。個人の考えの結集であり度い。
◎学校廃合に関する人事の問題について
十六日に会議がある為に
十五日に全郡校長会　八時半　地方事務所
学校の職員組織について考慮して出席のこと。

◎教科書の展示会の件

恵那郡二十六日　必ずどの学校も出ること。

◎再教育講習・・・八月中に十日間

◎学芸大学の寄附金はなんとか頼む

◎人事委員会は従来の意味で行うこと。

d．県校長会の件

○県校長会総会は十月に延期の予定

e．九月校長会

期日は理事会に一任

議事　○委員会の計画発表

○教育法規に関する発表・・・小島校長[27]

恵那郡教員組合書記長が、恵那郡六三校長会において対県闘争の締め括りとその後の情勢について状況報告を行い、今後の行き方について情報収集、調査、研究会をもち、合同協議会（教組、校長教育会合同）を持ちたいと、活動方針、形態について相談・支援を求めていた。校長会側は組合の既得権を出来るだけ擁護すること、団体交渉権は確保するようにと励ますと同時に、本来の教育者自体に立ち返る猛反省をすべきであると説いていた。この校長会実行委員会において最も注目すべきことは、教育会長であり校長会長である西尾彦朗が「父兄一般社会とつながりを持ち、広範な連携を持ちたい。社会的な与論を作り上げる。間けつ的でなく。継続的であるべきだ。生活革新運動」が必要であると新たな次元への組織論・運動論を提唱していたことであった。校長会の教育会委員会が六月二五日に報告した恵那郡教育会の今後についての路線を、本実行委員会で西尾会長が一段と明確に描き出し、教職員のみの教育会よりも大きな活動形態を志向することを強く打ち出したのであった。

昭和二二年新学制が開始となり、岐阜県新学制実施協議会委員恵那郡代表を務めることになった西尾彦朗には、学制実施関係の会議への出張そしてＰＴＡとの会合が頻繁に生じていたことが学校日誌に記録されている。新学制づくりの困難さを具体的に痛感する日々となっていたのであり、直面する問題を解決してゆくには教育会レベルを越えた大きな組織・運動が必要不可欠である事を西尾彦朗は実感し、新たな決意をもって新たな活動方針を打ち出したことが見て取れる。蛭川村で西尾校長がかつて実践した「全村教育運動」の経験が裏打ちされていたに違いない。潮流として他県に生じた教育会の解散経緯とは位相が異なる展開がこの恵那郡の地では起こりつつあったといえる。なおこの恵那郡校長会実行委員会には、恵那地方事務所の教育課長鷲見臣一郎が出席しており、組合には、「団結して主体性を持って動き得る、そして成果を得るという自信は今後に於ても持ち続けて貰いたい。早く組合自身の問題を見つけて立上って貰いたい」、校長会には「校長の責任のもとに画然とした教育活動を推進して行って貰いたい」と両者に激励の弁をおくっていた。恵那郡の教育のあゆみ・教員文化のありようには興味深いものがある。

昭和二三年七月一五日に教育委員会法交付、都道府県・市町村に公選教育委員会を置くこととなる。岐阜県には八月一〇日に文部次官通達が地方事務所長を通じて小・中学校長に移牒され、周知がはかられた。昭和二三年九月九日恵那郡六三校長会（於大井小学校）は、公選制岐阜県教育委員会委員選挙について協議し、西尾彦朗会長を候補者に推薦することが全会一致で確認され、西尾彦朗が選挙に出ることとなった。校長会は選挙対策として、東濃一市三郡の対策委員会を作り、代表二名選出（玉置忠良、堀忠義）、啓蒙運動と選挙対策について、推選人依頼、ＰＴＡを通じて啓蒙運動をすること、選挙運動は立候補後であること、スローガン作成委員に鈴木恒治郎、福井浄輔、古屋武などを揃え強力な選挙態勢を整えた[28]。一〇月五日選挙実施、西尾彦朗（五一歳）は大量得票で当選した。一〇月一三日校長職を離れるに至った。一一月一日第一回岐阜県教育委員会が開かれ、委員長丹羽義一（逓信省専属三星工場社長、神職、武儀郡ＰＴＡ理事、岐高・岐女専ＰＴＡ副会長）、副委員長西尾彦朗、教育長に岩本晋一郎（県教育部長）が就任した。恵那郡教育会長・校長会長が岐阜県の新たな教育行政組織・教育委員会委員となる新次元が始まったのである。昭和二七年二月二七日には西尾彦朗が教育委員会委員長に就任する。

四　教育復興会議

1　恵那郡教育復興会議

昭和二四（一九四九）年二月二四日午前九時より午後一時まで恵那郡教育復興会議が開催された。朝日新聞（昭和二四年二月二六日号）は、「第二回恵那郡教育復興会議は二四日大井町公民館で開き、いままでの先生ばかりの郡教育会を改組して新たに郡内の一般有志を加え郡教育振興会として結成、会長に郡町村長会長の大野豊松県議を選んだ、九二万円の予算で教育事業や研究調査などをすることになった。」と報じた。この会議の詳細な記録が「恵那郡教育研究所　雑録」に収載されている。資料は謄写版印刷されたものであり、中津川市教育文化資料委員会の浅野信一氏、西尾洋昭氏によれば、当時、中津南小学校の中西克己教諭のガリ切りによるものとの教示を得ることが出来た。以下、中津川市立南小学校内中津川市教育文化資料室所蔵のこの詳細な会議記録によって注目すべき会議内容を明らかにしたい。

恵那郡教育復興会議は郡町村会・ＰＴＡ・青年団・婦人会・高等学校長協会・六三校長会・高教組・岐教組恵那支部の共催であった。「会議次第」にこの会議の大きな特質が現れている。一．開会挨拶　恵那高等学校長　加藤道郎、二．議長選出　恵那郡町村長会長であり県議でもある大野豊松、大井小学校ＰＴＡ会長　工藤義雄、三．役員任命

（運営委員）西尾岩夫［恵北中学校教諭］、大島虎雄［苗木中学校教諭］（記録）鈴木貞男［中津南小学校教諭］、伊藤忠明、四．本会開催の趣旨について　恵那郡六三校長会副会長　玉置忠良となっていた。開会挨拶・開催趣旨説明に立つ人物、役員メンバーの氏名・職位そして前節の校長会の論議から判断すると、この会議を企図し郡内諸団体に働きかけて実現させたのは恵那郡校長会であり、会の運営・裏方を担ったのは恵那郡教員組合であった。閉会の挨拶は岐教組恵那郡支部長梶田敏郎［蛭川中学校教諭］であった。そして郡町村長会長と会場校ＰＴＡ会長が議長となり議事進行を担った会議の実現は、実に画期的なことであった。

会の第一議題は「岐阜県教育委員会に何を望むか」、第二議題は「恵那郡教育の振興を図るにはどうしたらよいか」。いずれも時代と切り結ぶ「質疑応答・意見発表」が行われた。当日は西尾彦朗・小出良吉県教育委員、寺脇孫作地方事務所長、田中孫次郎県議会議員を迎えて、郡内各町村から町村長、ＰＴＡ、青年団、婦人会、新学制協議会長、各学校長、教員、約三百人が出席した。この教育復興会議設定の趣旨は同年二月二一日付の案内状に次のように述べられていた。

子供達が素直に幸福に勉強し、男女青年が明るい希望を持って育ち、人々が教育の将来に信頼と光明を感じ、真に「教育郡恵那」を実現する為に私達郡民はどうしたらよいかを前二回に渉って語り合いました。そうしてその結果、此処に教育復興会議を開催して広く教育に関する郡内の総意を結集し、各分野の全力を挙げ、各分担に於て責任を遂行すると共に、全郡の意見をそれぞれの機関に反映させようとの意見の一致をみました。

高等学校生徒の配置転換や各校生徒の卒業期を目前に控へ、農閑期の現在こそ開催の好機であると存じ、此処に教育復興会議を持つことに致しました。

もとより教育は一時の思ひつきを以てその目的を達成し得るものではなく、緻密な計画と継続的努力とを以て行はるべきものであると信じ、本会が強力なる教育推進の機会になることを希求すると共に、本会を契機として民主教育の恒常的組織に発展し得る端緒ともなり、足場ともなることを念願するものであります。何卒右の趣旨御賛同の上、貴下の御出席、御協力を賜らん事を懇願致します。（後略）

「追信」

・各町村共最少限次の人数の出席者を確保せられるよう要請致します。
町村長及町村議会議員・各校ＰＴＡ・青年団・婦人会各二名、新学制協議会長、学校長、教官□名

・引続き同日午後恵那郡教育研究所の主催で名古屋市教育研究所長遠藤邦三氏の講演があります。是非とも御聴講お願い致します。(29)

郡内諸団体に必ず会議への出席者派遣、参加要請が記されていた。この案内状には前二回に渉って語り合いをしたと記されており、それがいつどこであったかは資料的にはなお確定するに至っていない。前年二三年三月一一日に南小学校講堂において恵那郡第四部会教育復興協議会が開催されていた。二四年一月二七日、教育研究所運営委員会で西尾彦朗委員が南小学校に来校、放課後、中津四校校長ならびに教職員が西尾委員を囲んで座談会が持たれていた。また二月一〇日に南小学校に町議、教育委員視察、校長会開催、西尾前校長来校等の記事が『資料　興風学校日誌第九集』（二二五、二五三、二五五頁）に残されている。校長会長を務め次いで県教育委員となった西尾彦朗が核になり、郡内町村長、ＰＴＡ、他諸団体に働きかけ、郡内教育改革を推進する組織づくりを行っていたことが見て取れる。

二月二四日当日、活発な討議の結果、第一議題については、教育予算の大幅増額、社会教育施設の拡充、青少年不良化防止、教職員の質的量的向上、僻地教員の確保、学校差の撤廃、教職員の適正配置の七項を満場一致で可決し、県知事・県教育委員会議長・県会議長にそれぞれ決議文を送る事を申し合わせた。

第二議題「恵那郡教育の振興を図るにはどうしたらよいか」の討議について、質疑応答・意見発表の要点を紹介しつつ重要な議論の進展を把握することにしたい。まず青年団から提案理由の説明において、「各階層を包含した強力な組織が必要」、「社会教育をも含めた教育一般の研究機関の必要」との論点が提起された。恵那郡教育研究所事業の経過報告と二四年度計画の説明がなされると、青年団から「現在の研究所を拡大強化して所員のなかに青年団員も入れ広く社会教育の面も担当願いたい」との意見が出された。それを受けて教組から「青年団の研究所拡大強化の御意見は誠に嬉しい。研究所に青年団を入れる事に賛成」と強い賛同意見が出された。教職員の修養研鑽、教育文化の振興のためにも現在の恵那郡教育研究所を拡大強化する要望が次々に起こった。ＰＴＡから研究所の予算獲得の方途について問題提起がなされ、本年度九〇万円は各町村負担をお願いしたいとのＰＴＡ婦人の要望を受けて、議長の大野豊松は「郡町村長会長として努力する」と応えた。次にＰＴＡから「大衆の基盤に立った真に動く教育振興会組織の結成に各町村長は努力してほしい」との要請が出された。それを受けて組合が「本日の集まりをもとにして振興会の準備委員会を設置するよう希望したい」と提案した。議長の大野豊松が「教育会との関係如何」と問うと、組合は「教育会は発展的に解消して振興会に包含されるであろう」と答えた。ＰＴＡからは、「教育会、新学制協議会、教育研究所を打って一丸とする組織にする必要がある」との発言もなされた。次いで小学校長が「教育会に対する教育会長の意見如何」と教育会長に直接意見を求めた。この注目すべき場面において、西尾彦朗教育会長は「弱体組織の現状であるから教育会は発展的に解消して強力なる組織を有する振興会結成に努力したい」と明快に所信を明らかにした。西尾彦朗恵那郡教育会長は、既述した如く前年八月一〇日、恵那郡校長会実行委員会において、教育会の今後について父兄一般社会とつながりを持ち、広範な連帯を持つ組織でありたいと発言していたのであり、社会的な世論を作り上げる継続的な生活革新運動を為す組織づくりを目指していた。この教育復興会議自体が、その組織結成の合意確認、宣言の場であった。西尾教育会長の所信表明のあと、小学校長が「組織の単一化を要望する」と発言したあと、振興会結成に向けて論議は一気に進展することとなった。ＰＴＡから「県の振興会の動向について説明を求められ、小出良吉県教育委員が、「郡の組織を待って下部からもり上がる強力なるものを期待する。郡より県の結成へ進めたい意向である」との発言が終わるや、ＰＴＡから「郡の振興会を結成するために準備委員会を設置せよ」と提議がなされた。準備委員会設置が満場一致で決定され、準備委員長に大野豊松町村長会長が満場一致で推薦されるに至った。

質疑応答・意見発表の部会を終えて、翌二五日に岐阜市公民館で開催される岐阜県教育復興会議への出席者選出がおこなわれ、町村長代表、青年団代表、婦人会代表、ＰＴＡ代表、学校長代表各一名が決まり、恵那郡からの提出議題は本日の討議内容を取りまとめて提出議題とすることに決定した。最後に県知事、県教育委員長、県会議長に提出する決議文を朗読（教組）し、満場一致で可決された。

午後に設定された講演は、名古屋市教育研究所長遠藤邦三氏、演題は「教育研究所の重要性及び任務について」であり、教育研究所の今後の在り方を考える場が設けられていた。

2　岐阜県教育復興会議・岐阜市教育振興会・恵那郡教育振興会

昭和二四（一九四九）年二月二五日に開催された岐阜県教育復興会議について『岐阜タイムス』（昭和二四年二月二六日号）が報じており、県レベルの動きがどのようなものであったか、その規模と概要がよく解る資料として引用しておきたい。

「県教育復興会議　予算の増額など七項目にわたる要求を決議」県教委、県連合ＰＴＡ、校長会、教組、各種文化団体共催の県教育復興会議は二五日午前十時から岐阜市公民館、県下四市十八郡から参集した町村長会、婦人会、青年団、ＰＴＡ、校長会など各種代表と教育会員、教組幹部以下産別、総同盟、全学連、自治労連、全官公労、ユネスコなど各種民主文化団体代表など約五百名が出席して開かれ、県の教育に何を望むか、教育委員会に何を期待するか、教育復興会議の運営を如何にするかを議題に活発な討論を展開、まれに見る活況を呈した。まず議長団に井上英一（連合ＰＴＡ会長）、伊藤一郎（全官公労代表）、石田豊吉（大垣教育復興会議長）の三氏を満場一致で推せん、討議に入ったが、教育予算の確立なくして教育の復興はなく、しかも予算には民主的な世論を反映しなくてはならぬ（全官公・長縄氏）、教育者の現状は見るにしのびぬ、待遇の改善、優秀教員の養成確保に努力せよ（岐阜・山田氏）、各郡市の教育振興団体を結集して一大組織を形成、強力な実行力を持たねばならぬ（不破・高木氏）、教育事務局の実情は旧視学と学務課の横滑りだ、早急に民主的な機構に改めねばならぬ（自治労連代表）など各種代表から意見の開陳が行われ、これに対し丹羽教育委員長以下各委員から〝職を賭しても教育復興に邁進する〟との固い決意が表明され、最後に県下各種の教育、民主文化団体を網羅した教育復興会議（仮称）を常時設置することを満場一致で可決。
（一）国および県教育予算の大幅増額（一）成人教育、勤労者教育の重視（一）県民の総意による民主教育の確立（一）二三年度教職員旅費の増額（一）教職員の定員確保と養成に努力する（一）青少年不良化防止（一）師範卒業者の適正配置の七項目を大会決議として決定、「全県下各種文化団体の総意を結集し教育復興の一大闘争を展開する」との宣言を発表。武藤知事以下関係当局に陳情することを申し合わせ午後三時半散会した。

県下四市一八郡の市町村長会、連合ＰＴＡ、各種教育・民主文化団体、労働組合の代表が集まって、教育予算の確立なくして教育の復興はなく、国・県の教育予算大幅増額を求めて一大闘争を展開することを宣言した会議であった。各郡市の教育振興団体を結集して一大組織を形成、強力な実行力を持たねばならぬと具体的提言がなされていた。県・国に対して教育予算の抜本的拡大を求める抗議運動がこのような規模と勢いで展開していた時代状況を改めて確認しておく必要がある。岐阜市の教育振興会について、また『朝日新聞』（昭和二四年二月二六日号）は次のように報じていた。

岐阜市教育振興会　青年や婦人代表も参加　教職員、ＰＴＡなど教育関係者ばかりで組織されていた岐阜市教育復興会議はこのほど新たに婦人会、青年団など民間団体代表者も加えて、二三日初顔合せを行つた、教育振興への世論を結集し強力に進めるのがねらいで、校舎の新築や教員定数の確保、社会学級、民衆講座の開設など十項目を市に要求した。これまで学校経常費の大半をＰＴＡが負担しているが、これはＰＴＡの健全な発達をはばむから市は責任をもつてしつかりした予算を編成してほしいと要望した。

岐阜市では二月二三日にすでに教育振興会が立ち上げられていたのであり、教職員、ＰＴＡなど教育関係者ばかりで組織されていた岐阜市教育復興会議に新たに婦人会、青年団など民間団体代表者も加えて教育振興会を結成し、校舎の新築や教員定数の確保、社会学級、民衆講座の開設など十項目を具体的に市に予算編成を迫っていた。

岐阜県では県、市、郡町村レベルで昭和二四年二月段階から、教育振興会が相次いで結成される動きが生じていた。二月二四日の恵那郡教育復興会議で結成決議が行われた恵那郡教育振興会について、その目的・事業と組織の要点を規約から把握しておきたい。目的に教育の振興と文化の向上・革新に貢献し、以て民主主義教育の徹底を図ることを掲げ、その目的を達成する為の事業として、1．教育に関する世論の喚起　2．学校教育に関する諸問題の討議・援助　3．教育行政に関する研究討議と改革　4．郡教育研究所の運営　5．社会教育に関する研究と実践　6．青少年文化、児童福祉に関することを列挙していた。組織として、本会は郡内各町村教育振興会と郡単位団体で組織する。この組織を構成する郡単位団体とは、小学校教組、中学校教組、六三校長会、高校、青年団、婦人会、ＰＴＡ、町村長であった。郡町村支会ごとに支部を設けることが出来るとした。機構として協議委員会、運営委員会、専門委員会を設けた。協議委員会は、各町村教育振興会と各郡単位団体から選出した委員によって構成し、次のことを決める。１．規約の変更　２．会長、副会長・会計監査委員の選出　３．事業計画　４．予算の議決、決算の承認　５．その他本会の目的達成に必要なこと。運営委員会は町村教育振興会と各郡単位団体から選出した委員によって構成し、次のことを行う。１．企画推進　２．顧問の推挙決定　３．協議委員会において決定された事業の運営。専門委員会は本会会員中から運営委員会が選任した専門委員で構成する。経費は単位団体の拠出及び寄付金等を充てる。以上のように郡内各町村教育振興会と各郡単位団体から選出された委員で構成される恵那郡教育振興会は、ＧＨＱ勧告に沿って新たに形成された教職員の職能団体としての教育会の次元を遙かに越えた郡民総掛かりで眼前の新学制づくりの難題に取り組む教育改革組織の造出であった(30)。

３　郡町村会長から県教育委員長への陳情

昭和二四（一九四九）年二月二四日に開催された恵那郡教育復興会議で重要なテーマとなった教育研究所の拡大強化に向けて、実に注目すべき動きがあった。恵那郡町村会長大野豊松は三月一二日、丹羽義一岐阜県教育委員会委員長宛に次のように陳情書を提出した。

日本再建ノ根本問題ハ何トシテモ教育ノ復興ニ始マルベキモノデアルコトハ今更喋々ヲ要シナイ。今日、我ガ恵那郡内各町村長ハ文字通リ貧窮ノ財政ノ中ニアッテ、茲ニ着目シテ町村教育振興ノ問題ニ重大関心ヲ寄セ、町村相互ニ相磨シ、相教フルノ道ヲ考ヘザルベカラザルヲ思ヒ、二月二四日有志相集ツテ郡教育振興会結成ノ決議ヲナスニ至リ、附帯事業トシテ郡教育研究所ノ育成ニ力ヲ致スベク議シ、別紙計画ノ如キ人員、機構、調査、研究等ノ内容ヲ盛リ、郡内教育研究ノ中心タラシムコトニシタ。

思フニ我々ガ盛ツタ予算ハ必シモ多クハナイガ、今日恵那郡ノ実態カラ考ヘテ、コノ出資ハ決シテ易々タルモノデハナイ。何卒シテ教師ノ実験研究並ニ現職研習ノ問題ニノミ止マルコトナク、更ニ進ンデ社会教育ノ向フベキ方向ヲ定メ、婦人会、青年団、PTAハイフニ及バズ、町村長モ教師モ在郷憂国ノ士モ皆一体ニナッテ、真教育ノ大道ノ発見、開発、指導ニ当ラシメネバナラヌト思フ。

茲ニ於テ我等相議シテ、六十万円ノ出資ヲ決シ、団体事務所ノ一部ヲ解放シテ、其ノ場ヲ与ヘルコトヲ約シタガ、コレハ単ニ器ヲ整ヘタトイウニ過ギヌ。ソノ成果如何ハ、一ニ懸ツテコレヲ活用運営セラル人ニヨルコト言ヲ待タヌ。

乞フラクハ県教育委員会ニ於テ、本問題ニツイテ慎重考慮セラレ、本郡教育研究所員タルニフサワシキ人物ヲ選択シ、十二名ノ専任者ヲ配置セラレムコトヲ懇望スルモノデアル。町村教育振興ノ根本ニ思ヲ致シ。近キ将来ニ日本再建ヲ念願スル我等ハ、如何トモシテ当初ノ人員配置ノ実現ヲ念ズルモノカラ、恵那郡町村会ノ決議ニヨツテ、郡内町村長ヲ代表シ茲ニコレヲ陳情スル次第デアル。

　昭和二十四年三月十二日　恵那郡町村会長　　大野豊松

岐阜県教育委員会委員長　丹羽義一殿(31)

これはまことに鮮やかな本源的な教育改革構想の提起であり、強烈な意志が込められた陳情書であった。恵那郡の教育復興は教育振興会を結成しその中軸に機関として教育研究所を整備する。教育改革の中心には研究機関が不可欠であり、教育研究所を拡充強化し、郡町村から工面して六〇万円を出資し振興会附属の本格的な機関をつくる。研究所の活動にとって最も大事なことは、有能な人材を専任として配置することにある。県教育委員会からふさわしい人物を一二名専任スタッフとして県費で配置してほしい。恵那郡町村長会長が、郡町村会の決議により県教育委員会委員長に、実に本質的な高度な人事配備を求めたのであった。教育復興に賭けた真摯な思いが見事に発信されていた。

4　町村教育振興会結成の動き

大野豊松恵那郡町村長会長は、さらに郡教育振興会の重要な構成単位となる町村教育振興会を早急に現出させるため、昭和二四（一九四九）年三月二二日、各町村長宛に次のような依頼状を出した。

「町村教育振興会結成について」

去る十二日の町村会に於て御協議を願いました町村教育振興会の結成についてはそれぞれ御計画中とは存じますが、ご存知の通り之が実現の暁には、従来の教育者を主体とする郡教育会をも解体せしめ、郡内の各種団体を網羅した所謂郡民の総意による新しき教育会を結成して、町村教育会と結びつけ、大衆の力を結集して新教育団体を作るべく目下岐阜県教育振興会結成準備委員会を設けて着々運動を進められ居候付、各町村に於ても至急之が実現化する様御配意相成度、此段御依頼申上候(32)

従来の教育者を主体とする郡教育会をも解体せしめ、郡内の各種団体を網羅した所謂郡民の総意による新しき教育会・教育振興会を至急に結成するよう督促がおこなわれ、各町村毎に教育振興会結成の取り組みが進行した。大野豊松は恵那郡福岡村村長であり、福岡村での展開はいかなるものであったか、町村単位の教育振興会の具体例を確認したい。同年七月七日、村ならびに支部総会によって満場一致で福岡村教育振興会が発足し、村長が会長に選ばれ、事務所を福岡村役場内に置いた。福岡村教育振興会規約（全一六条）から会の仕組み、その要点を把握しておきたい。

福岡村教育の振興と文化の向上に貢献し民主主義教育の徹底を図るを以て目的に掲げ（第二条）、そのための事業として教育に関する世論の喚起、学校教育の研究援助、青少年教育に関する研究援助、社会教育、善行者の表彰、村内文化団体の連絡強化、その他必要な事項を以て振興を図ることとした（第三条）。会組織は福岡村住民並びに村内文化団体で構成する（第四条）。行政区別に支部を置き各支部は本会に準じて組織するとした（第五条　第七条）。機関として支部長会、協議員会、代議員会を置き（第六条）、それぞれの構成員と会務を次のように規定した。

支部長会は支部長、副支部長を以て構成し次の事項を行う。1．企画推進　2．顧問の推挙決定　3．協議員会で決定された事業の運営（第八条）。

協議員会は支部長、副支部長、村議会議員七名、区会議員代表五名、各団体代表者を以て構成し次の事項を協議する。1．規約の変更　2．事業の計画　3．予算決算の協議　4．其の他本会の目的達成に必要なこと（第九条）。

代議員会は本会総会の代行機関であって村会議員、区会議員、民生委員、各種団体の幹部を以て構成し次の事項を行う。1．協議員会の協議事項の決定　2．其の他（第十条）。

協議員会、代議員会をふまえて支部長会の支部長（区長）、副支部長（小中学校長）が具体的運営・調整の実務処理を担うシステムであることが判明する。会役員として、会長一名（村長）、副会長二名（助役・教育民生委員長）、会計一名、書記一名、支部長四名（区長）、副支部長五名（小中学校長）とした（第一一条）。役員の任期は各役員の在職期間とされた。本会の経費は村費補助金と寄付金其の他の収入を以てこれにあてる（第十五条）。本規約は昭和二四年七月七日から実施された[33]。教職員の職能団体としての教育会という組織名は消え、副支部長である五人の小中学校長はじめ教員が、村の行政トップ（村長・助役・支部長等）・議会（村会議員・区会議員）、ＰＴＡはじめ各種団体代表と積極的に交流・協議し、世論づくりを行い村全体の強力な支援態勢を築くという新たな組織体が結成されたのであった。『恵那郡教育研究所　昭和二十四年度日誌』（中津川市立南小学校内中津川市教育文化資料室所蔵）の記録を見ると、七月七日、大島虎雄苗木中学校教諭（教育研究所所員）が福岡村教育振興会総会に出席しており、翌八日には鈴木貞男中津南小学校教諭（教育研究所所員）が福岡村福岡区・高山区教育振興会総会に出張し講演を行っていた。さらに九日に福岡村下野区、田瀬区教育振興会総会に、三宅武夫中津第二中学校長（教育研究所副所長）が出張し講演を行っていた。この日の講演内容は不明であるが、八月一日発行の中津町役場の町報「なかつ」第一号（昭和二四年八月一日）に、三宅武夫執筆「学校と地域社会との直結」と題する次の一文が掲載されている。

（前略）教育のことは根本的に見てもらつているかどうか。白いにも黒いにも一方からだけ見てもらつてるに過ぎないのではないか。

もつと本気で見てもらわねば、もつと本気で談じてもらわねばならない。その為にもつと町の人々と学校と直接のつながりが出来なくてはいけない。実際学校に来て見て、話して、聞いて、考えてもらわなくてはならない。「何故斯うなつたか」その本にあるものを取り上げて、本気で考えてもらわねばならない。

私は新日本の礎の中で、一番下に基礎として置かれる石は、新制中学の教育だと思う。特に戦争中に少年期を過ごしてきた只今の中学生が、年齢的に心理的にのみ青年前期の動きにま向かつていることを思う時、慄然とすることが多いが、これを善導しこれを教育する為には何としても町の方々と直結しなくてはならぬと思う。

敗戦を迎え国民学校生徒であった少国民達が青年前期を迎える。戦前教育の崩壊・価値観が一八〇度変化した状況で、校舎・設備も揃わない中学校に迎え入れてどのように接していくのか。どのように教育するのか、新制中学の教育が今最も重要な大きな課題であり、それは教員だけではこなせない事態に立ち至っている、町の方々と直接接して取り組んでいかねばならないのだという、時代を生きる教師の切迫したリアルな状況認識が伝わってくる。建前ではなく地域総がらみで取り組まねばならない真剣な思いが教育振興会方式を要請していたのであった。

福岡村教育振興会の結成に続いて、八月には中津町長市岡訬介の主導で中津町教育振興会の結成が推進され、同月一一日に規約案（全一六条と附則一・細則三）が審議された。

恵那郡教育振興会規約が当然基準となっており、目的・事業内容はほぼ同一の表現であったが、町単位の教育振興会のシステム・構成を把握しておきたい。同会は中津町全町民を以て組織するものとし、機関として常任委員会と協議委員会を設置し、各単位団体より選ばれた委員を以て組織した。町議会、町内各区互助会、青年団青年会、婦人会、各PTA、小学校・中学校高等学校、校長会、児童福祉委員会、公民館委員会を単位団体とした。常任委員会は会長が隔月召集し、協議委員会は、会長が年三回召集して会議を開き、さらに会長は年一回総会を召集し、研究会・教育座談会等を設定することとした。委員会の開設回数が明記されており、会の年間活動形態が見て取れる。経費は町の補助金、会費ならびに諸寄付とされ、会費は各戸一円とし互助会毎に集金し年二回（四月・一〇月）納入とされた。規約の実施は昭和二四年一一月一日となった[34]。

また恵那郡坂下町教育振興会が、町長吉村新六を会長として昭和二四年一〇月一一日に設立されていたことについて、『岐阜県教育史　通史編　現代一』（六一〇頁）が「恵那郡坂下町教育振興会規約」を抜粋しつつ紹介している。町単位の教育振興会のまた注目すべき事例の一つとして参照願いたい。一三条からなる坂下町教育振興会規約の附則には、「本規約は昭和二十四年十月十一日よりこれを実施する。坂下町教育会は本会創立と同時に解散する」と記されており、教育会が教育振興会結成により解散となったことが史料の文言としても確認することが出来る。

以上のように、恵那郡町村長会長大野豊松が、町村教育振興会結成を督促し、恵那郡教育研究所の整備を推進する動きが進行するなかで、恵那郡教育会は解散を迎えた。恵那郡教育復興会議が展開していく新しい状況の到来となり、昭和二四年六月三〇日付けで次の通知が発されていた。

恵那郡中津町諸団体事務所内　恵那郡教育会御中

教育整理会開催について

元恵那郡教育会の残務整理も大体終了致しましたから従来の理事の方に御集りを願ひ左記の通り、最後の決算を致したいと存じますから万障お繰合せ御出席下されたい。尚準備の都合もありますから折返し御都合を御聞かせ下さい。

記

日時　七月一六日（土曜日）午前十一時　　場所　恵那郡団体事務所

粗飯の用意を致します。

昭和二四年六月三十日　恵那郡教育会整理委員(35)

恵那郡教育会解散決議がなされた日時と場所を示す直接の記録はまだ不明であるが、上記資料を以て恵那郡教育会の解散を昭和二四年七月一六日とする。明治二六（一八九三）年に設立された恵那郡教育会は、昭和二四（一九四九）年七月、解散するに至ったのであった。

五　恵那郡教育研究所の沿革と事業の概要

1　教育研究所設立前後の動き

敗戦後昭和二二（一九四七）年ころ、戦時中の教育への反省、過去における自由教育、今後の教育のあり方について、西尾彦朗を中心として郡内有志による同好会的研究会が作られていた。やがて全郡的な組織とし、具体的な活動

がしたいという動きが生じることになる。[36]この前史をふくめて「恵那郡教育研究所経過」が研究所設立前後について
さらに次のように記している。

終戦と同時に全体主義画一主義の教育は全面的に壊滅した。新しい教育は旧教育の徹底的な批判の上に立ち、児童生徒の個性をあくまで尊重する立場に立ってうち建てねばならぬことになった。恵那郡教育会に於ては個性教育研究会をつくって各校の特殊児童の調査研究にとりかかった。

一方科学的な基礎の上に立った教育でなければならぬという立場から、児童心理の研究を主な仕事とした教育研究所が計画され、昭和二十三年度の予算を恵那郡ＰＴＡ連盟から負担してもらうことにきまった。

六月十六日恵那郡教職員組合の協議員会で教育研究所を設立することを承認され、設立準備委員が選ばれた。

七月一日校長会と教員組合との懇談会で、校長会も教育研究所の設立に対して協力することが話し合われた。

七月三日　協議員会で準備委員会の経過、規程などが承認された。

七月二十九日の委員会で所長を西尾彦朗先生とし、本年度は教育心理の研究をすることが決まり、所員八名を推せんした。

九月十四日の研究協議会（第一回研究所部員協議会）で、部員の熱心な研究と協力により常に学界との連絡をもって恵那郡教育の実をあげるようにし、問題は具体的実際的なものをとり上げて魅力的な存在となるようにしたいということが協議された。


この九月一四日の第一回研究協議会について、西尾彦朗恵那郡教育研究所長から詳しい会議報告書が翌一五日付で各学校長宛に発送されていた。その謄写版印刷報告書と会議当日の筆記記録が残されている。報告書には前史につい

ての記述もあり、設立当初の詳細な陣容が判明する。全文紹介しておきたい。

「第一回研究所部員協議会結果報告」

一．経過報告

1．五月一一日　個性調査研究会に於て教育研究所の設立を決議、ＰＴＡ連盟に予算書提出

2．六月二六日　郡教育研究所設立準備委員会に於て、教育研究所規程を起草、ＰＴＡ連盟、教育会、校長会、組合の各単位団体にて協議、一部修正・可決

3．七月二九日　研究所委員会を開催し、所長の選衡、所員の推薦をする。

所長　西尾彦朗（中津南小学校長）

所員　大島虎雄（苗木中学校教務主任）、吉田銕男（中津南小学校教務主任）、古田和夫（坂下小学校教務主任）、西尾嘉躬（岩邑中学校教諭　組合文化部長）、林鉦三（大井小学校教諭　組合青年部副部長）、堀喜美子（大井小学校教諭）、山本恭平（視学委員）、浅野信一［中津南小学校教諭］

［注　この推薦所員については、「所長の構想に従って、選出は所長に一任する。教務主任級で推薦する。尚女性の立場から女教師の所員も希望する」と当日の記録に筆記されている。所員の（所属職位）については筆記録から補った］

4．所長　西尾彦朗、専任所員　浅野信一と決定

二．協議

1．研究所の構想　○部員の熱心な研究と協力により、常に学界との連絡をとつて恵那郡教育の実をあげる

○具体的・実際的問題と関連して魅力的存在たること

2．研究機構

○所員　専任所員　現実的実際的な問題の根底となる教育心理の面について理論的研究をする

各校の実際的研究に出向き協力する

○推薦所員（委員会に於て推薦された所員を仮称す）

毎週又は隔週に一回研究所に於て研究計画を協議する

○部員　毎月一回（時期はその月の所報編輯が終了したとき）

総部員研究協議会を開き併せて翌月所報の計画をなす。

各校の研究問題を中心に随時随所に於て部員研究協議会を開く

○所報　研究のつながりをこれによってもたせる

毎月一回刊行する

第一号の編輯予定

研究所の紹介、役員名簿、規約、中津南小学校実態調査中間報告　各校研究の動向

二伸　○　部員名簿作成のため貴校の部員氏名を速時御報告願います。

○　貴校ＰＴＡ会長より連絡のあったことと存じますが六三負担金を児童生徒当り三円づつお集めの上至急当所え御送付をお願いします。(37)

上記引用史料に加えて、すでに触れた昭和二三年五月二四日の六三校長会の動きを、再度重ねておきたい。六三校

長会で西尾彦朗校長会長が恵那郡教育研究所（仮称）設置について提案理由を説明し、協議の結果、恵那郡ＰＴＡ連盟と校長会より委員を出して研究することとなり、翌六月二五日の校長会実行委員会で、校長会として恵那郡教育研究所を盛り立ててゆくこと、児童研究を中心にしてゆくこと、各学校に児童研究部を作ることが合意されていた。なおＰＴＡの協力について、西尾彦朗は『戦後岐阜県教育十年史』に「恵那の研究所は中津ＰＴＡ会長林義之氏が卓越した識見で積極的に協力し四千円の助成金を出して、一カ年の経費をまかなった」（六〇頁）と記している。

以上の史料から要点をまとめるならば、敗戦後、当初、恵那郡教育会に於て個性教育研究会・子供の心理研究会が同好会的に開かれていた。さらに、西尾彦朗を中心とした郡内有志による教育研究会が核となり、教育研究所の必要性を提起し、恵那郡教育会長並びに校長会長であった西尾彦朗のリーダーシップのもと、校長会・教員組合・ＰＴＡが一体となって郡市町村会をはじめ郡内諸団体に働きかけ、郡内世論形成を推進し、恵那郡教育研究所が設立されるに至った。実に注目すべき教育研究所の成立であった。設立日について、昭和二三年七月一日と記された書類もあるが、正式に協議員会で準備委員会の経過と規程等が承認された七月三日を設立日とするのが妥当と考えられる。

2　恵那郡教育研究所発足

恵那郡教育研究所規程

第一条　本研究所は恵那郡教育研究所と称し当分の間事務所を中津町立南小学校に置く。

第二条　本研究所は

1．学校を基底として具体的実際的問題を研究し学校教育の進展向上を図る。

2．恵那郡文化の発展向上を図る。　を以て目的とする。

第三条　本研究所の事業は第二条の目的により左の各項の学理的実際的研究を行う。

1. 教育心理に関すること　2. 教育諸問題に関すること　3. 教科に関すること
4. 青少年文化に関すること　5. 社会教科に関すること　6. 教育相談に関すること　7. その他必要を認めた事項

第四条　本研究所の役員の任期は一年とし重任を妨げない。
選出の方法は左による。
1. 所長　一名　委員会の選衡による。
2. 委員　恵那郡PTA連盟　五名
同　教育会　三名
同　校長会　二名
同　教員組合　十名
とし選出は各単位団体に一任する。
3. 所員　専任所員若干名、部員の意見を参酌して委員会が之を推薦する。
4. 部員　各学校に於ける研究担当者をもつて充て各学校に於て任意に決定する。

第五条　所長は本研究所を代表して所務を掌る。委員会は計画、予算、決算等運営に関する決議等に役員の推薦をする。所員は委員会の計画に基いて各学校の部員と緊密な連絡を計りつつ学理的実際的研究をする。部員は各校に於て実際的研究をすると共に研究所と学校の連絡を密にする。

第六条　本研究所の運営費は恵那郡教育会、恵那郡教員組合、恵那郡P・T・A連盟の補助金並寄付金其他の収入による。

第七条　本研究所の会計年度は四月一日に始り翌年三月三十一日に終る。(38)

運営委員会はＰＴＡ連盟、教育会、校長会、教員組合で構成されており、所員は専任所員若干名と各校から選出される研究部員で編成される。各学校に教育研究所部員として研究担当者一名を置き、部員は各校に於て実際的研究をすると共に研究所と学校の連絡を密にするものとして各学校から選出されるところに組織構成として大きな特質が見て取れる。

教育研究所が発足した昭和二三年後半、具体的にどのような活動をおこなったか。

一一月一二日、第二回研究部員総会で研究所の性格として、調査統計により郡内へ豊富な資料を流すこと、教育相談所的性格も具えており、文献によって教育諸問題の解決もなされる所であり、同好会の斡旋、学界との連絡等によって教育諸問題解決の機関とすることを協議した。

七月に所員として八人推薦されていたが専任所員としては浅野信一教諭一名であった。

研究主題と事業

児童心理と新しい教育制度についての研究

アデノイドの治療と知能との関係（中津西高）

小中学校の知能検査の指導

学籍簿記入に関する指導

中学校の学科教室の経営（恵南中、岩邑中、恵那中、中津二中、苗木中）

ＰＴＡの新教育に対する世論調査

小中学校の自治会のあり方

学校給食に関する研究会（加子母小学校）

児童生活の実態調査（中津川南）

学籍簿研究
方法としては
学校訪問、研究会、研究発表会
所報　第三号まで発行
講演会
昭和二三年度の予算はＰＴＡ連盟等からの五万円であった。[39]

一一月に発行された『所報』第一号に、西尾彦朗教育研究所長の「創刊の辞」が掲載されている。教育研究所を立ち上げた当時の鮮烈な思いと並々ならぬ意志が吐露されている。

創刊の辞

教育の今後のねらいは、人々のおさしずで行っていた教育を私共自身の手にとりもどし、子供の教育を私共自身で調査し研究して、自らの力で解決して行くということに在る。恵那郡教育研究所は、私共の教育は私共自身で解決しようとして立上ったものである。従来の岐阜県の教育は掛声指導の教育であって、予算をもらわずに教育効果を上げよと指導されていた。即ち昭和一九年乃至二十一年の統計を見ると、全国四十六府県中岐阜県の人口は二十四位、児童数は二十一位、予算総額は十六位であるのにかかわらず、教育予算は三十二位、教員一人当たり児童数三十一位、県庁教育職員数三十五位であった。如何に岐阜県が教育に不熱意であったかを証明するに余りがある。だから人口と中等学校生徒の％を見ると、三十七位となって、岐阜県の文化程度は全国の最低に近いことを示している。不熱意の県が世間並みの仕事をするように見せるには、命令と監督とより他はない。だから他府県以上に命令や監督が多かっただろうと想像される。それだけ私共の教育は自主性を失っていた。

岐阜県における教育民主化のみちは、県の教育意欲を高めることと、私共自身の主体性を確立することの二面よりない。恵那郡が此の研究所をＰＴＡ、教員組合、校長会、教育界の総意で設立した事は、実に恵那郡の教育に主体性をもたせる改革の第一歩であり、岐阜県教育革新のさきがけである。

この研究所の成功か否かは、実に恵那郡教育死活のバロメータであるとも極言できるし、私共各学校の主体性の程度によって決定するものだと思う。

何卒各位の御尽瘁を切にお願いします。

さらに西尾彦朗教育研究所長は研究方針・実態調査のありようについて、『所報』第二号「巻頭言」（昭和二三年一二月）で以下のように記した。

新教育は実態調査によって基礎づけられなければならない。科学的な生活実態調査の上に生活指導が考えられ、カリキュラムの構成がなされるべきである。

調査統計による豊富な資料にもとずいて、その上に教育指導がなされるところに、日本教育革新の根本的なねらいがある。

現在教育実践の流行のように、どの学校に於ても実態調査が行われているが、未だ活用されているという声を聞かない。実態調査は現象調査に終ってはならない。実態をかくあらしめている現象の背後の思想的な動向、父兄の思想、職業別の思想、社会の民主的諸団体思想、世界の思想の動向――が把握されて初めて実態調査の効果を望むことが出来る。

此処に教師自身の裏にもつ社会、環境の見方が問題となって来る。現象を裏付けるものを把握して、実態調査の結果が解釈されるとき、指導への活用の道を発見する。

恵那郡教育研究所長　西尾彦朗

戦前の戦時翼賛教育への反省、「本物の教育とは何か」、新教育の創出・主体的教育研究活動を担う組織づくりが真剣に目指されていた。

3　教育振興会の中枢機関としての教育研究所

昭和二四（一九四九）年二月二四日恵那郡教育復興会議において、恵那郡教育振興のため研究所の拡大強化が要望され、恵那郡教育振興会の常置機関・中枢機関として機構を確立するため研究所規定が改めて制定されることになった。

昭和二四年四月二六日、中津南小学校において郡教育研究所運営委員会・新旧運営委員会が開かれ規約を審議し決定した。実施の日付は振興会の結成を待つが、実質は本日よりとした。運営委員の定員は町村長会にて承認され、各階層より三名宛とした。

当日は、午後西尾彦朗県教育委員を囲む座談会が持たれていた(40)。

新　恵那郡教育研究所規程

第一章　総　則

第一条　本研究所は恵那郡教育研究所と称し当分の間事務所を中津南小学校内に置く

第二条　本研究所は恵那郡教育振興会の一機関であって恵那郡教育の振興と恵那郡文化の向上発展に貢献することをその目的とする

第三条　本研究所は前条の目的を達成するために左の事業を行う

一、教育に関する世論の喚起　　二、学校教育諸問題の調査研究

三、教職員の修養研鑽　　四、社会教化に関すること

五、青少年文化に関すること　　六、其の他必要を認めた事項

第二章　役　員

第四条　本研究所に左の役員を置く

運営委員　若干名　　会計監査委員　三名

第五条　運営委員及び会計監査委員は恵那郡教育振興会で選出する

第六条　運営委員は運営委員会を組織し重要事項の議決に当る

第七条　会計監査委員は年二回会計事務の監査を行う

第八条　役員の任期は総て一年とする但し重任を妨げない

第九条　本研究所に顧問若干名を置くことが出来る

顧問は本研究所に功労あるもの又は学識経験者につき所長が運営委員会に諮り之を委嘱する

顧問は所長の諮問に応ずるものとする

第三章　職　員

第十条　本研究所に左の職員を置く

所長　一名　　副所長　二名　　所員　若干名

第十一条　所長副所長は運営委員会の選衡による
第十二条　所長は本研究所を代表して所務を掌る
第十三条　副所長は所長事故ある場合に代行する
第十四条　県の任命以外の所員は運営委員会の同意を得て所長が任命する
第十五条　所員は運営委員会の計画に基いて各学校各団体と緊密な連絡をとり学理的実際的研究をし必要な事業を行う
第十六条　必要に応じ専門部員を置く
専門部員は所長が選衡し所員と緊密な連絡をとり専門的に研究実践をする

第四章　会　議

第十七条　運営委員会は互選により運営委員長を選出する
第十八条　運営委員会は運営委員長が召集し次の事項を決議する
一、事業実施の方針決定　　二、所長副所長の選衡
三、所員の推薦　　四、顧問の承認
五、予算の議決及び決算の承認　　六、本規程の変更
七、其の他必要な事項

第五章　会　計　　会計監査委員

第十九条　本研究所の経費は恵那郡教育振興会の補助金並に寄附金其の他の収入による
第二十条　本研究所の会計年度は四月一日に始り翌年三月三十一日に終る

附　則

右規程は昭和二十四年　月　日から実施する

旧規定とくらべると第二条の目的に「恵那郡教育振興会の一機関であって恵那郡教育の振興に貢献する」との文言が明確に記された。そして第三条の事業項目に、一、教育に関する世論の喚起、二、学校教育諸問題の調査研究　三、教職員の修養研鑽との取り組み課題の重点化、教育変革を目指す明確な作業課題が掲げられた。

新教育研究所の運営委員は町村長会代表、郡連合ＰＴＡ代表、連合婦人会代表、連合青年団代表、校長会代表、教員組合代表であり六団体からの代表となった。経費は前年の五万円から大きく増額し、教育振興会負担（振興会結成までは町村負担）経費六十万円となった。所長（西尾彦朗）、副所長二名（玉置忠良小学校長、三宅武夫中学校長）が置かれ、専任所員は六名に増員された（三宅一男、大島虎雄、鈴木貞男、林鉦三、春日井久夫　浅野信一）。前規程にあった部員規程が消えているが、第一四条で県の任命以外の所員は運営委員会の同意を得て所長が任命する。また第一六条で必要に応じ専門部員を置く事が出来るとされていた（嘱託所員は三六名となった）。

機構が拡充された昭和二四年、恵那郡教育研究所はどのような活動を展開したか、昭和二四年度の研究所諸記録から列挙しておきたい。

事業概容

研究部

カリキュラム研究

〇カリキュラムの原理研究　（能力表試案）

〇カリキュラムの構成

小学校社会科中心・中学校の教科別・・・専門部会にて研究
小学校・中学校　各科教科課程表
カリキュラム構成の基底としての能力指導系統表試案作成　B5　九七頁
カリキュラムの実践検証・・・小学校・・坂下小学校
○カリキュラム構成に対する批判
郡の実態に立ったものをそれぞれの学校にて立案する、その基本的な能力とその具体的な立案と実践
教育技術の研究
評価技術（五月）、特殊児童の心理（六月）、環境調査（七月）、知能測定（九月）、その他測定（十月）、
学級社会の心理（一一月）、グループの学習形態（一二月）、個性調査法（一月）、評価法（二月）
以上の研究会を部落別に、部落へ出張研究会をもつ。
調査統計部
学校教育実態調査　学校予算　児童数と教師　勤務時間
社会調査・・・カリキュラム構成の基本調査
事業部
現職研修の研究会　講演会
昭和二四年八月二三日　今井誉次郎先生講演「社会科への目を開く」
九時半より午後二時まで講堂
昭和二四年一一月一〇日　理科教育座談会　講師　国立教育研究所古川春男先生
南小学校講堂

　　昭和二四年一一月二九日　国分一太郎氏講演「生活綴り方教育の発見」　公民館
　『恵那の教育』の発刊　（父兄向）年一〇回　一回　二〇〇〇部
　　青年団、婦人会、ＰＴＡ、町村長会、一般の人々の教育に対する声及び各団体の活動状況等を掲載
学校及び教員の研究
　「所報」第八号まで発行　二〇〇部　研究所・教員の研究発表
　（1．学校教育　2．青年団特輯　3．婦人会、　4．ＰＴＡ関連）
研究紀要及び史料　一ケ年の研究整理
児童生徒作品集、　児童生徒作文集発行
良書の推薦
社会科サイドブック
『吾が子は如何に育てられるべきか』Ｂ６　一八〇頁　三〇〇〇部
『冬の友』Ａ５　五八頁　一二月五日　　教組文化部と共同編集
青年団・・・所員一名専属、
　　青年団運営についての相談　青年団幹部と懇談会を開き具体的な計画を立てる。青年団研究活動の援助
　　講師の斡旋
婦人会　婦人会研究会
　　講演会　　婦人会の要望を聞き具体的な計画を立てる。
　　映画会
教育文化賞

以上の如く、教育振興会の機関として位置づけされた教育研究所は、「本当の教育とは何か」を問いながら、学校教育・社会教育全分野において極めて活発な活動を展開していたことが判明する。昭和二六年頃の教育研究所の記録用箋冊子の一頁に、県教育行政の学校巡視・授業参観指導に対して「指導主事　年一回　通り一辺の授業を見ての感想を述べるに過ぎない。真けんに子供の教育にとり組む教師にとっては何等役立つものではない。むしろ反感さえ感ずる事がある。真に実体に即した教育を考えてはくれない。教育課　年一回の巡視、事務的な機関で指導的ではない。専門的にその郡の教育のあり方、地域に即する方法を考えると共に、教師、学校相互の横の関係を統率する所の必要を感ずる。この意味に於ける研究所の必要大である。」との書きこみが残されている(41)。県の教育課の学校巡視・指導主事への手厳しい批判をなし、真に実体に即した教育、真剣に子供の教育に取り組み、地域に即する方法で、教師、学校相互の横の関係を築く教育実践を切り開こうとしていた当時の教育研究所員の意識の冴え、使命感、実践研究の真摯さが伝わってくる。教育振興会の教育研究所について、稿を改めて全体像の解明に努めたい。

六　岐阜県教職員組合と教育会

1　岐阜県教職員組合結成の足取り――教組と教育会不離一体化を志向

昭和二〇（一九四五）年一二月一日、全日本教員組合（全教）結成、翌二日日本教育者組合（日教）結成となり、教員組合結成の動きが全国的に昂揚し昭和二一年一月一九日、全日本教員組合第一回全国協議会が開催された。岐阜県下では昭和二一年三月四日、県下単一教員組合設立準備会が開かれ、一九日、国民学校・中等学校の教職員による岐阜県教職員組合が結成された。組合長には梅林国民学校長の水谷儀一郎（元視学）が選出された。この際、全日本教員組合（全教　共産党系）の岐阜県支部とすることが可決された。しかし中央での組合運動を巡る対立が反映して、内部で全教に加入することの是非をめぐってイデオロギー的に混乱が続いた。

五月二日、岐阜県教職員組合の実行委員一四名とその他大日本教育会岐阜県支部長阿部榮之助、水谷儀一郎京町校長、伊藤義雄徹名校長、岐阜市女教員会代表者、オブザーバーとして伊藤恭一代議士等が集まり、今後の在り方について協議する動きも見られた[42]。二一年七月一日、国民学校教組が国民学校教組協議会を開催し、同組合の新規約を審議、一九条からなる新規定によって暫定的に活動を進めることとなった。これによって、三月に結成された県教職員組合は事実上解消となり、一〇月一四日、金華国民学校において岐阜県国民学校教職員組合結成総会が開催された。当時は校長も組合に加入しており、主な幹部は校長であった。二一年一一月に、岐阜県地方労働委員会は校長を除外することを決定してきた。東海軍政部（東海三県）は教員の労働組合から校長を除くことを強く指導した。それゆえ、一一月二一日新役員選挙の結果藤田正之介（岐阜市本郷校教員）が組合長となった。校長は裏面から支援することとし、組合費に見合う金額を協力費として出した。

一一月段階、岐阜県青年学校教職員組合、岐阜県中等学校教職員組合が作られ、学校段階毎での統一組織が出来、一二月一一日岐阜県教職員組合連合会を結成し、最低生活権獲得岐阜県教職員組合大会が金華国民学校で開かれた。初代委員長は中等学校の深浦泰平組合長が就任した。全教組を支持することも決め、知事への要求一一項目を決定、早速桃井直美知事と団体交渉を行った。団体交渉の進め方において、急進的な交渉手法を取る中等学校側と穏健な話し合い手法をとる国民学校側とはやはり対立し、岐教連と中教組と決裂状態が続く事になった。しかし全国組織との関係では、昭和二二年一月、全教組から名称を変えた全教協に加盟した。三月八日、岐教連、桃井知事との間に団体協約締結を交渉し、一〇月三〇日、団体協約締結を調印した。

昭和二二年四月、六・三制となり、国民・青年・中等各教組は組織を変更する必要があり、新学制改革を機に単一の県教組を生み出すこととし、五月二五日、長良小学校で結成総会が開催され、新制の小・中学校と一部分残った青年学校教員とが新たに岐阜県教職員組合を結成した。この際、校長加入を大会決議とした。
役員は組合長中村又一（師範学校男子部附属長良小学校）、副組合長浅野周一（竹ケ鼻中学校）、同副組合長河村利夫（興文小学校）、書記長三田村武雄（華陽小学校）、書記次長近藤義徳（笠松小学校）、会計奥富順三（教育会事務局）という陣容となった。三田村書記長が視学委員という名目で、県教育会勤務となり政経部を担当し、形は教育会と不離一体の運営ということになった。

この結成総会で組合と県教育会との関係についてどうするかが問題となった。書記次長であった近藤義徳は次のように記している。「教組発足以来の、県教育会に対する激しい批判が行われて来たが、校長の組合除外と共に、この教育会問題は微妙な問題となり、教員が二つの団体を結成して、同じような事を両方でやるのはおかしいというムジュンと、封建的な教育会を改組すべしという両面から、何とか教組と一体化出来ぬものかという意見が可成強かった。特に教育会が、江崎主事を迎え伊藤代議士を会長にして強力に復活しようとしていた矢先でもあったので、不離一体化が主張せられた[43]」初期の組合結成期には校長達が積極的に組合作りに動いていたのであり、組合の文化活動や教員研修機能強化には校長達の力量が必要であった。校長が組合に入れなくなったとすれば、教育会と組合を合体させることが望ましいという提案も浮上した。教育会解散論に危機感を持つ教育会幹部はなおさら不離一体化路線を目指した。近藤義徳の回顧録には当時「本県の教育会は全国的に見て稀に見る強力な活動をしていて、その組織は極めて強かったし、特に終戦後、一早く民間団体として改組し、伊藤恭一代議士を会長に、かつての男師附属の校長（岐阜県師範学校附属小学校主事兼岐阜市長良尋常高等小学校校長）であった江崎英一氏（現真正中学校長）を主事にして、校長会をバックに強力な復活を試みんとしていた矢先であった。[44]」と記していた。

昭和二二年五月の岐阜県教職員組合結成大会においては、具体的に教育会と組合との不離一体化ということで、中村又一組合長が水谷儀一郎京町小学校長と並んで教育会の副会長に就任し、また三田村武雄組合書記長と教育会事務局文化部の奥富順三両氏が、それぞれ教育会の専任として組合役員を兼ねる役員配置がおこなわれた。それは教育会の民主的組織への脱皮としての試みでもあった(45)。

中村又一組合長は、近藤義徳の回想によれば「給与改善の道より主として教育文化の闘争を中心に組合を指導したといえる」、当時「県教組は、経済要求と文化活動は車の両輪であって、平素の活発な教育文化活動によって始めて経済的要求が昂められるとして不離一体のものとし、教組は大いに文化活動をやるべきだというのが、われわれの考えであった」と記していた(46)。昭和二二年五月段階、県教組と県教育会は不離一体化路線を取っていた。

2　恵那郡教員組合結成の動き

恵那郡では、「教員組合」結成の準備会が幾度か設けられたが、労働組合法によらない教育連盟をつくることに話がまとまり、昭和二一（一九四六）年五月二七日、恵那郡教育連盟結成式が中津南校講堂で開かれた。初代会長に恵那郡校長会長西尾彦朗が選ばれた。敗戦直後の教職員の待遇、生活条件、職場環境の劣悪さ、その現状打開を念ずる校長達が、教職員組合づくりに積極的に関与し、中心的な役割を担う動きが生じており、恵那においても同様の歩みから始まり、やがて若い教員が青年部を立ち上げ労働組合法に沿う教員組合が結成されてゆく。主な動きを列記してみる。

昭和二一年四月　　労働組合法による組合結成を志向して第一回準備会（大井小学校）。
六月一七日　　恵那郡教育連盟文化部会合。
七月二三日　　恵那郡教職員組合評議員会。
七月二九日　　教育連盟経済会議。西尾彦朗校長、西尾岩夫恵北中学校教諭大井校へ。

一一月二七日　恵那中学で組合協議会。

一二月九日　恵那郡労働組合結成式。

昭和二二年一月三一日　岐阜県教職員組合恵那郡支部結成。支部長梶田敏郎（岩邑小学校教諭）日本教職員組合に所属する。青年行動隊組織。

翌日の二・一ゼネストへの準備態勢に入る。

「ストは教育の放棄ではない。教育界の民主化、自主権の確立、生活権獲得のためのものである」ことを確認し、「全協」の旗の下に戦うことを表明。

二月一日　夜一〇時五分国鉄より情報。二・一ゼネスト中止、但し争議行為は中止せず。0時全逓特別指令一四号により二・一ゼネスト中止全官公労共同闘争体系を解く。但し闘争体系そのまま持続（全逓中津本部より）。

スト中止のため各役員訪問。

四月二九日　組合改組に関する打合会。

五月一日　第二回教組大会（大井小学校）。

校長西尾彦朗（中津南小学校・恵北中学校）、西尾岩夫（恵北中学校）、丸山武典（中津南小学校）、細江武雄（恵北中学校）、組合改組問題で大井小学校へ出張。

六月三日　恵那郡教職員組合評議員会。青年部結成。婦人部結成。

恵那郡教職員組合青年部結成大会。大井小学校会議室。

恵那郡教職員組合青年部部則（案）。

第二条、青年部は三〇歳以下の組合員を以て組織する。

第三条、この部は部員の団結を強固にすると共に青年特有の熱と意気と実行力を以て、組合運動の強力なる推進力となる。

七月七日　青年部集会。
七月一〇日　婦人部集会。
八月二九日　西尾校長、丸山教官、教職員組合代議員大会。大井へ出張。
一一月　教組青年部大会「政治活動と文化活動は組合活動の車の両輪」確認。
夜、雀のお宿座談会（講師：中津南小学校長西尾彦朗、大井小学校長玉置忠良）青年部一夜講習の始まり。

昭和二三年四月　各地で職場の民主化闘争。
五月一〇日　岐教組恵那郡支部総会、中津南小学校講堂。
地域給与引き上げ運動を展開。
七月三日　恵那郡教育研究所設置。
七月一五日　教育委員会法公布、都道府県・市町村に公選教委を置く。
七月三一日　日教組、マッカーサー書簡（公務員から団体交渉権、争議権剥奪）に基づく政令二〇一号に非常事態宣言。
一〇月　五日　西尾彦朗、組合・校長会等の支援を受けて県教育委員当選。

昭和二四年二月二四日　恵那郡教育復興会議（恵那郡教組・校長会全面的に尽力）。
三月　教組恵那支部文化部　文集発行。
五月一日　全職員メーデー参加。

五月二八日　恵那郡組合大会、児童繰り替え休業。
六月一四日　第四部会校長・組合分会長会合。
八月六日　校長理事会・組合文化部会合。
九月　各学校で生活綴り方教育への模索始まる。
一〇月　恵那郡ではレッドパージの馘首者なし。
一二月　教組文化部、学力低下を防ぐため『冬の友』編集発行。
昭和二五年一月一八日　女教員会合。
三月二二日　校長会と組合の連絡会。
五月九日　校長会理事、組合幹部連絡会、南校応接室。
五月一三日　組合定期大会、南校全職員大井出張、学校臨時休業。
六月六日　校長会理事会と組合の会合、現職教育について。
六月二一日　校長・組合理事会会合、南校応接室。
九月二七日　綴方講習会（文化部主催　南校裁縫室）。

以上、中津川市立南小学校内中津川市教育文化資料室所蔵の学校日誌ならびに「恵那地区生活綴方実践・運動史略年表」（『恵那の生活綴方教育』別巻3、草土文化、一九八二年刊）、『「恵那の教育」資料集【1】』桐書房、二〇〇〇年四月刊、から関連事項を抽出した。恵那郡教員組合と校長会は相互に連絡を取り、教育事業の推進に極めて協力的であったことが判明する。

3　県教組と県教育会の摩擦、県教育会解散事情

昭和二二（一九四七）年七月一七日、日教組の中央委員会は、日本教育会の解散を訴える声明を発表し、より積極的な運動で対処する方針を明らかにした。この事態については、阿部彰『戦後地方教育制度成立過程の研究』風間書房（五一八頁）に既に詳細に叙されている。さて岐阜県教育会主事・専務理事の江崎英一は、中央の日本教育会常任理事でもあって解散反対の中軸の一人に数えられていた。昭和二二年九月段階、各県教育会が続々解散していくなかで、岐阜県は長野県と並んで教育会の牙城と映じていた。岐阜から日教組中央執行委員当番で出京していた近藤義徳は、日教組本部の小笠原書記長から「岐阜は別格官幣社だ」とヒニクをいわれる程で、事教育会問題になると小さくしていなければならなかった程であったと当時を振り返っている[47]。近藤義徳は、教育会について「過去に於ける教育会の功績を否定するものではない」が「絶対主義政権下に於ける帝国主義教育の興隆の為の機関として、あるいは政府地方官僚の代弁機関としての教育上の果たした任務は偉大なるものがあったであろう。特に戦時下における教育会が、翼賛会の傘下に入って、侵略戦争に大きな一役を買った事は止むに止まれぬ事情もあったとは言え、最早その存在は許されるべきものではない[48]」との思いを抱いていた人物であった。一〇月に帰県した近藤は、教育会問題を早急に片づけるよう組合として改組あるいは解散の態度を明確にすることを提起した。しかし組合と教育会不離一体化論が根強い岐阜の状勢においては論議は進まず、うやむやになったまま年を越した。

翌二三年、これまで教育会が編集していた『夏休みの友』を教育会と教組が共同で編集するに至り、さらに岐阜県教職員組合文化部（部長　華陽小学校教員坂井田富士夫）が力量を発揮し、近藤義徳の述懐によれば、「渡辺三吉氏の経営する新日本文化社の子供タイムスに目をつけて、その編輯を引受けた事から新日本と提携し、ここに教組文化部の出版事務所を設け、ワークブック編纂等から逐次文化部の組織を通して出版されたものが、郡市支部に流れる体制を築き、遂に冬休みの友から文化部独自で発行する段階に至った[49]」。

それまで教育会が行っていた出版活動の収益は、教育会運営に資する所が少なくなかった。その重要な資金源が、漸次組合の手に移ることとなった。

また、当時甚だしいインフレ下で生活必需物資を安価に手に入れる事の切実さは非常なものであった。消費者の生活を護る生活協同組合法を中央で制定する機運が高まり、七月に消費生活協同組合法（法律第二〇〇号）が成立していく状況を迎えていた。日教組においても、全国的な生協組織を確立しようとの動きが生じ、岐阜県教員組合では三月末から郡市の厚生部長を集め検討を進めた。多くのハードルに苦慮しながら、定期大会の議案として決議を得、教職員の総意・意志によるものという手順をとり、教育会傘下にあった「有限責任岐阜県教員購買組合」の吸収を図った。「岐阜県学校生活協同組合」が昭和二三年七月に新発足し、教組と一体化し活動を開始することとなった。生協は教員購買組合を一切清算し、新組合員から一〇〇円の出資を求めて発足した。人事については教組厚生部長を以て理事長とし、教組厚生副部長を専務理事に、副理事長及び常任理事をそれぞれ教組、校長会から出して人事が落着した[50]。教育会傘下の教員購買組合が教組傘下の生活共同組合にとって替わられたことは、教育会と教員組合の存在感に大きな変化を如実に実感させることになった。

昭和一三年以来、教育会が厚生部として「有限責任岐阜県教員購買組合」を傘下におさめ、そこから生まれる収益が大事な教育会運営資金となっていた。教員の洋服、靴といった生活用品から、教育会が選定した謄写用原紙・インク、用紙、習字用毛筆・墨、ノート、鉛筆、クレヨン等の学用品に至るまで、その宣伝、斡旋、販売から入る収益が途絶えることとなった。この財源基盤の変化は教育会の存立に実に大きな痛手となった。

昭和二三年八月五日、中央の日本教育会が総会において解散を決議するに至った時、日本教育会の常任委員である岐阜県教育会の江崎専務理事は、東京都教育会、信濃教育会など一二都県と解散反対の立場に立ち、継続組織結成の呼びかけに賛同する動きを示したが、翌年の日本教育協会結成には不参加となった。岐阜県教育会存立基盤に大きな変動が生じていたのであった。昭和二三年九月段階、岐阜県教育会長が教員組合委員長坂井田富士雄の兼任となり、教育会副会長横山盛作は岐阜県高等学校教職員組合副委員長であり、同副会長一野周一も岐阜県教職員組合連合会副執行委員長であった。県教育会の役員トップを教員組合のトップが併任するに至っていた。教育会の存続論者であった江崎英一は継続して専務理事を務めていたが、役員構成の大きな変化とともに県教育会は解散の方向に進んで行き、昭和二三年度末に解散するに至った。

総括的にこの推移を要約するならば、県教員組合と県教育会は不離一体化論が優勢で協力関係を保持していたが、県教員組合が文化活動を殆ど掌握すると共に、新たに学校生活協同組合の結成が企画され、上述の如く教員購買組合がそこに吸収されるに至った。さらに教育会長が坂井田教組委員長の兼任となり、追々解散に舵が切られ昭和二三年度末に実質的解散となったのであった。第四節で明らかにしたように昭和二四年二月段階から、郡市教育復興会議が従来の教育会を発展的に解散し、市郡町村に教育振興会を結成し教育研究所を設置していくという大きな変化が進行した。岐阜県教育会は県下の郡市教育会の連合体であったゆえに、構成組織であった郡市教育会が次々に解散すれば、県教育会組織は解体となるのであり、まさに昭和二三年度末において岐阜県教育会は姿を消すに至った。

恵那郡教育研究所が整備強化されるに至った際、恵那郡では、岐教組恵那支部は校長会と一致協力し教育研究所発足に力を尽くした。教育研究所新発足に際して昭和二四年六月、岐教組恵那支部長島村四三（恵那中学校教諭）が寄稿した祝辞は、当時の組合文化運動の内実を示すものとして貴重である。戦後地域における教育研究所設立の「意志」を歴史的に証するものである。全文紹介して本節を閉じることにしたい。

教育研究所の新発足に寄す　　岐教組恵那支部長　島村四三

新教育の大元が示されて教育民主化の旋風と共に過去に於ける旧体の教育団体は次第に過去の遺物として消え

去る運命にある教育会もその例にもれなかつた。しかし何か教育の中心となつてあらゆる教育を推し進めていく教育的団体の組織を持つことの必要さは、現在教育に関心を持つ者の等しく要望する所である。而も教育といえば学校教育とゆう流れ島に立籠つていた時代は正に過ぎ去つた。学校と社会をつなぐコミュニテイースクールの形態こそ新教育の姿でなければならない。したがつて新しく生れる教育推進組織団体は学校教育関係は勿論、あらゆる社会的民主団体を打つて一丸とした強力なものでなければならない。かくして恵那郡教育振興会（仮称）は生れんとしている。如何なる団体もその成功はその運営如何にかかつている。従来の各種団体が出発の華々しさにかゝわらず開店休業の状態にあるものの多かつたのは、それが真に大衆のもり上る総意から生れなかつたことと、もう一つはその運営方法の宜しきを得なかつた為である。郡の教育振興会もこの轍をふんではならない。こゝに於いて、教育研究所は、この郡教育振興会の運営機構の一環として活動して貰いたい。即ち振興会の常置機関、中枢機関としての強力な活動を望むものである。更にくわしくいえば　一．主体性を確保し、郡の実情に即したものであつてほしい。中央からの指命で動く研究は、今迄失敗の連続であつたことを銘記されたい。　二．学校教育、社会教育、青年教育、婦人教育その他あらゆる教育を一体とした教育研究であること、学校建物に立籠る教育はも早学校教育そのものも成立たせないことを我々は先ず知るべきである。　三．実際的であること、大学の研究所とはちがう。どこ迄も実際にまにあうものであつてほしい。四．研究所の開放は勿論各地域にのり出して実際的研究相談に応じられたい。

以上思いつくまゝに書き述べて、教育研究所発足に望むことばとしたい。(51)

おわりに

戦後岐阜県教育会の解散の経緯を、特に恵那郡にスポットを当て、郡教育会の発展的解消・教育振興会とその中枢機関として教育研究所が立ち上がってくる様相を考察してきた。他郡においても手法や細部に違いがあるものの、町村長会、ＰＴＡ、校長会、教員組合、青年団、婦人会など諸団体が協力し同様な新組織づくりが進行した。武儀郡においては、昭和二三（一九四八）年一一月段階から、町村長会の提唱で郡内の各種教育施設、団体等が縦横に連絡を密にして学校教育、社会教育の振興を図る武儀郡教育振興協議会が結成されていた[52]。昭和二四年八月段階には、養老郡教育振興会、益田郡教育振興会、可児郡教育協会、大野郡教育協会など、郡内諸団体を包含した同種の教育改革の動きが生じていた。この年県内全一八郡中なお郡教育会名のままであったのは、稲葉郡、羽島郡、海津郡、不破郡、安八郡、揖斐郡、郡上郡、吉城郡の八郡であった。翌二五年度には、羽島郡、海津郡、揖斐郡の三郡が教育会名で存在したが、二六年には郡教育会は全く無しとなった[53]。

昭和二四年一月一六日、岐教組臨時大会で、空襲によって内部が焼けた岐阜県教育会館を新設する提案があり、三月一〇日岐阜県教育会館建設委員会が結成され[54]、建設趣意書が全県下教職員及び教育関係者に配布された。教職員一人当たり三〇〇円を拠出して、同年九月二五日に新しい会館が完成した。その管理は教育会館管理委員会によって行われ、管理委員長は岐教組委員長、副委員長は六三校長会長、管理委員一〇人は高教組、岐教組、郡教組、高等学校長会、大学高専部等から就任した。旧館で業務を行っていた岐教組、高教組、六三校長会等の教育関係諸団体が新館に入った。

同年教育会館内に岐阜県教育会管理委員が置かれた。委員長坂井田冨士雄（岐教組委員長）、副委員長仲澤倹次郎（高等学校教組執行委員長）、委員伊藤喜一（高等学校長協会会長）、後藤彌三（六三制学校長会会長）以下一一人、その中

には西尾彦朗、近藤義徳の名も見える。昭和二四年一〇月二〇日に「財団法人岐阜県教育会」が設立され、解散した岐阜県教育会の基本財産を引き継いだ。役員には教育委員会・校長会・教員組合の関係者が就任した。この「財団法人岐阜県教育会」はその後、岐阜県教育会館のなかに「一般財団法人岐阜県教育会」（一般財団法人である移行法人）として継承され、現在は東濃西教育会館と可茂教育会館の二館のみの管理業務を行っている。

さて岐阜県の戦後教育会解散経緯の特徴を五点に絞ってまとめておきたい。

第一、大日本教育会岐阜県支部から独立体としての岐阜県教育会への転換、教育会組織の民主化プロセスについて。連合国軍総司令部は「教育会は現職教員を正会員とする教員の職能団体であり、教育行政から独立した民主的組織に改組すること」を示唆した（「ＧＨＱ勧告」一九四六・一二・九）。岐阜県は昭和二一（一九四六）年九月二一日「岐阜県教育会規程」を編成、翌年六月二一日一部改正によってレベルの高い民主的改組を実現させた。それは全国的に最も早い先端的改組であった。その背景には、二一年四月の第一回衆議院選挙で議会に教員代表を送り出すべく、国民学校長伊藤恭一を候補者に立て、校長会と教員組合が全面的に支援活動を展開し、最高得票で当選するに至り、岐阜県教育界に大きなうねりが生じていた。教権確立・国会に教育者の代表を送ることに強い思いを込めた校長・教員達が存在し昂揚した磁場が生じていたことを重ね合わせてみることを促される。その伊藤恭一が岐阜県教育会長に選出され、岐阜県教育会の運営は校長会と教員組合が両輪となるよう編成され、教育会組織の民主化が実施されていた。校長会と教員組合の連携・協力関係が早期に築かれたことが、岐阜県の大きな特質であった。そして郡教育会改組の事例として恵那郡教育会にスポットを当てた。会長西尾彦朗が「ＧＨＱ勧告」の指針を手がかりに推進した教育会改組の手続きは徹底したものであった。恵那郡教育会規程の再点検を実施、教育会の現状を討議することを求め、その結果、教育会を一端解散し下部から改組し直し「発展的解消シ再出発スル」こととした。各学校現場での審議を集約し、郡内教職員、教員組合役員、教育会役員の協議を図り総意を纏める手続きを進め、昭和二二年七月一一日改組規定が出来上がった。教育会の発展的解散として、教育会と組合文化部と校長会、三つの組織の機能と人材の共同化が推進された。「教育の自立性」を手探りするその足取りが学校文書に詳細に記録されており、第一次史料の探索により地方教育会組織の戦後への転換の注目すべき実態・教育情報回路再編成の具体的経緯を明らかにした。

第二、六三校長会の活動の詳細、その果たした役割の分析。戦前においても地域の教育事業推進において校長会の活動は実に大きな影響力を持った。教育会の運営に当たって実質的に校長会がその屋台骨となって教育会を支え運営してきたといえる。敗戦後、崩壊しきった学校現場において教育再建作業を具体的に背負い、各地域で苦闘したのが、校長、校長会という存在であった。昭和二二年六三制新学制の開始、校長は各郡町村の新学制協議会の委員として、具体的に校舎建築、施設の修繕、教員の確保等、諸会議への対応、PTA等との会合また教員組合との会合に頻繁に出かけた。課題処理に直面し続けるなかで、校長たちは、教育会組織の限界を痛感するに至る。二三年六月段階、校長会の教育会担当委員会から教育会の今後の方向として、一般社会、PTA、その他傍系団体の衆知を集めたものとしての団体へ切り替えを望む報告が出る。そして八月段階、恵那郡校長会実行委員会において、校長会長ならびに教育会長の西尾彦朗が、直面する諸問題を解決していくには教育会レベルを越えた大きな組織・運動が必要不可欠であり、父兄一般社会と繋がりを持ち、広範な連携を持ちたいと述べた。社会的な世論を作り上げる新たな次元への組織論・運動論を提起し、教職員のみの教育会を越えたより大きな活動形態を志向することを強く打ち出すに至った。教育会史研究には校長会分析を本格的に深める作業が不可欠である。

第三、教育復興会議における「教育会発展的解消」・教育振興会と教育研究所設置へ。昭和二四（一九四九）年二月二四日、恵那郡町村会、PTA連盟、青年団、婦人会、高等学校長協会、六三校長会、高教組、岐教組恵那支部の共催で恵那郡教育復興会議が開催された。それは新学制実施の困難な課題をどう解いてゆくか。「岐阜県教育委員会に何を望むか」「恵那郡教育の振興を図るにはどうしたらよいか」緊喫の対処問題を討議題に設定した。この会議を企図し市町村長、ＰＴＡはじめ郡内諸団体に働きかけ、輿論形成に努め会議を実現させたのは恵那郡校長会と恵那郡教員組合であった。会議は時代と切り結ぶ「質疑応答・意見発表」が行われた。約三〇〇人が出席した会議において、西尾彦朗教育会長から「弱体組織の現状であるから教育会は発展的に解消して強力なる組織を有する教育振興会結成に努力したい」と明確な決意表明が行われた。これは前年八月恵那郡校長会実行委員会で西尾彦朗会長が提起した活動方針の現実化であった。そして各階層を包含した強力な組織・教育振興会結成が決定されるに至った。さらに教育振興会には教育研究所が中枢機関として不可欠であり、教育研究所を拡充強化するため、郡町村から六〇万円を出資して教育振興会附属の本格的教育研究所設置となった。さらに恵那郡町村会長大野豊松は、教育研究所には有能な人材の確保が肝要であり、専任スタッフ一二名の配置を県教育委員会委員長に陳情書を提出していた。この時点における町村長たちの教育改革意識、ＰＴＡ役員の見識、校長会、教員組合の輿論喚起の動きは目を見張るものであった。教育会組織の民主的改組を全国に先駆けて実施し、現職教員を正会員とする職能団体としての教育会を独自に体現し歩み出したのであったが、戦後新学制に基づく急激な学校教育・社会教育づくりの困難な状況においては、地域諸団体との連携組織が不可欠であることを実感する。教育会を発展的に解消し、町村長、諸団体を巻き込んだ強力な運動組織としての教育振興会組織が結成されていった。この時期の岐阜県戦後教育史は極めて注目に値する。教育情報回路の組み換え、新たな強力な回路編成・回路の高度化の具体的展開を詳細に明らかにした。ここで設立された教育研究所は城戸幡太郎等の唱えた戦後教育改革の動きの中で全国的にどう位置付けることが出来るか。比較検討を進めたい。

第四、岐阜県教員組合と教育会の関係。戦後両会発足時から協力関係が強く不離一体化志向を基本とした。昭和二二年五月段階、教員組合の役員が教育会のいくつかの役職を兼任しており、それは教育会の民主的組織への脱皮の証左でもあった。また当時県教組は経済要求と文化活動は車の両輪であり、教員組合は文化活動に力を注いだ。教員組合と教育会は不離一体化路線を保っていた。

昭和二三年に、従来教育会が編集していた『夏休みの友』を教育会と教員組合が共同で編集するに至り、さらに教組文化部がワークブック等編纂物を作成し、出版事務所を設けて郡市支部に流れる体制を築き、遂に『冬休みの友』から教員組合の文化部が独自で発行するに至った。教育会が行っていた出版事業の収益が大きく減じ、教育会運営の資金源が漸次教員組合の手に移ることになる。さらに生活必需物資、学校用品、学習用品等を扱った教育会傘下の「有限責任岐阜県教員購買組合」に対して、昭和二三年七月に「岐阜県学校生活協同組合」が発足し、教員組合と一体化し運営を開始した。教育会傘下の教員購買組合が教組傘下の生活協同組合に吸収され、取って代わられるに至った。岐阜県教育会の財源基盤に大きな変動が生じていたのであった。それは教育会と教員組合の存在感に大きな変化を実感させることになった。教員組合の文化活動、生活支援活動が教育会のそれを凌駕したのである。昭和二三年九月段階、岐阜県教育会長が教員組合委員長坂井田富士雄の兼任となり、県教育会の役員トップは教員組合のトップが併任するに至っていた。不離一体化路線は教員組合が教育会の機能を凌駕する形で帰結した。教育会の財政・財源基盤への分析視点も重要である。

第五、教育の主体的振興を担う教育研究所創設。岐阜県下で最初に設立されたのは昭和二三年四月一日武儀郡教育研究所であり、続いて七月三日恵那郡教育研究所、一二月二二日土岐郡教育研究所、以後二四年中に一県四市一八郡すべてに総計二三の教育研究所が設立されるに至った。恵那郡では二三年五月、六三校長会で西尾彦朗会長が「恵那郡教育研究所（仮称）の設置」を提案し、恵那郡ＰＴＡ連盟の積極的支援を得て校長会と教員組合が協議を進め、七月三日設立に至った。注目すべきことに研究組織として専任所員数名、推薦所員数名、さらに各学校から一名選出される部員で構成されていた。この部員は各校において実際的研究をすると共に研究所と学校の連絡を密にするものであり、毎月一回総部員研究協議会を開き併せて翌月の所報の計画をなし、各校の研究問題を中心に随時随所において部員研究協議会を開くというものであった。それ以前の教育会組織を格段に超えた画期的な教育実践研究組織の創設であった。

昭和二三年一一月、恵那郡教育研究所『所報』第一号「創刊の辞」に、西尾彦朗所長は「教育の今後のねらいは、人々のおさしずで行っていた教育を私共自身の手にとりもどし、子供の教育を私共自身で調査し研究して、自らの力で解決して行くということに在る」。恵那郡教育研究所設立は「恵那郡の教育に主体性をもたせる改革の第一歩であり、岐阜県教育革新のさきがけである」と宣言した。二四年二月恵那郡教育復興会議において、教育研究所は教育振興会の中枢機関と位置付けられ教育振興会から経費六〇万円が補助され、研究所の拡大強化がはかられた。副所長二名、専任所員は六名に増員された。部員規程は消えたが嘱託所員が三六名に増員され、学校教育・社会教育全分野に亘る精力的な教育研究・教育実践が敢行された。

昭和二四年度の研究所諸記録の記載から研究部のカリキュラム研究、調査統計部の学校教育実態調査、事業部の現職研修研究会・講演会、種々の出版活動の概容を垣間見たのであるが、この時期、教育会が解散して岐阜県全市郡に設立された教育研究所の活動実態について、本格的な分析が必要となる。敗戦から戦後新教育への転換の内実を検証していくには、この戦後教育研究所の総合的研究が不可欠の課題となる。新たな共同研究の立ち上げが必要である。

注

(1) 明治一三(一八八〇)年八月長野県小県郡滋野村(現　東御市)に生まれ、長野県師範学校農学科に入学、高等師範へ進学するために、小諸義塾に赴任していた島崎藤村に英語を学んだ。東京高等師範学校に進学し、在学中、三宅米吉に師事。明治四一(一九〇八)年東京高等師範学校を卒業、同年四月岐阜県師範学校教諭として赴任した。大正一一(一九二二)年三月まで勤務、歴史の講義を担当しながら岐阜県郷土史の研究に携わった。奉職と共に岐阜県教育会に入会し、以後四〇年間会員であり続けた。大正一一年恵那中学校新設に際し初代校長に就任。岐阜県教育会から依頼をうけ、大正一二年—一三年に大著『濃飛両国通史』上下を刊行した。昭和四(一九二九)年二月大垣中学校長に転じ、昭和一五年定年で退職した。三月から岐阜県教育会主事に就任し、昭和二二（一九四七）年まで教育会の専務理事・事務局長を務め、戦時総動員体制下国策を翼賛する教育会運営を担った。そして敗戦を迎えて占領政策に直面し、岐阜県教育会の改組作業を背負い込むに至った。改組完了を機として同年一月末、県教育会主事を辞任した。同年四月、岐阜大学学芸学部史学科講師に任用された。なお昭和二〇年七月米軍による大垣空襲によって住居は全焼し、収集してきた史資料・書籍・研究物その他家財の大部分を失い殆ど無一物となり、加えて次男は中支で戦死、娘婿二人も戦死と病没という戦争の大きな惨禍を被った。まさに時代に翻弄される境遇を迎えていた。

（2）中津川市立南小学校内中津川市教育文化資料室所蔵Ｆ１―５「昭和一二年四月起證憑書類綴　昭和一二年―昭和二三年」中の「謝恩費募集の呼びかけ」。

（3）阿部彰『戦後地方教育制度成立過程の研究』風間書房、一九八三年二月、五一一―五一七頁、五五六―五五七頁、小西謙『星条旗の降りるまで――占領下信州教育の回顧』信濃教育会出版部、一九五七年、九六―九九頁、一〇三―一〇四頁、白石崇人論文（本書第一〇章）等。

（4）小西謙『星条旗の降りるまで――占領下信州教育の回顧』九五頁。

（5）中津川市立南小学校内中津川市教育文化資料室所蔵　Ｆ16「恵那郡六三校長会雑録」に綴じられた印刷版の小冊子は一一頁分。

（6）『岐阜県教育史　通史編　現代一』岐阜県教育委員会、二〇〇四年三月、二一二頁参照。

（7）「衆議院議員候補者伊藤恭一氏推薦趣意書」、「衆議院議員選挙にむけての檄」、『岐阜県教育史　史料編　現代一』岐阜県教育委員会二〇〇一年一月、五〇五―五〇八頁参照。

（8）中津川市立南小学校内中津川市教育文化資料室所蔵「昭和二十二年　六三校長会雑録　恵那郡六三学校長会」簿冊Ｆ１―16。

（9）中津川市立南小学校内中津川市教育文化資料委員会編、中津川市教育研修所発行、二〇一四年四月。

（10）中津川市立南小学校内中津川市教育文化資料室所蔵「昭和二十二年五月　記録　恵那郡六三学校長会」Ｆ15　校長会記録。

（11）中津川市立南小学校内中津川市教育文化資料室所蔵「昭和二十二年五月　記録　恵那郡六三学校長会」Ｆ15　校長会記録　二二年五月―一〇月。

（12）中津川市立南小学校内中津川市教育文化資料室所蔵「恵那郡六三学校長会記録」Ｆ16「六三校長会雑録　昭和二二年」。

（13）中津川市立南小学校内中津川市教育文化資料室所蔵　Ｆ15校長会記録「恵那郡六三校長会」昭和二二年五月記録。

（14）昭和三年七月に恵那郡教員会が形成され、地域を六部に区分し、恵那郡の校長会と教員会が地域毎にまとまりを以て活動する体制が整えられていた。
(15) 注10に同じ。
(16) 中津川市立南小学校内中津川市教育文化資料室所蔵　F16「校長会記録　昭和二三年　六三校長会雑録　恵那郡六三学校長会」。
(17) 中津川市立南小学校内中津川市教育文化資料室所蔵「昭和二十三年度　岐阜県教職員組合書類　学校長」S簿冊。
(18) 同右。
(19) 中津川市立南小学校内中津川市教育文化資料室所蔵　恵那郡六三学校校長会記録「S22年六三校長会雑録　恵那郡六三学校長会」。
(20) 同右。
(21) 中津川市立南小学校内中津川市教育文化資料室所蔵「昭和二十三年五月　議事録　恵那郡六三校長会」F17簿冊。
(22) 前出『資料　興風学校日誌』第九号。
(23) 中津川市立南小学校内中津川市教育文化資料室所蔵　F20「校長会書類綴　恵那郡六三学校長会　六三校長会雑録」。
(24) 中津川市立南小学校内中津川市教育文化資料室所蔵「昭和二十三年五月　議事録　恵那郡六三学校長会」F17簿冊。
(25) 同右。
(26) 同右。
(27) 中津川市立南小学校内中津川市教育文化資料室所蔵「昭和二十三年五月　議事録　恵那郡六三校長会」F17簿冊（コクヨ165規格A4、一〇行、二〇字詰、原稿用紙三枚）。
(28) 中津川市立南小学校内中津川市教育文化資料室所蔵「恵那郡六三学校長会　議事録」F17簿冊、昭和二三年五月。
(29) 「(坂下)町長　教育会・教育振興会関係書類綴」所収、前出『岐阜県教育史　通史編　現代一』六〇七―六〇八頁参照。
(30) 「恵那郡教育振興会規約案」「(坂下)町長　教育会・教育振興会関係書類綴」所収　坂下総合事務所（公民館）所蔵、前出『岐阜県教育史　通史編　現代一』六一一―六一二頁参照。
(31) 中津川市立南小学校内中津川市教育文化資料室所蔵　F20簿冊「昭和二四年度　校長会書類綴　中津町立南小学校」。
(32) 「(坂下)町長　教育会・教育振興会関係書類綴」所収、前出『岐阜県教育史通史編　現代一』六〇九頁参照。
(33) 『恵那の教育』第三号、一九四九年八月一〇日。
(34) 中津川市立南小学校内中津川市教育文化資料室所蔵「校長会書類綴　昭和二十四年五月―二六年九月」F20簿冊。

(35)中津川市立南小学校内中津川市教育文化資料室所蔵「昭和二十四年　校長会記録」F20簿冊。
(36)中津川市立南小学校内中津川市教育文化資料室所蔵「恵那郡教育研究所　年次活動概要記録」。
(37)中津川市立南小学校内中津川市教育文化資料室所蔵「昭和二十三年度諸記録　恵那郡教育研究所」。
(38)同右。
(39)同右。
(40)中津川市立南小学校内中津川市教育文化資料室所蔵「昭和二四年　会議録　恵那郡教育研究所」。
(41)中津川市立南小学校内中津川市教育文化資料室所蔵「恵那郡教育研究所　年次活動概要記録」。
(42)前出『岐阜県教育史　通史編　現代一』二二八頁。
(43)「回顧四年　組合運動史(二)」『教育ぎふ』第三巻第三号、一九五〇年九月一日、四〇―四一頁。
(44)「回顧四年　組合運動史(四)」『教育ぎふ』第三巻第五号、一九五〇年一一月一日、一九頁。
(45)同右。
(46)「回顧四年　組合運動史(三)」『教育ぎふ』第三巻第四号、一九五〇年一〇月一日、二六頁。
(47)注44に同じ、二〇頁。
(48)同右、一八頁。
(49)注44に同じ、二六―二七頁。
(50)「回顧四年　組合運動史」(六)『教育ぎふ』第四巻第一号、一九五一年一月一日、三六―三八頁。
(51)「恵那の教育」第一号、一九四九年六月一〇日、恵那郡教育研究所発行、三頁。
(52)前出『岐阜県教育史　通史編　現代一』六一二―六一三頁。
(53)同右、六〇七頁。
(54)中津川市立南小学校内中津川市教育文化資料室所蔵「昭和二十四年度　校長会書類綴」F１―20簿冊。
岐阜県教育会館建設委員会の構成は、次の七団体となっていた。

岐阜県教職員組合、岐阜県高等学校教職員組合、岐阜県教職員組合連合会、岐阜県六三校長会、岐阜県高等学校長会、岐阜県学校生活協同組合、岐阜県教育会。

第7章　秋田県校長会における教育会の位置づけ

板橋　孝幸

はじめに

本稿では、校長会における教育会の位置づけを明らかにする。具体的には、秋田県を事例に校長会と教育会の関係を検討し、校長会が前史としての教育会を位置づけた意味を探る。

校長会と教育会の関係は、先行研究で「戦前の教育会と校長会は一体どのような関係にあったのか、本当に教育会と校長会は不離一体の関係にあったのか。そして行政当局にとって校長会と教育会はどのような存在であったのか。実は、こういった点は意外にわかっていない[1]」と指摘されているように、未解明な研究課題である。校長会そのものについても、「戦前の校長会はいつごろから組織され、どのように国あるいは府県の政策に関わってきたのか、それは、戦後の校長会と同じなのか、違うのか[2]」よくわかっていない。

校長職の歴史に関する概要については、佐藤幹男の研究から次のように整理できる[3]。戦前の校長職は、一八八一（明治一四）年に初めて管理者として制度化されて以降、一八九一（明治二四）年には訓導兼務を原則とした「監督者」として所属職員を監督することとなり、一九〇〇（明治三三）年には「監督者」から「統督」者に変更された。その後、一九四一（昭和一六）年には再び「地方長官ノ命ヲ承ケ」、校務を掌理し所属職員を「監督」する立場となり、一九四三（昭和一八）年には訓導兼任が改められ、独立した監督者としての役割が強化されていった。そしてこの性格は戦後の学校教育法にも引き継がれている。佐藤は、「こうした校長職の制度的変遷の過程で、教育会との関わり方がどのように変化していったのかも興味深い検討課題である。（中略）校長あるいは校長会という視点から教育会を改めてとらえ直すことができれば、教育会史研究に厚みが増すのではないだろうか」として、校長会と教育会の関係を検討する研究の重要性を指摘している。このような佐藤の指摘を踏まえ、本稿では秋田県における校長会と教育会の関係を検討する上で、次の二点に着目する。

第一点は、県教育会の継承団体についてである。戦後、県教育会の財産は組合が引き継いだ。しかし、秋田県小中学校長会によって作成された『秋田県校長会史』[4]の目次構成では、校長会の発足から書かれているのではなく、県教育会の設立から記述されている。同書は、「Ⅰ．秋田県教育会の歩みと校長会」「Ⅱ．各郡市教育会の歩み」「Ⅲ．県校長会結成までの歩み」「Ⅳ．県校長会の歩み」「Ⅴ．各郡市校長会の歩み」の五つの章から構成されている。そのうち、第一章の「秋田県教育会の歩みと校長会」は、「1．秋田県教育会の設立」「2．社団法人組織となる」「3．弥高神社の創建」「4．民間の徳望ある人を会長に推す」「5．校長会のはじまり」「6．財団法人組織となる」「7．戦時中の校長会の活動」「8．県教育会の解散」の八つの節から成り立っている。このように、県教育会の活動経緯が書かれている第一章第五節に「校長会のはじまり」が位置づけられている。つまり、組合ではなく県校長会こそが戦前の県教育会を継承している団体であると認識していることがわかる。この五章は、「Ⅰ．秋田県教育会の歩みと校長会」「Ⅱ．各郡市教育会の歩み」までが戦前、「Ⅲ．県校長会結成までの歩み」「Ⅳ．県校長会の歩み」「Ⅴ．各郡市校長会の歩み」が戦後で構成されている。校長会の歴史をまとめた書籍であるが、戦前は教育会、戦後は校長会が中心に書かれている。とりわけ、郡市においては戦前の「Ⅱ．各郡市教育会の歩み」と戦後の「Ⅴ．各郡市校長会の歩み」が対になっており、戦前における校長会の歴史は教育会の歴史と重ねて描かれていることがより鮮明に読み取れる。

第二点は、先行研究における県校長会発足時期の相違である。秋田県では、県校長会史と県教育史で県校長会発足時期の記述に違いが見られる。なお、本稿において県校長会史は「秋田県小中学校長会編『秋田県校長会史』秋田県小中学校長会、一九七二年」、県教育史は「秋田県教育委員会編『秋田県教育史』第一―七巻・付録、秋田県教育史頒布会・秋田県教育委員会、一九八一―一九八六年」を指すこととする。県校長会史では、県校長会は戦後発足したと書かれている。県校長会史の編集後記には、「戦前は県校長会の組織はなく、これにかわるものとして、県教育会があって、県教育の向上発展のために活躍した」と記述がある。[5] つまり、県校長会史では戦前において秋田県に県校長会の組織はなかったとしている。また、第一点目とも関わるが、県校長会にかわるものとして県教育会が位置づけられていた。一方で、県教育史では戦前に県校長会が発足したと書かれている。県教育史には「秋田県小学校長会は一九二八（昭和三）年一一月各郡市の校長会を統一した組織として成立した」[6] とあり、一九二八（昭和三）年段階で各郡市の校長会を統一して県校長会が発足したと明記されている。先行研究における県校長会発足時期のとらえ方が異なっている点は、県校長会と県教育会の関係を考える上で検討が必要である。

以上二つの検討課題を分析することで、秋田県校長会における県教育会の位置づけを分析する。

一　秋田県教育会の解散と教職員組合の発足

1　秋田県教育会の発足と戦時下の動向

本節では、県教育会の財産は組合が引き継いでいるのに、校長会が戦前の教育会を引き継いだとする理由を探る一環として、県教育会の解散と教職員組合の発足過程について『秋田県校長会史』『秋田県教育史』『秋教組二十年史』『秋田県教育雑誌』『秋田教育』等の資料をもとに整理する。そこでまず、戦前と戦後の切りかわりを対象とするため、県教育会の発足過程と戦時下の動向について検討する。

秋田県における教育会の活動は、一八八三（明治一六）年に設立された秋田教育義会に始まる。しかし、その活動は思わしくなかった。一八八五（明治一八）年には町村費の教育会費支出が停止され、学事諮詢講究のために開設されていた町村の教育会も自然解散の状況であった。そうした状況の中で、教員及び学務委員などを会員として小学校教育の研究改良に取り組み、細々と活動を続けていた南秋田、北秋田、山本、由利、仙北、平鹿、雄勝七郡の教育会は、徐々に足並みを揃えて一つの方向へ動きだした。一八八八（明治二一）年五月、文部属より県学務課長兼県尋常師範学校長に着任間もない庵地保が尾泉良太郎等九名とともに「秋田県教育会」設立の発起人となり、県内七郡の教育会にその賛同を請うた。七郡はいずれもその設立に賛同して、翌月設立するはこびとなった。この秋田県教育会は、先の秋田教育義会と異なり会員資格の幅を広げて多くの会員を結集し、その影響力を行使しようとしていた点に特色がみられる。また、部会を各郡に設けることを盛り込んでおり、一県を単位として設立された教育会が各郡教育会にその参加を呼びかけた経緯からも、連合体としての性格を持つものでもあったと県教育史では位置づけている。[7]こうして結成された秋田県教育会は、一九四八（昭和二三）年の解散まで活動を続けた。

戦時下の県教育会に着目すると、まず一九四一（昭和一六）年に組織を変更したことがあげられる。それ以前とは異なり、総会はなくなって会議は理事会と協議会の二種類となり、協議会は年一回開かれることになった。会長の上には、県知事を総裁に仰ぐ役員の変更も行われた。会の中枢的役割を果たしてきた研究部は、修練部と戦時色強い名称に改められた。さらに、同年九月からは機関誌『秋田教育』が改組される。それに伴って紙面も変更され、中央と秋田県の論文・情報が半々となり、秋田地方の論文掲載割合は減少することになった。

一九四四（昭和一九）年八月には、県教育会は中央の方針に従い、大日本教育会秋田県支部と改組した。郡部は支部を改めて分会とし、その下部には班を置いた。名称についても、「財団法人秋田県教育会」から「大日本教育会秋田県支部維持財団」と変更された。全国的な動きと同様に、秋田県の教育会も翼賛団体として組み込まれていったのである。

2　秋田県教育会の解散

戦後になると、教育会とは別個の教員組織として労働組合が急速に作られることになった。そうした中で、秋田県教育会は一九四八（昭和二三）年二月六日、代議員会を開き、「財団法人秋田県教育会の解散に関する件」と「財団法人秋田県教育会の残余財産処分に関する件」の二件を主案件として審議した。前者の「財団法人秋田県教育会の解散に関する件」の提案理由は、「その所属会員の中には教育会員である我々は、一面教職員組合の組合員でもあり、現在の如く教育会、組合の二本立の組織に関係してあっては、事業の実施や、其の他に於て幾多の支障がある故に、この際教育会の改組はとりやめ、むしろこれを解散して、組合一本立に行くべきであるとの声が多くなってきたのでありま す[8]」といったものである。県教職員組合の組織が整備されるにつれて、教育会の事業は大部分組合の教育部でも実施しており、教育会の会員と組合員が同一の状況下では事業・経費とも二重の負担がかかるため、教育会を解散して組合に一本化するという理由であった。後者の「財団法人秋田県教育会の残余財産処分に関する件」については、「本会が所有しておる一切の財産は、これを秋田県教職員組合に無償で譲り渡すことに決議[9]」したとあり、組合は教育部で教育会に類似した事業を実施しているので、解散後の残った財産は教職員組合に無償譲渡するのが妥当というものであった。

審議の結果、原案通り可決され、その結果四日後にこの二件を文部大臣宛に申請し、五月二〇日に秋田県知事から解散についての認可、同月二五日に同じく県知事から残余財産処分の件も認可された。こうして六〇年余にわたって活動してきた秋田県教育会は解散した。

3　秋田県教職員組合の結成と県教育会財産の引き継ぎ

南秋田郡脇本青年学校長であった花岡泰雲から、一九四六（昭和二一）年一月に組合結成の呼びかけが出され、「初期全秋田」と呼ばれる組織が三月三日に参加者八〇名で結成された。その二ヶ月後の五月二五日には、「全秋田教員組合」と称する郡市教組連合体が誕生する。

こうした前史があり、秋田県教職員組合は一九四七（昭和二二）年六月二三日に結成された。それまで単独だった中等学校、鉱山専門学校、師範学校の組合と全秋田教員組合が単一組織として秋田県教職員組合を結成する。しかし、この単一化は無理があったと先行研究で論じられている。[10] 戦後の学制改革による新制中学校は一九四七（昭和二二）年度から新設され、その教員は旧国民学校の教員が中心であった。一方、一九四八（昭和二三）年度発足の新制高等学校は、旧制中等学校が転換設置されたものであった。そのため、小・中学校の義務教育関係職員に比し、高校教員は数が少なく、また学歴・免許資格等も異なっていたことから、まもなく高校教員の多くは秋田県教職員組合の運営に不満を抱くようになったことが背景にあった。その結果、高校教員は脱退分離して、一九四八（昭和二三）年一一月一四日に秋田県高等学校教職員組合として新しく独立した。

県教育会の財産は、新しく発足した県教職員組合が引き継いだ。財産の中で最も大きかったものは、教育会館であった。県教育会の教育会館は、もともと日本赤十字社秋田県支部事務局として、一九一〇（明治四三）年一二月一日着工、翌年一〇月一〇日に落成したものである。敷地は一〇八二・四坪、建坪は一九二・七坪で、建築費は一八七六二円であった。これを秋田県教育会が日本赤十字社から、一九三六（昭和一一）年九月二四日に土地、建物ともに二八〇〇〇円で購入した。この購入にあたっては、県内教職員の三年間昇給分（三円―八円）と一時金一〇円―三〇円を積み立てて費用にあてた。こうして取得した教育会館の他、備品、図書、有価証券（国庫債券）、出資証書等を含め、県教育会は県教職員組合に財産を無償譲渡した。

二　戦前における県校長会

1　県校長会史と県教育会史における戦前校長会前史の記述内容

県校長会史の「I．秋田県教育会の歩みと校長会」の「5．校長会のはじまり」には、秋田県における県校長会のはじまりについて次のように記述されている。

5．校長会のはじまり

教育改革の行われた大正一三年頃から三～四の郡では小学校長会ができ、定期的に会合していたが、そのうち全県小学校長会議を開くべしという声が高まり、大正一五年一一月一九日―二〇日、秋田市にある県記念館で全県小学校長会議が開催された。しかしこれを機に小学校長会の設立には至らず、校長会は郡市単位の会合に留まっていた。

大正一四年一二月には秋田市内学校長会議が開かれ、これには師範学校長、市内中等学校長、小学校長が出席し、中等学校入学試験の問題や風紀上の問題について協議したことなど各郡市校長会の会合が教育会雑誌に出るようになった。

（秋田県小中学校長会編『秋田県校長会史――学制一〇〇周年記念』秋田県小中学校長会、一九七二年、八―九頁）

県校長会史では、大正期に複数の郡で小学校長会が設立されて定期的に会合が持たれていたこと、全県小学校長会議が開催されたことは確認できるが、小学校長会の設立には至らず、校長会は郡市単位の会合に留まっていたととらえていることがわかる。つまり、県校長会史には戦前に県校長会が設立されたと書かれていない。

一方、県教育史には「秋田県小学校長会は一九二八（昭和三）年一一月各郡市の校長会を統一した組織として成立した」[11]とあり、戦前各郡市の校長会を統一した組織として県校長会が発足したと明示されている。県教育史に即して戦前の校長会をとらえると、次のような過程で設立され、活動していたことが確認できる[12]。

県校長会史では、一九二六（大正一五）年一一月一九日―二〇日に全県小学校長会議が開催されたことを「校長会のはじまり」として記しているが、県教育史では一九一三（大正二）年段階ですでに小学校長会設立の動きがあったと叙している。小学校長らは秋田県教育会以外に会議を持ちたいと考え、県教育会で小学校長会設立に関する建議案が可決され、県に対して建議した。さらに、一九一五（大正四）年に総会で再び「全県小学校長会を開設せられんことを知事に建議するの可否」について議論された[13]。そこでは、「校長は一校の主脳たり、校長に依りて学校の盛衰をも知るに足らん、故に全県の校長相会して研究或は討議する等凡ての点に於て利益あると信ずればなり」[14]との意見が出された。一方で、「有益なるか如きも各郡に校長会議あり教育会あり其の他此の県の教育会ありその機関を有するに敢て全県校長会議の必要をば認めざるなり極めて価値なきものに終るものと信ず」[15]との反対意見も出された。賛成者は全県の校長が集まって研究や討議をすることの有意性を論じ、反対者は郡や県の校長会議と教育会があるのであえて校長会をつくる必要はないと論じている。提案者から「山形県に於ては已に数年之を実施し居り極めて有益なりとせりも其の方法に欠くあらば猶ほ之を改新研究すべきに非ずや」[16]との意見が出され、賛成多数で再び建議案は可決された。隣県の山形県ではすでに校長会がつくられて有益であることを設立の根拠とし、不十分な点については今後改善していくことで同意が取り付けられていった。

2　郡視学会議における県小学校長会議の開催認可

県は一九一七（大正六）年七月郡視学会議の席上で、条件を出して小学校長会議の開催を認めた。開催にあたっては、時期は一〇月上旬、教育・軍事・勧業・衛生・地方自治的な講演と裁判所・軍隊・師範学校・農事試験場等の視察を行うこと、またもし質問や協議すべき事項があれば事前に提出させることなどさまざまな条件が付けられていた。さらに、会場や会期、日程及開閉時刻、参会者までもが細かく指示されていた。『秋田県教育雑誌』第三一一号は、その条件の詳細を次のように伝えている。

郡視学会議における全県小学校長会議開催の認可

大正六年七月　郡視学会議事項

諮問事項

一、全県小学校長会議を開催するの件

備考　諮問題は大正三年及大正五年に於て県教育会より建せられたものなり

1．若し開催するとせば大体左の順序により之を実行せんとす

イ　会場　秋田県公会堂

ロ　会期　一〇月上旬頃欧州戦乱写真展覧会の開催を期とし三日間に亘るものとす

ハ　日程及開閉時刻　九月二〇日頃迄に各郡市に通知すること

ニ　参会者　小学校長但学級数又は其他の標準に依り其数を制限するの必要ありとせば其標準如何

ホ　小学校長に於て協議すへき事項あらは本月一〇日限り之を提出せしむること

ヘ　諮問及協議問題は九月末日頃迄に各郡市に通知すること

2．会期中教育、軍事、勧業、衛生其他地方自治の各項目に亘り講演を行ふこと
3．会議終了後裁判所、監獄、軍隊、師範学校、農事試験場等の視察を行うこと
（秋田県教育会編『秋田県教育雑誌』三一一号、一九一七年八月、二九―三〇頁）

かくして、第一回全県小学校長会議が一九一七（大正六）年一〇月に開催されるに至った。こうしたことから、県教育史では「この校長会は、その条件から見て県が主導権を持ち、諮問会議としての性格が強かったため、全県小学校長会の自治組織にはほど遠いものであった」[17]と位置づけている。以上のような県教育史の評価を踏まえ、さらに「郡視学会議事項」の記述を詳しく見ていくと、次の二つのことが読み取れる。

一つは、この時の会議を「校長会議」と表記していることである。「全県小学校長会議を開催するの件」とあるように、「校長会」ではなく「校長会議」としている。校長たちが自立的に集まって教育課題の討議をする組織として認めるというよりも、協議すべき事項については事前に提出させることから、県当局が認める内容だけ協議する会議体であり、講演や視察などを通して研修させる目的であったといえる。校長たちは、「全県の校長相会して研究或は討議する」組織として校長会を設立させたいと考えており、県当局が示すような会議体、研修組織とは違っていた。

もう一つは、県の諮問会議的役割で自治的な組織とはいえないことである。前述したように、県校長会史の編集後記には「戦前は県校長会の組織はなく、これにかわるものとして、県教育会があって、県教育の向上発展のために活躍した」と記述があり、戦前校長層はこの行政主導による「校長会議」を必ずしも主体的な「校長会」とは認識していなかった。これは、『能代市山本郡校長会史』における座談会で竹内武次が「戦前校長会はなかった。教育会があって私が昭和二一年四月渟二小の教頭になった時、教育会の幹事でした。会長が近藤重太郎という渟一小の校長先生で、渟二小の竹内栄二郎さんが副会長でした」と回想しているように、郡市レベルでも同様だった。[18]さらに、『能

代市山本郡校長会史』の編集委員長である川村四朗は「官選校長会というものがあって県から招集されましたが、その終戦時の会長が、渟一小の工藤茂治先生です。そして任意的な校長会の創立ということで、前述の二三年鹿渡小学校におられた荒川先生が会長になられた[19]」と述べている。校長たちにとっては、県・郡市とも戦前の校長会は「官選」であり、「任意的な」組織は戦後になって創設されたことから、「戦前校長会はなかった」と認識していた。

本荘市由利郡校長会が編集した『由利教育百年史』では、「由利校長会の歩み」として戦前は「由利郡教育会と一体の頃の校長会」だったと記述されている。校長たちには、郡教育会と校長会は一体と認識されていた[20]。校長たちの招集においても、「当時、県から伝達するような事項があると、山本の教育会長に命じて校長を招集」する方法であったことが『能代市山本郡校長会史』からも読み取れ、戦前において教育会と校長会が一体だったことが裏付けられる[21]。郡教育会の主要な役員は校長層だったため、戦後教育会が解散した後、それを郡市で実際に引き継いだのは校長層であり、それが校長会の前史として教育会を位置づけるような意識になった理由と考えられる。

3　郡市における校長会の設立と性格

郡市における校長会は、明治期から組織されていた。『能代市山本郡校長会史』によれば、「校長会」の初見は一九〇〇（明治三三）年一二月一〇日に開かれた「郡役所招集の校長会」であるとしている[22]。郡参事会員・町村長の参加する学事諮問会とは別に、小学校長のみを会員とする諮問会として、郡教育諮問会、公立教育会、郡小学校長諮問会など名称は一定していないが、郡や県の諮問に対する答申と小学校長に対する指示事項の徹底を図る会議であったとその性格を位置づけている。一九〇六（明治三九）年一〇月二五日に発行された『秋田県教育雑誌』一八〇号の「彙報」欄には「仙北郡小学校長会」の記事が掲載されており、「仙北郡に於て本月一五日より郡内小学校長を招集し郡長よりは夫々訓示を与へ諮問案に対しては各々答申あり」と書かれている[23]。ここでも、校長会は郡長が小学校長を招集して訓示を与え、諮問案に対して答申を出させる組織であったと読み取れる。
大正期に入っても、郡校長会は郡長が招集するもので、必ずしも自治的な組織とはなっていなかった。一九一四（大正三）年二月に開かれた「仙北郡小学校長会議」を例にあげると、『秋田県教育雑誌』二六九号には次のような記事が掲載されている。

仙北郡小学校長会議
小林郡長は本月一八日小学校長を招集し加勢理事官、菊地県視学、三神平鹿郡長列席の上郡長の訓示並に指示の後加勢理事官の有益なる訓示演説あり終つて郡内七十校中大正二年度の児童出席歩合の郡指定に比し一人以上増加せるもの五校九十九人以上のもの八校九十八人以上のもの五校を選定し夫れ夫れ表彰状を授与せられたり因に加勢理事官は翌十九日大曲実科高等女学校を視察し教員生徒に対し訓示の上帰庁せられたり
（秋田県教育会編『秋田県教育雑誌』二六九号、一九一四年二月、三八頁）

郡長が小学校長を招集し、加勢理事官、菊地県視学、三神平鹿郡長列席の上、訓示と指示が行われた。加勢理事官の演説後、児童の出席率の高い五校に表彰状が授与されるというものであった。このように、大正期の郡校長会も主として郡当局の指示伝達を目的に開かれた会議であり、校長たちが単独で事業をなすようなものではなかったことがわかる。一九一五（大正四）年の県教育会総会で出された県校長会開設に対する賛成意見のように、必ずしも校長たちが主体的に研究や討議をする場として機能させることはできなかったと言える。

4　県校長会設立の目的

当時、全県小学校長会を設立しようとした理由は大きく二つあったことが『秋田教育』二三号に掲載された論考「全県小学校長会を起すべし」から読み取ることができる。[24]この論考は巻頭論文であったことから、重要な提言と考えられていたことがわかる。

一つは、郡制廃止である。郡制は一九二三（大正一二）年に廃止され、郡長と郡役所は残務処理のため一九二六（大正一五）年七月一日まで存置された。「全県小学校長会を起すべし」が掲載された『秋田教育』二三号の発刊は、一九二六（大正一五）年九月であり、すでに郡長と郡役所はなくなっていた時期になる。それまで第一次監督者は郡長であったが、郡制廃止によって知事が直接監督することになったため、郡制廃止は地方教育行政に大きな影響を与えた。それゆえ、郡単位だけでなく県単位で校長層がまとまるための会が必要になったのである。

もう一つは、教権の確立である。これは、小学校長の権威確保を含んでいる。小学校長の社会的地位を向上させるとともに、社会における小学校教育の権威を高めたいというものであった。大きな理由としてはこの二つが考えられるが、『秋田教育』五〇号に掲載された論考「全県小学校長会成る」を見ると、さらに組織として二つの目的があったとわかる。同論考では、「其の目的とするところは教育問題に対する小学校長側の意見をまとめて県局に上申し、県教育に小学校長の主張を反映せしめたいといふのが一つ、また対外的に各種の交渉乃至問題に対して統一ある態度を決定することなどもその一つである」としている。[25]つまり、県教育に小学校長の考えを反映させること、対外的交渉や問題に対して県下小学校長の総意を提示できるようにすることが、県校長会設立の目的として考えられていたのである。

5　戦前における校長会の成立とその後

秋田県小学校長会の成立は、県教育史によると一九二八（昭和三）年一一月とされている。この時作成された規約には「本会ハ秋田県小学校長会ト称シ各郡小学校長会ノ会員ヲ以テ組織ス」とあり、各郡市の校長会を統一した組織として成立したことがわかる。[26] 会長・副会長は一名、代議員、幹事若干名で、任期は二年であった。代議員の選出は各郡市から二名と一〇校につき一名の割合で選出され、初代の会長に豊口鋭太郎が就いた。[27] この豊口は、のちに秋田県教育会長になった人物である。校長会と教育会の会長人選を見ても、両組織の関係は密接だったことがわかる。先述した山本郡の校長会同様、教育会を基盤に校長会組織をつくろうとしたのである。

秋田県小学校長会規約案
第一条　本会ハ秋田県小学校長会ト称シ各郡小学校長会ノ会員ヲ以テ組織ス
第二条　本会ハ本県教育ノ改善発達ヲ計ルヲ目的トス
第三条　本会ニ左ノ役員ヲ置ク
　会長　一名
　副会長　一名
　代議員　《ママ》名
　幹事　若干名
会長副会長ハ代議員会ニ於テ選挙シ其ノ任期ヲ二ケ年トス
会長ハ会務ヲ統理シ会議ノ議長トナル
副会長ハ会長ヲ補佐シ会長事故アル時ハ之ヲ代理ス

代議員ハ各郡市各二名及十校並ニソノ端数ハ五校以上ニ付一名ヲ選出シ任期ヲ二カ年トス
幹事ハ会長之ヲ嘱託シ会務ヲ掌ル
第四条　本会ハ毎年一回代議員会ヲ開ク必要ニ依リ総会ヲ開クコトアルヘシ但シ代議員会ハ臨時会ヲ開クコトアルヘシ
第五条　本会々費ハ代議員一人ニ付壹円宛各郡市小学校長会之ヲ負担ス
代議員氏名は来る十月十五日迄事務所なる中通小学校迄報告すること
（秋田県教育会編『秋田教育』四八号、一九二八年一〇月、三二―三三頁）

こうして成立した県校長会であったが、成立後の『秋田教育』に掲載された記事を見ると、「各郡市小学校長会より県諮問に対する答申」（『秋田教育』第一一四号、一九三三年一二月）や「県郡市小学校長会の県諮問案」（『秋田教育』第一二三号、一九三四年五月）など、県からの諮問に対して答申する会議体としての役割が強かったことが読み取れる。さらに、昭和一〇年代になるとより教育統制の機関として活用されるようになる。秋田県では、一九三八（昭和一三）年六月に「秋田県教育綱領」を定めて戦時下における教育の基本を示した。[28] 翌年一月には「秋田県教育綱領実践要項」を出し、国家主義的な教育の推進を図った。[29] 二月に開かれた全県小学校長会代議員会では、「学務課長より教育綱領実施要項につき発展的動的の取扱をなすべき指示」が出された。[30] こうして、校長会は県当局の指示伝達の機関としての性格が強められていったのである。

以上のことから、県教育史と県校長会史で県校長会発足時期に違いがあるのは、次のような理由が考えられる。県教育史にあるように、戦前行政主導の校長会と呼ばれる組織はあった。しかし、県校長会史を編纂した校長層は、戦前の校長会が行政の上意下達的諮問機関の「全県小学校長会議」といった会議体であり、自治組織と呼ぶには程遠いものだったため、「戦前校長会はなかった」としたのである。さらに加えるならば、県校長会史編纂過程で戦時翼賛の歴史に触れないでおくという深層意識があったことも考えられる。

三　戦後における県校長会

1　戦後県校長会の成立過程

一九四八（昭和二三）年三月二五日に日本教育会の会長に日本教職員組合委員長である荒木正三郎が選出され、八月五日に日本教育会が解散して以降、全国的に各府県教育会・郡市教育会の解散論議が本格化する。しかし、秋田県における県郡市教育会解散の動きはそうした中央における動きよりも早いことが確認できる。[31]県教育会は、一九四八（昭和二三）年二月に代議員会を開催して解散を決定している。さらに、郡市教育会をみてみると、たとえば南秋田郡教育会は一九四七（昭和二二）年九月、平鹿郡教育会は一九四八（昭和二三）年五月に解散を決議したことが資料から読み取れる。[32]南秋田郡教育会における解散決議には、「解散決議効力は秋田県教育会解散当日を以てする」ことが記されている。さらに、動議題として「秋田県教育会の態度を決定するよう申込まれること（花岡泰雲）」が出され、「南秋田郡教育会より申入ることに決す」ことも確認された。[33]前述したように、動議題を提出した花岡は一九四六（昭和二一）年一月に組合結成の呼びかけ、同月二七日に準備会、三月三日に参加者八〇名で結成されたいわゆる「初期全秋田」と呼ばれる組織を立ち上げた人物である。南秋田郡では県下でも早くから組合結成の動きが起き、教育会解散の協議も進められていたことがわかる。

郡市における校長会設立は、県校長会結成に先んじて進められた。山本郡を例に見てみると、一九四七（昭和二二）年一〇月に、郡市校長会結成準備会が渟城第二小学校で開かれた。準備会設置の趣旨は「従来の校長会は教育会の付属機関として性格が不鮮明であった。今度の教育会廃止を契機に（従来の）校長会も解散し、新たにこれを組合の組織体にいれ、小学校長・中学校長を含めて新発足する。具体的には一〇月三一日の総会で正式決定する」というものであった。戦前の校長会は教育会の付属機関で、役割や性格が不鮮明であったため、戦後の校長会は教育会廃止とともに解散し、組合の組織体に入れて新たに発足させようとするものであった。『能代市山本郡校長会史』に掲載されている「戦後の校長会を語る」座談会では、この点について「組合の傘下にということ?」との質問に「そうです」と答えている。さらに続けて、「この間盛岡に行ってきましたが、盛岡では今でも、催し等で組合のなかの校長会のようなかたちで、校長会が主催して何かやるということではない。当時の能代山本も組合のなかの校長会みたいな発想が出たのではないかと言う疑問を持ちます」との発言があった。「組合の内部の校長部会のようであった」と回顧する元校長もおり、戦後初期の組合発足当初は組合内部に校長部会のような形で入っていたと考えられる(34)。

こうした郡市校長会の動きの一方で、県校長会史における戦後校長会の成立過程を年表で整理すると表1のようになる。戦後の校長会は、教育会廃止がきっかけとなり、戦前とは異なる主体的活動の可能な組織を目指したのである。一九四八（昭和二三）年になると、表1にもあるように各郡市校長会の連絡協議会が発足し、年一回程度の会議を開くことになる。県校長会設立の構想がなされた背景には、実質的にその役割を果たしていた教育会の解散があり、変わる組織が必要になったからであった。

翌一九四九（昭和二四）年には秋田県校長会結成について相談がなされ、七月ごろから準備が進められることになった。各郡市校長の代表二名によって結成準備委員会がつくられ、月一―二回位の会合を持ち、協議が進められる。そこでは、連合体か単一組織かで意見が分かれたが、結局連合体組織とすることが決まる。これは、戦前の県校長会が実質的に郡市校長会の連合体であり、それを引き継いで戦後の新組織をつくることが大きな再編を伴わず、運営面でも実施しやすかったためと考えられる。結成準備として、会員全員の書面投票により会長・副会長・監査が選出さ

表1　戦後校長会発足の動き

昭和二二・二三年度	５月１日新制中学校が発足した。 各郡市校長会は以前のままであった。 この年、永井、草階、木元三校長が郡市校長会連絡協議会の結成を相談し、各郡市に呼びかけ、協議会結成にこぎつけた。 会長永井源一郎氏、副会長木元善治氏に決まり、年1回位会を開くこととした。
昭和二四年度	県校長会の結成が相談された（協議会の集まりなどの時）。 7月のはじめ、県教育委員会招集の校長会が開かれ、会の終了後（午前11時頃）県校長会の結成について中通小学校で相談した。 郡市校長会連絡協議会長は草階確治氏であった（郡市校長会代表が集まった席上で意見がかわされた）。 結成の手順として各郡市校長代表2名によって結成準備委員会をつくった。 月１－２回位の会合を持つことにし、経費は郡市負担とした。 委員会では協議が重ねられたが組織については連合体にするか、単一の組織にするかで意見が対立し、激論をたたかわした。 その結果組織は連合体とするが会長、副会長、監査は全員の書面投票という方式をとることにした。 大会は年１回開くことにした。 25年の３月末に校長会結成の一切の準備を終えた。
昭和二五年度	選挙管理委員会をおいた。 立候補を受け付け５月１日開票が行なわれた。 小・中・高校とも参加した。 その結果会長高瀬忠広氏、副会長高橋悦郎氏、荒川節氏、伊藤経雄氏が選ばれた。 ５月13日設立総会が中通小学校で各郡市の代議員の出席によって開かれた。 翌14日、校長大会を《ママ》同じ中通小学校で開かれた。 県校長会はこのようにして結成されたが連合体となったことからの役員選挙のあり方（投票方法も含めて）、組織のことなどが今後の課題となった。 なお、全国連合小学校長会は24年秋東京において25年は大阪において開かれ、本県からも出席した。

（秋田県小中学校長会編『秋田県校長会史――学制100周年記念』秋田県小中学校長会、1972年、18頁より筆者作成）

れ、大会は年一回開催、月一―二回の会合を持つことにし、その経費は郡市負担と決まった。一九五〇（昭和二五）年に選挙管理委員会がおかれて立候補を受け付け、小中高校とも参加して投票が行われた。五月一日に開票が行われ、会長、副会長三名が選ばれた。五月一三日、各郡市の代議員の出席によって設立総会が中通小学校で開かれ、翌一四日に校長大会が同じ中通小学校で開催された。こうして、戦後の秋田県校長会が結成されることとなった。

2　戦後県校長会の会則と戦前における規約との比較

戦後の校長会は「秋田県校長会々則」にあるように、「秋田県内各郡市校長相互の緊密な協調を保ち職能の向上を図り以て秋田県教育の振興発展に寄与する」ことを目的として設立された。これは戦前の校長会が「本県教育ノ改善発達ヲ計ルヲ目的」としていたのに比べ、戦後の校長会は各郡市校長相互の緊密な協調を保つことを明記している点で、校長間における相互の連携・協力を強調し、自治的な組織として活動することをより明確に謳っていると言える。こうした背景には、戦前とりわけ戦時中の校長会が県学務行政の上意下達機関となっていたことへの反省があったと考えられる。

秋田県校長会々則

第一条（名称）本会は秋田県校長会と称する。

第二条（目的）本会は秋田県内各郡市校長相互の緊密な協調を保ち職能の向上を図り以て秋田県教育の振興発展に寄与することを目的とする。

第三条（事務所）本会の事務所は秋田市西根小屋町上丁一三番地秋田県教育会館内におく。

第四条（構成）本会の構成は各郡市校長会の連合体とする。本会に専門部を置きその規定は別に之を定める。

第五条（事業）本会は第二条の目的を達成するための左の事業を行う。

一、学校経営に関する研究

二、教育制度、教育行政、教育財政等に関する調査研究

三、教育の振興に関する世論の喚起
四、教職員の地位、待遇の向上
五、各種教育団体との連絡協力
六、其の他本会の目的達成に必要な事業
以下、略
（矢島尋常高等小学校「諸規程」一九五〇年四月一日）

もう一つ戦前の規約と比較した戦後校長会の特徴は、目的に「職能の向上を図る」ことを明記し、具体的な事業内容を謳っている点である。事業として、「学校経営に関する研究」、「教育制度、教育行政、教育財政等に関する調査研究」、「教育の振興に関する世論の喚起」、「教職員の地位、待遇の向上」、「各種教育団体との連絡協力」、「其の他本会の目的達成に必要な事業」の六つをあげており、戦後の新しい教育体制のもとで幅広い活動を掲げたものであると言える。第一に「学校経営に関する研究」をあげていることからも、校長は学校を管理する者としての職能向上がまず重要であると考えていたことがわかる。第二の「教育制度、教育行政、教育財政等に関する調査研究」や第四の「教職員の地位、待遇の向上」の事業設定も、同会が学校管理者としての校長が果たすべき役割を意識したためと考えられる。

おわりに

秋田県では、県校長会史と県教育史で県校長会発足時期の記述に違いが見られた。県校長会史では戦後の一九五〇

（昭和二五）年に発足、県教育史は戦前の一九二八（昭和三）年に成立したとしている。県教育史にあるように戦前県校長会は存在していたが、行政の上意下達的諮問機関としての会議体であり、戦後のような自治的組織ではなかった。戦後の校長会は、戦時中はともかく戦前に一定の自治性を持っていた教育会こそが自らの前史であると位置づけた。それは、郡市教育会が実質的に校長層主導の組織であり、それを基盤に戦後の校長会が成立したからであった。つまり、県校長会史の立場から見ると、県教育史に記述されている戦前の県校長会は県学務当局による上意下達の会議体であり、自分たちの望む自由闊達な組織ではなかったので、「戦前に校長会はなかった」と認識していた。

戦後の秋田県・郡市校長会の歴史に目を向けると、その多くが機関誌とも言うべき定期刊行物を毎年発行しており、校長会史・記念誌・教育史等を編纂している[35]。こうした取り組みは、戦前の教育会における活動とも重なる。自分たちのやっていることをよりよく広報して記録に残そうとする主体的な取り組みとも言え、戦後の校長会が戦前の上意下達的機関とは異なると認識する理由でもあろう。こうした点が、秋田県における校長会史から見えてきた校長たちの意識であったといえる。

一方、県教育史では上意下達の会議体も自由闊達な組織のどちらも県校長会と括っているため、戦前から県校長会があったとしていた。本稿では、県校長会史の「戦前校長会はなかった」とする理由に焦点をあてて検討したため、校長たちの認識を分析したが、歴史的な事実としては秋田県教育会機関誌『秋田教育』の記事に見られるように戦前も県校長会という組織が存在していたことは確認できる。

戦前の教育会は全県あげての教育組織であったが、戦後は行政、校長会、組合、大学とばらばらになり、それぞれが利益代表として各陳情が行われた。戦後は、戦前のように県全体の教育をとりまとめる組織がなくなったとも言える。そうした中で、県校長会こそが各郡市の校長層をまとめ、県全体の教育をとりまとめる組織として機能しようと考えたあらわれだったのではなかろうか。

本稿は、校長会と教育会との関係に焦点をあてたため、県と郡市におけるそれぞれの組織との関係、教職員組合との関係は十分に検討できなかった。県と郡市におけるそれぞれの組織との関係については、先行研究において郡役所廃止に伴う県と郡市における校長会と教育会への影響は大きかったと指摘されている[36]。本稿では、県校長会と県教育会に着目して分析したため、県と郡市の間における校長会と教育会の関係まであまり検討できなかった。教職員組合との関係については、教育会と校長会を検討する上で、教職員組合との関係を整理することは重要であると考える。戦後、教育会を存続させる理由としてしばしば議論されたのが職能機能としての役割であった。教職員組合は労働環境の向上を目的とする組織であり、教育会とは役割が異なるのだから存続させるべきとする主張である。そうした中で、教職員組合は職能の向上を図る取り組みもするとして教育会を廃止する論理を打ち出した。しかし、実際には待遇向上に力点をおき、職能機能を十分に果たせなかった。このように考えると、校長会は教育会が担っていた職能機能としての役割を担おうとしたとも位置づけられる。さらに、軍政部や教育委員会との関係を分析することも必要であろう。こうした点は詳細に検討できなかったので、今後の課題としたい。

注

(1) 教育情報回路としての教育会史研究会（代表　梶山雅史）「教育会史研究の課題と展望」『日本教育史研究』第三四号、二〇一五年、八四頁。
(2) 同右。
(3) 同右。この中で、佐藤幹男は「教員現職研修の視点からみた教育会史研究の課題」の節を担当し、校長職の歴史からみた教育会研究の展望について整理している。
(4) 秋田県小中学校長会編『秋田県校長会史』秋田県小中学校長会、一九七二年。
(5) 前掲、「編集後記」秋田県小中学校長会編『秋田県校長会史』。

（6）秋田県教育委員会編『秋田県教育史』第六巻・通史編二、秋田県教育史頒布会、一九八六年、五八六頁。
（7）秋田県教育委員会編『秋田県教育史』第五巻・通史編一、秋田県教育史頒布会、一九八五年、七九七頁。秋田県における教育会の成立過程については、千葉昌弘・釜田史が「首部学校」会議から郡部における初期教育会への移行を明らかにしている（千葉昌弘・釜田史「東北地方における教育会の成立と展開――岩手・秋田両県を事例として」梶山雅史編著『続・近代日本教育会史研究』学術出版会、二〇一〇年、二七―六〇頁）。
（8）秋田県教職員組合二十年史編集委員会編『秋教組二十年史』秋田県教職員組合、一九六七年、三四―三五頁。
（9）同右。
（10）前掲、秋田県教育委員会『秋田県教育史』第六巻・通史編二、八六七頁。
（11）前掲、秋田県教育委員会編『秋田県教育史』第六巻・通史編二、五八六頁。
（12）前掲、秋田県教育委員会編『秋田県教育史』第六巻・通史編二、五八六―五八七頁。
（13）秋田県教育会編『秋田県教育雑誌』二八五号、一九一五年六月、一四頁。
（14）同右。
（15）同右。
（16）同右。
（17）前掲、秋田県教育委員会編『秋田県教育史』第六巻・通史編二、五八七頁。
（18）能代市山本郡校長会編『能代市山本郡校長会史』能代市山本郡校長会、一九八九年、八七頁。
（19）同右。
（20）本荘市由利郡校長会編『由利教育百年史』本荘市由利郡校長会、一九七六年、一三五頁。
（21）前掲、能代市山本郡校長会編『能代市山本郡校長会史』八七頁。
（22）前掲、能代市山本郡校長会編『能代市山本郡校長会史』三一頁。
（23）秋田県教育会編『秋田県教育雑誌』一八〇号、一九〇六年一〇月、三四―三五頁。
（24）秋田県教育会編『秋田教育』二三号、一九二六年九月、一頁。
（25）「秋田県小学校長会成る」『秋田教育』五〇号、一九二八年一二月、四九頁。

(26)本稿掲載の「秋田県小学校長会規約」は「案」であり、決定された本規約ではないが、おおむねこのような内容であったと考えられる。管見の限り、本規約は『秋田教育』も含めて見あたらない。これは県教育史編纂においても同様だったようであり、『秋田県教育史』第三巻・資料編三にも「秋田県小学校長会規約案」が掲載され、本規約はない（秋田県教育委員会編『秋田県教育史』第三巻・資料編三、秋田県教育史頒布会、一九八三年、九一九頁）。『秋田県教育史』第六巻・通史編二も、この「秋田県小学校長会規約案」を根拠として県小学校長会の規約内容を論じている（前掲、秋田県教育委員会『秋田県教育史』第六巻・通史編二、五八六頁）。

(27)「秋田県小学校長会規約案」の第三条に代議員の定数について表記がないのは誤植ではなく、原典の『秋田教育』四八号に書かれていない。これは、「代議員ハ各郡市各二名及十校並ニソノ端数ハ五校以上ニ付一名ヲ選出」としているため、具体的人数を明示しなかったと考えられる。

(28)「教育綱領」秋田県『秋田県報』一九三八年六月二三日。

(29)秋田県教育会編『秋田教育』二三三号、一九三九年一月、一六—一九頁。

(30)秋田県教育会編『秋田教育』二三五号、一九三九年三月、一八頁。

(31)各府県教育会の解散時期をみると、一九四六年段階で解散しているところもある。中央と地方を比較すると、秋田県に限らず、中央よりも地方教育会の解散論議が先行した地域もあったことが確認できる（阿部彰『戦後地方教育制度成立過程の研究』風間書房、一九八三年、五一六頁）。中央は地方教育会の動きを追認するような展開で進んだため、中央よりも先行した地方があったと考えられる。

(32)秋田県南秋田郡校長会編『南秋田郡教育のあゆみ』秋田県南秋田郡校長会、一九六七年、三四—三五頁。前掲、秋田県小中学校長会編『秋田県校長会史』、一一頁。

(33)前掲、秋田県南秋田郡校長会編『南秋田郡教育のあゆみ』三五頁。

(34)前掲、能代市山本郡校長会編『能代市山本郡校長会史』七一頁。

(35)拙稿「秋田県校長会・退職校長会・郡市校長会の教育研究活動」「秋田県校長会・退職校長会・郡市校長会刊行物所蔵一覧」、梶山雅史編『学力向上を支える教員文化の創造に関する基礎的研究』科研報告書、二〇一七年、三一—四八頁。

(36)平井貴美代「郡校長会再考——静岡県における郡役所廃止の影響について」『高知大学教育学部研究報告』第六〇号、二〇〇〇年、三九—五〇頁。

第8章　北海道教育会の解散過程
――教員組合との職能機能をめぐって――

坂本紀子

はじめに

一九四五（昭和二〇）年一〇月、大日本教育会は活動および組織の民主化方針を打ち出し、翌年、日本教育会と改称した。いわゆるGHQ「勧告」（これについては後述する）に後押しされながら、職能団体として存続することになった。これに対し教員組合は、戦前、官僚行政と一体化した歴史的性格を持ち、権威主義的、御用団体的性格の教育会は解散するべきであると主張した。全国単一組織としての日本教職員組合が一九四七（昭和二二）年に結成された後、その運動はさらに激化し、翌年、会員の投票による圧倒的多数をもって教育会は解散した。――日本教育会が解散に至る過程の通説は、おおよそ、このようなものである。(1)大日本教育会・日本教育会が文部官僚や議員を役員におき、政府の意向を「上意下達する」媒体機能を果たしたことからすれば、おおむね首肯できる説明である。

しかしこの説明には、不十分さが残る。例えば森川輝紀は、埼玉県教育会が解散に至った過程と信濃教育会が存続した要因を分析している。信濃教育会は軍政部ケリーの組合弱体化を目的とした命令で存続することになった。これに対して埼玉県教育会は、組合に権威主義的歴史性を批判され、行政からの「自立性の法的根拠が与えられた」組合こそ「教権の確立」が可能であると強調されて解散に至ったことを明らかにしている。[2]

教育会の解散を強く主張したのは教員組合であったから、組合側の教育会性格批判が教育会解散の主たる理由となろう。しかし、歴史的性格に対する批判のみが、教育会を解散させた要因だったのだろうか。戦後、教育会が存続する期間はわずか二、三年前後にすぎないが、教職員適格審査や教員再教育講習会等の様々な民主化政策が遂行されている。その期間、教育会はどのような活動を行ったのだろうか。

本稿は、北海道教育会を分析対象とする。同会は、一八九一（明治二四）年に北海道教育会として発足し、一九一八（大正七）年には道内各地の教育会を傘下におき、それらの連合で組織する北海道連合教育会（連合教育会と略記する）に拡大改組する。一九二〇（大正九）年以後は、各地に設立された校長会や教員会が台頭し、同会はそれらの賛助機関として後退する。[3]一九三一（昭和六）年前後には北海道庁の意向を頻繁に発行雑誌に掲載し、一九四一（昭和一六）年以後は各学校の教育内容や経営を統制する存在になっていった。[4]一九四五（昭和二〇）年の暮れ以降、道内各地に教員組合が発足し、翌年には、北海道教員組合（後の北海道教職員組合であり、北教組と略記する）が結成される。連合教育会は戦後、北海道教育会（道教育会と略記する）と改称し、民主化に向けて再建を図り、組合と二本立てで存続することを目指す。しかし、一九四八（昭和二三）には会員投票による多数をもって解散した。

北教組は道教育会の解散を要求する理由の一つに、教育会が「官僚制と軍閥性」を温存する傾向にあることをあげている。戦前の歴史的性格に対する批判が強く、それが同会解散理由の一つだったといえる。しかし、それだけが要因だったとは思われない。戦後、道教育会がどのような事業を行い、北教組とどのような関係にあったのか、同会が解散に至るまでの過程を分析し、解散に至った要因を明らかにすること、それが本稿の目的である。

一　北海道教育会（北海道連合教育会）の職能団体としての主たる事業

戦後、職能団体として存続しようとした道教育会が解散に至った過程を追究するためには、戦前、同会が行った事業や活動を整理しておく必要がある。戦後に道教育会が実施する事業や活動は、戦前のそれらを踏襲したものだからである。

1　職能向上のための事業

北海道教育会は、一八九一（明治二四）年に「北海道教育ノ普及改良及上進ヲ図ルコトヲ目的」(5)として発足した。師範学校教員を主要メンバーとして道内教育の「普及改良及上進」のために行った主たる事業の一つが、職能向上のための教員講習会と検定試験だった。(6)講習会のみ、あるいは講習会開催後に検定試験を実施して、職能向上と慢性的に不足していた教員を養成することに努めた。師範学校を会場にして、夏期講習会や漁季講習会(7)が開催された。後に冬期講習会や、正教員、准教員とそれぞれの職階に応じた講習会、女教員を対象にした講習会も開催している。(8)一八九四（明治二七）年には教員の質の向上のために、北海道師範学校に小学校教員講習科を設けることが北海道教育会から提起されている。(9)小学校教員講習科が設置された後、同会は教員志望者および教員招聘を希望する町村のために「教員紹介」事業を開始する。(10)義務教育年限の延長により、教員数の増加が期待された明治末期には、講習会を頻繁に開催している。この事業は、戦前、職能団体として教員の専門性向上のために行われた、同会の基幹事業であった。しかし、「開拓」政策下という北海道の当時の地理的環境を考えれば、それに参加するための行程や旅費は教員にとって大きな負担であり、赴任した町村の地理的、経済的条件に左右された。戦前の教員講習会は、教員に物理的、経済的負担を強いるものでもあった。

講習会の他に教員の職能向上のために活用されたのが、毎月会員に発行されていた雑誌である。雑誌には、発行当初から一貫して教育に関する中央法令および北海道令規が掲載され、それについての解説も加えられた[11]。法令、令規等を掲載したのは、それを条件に道庁から組織運営のための補助金を得ていたからであるが、発行雑誌は職能上の制度的、基礎的情報を道内教員に発信する役割を担っていた。雑誌にはその他、会員が投稿した教育論や各教科の教授方法、教授案、学校・学級運営方法、生徒管理のあり方についての論述が数多く載せられている。新教育運動が活発になる明治末期から昭和初期においては、北海道の文化や自然を認識させる教育と綴方教育が結びつき、紙幅を割いてその指導方法を掲載している[12]。また「開拓」事業下の、いわゆる「新開地」においては単級学校が多く設置されたため、その学校運営や指導方法が他の記事よりも比較的多く掲載された[13]。

しかし北海道教育会、連合教育会は全道的組織ではあったが、それ故に、道内各地域が抱える教育問題を具体的にとりあげて論じ、改善策を検討することはなかった（但し、教員給料の増額については道庁に要求しており、これについては後述する）。道内の財政的基盤が脆弱な「新開地」には、尋常小学校とは異なる施設設備や教育内容が「簡易な」、初等教育機関が設置されていた[14]。「新開地」が抱えるそのような教育上の階層的格差問題について議論し改善しようとする記事はなく、むしろ道庁の方針を後押しし、「教育の普及を計る」方法として「簡易な」施設を奨励する論調の説明文を掲載している。また、アイヌの子どもたちに関する記事が多いのも同会雑誌の特徴であるが[15]、それらは、アイヌの子どもたちを既存の学校教育に適応させようとする内容であり、アイヌの人びとを同化の対象とする認識や対応、教育のあり方を改善しようとするものではなかった。教育会発行の雑誌は、道庁の方針や全国レベルで波及している教育知識や方法、課題について論じ、道内各地の教員にそれらを普及させるという役割を担ったが、道内各地が抱える問題を取り上げ改善するという性格のものではなかった。

2　教科用図書の発行事業と待遇改善

北海道教育会および連合教育会は、1で既述した事業の他に雑誌をとおして「良書」や教育指導に関する文献、指導書等を教員に紹介していた。[16]「良書」については雑誌の紙幅を割いてその内容の情報を提供し、同会に送られてきた寄贈雑誌（主に道外の教育会との交換雑誌）についても紹介した。教師用指導書には教育会が編集、発行したものもあり、[17]同会活動の収入源でもあった。

連合教育会は、教科用図書や副読本も多数発行した。[18]戦時下においては、道庁の指示のもと、『北海道時局読本』や「北海道夏の錬成帳」等の時局に対応した教材を発行した。さらに紙類の不足が目立つようになった頃には、子どもが使用するノートや学用品類、学校事務書類（学籍簿、出席簿、身体検査票、通知箋等）を査察しながら自らも発行し、それらを各学校に配給する役割を担った。[19]職能団体として道内向けの教科用図書を編纂、発行し、しかし戦時下においてはその事業を道庁の指示のもとに行って、道内教育を時局に対応した環境、内容に統制する役割を担ったのである。

「開拓」政策下にあった北海道においては、一年も経たずに他町村へ移動、あるいは辞職して府県に帰郷する教員が多くいた。道内に教育を「普及」「上進」するためには、先ず教員を赴任地に定着させることが課題だった。そのため北海道教育会は、教員俸給の増額と寒冷地生活のための設備を優待するよう道庁に要求している。その結果、五か年以上、同一行財政区域の小学校に勤続した教員は増俸され、住宅のない教員には住宅料が支給されることが令規に盛り込まれることになった（北海道庁令第三九号）。また、「開拓」政策下では移住民が開墾地に定着することも教育の「普及」「上進」のためには必要である。そのため北海道教育会は「新開地」の住民に教育補助費を支給すること、そして同地の教員に国庫支弁を求める建議書を一九一三（大正二）年に道庁に提出している。[20]一九一七（大正六）年には、「新開地」と教員に補助金が拓殖補助費用から支給されることになった。[21]しかしその後、教員の待遇改善に関する活動は、校長会や教員会が担うようになり、特に、連合教育会に改組してからは、待遇改善活動に取り組んだ記録を雑誌で確認することはできない。北海道教育会は教員の待遇改善についても尽力したが、連合教育会に改組した後は、道庁の御用団体的性格を帯びていったのである。

二　戦後の職能団体としての模索

1　敗戦直後の活動状況

札幌教育会の会長だった森善次は戦後道内に発行された雑誌『教育建設』に、敗戦後の山積する教育問題を解決するためには、「教育者の連帯的自主活動」が必要であると述べている。[22]『教育建設』とは、戦後に北海道教育文化事業協会が発行した雑誌である。同協会は戦後の北海道の文化進展を推進するための事業を計画運営することを目的に、一九四五（昭和二〇）年一〇月に設立された。連合教育会が発行していた雑誌や戦前の教育雑誌が休刊になったため、道内教育界の連絡機関誌として森善次が中心となり「本道教育の自主性確立へ側面的援護を図ること」を目的に発行したと説明されている。[23]道教育会が解散に至るまでは、道内の教育会と教員組合の動向に関する記事が紙幅を二分している。[24]敗戦後の連合教育会および道教育会の主な動向については同誌の記事に依拠して分析する。

森善次は、先に述べた教員の「連帯的自主活動」の必要性を教育会に求め、大日本教育会北海道支部の「徹底的民主化」を強調する。[25]同年暮れ、森が会長を務める札幌の教育会が連合教育会に先んじて最初に「民主的改組」を試みた。その内容は、「大日本教育会の枠内で改編する」[26]というもので、新しい幹事の選出から始められた。従来の固定化した校長ではなく、新たな比率で各学校から「新鋭の」教員が多数選ばれた。権威主義的性格の象徴であった幹部の刷新を図ることで、その性格を払拭しようとしたのである。しかし、新たな幹事によって進行された総会において、同会の「封建性と無能性」を批判する会員の発言があり、教育の民主化と教員の待遇改善のためには、別の組織（組合）が必要であると指摘された。[27] かつて教員は「就職と同時に強制的に」教育会に入会させられ、俸給から天引きされた会費は「満鉄や航空機会社に投資され」た。教育会は「ボス的校長が」「君臨する団体で」あり、「職能団体としての役割を果たしていけるものでは」ないと批判された。[28] この総会の後、札幌に「西創成国民学校教員組合」が発足している。一九四六（昭和二一）年一月、森は組合の代表を訪れ、教育会と組合は二本立てで進み、お互いに協力し合っていくことを確認している。「西創成国民学校組合」は、この後、札幌の教員組合となった。

札幌の他に教員組合結成の先がけとなったのは、帯広や函館、深川である。札幌とほぼ同時期に帯広で教育会総会が開かれ、同会を解散して教員組合を作るべきだ、という会員の声があがった。敗戦後のインフレ状況の中で教員の生活が圧迫されている現状に対する改善や、経済的地位の向上を図るには組合が必要であるといった話合いが教員間で持たれていた。[29] このような行政区域単位での組合の設立が全道に波及していったのである。結成された各組合の特徴として共通するのは、当初の呼びかけ人が校長だったこと、[30] そして組合に加入する教員も教育会の会員だったことである。発足当初の組合の中には、教員の待遇改善や社会的地位の向上を活動目的としていたところもあったが、職能向上を主たる目的とするところもあり、教育会と同じ活動内容を掲げる組合もあった。

2　民主化への試み

一九四六（昭和二一）年二月、連合教育会は再建を掲げて改組し「北海道教育会」と改称する。前年の大日本教育会の動向と、札幌の教育会が組合と二本立てで進むことになった後の再建だった。同月二五日、常任協議員会が開催された。そこで新たな内部組織の分掌を確認し、国民学校学級整理の問題、教職員の地位擁護・待遇改善等について協議している。[31] 会長には伊藤員雄が就任した。道庁に北海道教育の振興に関する建議を行うことを決議し、左記のよ

うな教員給与や手当の増額、一学級における子どもの減員などを要求した。(32)

建議要項

一　速に中等学校、青年学校、国民学校教職員の生活を安定し、其の本務遂行に邁進せしむるため左記待遇の改善を望む。

1　俸給並に諸給与を含む総収入額を現在の三倍とすること、尚諸給与中次に掲ぐる事項は特に考慮すること。

イ　中等学校教職員に対する北海道手当を増額し之を青年学校、国民学校職員にも支給するの途を拓くこと。

ロ　各種賞与の年度内総支給率を官公吏並に高むること。

ハ　住宅料を支給すること。

2　本道の特殊事情に即して旅費を増額すること。

3　行政整理に基く退職者には官吏並の退職手当を支給すること。

二　昭和二十一年に於ける本道国民学校の一学級児童数を国民学校令施行規則第五十条に規定する如く、初等科にありては六十名以下、高等科にありては五十名以下とすること。即ち全道の一学級平均児童数五十四名の計算を総学級数より単級複式学校の学級数を除きたるものにつき計算し之が実現を期すること。

三　官有既墾地又は未墾地を学校に交付し現在に於ける学徒実習地の増加又は新設の途を講し、学校農園の援講を確立し道内の生産増強に資すると共に、学童給食、教職員食料補給の一端たらしむること。

四　官庁及び産業団体よりの学徒用諸物資の配給に今後北海道教育会を参画せしめ、其の適正を期すると共に教職員用物資の配給を実現せられたし。

また、翌月の常任協議員会では、「教育振興」「教育向上」のために「新教育研究」を奨励しその研究委員の委嘱を行うことや研究報告の編集、教育大会の開催など、職能向上のための事業計画について決定した[33]。戦後の新しい教育を推し進め、そのために教員の知識と技術の向上を目指すとともに、教員待遇改善のための活動も重視する団体として出発することを表明したのである。

3　学用品の配給と就職斡旋事業

一九四六（昭和二一）年四月、新年度に入って先ず道教育会が開始した活動は、道庁に建議した前記内容の四に該当する学習ノートの配給に関わるものだった。同会は道庁商務課および学務課、北海道紙製品工業統制組合、学習ノート株式会社の各代表者とともに新年度の学習ノートの配給方法を四月二七日に協議している。道内の国民学校児童一人あたりに二冊を配給する計画を立て、戦後の配給統制下において学習ノートが道内児童に行き渡るように、同会が各学校と連絡をとって数量調整を行ったのである[34]。五月には学習用紙も配給対象となり、数量調整を担う役割だけでなく学習ノートや用紙の実際の配給活動を行った。同月、同会は大日本教育会と共催で戦後の民主主義教育を具現化した新しい教科書の取り扱いに関する講演会を開催した。七月には、「新北海道の創造と教育」をテーマとする懸賞教育論文と、童話を募集した。八月には「身体検査票用紙」、「出席総表紙」、「封筒」を希望市町村に、さらに教具の「切り出し小刀」を児童用として各学校に配布した[35]。学用品や学校事務用品の配給事業は、戦時下において同会の前身である連合教育会が道庁の指示のもと、道内教育を統制するために行った活動である[36]。道教育会が敗戦直後に行った活動も、戦時下同様に道庁のもとでの学用品類や学校事務書類の配給だった。

また同会は、北海道教育文化事業協会と提携し、図書、雑誌の「良書」を一般の人びとに紹介する「良書普及」活動と、教職員希望者に職場を斡旋する「教職員就職斡旋」事業を実施している。道教育会は『教育建設』に「会告」

を載せ、「良書普及」と「教職員就職斡旋」事業を実施することを発信した。それらの事業も、「良書」の内容こそ異なるが、一年前まで連合教育会が行っていた活動であり、それを戦後の改革に対応させて再現するものだった。

ところで、一九四六（昭和二一）年一〇月発行の『教育建設』には、次のような記事が掲載されている。

教員組合の主目的は、教育条件の維持改善と経済的の地位の向上にある。教員組合を通じてのみ教育は行はれなければばらぬとの説あれど、それは行き過ぎではないか。教員組合は、教員の生活権の擁護と、生活水準の向上に一路邁進すべきである。教育会は、教育の改善進歩を目的としてゐるから、教育会の仕事を教員組合に吸収すべきではない。(37)

当該時期に、教育会を解散し教員組合に一本化しようとする考えが高まっていく一方で、教育会と教員組合の機能を分担し、両組織の存続を期待していた教員も存在していたことがわかる。しかし、両者の目的や活動内容は明確に分化、認識されないまま、次のような問題への対応に迫られることになった。

三　教育環境の改善と北海道軍政部の動向

1　教員待遇改善

戦後、道庁は国民学校の一学級児童数を六〇人から七〇人に増加することを決定しながら、北海道教育費一三〇万円の赤字を解消するために八〇〇以上の学級減を予定した。そして退職者五〇〇人と、現職五〇〇人の整理による教職者一〇〇〇人の減員を計画した。そのため、地域の各教育会や校長会が道庁に減員策見直しの陳情や嘆願に訪れた。

しかし、成果は得られなかったという。[38] 道教育会がこの問題に対応したか否かを明らかにできる資料は、発見することはできなかったが、同会が道庁に見直し要求をしたとしても、成果は得られなかったと思われる。その後、一九四六（昭和二一）年七月に、道教育会会長とともに会員五名が、「本会の立場から、本道教職員の困窮状況ならびに之が打開策等その他について」を陳情するために道庁長官を訪れている。[39] しかし、これもまた具体的な成果を得ることができなかった。その後、道教育会が教員の待遇改善や地位の向上のために取り組んだことを記す資料は見あたらなかった。同会は、教員の待遇改善や地位向上のための具体的な成果をあげることはできなかったと思われる。

では、北教組はどのように対応したのだろうか。北教組は、札幌や帯広等に組合が結成された後に「組合員ノ経済的地位ノ向上ヲ」主目的として、「教育革新」や「文化振興」も目指して結成された全道レベルの教員組合である。一九四六（昭和二一）年三月に札幌で結成大会が開催された。委員長には若木勝蔵が就任した。教員の待遇改善のみならず、「文化振興」や新しい教育の推進を掲げ教員の職能向上に寄与することも目的とした。したがって、道教育会と北教組が実施しようとする事業や活動は、教員の待遇改善と職能向上を目的とするものであり、具体的な内容に若干の相違はあるものの、ほぼ同じものだった。結成大会が行われた当日、同組合は道庁に対して、教職員減員計画撤回の団体交渉を行っている。数日後、道庁は教員減員計画をとりやめ、さらに臨時手当や物資の配給に関する組合の要求を受け入れた。[40] 北教組は同年五月に、再び道庁に対して臨時給与に関する都市、郡部の差別撤廃や寒冷地手当の要求、現給与の不均衡是正、戦災学校の復旧等についての交渉を行った。これらについての成果は得られなかったが、八月に入って一部が認められている。[41] 北教組は団体交渉権を行使して、教職員の大幅減員の危機を回避し、手当や新たな配給品の要求を道庁に受諾させたのである。道内の教員は団体交渉権を持つ北教組に、待遇改善の可能性を見出していった。

2　北海道軍政部の介入と教員適格審査

敗戦後、アメリカ軍を中心とする連合国軍が日本に進駐するが、北海道への進駐は、大矢一人によれば、一九四五（昭和二〇）年の一〇月からである。アメリカで把握していた内容と日本の実際とを比較するために、軍政部は学校視察を頻繁に行った[42]。目的は、軍国主義、極端な国家主義的観念を持つ教員、そしてそれを促進する教育内容を排除し新しい教育を実施するためである。例えば、一九四六（昭和二一）年五月に、軍政部のマイザーが上川中学校に来校し、戦前同様に日本歴史・地理・修身を教えているか否か、教科書削除の箇所など「約二時間半に亘って校長室で訊問風の調査を」行った[43]。同校では、一〇月および一一月にも調査が行われている。一九四七（昭和二二）年の五月に一二校、七月七校、九月七校、一〇月三校、一一月七校、一二月には五校の視察が行われた[44]。教科書削除、神棚、御真影、教育勅語奉読、教練等の有無の確認や、授業内容、方法、生徒指導等の改善が指示された[45]。北海道軍政部は教科書削除が実施されていない学校の校長に辞表提出を求め、校長会議でSCAP指令に対する絶対的服従を命じた[46]。そして「民主的で自発的な学校」に反対し教員の再教育に関心を示さないのは校長である、と軍政部レポートで報告している[47]。軍政部による旧体制気質を残す学校長の排除や批判は、そのような学校長が所属し中心となって活動した教育会と結びつき、権威主義的、旧体制的気質から抜けられないとする組合の教育会批判の追い風になったと思われる。

一九四六（昭和二一）年六月、都道府県教員適格審査委員会が設置されることを受けて、「北海道教員適格審査委員会規程」（北海道庁告示第四三四号）が道内に発せられた。審査委員会は、道庁内に設置された[48]。規程によると審査委員は、大日本教育会が推薦する教員七人と北海道教育会、北海道農業会、北海道商工経済会、日本宗教会北海道支部、北海道樺太弁護士会連合会、そして北海道学校保護者会連合会の各団体から一人の代表者を出し、計一三名で構成されることになった。大日本教育会が推薦する七名は、各地方の国民学校、青年学校、および中等学校の教員から選ばれるのだか、選出にあたっては先ず地方の教育会がその候補者を選ぶよう指示している。大日本教育会からの依頼を受け、道教育会は審査委員となる代表教員候補者の選出にあたった。しかしその際、同会は北教組とともに協議を行っている。教職員適格審査委員の選出を政府が大日本教育会に一任した直後、組合は厳しい批判を展開した[49]。『組合史』によると、北教組は道庁に働きかけ教職員適格審査に積極的に関わった[50]。選出された国民学校の教員三名、青年学校の二名中一名、中等学校の二名中一名、そして補欠三名中一名が組合の役員だった[51]。道教育会の会員の多くが組合の会員でもあったのだが、候補者推薦を直接依頼された道教育会よりも組合の先導によって審査委員候補者の選出が行われたといえよう。

教員適格審査委員会は審査状況を軍政部に報告しなければならないのだが、審査が進められる一方で、委員会とは別に不適格な事例を軍政部がいくつか摘発している[52]。そのため軍政部は委員会の審査が不充分であると批判し改善勧告を行い、翌年、改組された審査委員会に対して厳密な監視を行ったと報告している[53]。

四　教科書と教員再教育講習会

１　教科書印刷の地方委議

学校視察を頻繁に実施した軍政部は、各校における教科書や教材等の準備状況についても確認している。例えば、函館の巴小学校に視察に来た軍政部は、教科書の配給状況、不足数、教具の準備、不足状況等を細かく質問している[54]。そして「差し迫った問題は教科書・参考書・視聴覚教材の不足」であり、新しい教育に対する教員の理解および訓練も不足していると報告した[55]。戦後、六・三・三制が実施されるが、制度は改革されても校舎建設には至らず、教科書も子どもたちの手に渡らず、教員も不足しているという状況だった。北教組はそのため、「教育復興会議」の設置を提唱する。一九四七（昭和二二）年七月に、道教育会、先生と父母の会、印刷工業協同組合、各政党、道会議員、市町村長有志等が参加する会議を札幌で開催した。[56] 会議において印刷工業協同組合の理事長が、教科書の印刷出版を地方に誘致するべきであると発言した。その内容が決議事項に加えられた後、北教組と印刷工業協同組合が連携して教科書の印刷出版を道内に誘致する運動が活発化していった。北海道には戦前から王子製紙をはじめとする国策パルプや北海製紙等の大工場があり、教科書印刷の誘致に対応できる条件が整っていた。教科書の不足問題については、同時期、国会議員の間でも話題になり、その印刷出版を一部の会社が独占している体制が批判され、「教科書印刷の地方委譲」運動が行われていた。その運動に両者が連携し、北海道選出の国会議員、道議員、教育会、各印刷組合、新聞各社、放送局等々も参加して、「国定教科書北海道誘致に関する請願書」を道議会に提出するに至った。[57] この誘致運動は成功している。

印刷工業協同組合と北教組が推進した教科書印刷の誘致は、道教育会の存在に大きな影響を及ぼしたといえる。戦前、北海道教育会は発足以来、道内向けの教科用図書や指導書を編集し発行し続けてきた。特に戦時下においては、戦時体制に対応したそれらの配給を連合教育会が一手に引き受け、道内教育の統制役を担った。戦後においても、学習ノートや教具等の配給を行うとともに、新しい教科書の配給にも関わり、その扱い方についての講習会を大日本教育会と共催した。しかし、教科書そのものは不足し、すべての子どもたちには行き渡っていなかった。北教組は印刷出版を道内に委譲するという方法で、教科書不足問題を一挙に解決したことになる。すなわち、組合は教科書不足という問題を解決するとともに、北海道教育会および連合教育会が戦前、戦後をとおして行ってきた教科用図書の出版、配給という基幹事業を代替したことになる。その成果は、教員に強い印象を与えたと思われる。おそらく、これまで教育会が行ってきた事業を凌ぐ成果として受けとめられたと思われるのである。

２　教員再教育講習会の開催をめぐって

一九四七（昭和二二）年六月の文部省通牒を契機に、民主主義教育を実現するため、教員の再教育を目的とした講習会開催の準備が各地で進められていった。教員の職能向上のための講習会は、北海道教育会が発足以来、実施してきた基幹事業だった。道庁は、教員再教育講習会を開催するため、その立案を道教育会に依頼した。(58)当初、道庁は、四つの師範学校（札幌、函館、旭川、岩見沢）を会場にする予定だったが、依頼を受けた同会は、一九か所を会場にする計画案を提出した。戦後のインフレ状況の中で生活が圧迫されていた教員にとってこの講習会は、身分に不安を抱きながら「無理をしても受講しなければならない」ものとして受けとめられていた、と『北海道教育史』にはある。(59)一九か所の会場が確保されたとしても、北海道の地理的環境を考慮すれば、その会場数では教員の経済的、物理的負担は解消されなかった。道内教員の多くが、講習会会場までの旅費を道庁に負担してもらうことと、会場数のさらなる増加を切望した。

北教組は、道庁が旅費を負担し、さらに会場数を増やすよう道教育会に要求した。道庁と道教育会の協議の結果、必要経費は道庁が負担することになった。しかし、会場数は一九か所のままだった。北教組は全道的組織を活用し三四か所での講習会実施が可能であることを道庁に申し入れた。そして八月、北教組提案の三四か所において講習会が開催されたのである。北教組はその後、一〇〇か所を会場とする計画を講師の準備も含めて立案した。そのため教員再教育講習会の準備および進行は、道教育会に替わって北教組が行うことになった。北海道における戦後の教員再教育講習会は、この後、北教組と道庁が協同して実施していくことになった。(60)

教員再教育講習会の準備、実施過程は、道教育会の存在理由をあらためて問うことになる。教員の知識、技術を向上させるための講習会は、戦前の教育会の一大事業であり、職能団体としての基幹事業であった。教員再教育講習会の準備は、職能団体としての存続を求めるならば、道教育会が先導して実施しなければならない事業であった。しかしそれは北教組によって、教員により受講しやすい環境が準備され推進されたのである。その結果、「教育会はその存在理由を失」い、「実質的には伝統的な唯一の事業内容をも失」うことになった。[61]かつて、北海道教育会や連合教育会が計画した教員講習会は、限定された会場で実施されていた。戦後、道教育会が計画した教員再教育講習会も、道内の教員にとっては同様に限定された地での開催だった。しかし、北教組が準備したそれは、広範囲にわたる会場数を確保し教員の物理的、経済的負担を軽減したのである。「これをみた、組合員も、つよく教育会の解消」、組合「文教部の強化を望んだ」と『組合史』に記述されている。教員は組合の文教部をさらに強化して、そこが職能向上機能を担うことを望んだのである。教員再教育講習会の準備、実施過程は「教育会の解散に拍車をかける」ことになった。[62]

五　教育会の終焉

1　教育会解散の論拠

戦後、教育会が存続したのは、GHQが日本教育会に「教育会と教員組合とははっきり別個のものである」と答えたため、それが教育会の存続を示唆した言葉であると受けとめられたからであった。教科書や教員の再教育をめぐって道教育会と北教組が既述のような過程を辿っていた同時期に、日本教職員組合の執行委員らがGHQを訪れ、先の言葉の真意を問い、教育会の必要性の有無を再確認していた。一九四七（昭和二二）年九月に、日本教育会と日本教職員組合は、「改組すべきや解散すべきやはもとより自由に討議さるべきであって、最後の決定は会員個々の自由なる意志によってなさるべきである」という共同声明を出した。[63]北教組はそのような中央の情勢を道内に伝え、日教組の方針「教育会は改組にあらず解散すべきである」に呼応して道教育会解散の論拠を次のようにまとめた。[64]

教育会解消の論拠

一、外部条件

○マ司令部の見解

三月十一日教育会改組の要件となったマ司令部勧告文中の重要箇処の誤謬が分明したこと。

①「教育会と教員組合とははっきり別個のものである」とはＧＨＱの見解にあらず。

②米国では教員組合は職能的なことについても活躍している。

③ＧＨＱは教育会を作れと語ったことはない。

④一本二本建は幹部がきめるべきことではなくメンバーひとりひとりがきめるべきである。

二、内部条件

（一）、組合は綱領にもある如く教育の民主化を目的としている。文化的使命は組合の使命のひとつでもあること。（略）

（二）、旧教育会の官僚性と軍閥性とを改組後温存の傾向があること。

（三）、文化活動は経済的裏付あってこそ効果は期せられる教育会の貧困性は否めない。

（四）、教育会は教員と教組の経済的負担となること。

（五）、教組教育会の見解の相違対立を来し易く、併も教育会は反動の母胎と化す傾向にあること。

（六）、教育会は教員の生活権の擁護をしないこと。

（七）、二本建は活動と経費に於いて二重負担となること。

（八）、大学高専側は教育会不参加を表明、組合の文化活動に積極参加協力の用意あること。

（略）

道庁の教員数の減員策を回避できなかった教育会は（六）にあるように、教員の生活擁護ができず、また教科書および教員再教育講習会の準備にみたように、喫緊の課題にも対応できず職能団体としての役割を十分に果たせなかった。米国では組合が職能団体としても活躍しており、北教組もそれが可能であり文化向上のための活動も担えることが（一）に記されていた。

教育会解散理由の一つに教員の「経費負担」を掲げている。組合員は、教育会の会員でもあったことは既述した。両組織の会員であれば会費や活動資金を二重に負担することになる。例えば『北海道新聞』に、教員の「無理な二重生活」という見出しで報道されており[65]、二重に費用を負担することも教育会を解散する理由として大きかった。軍政部も、「同じ人間が組合と教育会のメンバーであるから、組合が教育会の解散を要求するのは正当である」と組合が主張したと報告している[66]。教育会が持っていた職能向上のための機能と文化活動は組合の文教部が担うのだから、会費も組織も一本化すれば経済的負担は半減し、組織は一丸となって教育活動やそのための運動を進めることができると認識されたのである。日本教職員組合の執行委員会は、北教組から道教育会解散要求に関する前記のまとめを受け、道教育会に解散とその手続きに関する申し入れを行った。

2　校長組合加入問題と教育会の終焉

日本教職員組合から申し入れがあった後、道教育会は一〇月と一一月に理事会を開催している。同会は一一月の理事会に、北海道軍政部の出席を求めた。軍政部レポートには、教育会の解散を北教組が強く主張している現状を打開するために、理事会で組合と教育会の目的が異なることを説明して欲しいと求められたとある[67]。民間情報教育課のG・E・マックタガードが理事会に臨席し、講演を行った。講演の内容は、アメリカの教育会を紹介するものだった。その内容を掲載した『教育建設』によれば、アメリカには州ごとに教育会があり、生徒の福祉や教員の福祉厚生の助長など、様々な事業を行っており、例えばカリフォルニア州教育会が州憲法を改正し教育費を州負担にしたことや教員の休暇法を通過させたこと、さらに州教育会と連携している地区教育会が地方の発展のために学校教育はどうあるべきかを検討していることを紹介した(68)。理事会でマックタガードが紹介したのは、当時アメリカにあった教育協会のことであったと思われる(69)。マックタガードはその席で、教育会の存廃問題については「私達の個人の意見は参考」であって「決定を左右する」ものではないため「自主的にきめたらよい」と述べている(70)。

しかしその後、校長が組合に加入していることは違反であり、「もし組合が、校長のやめることを承知しないならば、その組合は、知事をして解散せしめるであろう。組合に加入できない校長は、やはり教育会というような会をもった方がよいと思う」と発言した(71)。教育会の存廃については、自主的に決めるよう言いつつも、校長を他の教員とは異なる存在とし、そのような校長が所属する団体としての教育会を想定し、教育会を組合に対抗する存続するべき組織として位置づけたのである。軍政部は、校長が組合に加入している事態を労働組合法に反するとし、教育会を解散させ職能向上機能も組合に求めようとする教員の認識を、組織が持つべき適切な領域概念が理解できていない、と批判的に報告した(72)。

この後、北海道軍政部は組合責任者に出頭を求め、当時の北教組委員長であった横路節雄ほか四名に「学校長の組合加入は労組法に抵触する」旨を伝えた(73)。教育会存続の可能性が、マックタガードの発言により浮上したことになる。同月三〇日に発行された『北海道新聞』の「社説」には、「労組の行う文化活動はあくまでも労組としてのものであり、それとは別に教育者としての自覚と責任下にある本来の教育が厳存」し、「教育会がもつ職能団体としての働き」は労組とは異なった位置、性格を持つとして、アメリカの教育会のあり方を研究する必要があると記述されている(74)。

横路は、労働省および中央労働委員会、北海道地方労働委員会に回答を求めた。三者共に、校長の加入は組合の決定に委ねられるという回答であった(75)。一二月一日、北教組は臨時大会を開催し、全員一致で学校長の加入を認めることを決議し、三日、横路ほか四名はマックタガードと会見してその結果を報告している。マックタガードは、「組合が合理的にやっていることには反対しない」と述べながらも、それは「せまい見解」だとした。さらに、「組合はよく学校長の意見を尊重してやってもらいたい」と言及し、学校長加入問題は、とりあえず決着した、と『組合史』には記述されている。[76] マックタガードは、教育協会と教員組合（NEAとAFT）が併存するアメリカと同様に、北教組と道教育会両者の存続を想定していたのだろう。しかし、長野県に教育会の存続を求めたケリーほど強行ではなく、自分たちの意見は「参考」であり日本側に「自主的にきめさせる」という方針を執ったと思われる。そのことも道教育会が解散に至った要因の一つといえよう。

一九四八（昭和二三）年二月、道教育会は教育会が既に解散している各地にも招請状を出して、総会を開催した。同会の傘下にあった各地の教育会の意志を代表する評議員が集まり、解散か否かの投票が行われた。二四一票中、解散する二〇一、解散しない二九、白票一、無効五、棄権五で、北海道教育会は解散することになった。その財産については、北海道教職員組合が吸収した。[77]

むすび

戦後、道教育会は組織の民主的再建を図るため、教員の職能向上のための事業とともに、教員待遇改善方針を掲げ再出発した。戦前に同会が行った事業や活動を踏襲し、戦後の教育改革に対応させた活動を行ったが、教員の待遇改善のための活動は、ほとんど成果を得ることはなかった。他方、北教組は教員の地位、経済的待遇の改善を目的に結成され、教員の職能向上のための活動も行うことを方針として掲げた。北教組は、教員の待遇改善に成功し、さらに教科書不足問題に対して教科書印刷を道内に委譲するという解決策を遂行し、教員再教育講習を教員の経済的、物理的負担をより削減するかたちで準備して道教育会の基幹事業を自らが担えることを示した。教員は北教組に一本化することで、両者に所属する経済的負担を解消し、組合の文教部を強化して職能向上機能を担わせることで、自らの待遇改善と職能向上のための場も組合に求めた。北海道軍政部は、両者の併存を望んだが、多くの教員は、教育改革をすすめるために北教組が示した道教育会を圧倒する成果に期待し、道教育会を解散させたのである。

道教育会解散後、北教組は政治闘争に傾倒していくことになる。[78] 教員の待遇改善のための活動を主軸としながら、文化事業の充実を掲げた北教組は、その後、教員の職能向上のための機能を十分に発揮することができたのだろうか。組合の文化運動には限界があることを指摘した森善次は、道教育会解散後の教員の職能向上の担保、および社会における文化活動の充実を「教育研究所」に期待していった。[79] 北海道には道教育会解散後、北海道立教育研究所をはじめとする「教育研究所」が、支庁区域別や市町村単位に設立されていった。地域に結成された教員組合の中には、戦後の新しい教育の研究および道内教育の指針を「教育研究所」に期待し、その設立に尽力した教員組合もあり、組合だけで設立した「教育研究所」もあった。[80] 教員の職能向上のための情報交換や学習機会の場は、その後どのように担保されていったのだろうか。今後の課題として追究していく必要がある。

注

（1）上田庄三郎「教育団体史——教育会の発展と没落」『教育文化史大系Ⅴ』金子書房、一九五四年、二四八—二五〇頁。森田俊男「教育会館・その土地と建物の歴史——日本の教職員運動史の一側面として」『国民教育』第二五号、労働旬報社、一九七五年。一六五—一七一頁。

（2）森川輝紀「教育会と教員組合——教育ガバナンス論の視点から」（『続・近代日本教育会史研究』学術出版会、二〇一〇年）。『北海道教育史』は、戦後、道教育会が教員の生活擁護や「共同研究会的な教育者の研修研究をやろうとし」たが、組合も共同研究会を持つに至り、その使命の転換を余儀なくされ」衰退していったと述べている（『北海道教育史』戦後編一、北海道立教育研究所、一九八六年、四九二頁)。また『新北海道史』は、「道庁の下部組織としてありつづけた同会は、戦後の方向転換の途を模索したが、結局は新時代に適応できなかった」としている(『新北海道史』第六巻通説五、北海道、一九七七年、一三〇二頁)。しかし、組合が共同研究会を持ったことが、なぜ道教育会を解散に至らせることになったのか、「新時代に適応でき」ず解散に至った、その具体的な過程は明らかにされていない。

(3) 坂本紀子「一九二〇年以降の北海道連合教育会の変容過程」『続・近代日本教育会史研究』学術出版会、二〇一〇年。

(4) 同前。

(5) 「北海道教育会規則」『北海道教育會雑誌』第一号、北海道教育会、一八九一年、一〇頁。

(6) 『北海道教育會雑誌』第一号(一八九二年)、同雑誌第四〇号(一八九六年)。

(7) 同前、第一一号。

(8) 『北海之教育』第二一六号、一九〇九年。

(9) 前掲『北海道教育會雑誌』第二一号、一八九四年。

(10) 同前、第二六号、一八九四年。

(11) 同前、第三一号、一八九五年。

(12) 前掲『北海之教育』第二五七号、一九一四年。

(13) 前掲『北海道教育會雑誌』一〇九頁―一一五頁。

(14) 坂本紀子「北海道庁令『簡易教育規程』(一八九八年―一九〇八年)について――就学率の推移と簡易教育の実態に着目して」『日本の教育史学』教育史学会紀要第五七集、教育史学会、二〇一四年。

(15) 前掲『北海道教育會雑誌』第七九号―第八三号、一八九九年。

(16) 同前、第一六五号、一九〇六年。

(17) 同前、第八九号、一九〇〇年。

(18) 『北海道教育』第二五一号、一九三九年。

(19) 坂本前掲書、四四八頁。

(20) 前掲『北海之教育』第二五一号、一九一三年。

(21) 同前、第二九五号、一九一七年。
(22) 前掲『新北海道史』一三〇〇頁。
(23) 同前、五五八頁。
(24)『教育建設』は、戦前発行されていた『北海教育評論』の復刊と『教育新潮』の創立を契機に、一九五一（昭和二六）年に廃刊となった（前掲『北海道教育史』戦後編一、五五九頁）。
(25) 前掲『北海道教育史』四八九頁。
(26) 同前、四九〇頁。
(27)『組合史』第一集、北海道教職員組合、一九五六年、三〇頁。
(28) 同前、三二〇頁。
(29) 前掲『組合史』一四―一五頁。
(30) 同前、二九頁。組合の結成にかかわった人びとに校長が多かった背景には、彼等が「大正デモクラシー思想の洗礼をうけ」「その体験にもとづいて新教育を理解し」たことがあると『新北海道史』には記述されている（前掲『新北海道史』一三〇二頁）。
(31)『教育建設』第四号、北海道教育文化事業協会、一九四六年（プランゲ文庫、北海道立図書館所蔵）。
(32) 同前。三月には常任協議員会を開催して、「教育振興・向上」のための事業計画を協議している。この後、宗谷、檜山、日高、後志、根室といった道内各地にあった教育会が改組していった。
(33) 同前『教育建設』第五号、一九四六年。
(34) 同前。
(35) 同前。
(36) 戦時下において、学用品や学校事務用品類を教育会が配給したのは北海道だけでなく、道外でも行われていた（坂本前掲書）。そのため、戦後の物資が不足していた当初においても、北海道のように教育会がそれらを配給していた府県があったと思われる。
(37) 前掲『教育建設』第一二号、一九四六年。
(38) 前掲『組合史』五四頁。
(39) 前掲『教育建設』第九号、一九四六年。

(40)前掲『組合史』。
(41)同前、一二〇―一二六頁。
(42)大矢一人「北海道軍政（民事）部民間教育課の人事」『紀要』第三六号第I部、藤女子大学・藤女子短期大学、一九九九年、一五四―一五九頁。
(43)『開校五十年史』旭川東高等学校創立五十周年定時制三十周年記念事業協賛会、一九五五年、九五―一〇四頁（北海道教育大学所蔵）。
(44)西川博史『日本占領と軍政活動――占領軍は北海道で何をしたか』現代史料出版、二〇〇七年、三〇四―三〇五頁。
(45)学校視察の内容については、大矢が『開校五十年史』を活用して詳細に明らかにしている（「占領初期北海道の軍政組織の成立と教育」『紀要』第四四号第I部、藤女子大学・藤女子短期大学、二〇〇七年、一二五頁）。
(46)西川前掲書、一二一頁。
(47)同前、三〇四―三〇五頁。
(48)前掲『北海道教育史』一六四頁。
(49)森川前掲論文、一六六―一六七頁。
(50)前掲『組合史』一三一頁。
(51)前掲『北海道教育史』一六五頁。
(52)西川前掲書、一八五頁。
(53)同前、三〇三頁。
(54)「昭和二十三年度　進駐軍視察簿」巴小学校、一九四八年（函館市立北星小学校所蔵）。
(55)「北海道地方（区）軍政部月間活動報告書一九四七年七月」北海道軍政部、一九四七年。北海道軍政部の「月間活動報告書」は、大矢一人氏から提供していただいた。
(56)前掲『組合史』二四〇頁。
(57)同前、二四〇―二五一頁。
(58)同前、三一三頁。
(59)同前、三一四頁。

(60) 同前、三一四―三一六頁。
(61) 同前、三一五頁。
(62) 同前。
(63) 同前、三二六頁。
(64) 同前、三一九―三二九頁。
(65) 『北海道新聞』一九四七年（一〇月一〇日）。
(66) 「北海道地方（区）軍政部月刊活動報告書一九四七年一一月」北海道軍政部、一九四七年。
(67) 同前。
(68) 前掲『教育建設』第一八号、一九四七年。
(69) 吉浜精一郎『アメリカ公教育の課題と展望』（川崎教育文化研究所、一九九二年）およびC・L・ジトロン『アメリカ教員組合運動史』（労働旬報社、一九七二年）。米国内に教育協会の支部を持つ全国的組織（ＮＥＡ）が設立されたのは一八五七年である。
(70) 前掲『組合史』三五〇頁。
(71) 前掲『組合史』三五〇頁。
(72) 前掲「北海道地方（区）軍政部月刊活動報告書一九四七年一一月」。
(73) 前掲『組合史』三五〇頁。
(74) 『北海道新聞』一九四七年（一一月三〇日）。
(75) 前掲『組合史』三五一―三五四頁。
(76) 同前、三五四―三五六頁。
(77) 同前、三三〇頁。
(78) 前掲『北海道教育史』一八五頁。
(79) 前掲『教育建設』八月号、一九四八年。
(80) 前掲『新北海道史』第六巻通説五、一三三五―一三三六頁。および前掲『教育建設』五月号、一九四九年。例えば、石狩地域に設立された「教育研究所」で行う事業の必要経費は、当初、半分は町村が、もう半分は組合員が負担することになったと同誌に記述されている。

第9章　戦後神奈川県における教員団体再編の模索

――占領下における教育「民主化」と職能向上をめぐる諸相――

須田将司

はじめに

戦時下「錬成」の推進者から戦後新教育・新学制の担い手へ。戦後初期の教員に課せられたのは、新たな教育情報を受容・理解し実践化していく不透明感・不安感を多分に含む役割であった。戦後混乱期における生活難、軍政部による教育行政・現場への圧力と介入、様々な制約のなかに置かれた教員らはいかに自らの職能向上を図り、この局面に対応していったのか。戦前教員社会を枠づけてきた教育会・校長会の人脈や教育情報回路はいかなる機能を発揮し、または否定されたのであろうか。本稿は、教育会史研究上で「歴史的転換点における教員団体の変容」「教育会の終焉」「教育会の残照」といったキーワードで追究されている研究課題に、神奈川県の事例研究をもって迫ろうとするものである。戦後神奈川県では教員組合や教育研究団体が新たに組織化された一方、戦前以来の校長会・郡教育会が改組される動向が併存した。これら世代・立場・地域による様々な「集い」はなぜ生じ、いかなる模索が重ねられたのか。特に混乱の度合いが高かった占領下（一九四五年八月―一九五二年四月）に焦点を当てる形で検討する。

占領下の教員団体再編に関し、これまでの先行研究では、教育会の「改組」「解散」「終焉」と教員組合の結成という事象を巡り、両者の二本立てと一本化の論争やＧＨＱ・軍政部の指示・介入をめぐる実相の解明が行われてきた。阿部彰は一九四六―一九四七年にかけて活発化した教組結成が、教員らの「生活防衛の手段」「敗戦の虚脱状態から抜け出すための行動的証左」、そして「新たな共同組織体の形成としての期待があったからに外ならない」と指摘し、教育会や校長らも働きかけの先頭に立ち「一本化」していった動向を捉えている。[1] 阿部はその後、「二・一ストへの積極的な取り組み（中略）日教組の結成（中略）を背景にして四八年にかけて（中略）ストを含む強力な闘争が展開され」るに従い、ＧＨＱ・軍政部が「次第に監視、規制へと急速に転換」し「教組、教育会の機能分担主義を明確に打ち出」したことを捉え、「しかしながら（中略）新たに教組に加えて教育会が設立されることはなく、多くの府県では教組一本体制が堅持された」との概観を論じている。[2] 阿部の描く「教育会の終焉」のストーリーは、しかしながら県・郡市レベルでの「改組」「存続」や軍政部による「機能分担主義」を受けた教育会側の模索といった様相は不問に付されてしまうことになる。

これに対し森川輝紀は埼玉県と長野県の事例を検討し、軍政部の後押しを受けた教育会組織の「再発足」や「二本立て」を捉えている。[3] 埼玉県では教育会の解散を圧倒的多数で決し「若手・中堅層教員を中心に、経済闘争中心の教員組合運動を展開」するが、これに対し埼玉軍政部は教育会の「再発足」を求め、実質的に郡市に存続していた教育会の各教科研究組織がこれに応じて機能していったという。長野県では一九四八年二月一〇日に軍政部が介入して「二本立て」＝信濃教育会の存続が決したが、[4] 森川はリー教育部長の意図を「組合弱体化の路線から信教の存続を支持」と分析し、その後の「教組運動の後退」と信濃教育会の「官僚行政との一体化」を捉えている。埼玉・長野の事例からは、教組が次第に（革新・闘争的な）若手・中堅層を中核とした経済闘争組織に変容させられ、校長層や教育会組織は占領政策の後押しを受ける形で職能向上を担うものとして「再発足」や「存続」が図られるという、世代間断絶を伴う分化が浮かび上がってくる。では、戦後当初に教組結成に関わった校長層は、軍政部による「機能分担主義」という切り分けをいかに受け止め、厳然として存在する戦後新教育・新学制の履行という課題に対応すべく教員団体の再編に取り組んだのであろうか。

その問いに応えるべく校長層に焦点を当てたモノグラフ研究が教育情報回路研究会（代表　梶山雅史）編『近代日本における教育情報回路と教育統制に関する総合的研究　中間報告書（Ⅰ）』、同『中間報告書（Ⅱ）』において積み重ねられてきている。佐藤幹男は福島県・宮城県の事例から「戦後の教育研究活動とその組織化は、校長会主導で推移し」、「実質的には戦前の教育会の運営、活動と比べて大きな違いは認められない」と分析している[5]。そもそも戦前以来、教育条件・人材の未整備ななか「特に、教師の職能向上という課題については、校長の指導力が求められた」のであり、「戦後初期の混乱期、新しい制度の創設期においても同様であったと考えられる」と、校長層が担った一貫した存在意義の大きさを指摘している。

佐藤幹男が「一試論」として掲げたこの研究視角を受け継ぎ、清水禎文は群馬県の事例から「なぜ校長会や組合が教育会的な活動を継承することになったのか」を「人的つながりを含めて」一九五〇年代前半までを対象に分析している[6]。そして①群馬県教育会が解散に際し教員組合と「一本化」して文化的活動・教育研究活動を維持しようとしたこと、②これが「後回し」になるなか一九五〇年前後に地域の教育会組織が再発足して校長会・教員組合と連携して教育研究活動を担ったことを明らかにしている。注目すべきは教育会組織の再発足に際し「校長会代表三名と組合代表三名で信濃教育会の視察を行」った事例（甘楽教育会）や、「教員から新教育に対する研修の要望が上がり、また各方面での研究会が立ち上がってきた」という背景要因（碓氷郡教育会）を捉えている点である。組合側との連携や教員層の要望といった自律・自発的な模索に関わる様相を捉えたものであり、実相は必ずしも軍政部の求めた「機能分担主義」として切り分けられるものではなかったことが窺い知れる。これは、「一本立て」「二本立て」など複数の様相が乱立した戦後東京都区部でも同様であったことが佐藤高樹の分析によって明らかとされている。東京都区部では

「「教育会」を名乗ろうが名乗るまいが、また一本化論・二本立て論のいずれをとるかに関わらず（中略）実質的には一定程度戦前の教育会（あるいはその研究部門に相当する教育研究会）の組織論を受け継いで結成されてい」たという。[7]これら宮城・福島・群馬・東京のモノグラフ研究を重ね合わせる限り、戦後初期の新教育・新学制の履行という課題に対し、校長層を中心に教育会の人脈やノウハウを利活用しつつ対応したという再編動向を捉えることができる。

一方で、埼玉や長野の事例で捉えられたような軍政部の働きかけ（＝組合弱体化を図るための校長層・教育会への後押し）に関しては、史料的制約もあってか十分な分析を欠いていると言わざるを得ない。群馬県における教育会組織の再発足に軍政部の働きかけはあったのか。東京都では戦後も教育会を発足させた区が捉えられているが、ここに「占領政策の転換に乗じて一転して頭角を現わし」、「教員組合の組織・活動にきびしい対応を以て臨[8]」んだ関東軍政部教育担当官フォックスの影響はなかったのか。このような検討をくぐらせることで、より校長層や教員の言動や模索の内実に迫ることが出来るだろう。その際、軍政部教育担当官の権限はそもそも「監視指導」であり、「漸進型」か「急進型」かにより影響の表れ方が異なることに留意すべきである。本稿が事例とする神奈川軍政部教育課長は「漸進型」のロロ・V・ベーカー（在任 一九四六年七月—一一月）と「急進型」のロバート・P・マックマナス（在任 一九四六年一一月—一九四九年一一月。関東地区軍政部教育担当官として一九五〇年七月—一九五二年一月）がいた。[9]特に後者のマックマナスは抜き打ちの学校視察と強圧的態度による指示や罷免要求、教員適格審査への干渉（湘南中学校長・県教育会長・赤木愛太郎の適格審査委員免職と、それに反発した石井透委員の更迭要求）といった「監視指導」の職権を越えた辣腕ぶりを示し、校長層・教組そして教員層の在り様に少なからぬ影響を与えていたとみてよい。

以上のような先行研究の整理から本稿では、戦後神奈川県の教員団体再編について①占領初期（一九四五—一九四七年度）における動向、②新学制実施および占領政策転換のなかの教員団体の再編（一九四八—一九五一年度）と区分けし、当事者の自問や選択を軸にその諸相を描出していきたい。[10]

一　神奈川県下における教員組合結成と教育会解散の動向

1　青年教師と校長層の二つの動き

敗戦後の神奈川県下における教員団体の再編は横浜市で始まった。既にその動きは『神教組運動史』や『浜教組十五年史』で整理されており（表1）、『神教組運動史』において「横浜における保土ヶ谷区・南両区の青年教師達により民主的手続きを経てすすめられた教組結成と、これに同調した全県の青年教師等に広がる教組結成への台頭は、校長たちによる県教組結成の動きには容易に連動調整されるものとは見えず、本県における教組結成の動きは青年教師層の動きと校長たちの動きの二重構造的様相を現した」[11]と概括されている。青年教師層はなぜ「集い」、既存の教育会・校長会の存在をいかに捉え、行動したのか。本節では、この経緯を回顧および新聞資料などから捉えていくことにしたい。

戦時中の大空襲による戦災に加え米第八軍司令部の駐留に伴う接収など、校地・校舎の多くを失うなかで横浜の戦後教育は出発せざるを得なかった。保土ヶ谷区の青年教師・牛窪全浄は、以下のように教育現場の様子を回顧している[12]。

> 住む家を焼かれ、家族を失ったものも多く、児童も教師もみすぼらしい着衣は気にならなかったが、住む家に困り、日に日に変化していく食生活に、まさしく塗炭の苦しみをなめた。うつろな教師の目に、やせ細った教え子の髪に這う虱の白さが、もの悲しい思いを誘い、時に体操をしようと校庭に出れば、栄養失調の子ども達はバタバタと倒れた。（中略）有能な教師達が追い詰められた生活のため、うしろ髪をひかれる思いでつぎつぎと脱落していったのもこの頃のことである。その数は県下で月々二十人を下らなかった。

表1　1945年10月～1946年2月における「青年教師」と「校長層」の動き

<table>
<tr><th></th><th>保土ヶ谷区の青年教師</th><th>南区の青年教師</th><th>校長層＝「県教組」</th></tr>
<tr><td>1945年10月</td><td>二俣川国民学校を拠点に会合。発起人は牛窪全浄、和田誠次。</td><td></td><td rowspan="3">進歩的な長谷川雷助、足立直寿、永島才治、萩原利邦、元県視学鈴木憲一が会合。校長会の今後のあり方について討議。</td></tr>
<tr><td rowspan="2">1945年12月</td><td></td><td>5日、蒔田国民学校に30名余りが会合。発起人は中山紀正、井上高三。</td></tr>
<tr><td colspan="2">中山紀正、井上高三等を県議会に送り、教師生活の全面的救済、年末賞与の増額を強く要求。
20日、中山紀正、倉田新次、牛窪全浄、砂川格三等有志多数が県及び横浜市に別れて待遇改善要求。</td></tr>
<tr><td rowspan="3">1946年1月</td><td colspan="2">27日、横浜市教育革新連盟結成、委員長に倉沢晟哉。</td><td rowspan="2">4日、蒔田国民学校にて横浜の校長らが参集、県教員組合結成の話し合い。
12日、横浜市教育会館に約60名の校長参集、第一回県教組結成準備会。
15日、戸部国民学校に県教組準備会幹部参集、「県教組規約草案」策定。翌16日可決。
22日、県教組の要請により横浜市内の校長懇談会。横浜市教組結成の準備すすむ。
30日、戸部国民学校において有志校長による県教組結成式。組合長斉藤元近。同日、校長会ルートにより愛甲支部、横浜支部結成。</td></tr>
<tr><td>29日、県教組の支部規約を退け、237名で保土ヶ谷区教員組合結成。組合長は白井模平。</td><td>28日、南区教職員組合結成。委員長は長谷川雷助。</td></tr>
<tr><td colspan="2"></td><td>31日、横浜市教員組合。組合長は斉藤元近。</td></tr>
<tr><td>1946年2月</td><td colspan="2">7日、横浜市教育革新連盟、蒔田国民学校で蹶起大会。
27日、横浜市教育革新連盟、横浜駐在米軍にアメリカ民主主義の講義を依頼。5月17日まで10回の講演。</td><td>1日、戸部国民学校において郡市代表者大会。
3日、内山知事と会見し対県要求。
第2回県教組大会（足立直寿、長谷川雷助、養島兵蔵体制）。</td></tr>
</table>

※『神教組運動史　1947～1997』、『浜教組十五年史』から作成。

（中略）教師たちを行動に追いやったものは、このまま推移すれば横浜の教育は亡びてしまうという憂いであり、無慙な苦しみをなめる教え子たちをこのまま棄ておけないという憤りでもあった。（中略）そしてこの両グループが、必ずしも思想的立場を一にするものでないことも知った。それは、強力な労働組合の結成をめざすものと、来るべき教育の内容を模索するものとの違いであった。しかし、私は教師集団にとって、その二つが共に欠くべからざるものであることを想い、そのグループにも積極的に参加した。

敗戦後の生活困難は、児童の栄養失調や教師の「脱落」を引き起こし、教育活動上に多大な支障をもたらしていた。一九四五年末までに、この状況に対する「憂い」と「憤り」を共有する青年教師の会合が、保土ヶ谷区と南区でそれぞれ開かれていた。牛窪は両者の「思想的立場」の違いを捉えているが、南区における発起人・中山紀正もまた「我々の考え方はあくまでも新しい教育道の確立であり、生活問題はあくまでも第二義的な目的であった」と述べ、牛窪らの動きを「組合運動の前身」と回顧している。(13) 保土ヶ谷区＝「労働組合の結成をめざすもの」、南区＝「来るべき教育の内容を模索するもの」との差異を含みつつ、牛窪の「二つが共に欠くべからざるもの」という「憂い」と「憤り」を共有する思いは強く、青年教師たちは一九四六年一月二七日に「横浜市教育革新連盟」へと結集していく。

その途上の一九四五年一二月、両グループの青年教師達は生活闘争の取り組みを開始していた（表1）。牛窪全浄はこれを校長層への批判交じりに回顧している。(14)

こういう状況でも、校長さんも誰も動いてくれない。それで二〇年の暮れころ革新連盟を作った有志一二・三人で県や横浜市に対し教師の生活救済を要請しようということになり（中略）県は私達の要求に応えてくれましてね、物価手当一〇〇円と家族一人について二〇円の越冬資金を出してくれました。（中略）

翌二一年の一月ごろになって校長層も、どうにかしなければならんというので六〇人くらい集まりまして、集まったとたんに「神奈川県教員組合」の看板を掲げちゃいました。（中略）校長さんたちが三月末に県・市に要請した内容が校長の退職金の増額とかの要求でして、一般の教員の退職金の増額ではなかったのですね、校長会が形を変えた格好で出て来たという印象でした。

「校長さんも誰も動いてくれない」、その後ようやく動き出した校長層も「校長会が形を変えた格好で出て来たという印象」との回顧に、当時の「憤り」を窺うことができる。一方の校長層は一九四六年一月に「神奈川県教員組合」（以下、県教組）を結成し、「既成の校長会のルートを通じて各郡市に支部結成を呼びかけ[15]」、すぐさま足柄下支部・愛甲支部・横浜支部ができた。特に横浜支部に関しては、同時期に青年教師たちによる保土ヶ谷区教員組合・南区教職員組合が結成されていたものの「教組幹部の凡てを校長層で占め、下部組織と全く遊離していた[16]」という。この齟齬は、一九四六年二月ごろ横浜市内各校に「若き教師よ、その足下を見よ、そこにはいかに多くの反民主的存在があるか（中略）われわれの組合は結成せられつつあるもその構成分子にいかに不合理の存在するか」といい「校長の特権廃絶」「職員会議の重視」「討論会の設置」を訴える「檄」文がばらまかれるという事態を生み出す[17]。校長層・校長会を「反民主的存在」といい、横浜支部を「不合理」な構成であると衝く。生活闘争の取り組みから区教組及び「横浜市教育革新連盟」結成へと勢いづく青年教師たちにとって、旧態依然としたトップダウン型の校長会・教育会の再駆動は忌避すべき存在に映じたことがわかる。

「横浜市教育革新連盟」に集った青年教師たちは職能向上にも積極的な取り組みを展開していく。彼らは「教育者としてこれから何を教育の理念としてとらえていったらいいのだろうか（中略）占領軍は日本国の転換を要求してきている、彼らの言う民主主義とは何なのか、直接彼らに話を聞こうじゃないか[18]」と蒔田国民学校校庭にあった米軍兵舎を訪ね、「セントラル・スクール」として米軍将校から三ヶ月に渉り講義・実習を受ける取り組みを実現させている。米軍に直接教示を求める行動は注目を集めたようであり、講師役を務めたノーマン・A・グレーブナーによれば横須賀の教員たちからも同様の依頼があったことが回顧されている。[19]

2　青年教師層の台頭による教組「民主化」

このように、横浜の青年教師の動きは県内に共感・共鳴する動きを及ぼしていき、次第に青年教師層による教組幹部就任という教組「民主化」と教育会解散の機運を高めていくことになる。

横浜市にばらまかれた檄文には「熱情を失う教師、官僚の鼻息をうかがう校長、われわれはこれらすべての無為有害の輩の覚醒を求め、われらの手によって自由にして明朗なる学校を創造し[20]」とも記されていたが、ここには生活困難のみならず教育社会の封建性をも打破すべきとする課題意識が込められていた。一九四七年一月二一日の『神奈川新聞』には、ある国民学校教員の離職にまつわる「現在の教育界の風潮」が報じられている。[21]

> 肥料会社に転向した一教員は陸軍中尉で復員し、ある郡部の国民学校に復職したが、教員適格審査に何等ふれるような職業軍人ではないのに、校長は彼が教壇に立つことを好まず、〝職員室で事務でもとってくれればいい〟というようなつれない態度をとった。そのため自由教育の世界に育ち、これから信念に生きて教育を行えると大きな抱負を抱えてかえって来た先生は、耐えがたい幻滅を感じ教壇にさよならをした（後略）。

教職適格審査に対し過度におびえる「官僚の鼻息をうかがう」校長の人事権濫用の事例と言えよう。記事は「もっと思いきった改革のメスがふるわれなくては教育の民主化は到底のぞめず」と締めくくられているが、この事例にメスを入れるならば「一教員」の教壇配置または校長の更迭となろう。こうした世論は横浜市鶴見区一一校九八名の青年教師が開いた県教組青年部結成協議会にも反映されていた。当時の『神奈川新聞』では「県下の青年男女教員約七十名が集まり」、「県下各地の代表は青年部結成の機運をそれぞれ報告」、「青年部結成を校長や教頭からなる幹部が抑□（筆者注：制カ）するのは誤りであると、穏健だった県教組の一半を攻撃して俄然注目されるに至った[22]」といった模様が報じられていた。自らの発言力強化を目指す青年部結成にむけ、気運が高まっていたことがわかる。

この事態は表2のように、同年中に教組「民主化」へと展開していくことになる。まず同年三月一四日に横浜市教組組合長として三四歳の牛窪全浄が矢部門三・足立直寿・長谷川雷助ら校長層を破って当選、同二〇日には県教組において三二歳の岡三郎が副組合長に選出されるという交代劇があった[23]。『神教組四十年史』では「校長層と一般教員層との直接対決の構図をとったわけではなく、急展開する時代のなかで教組運動の課題も大きく、これに応えるための当然且つ自然な内部変革[24]」と述べているが、前出の南区青年教師・中山紀正も「その動きに対して、当時の校長各位が非常に協力され、むしろ若い力を助長してくれたことは、その後における本県、本市の正常な組合活動に大きな力であった[25]」と回顧している。これに先立つ一月には軍政部クルックの「援助示唆」による県小学校長会結成（詳しくは後述）や「二・一スト」の中止命令、そして四月以降の新学制施行など、GHQ・軍政部の指示・統制や新たな教育課題が校長層に降りかかる時期でもあった。これが教組を青年教師層の台頭に委ねる選択を促した面もあったと推測できる。

新学制発足後の一九四七年七月、新たに「横浜市教職員組合」（以下、浜教組）を再結成することになるが、ここでも牛窪が委員長に当選したほか副委員長をすべて三〇代の教諭層が占めた（翌年の委員長交代でも保土ヶ谷区の青年教師（表1）・白井摸平が引き継ぐ）。次いで九月以降、全県的・全校種単一組織に向け準備委員会が結成されることになるが、牛窪はこの委員長を務め、一一月五日の「神奈川県教職員組合」（神教組）結成に際し初代委員長にもなって

表２　青年教師の台頭と「神奈川県教職員組合」結成

<table>
<tr><th></th><th>青年教師</th><th>「県教組」</th><th>神奈川県中等学校教職員組合</th></tr>
<tr><td>1946年7月</td><td></td><td></td><td>神奈川県中等学校教職員組合結成（県中教）、組合長には赤木愛太郎。</td></tr>
<tr><td>1946年11月</td><td></td><td>28日、内山知事と賃金交渉。</td><td></td></tr>
<tr><td>1947年1月21日</td><td>鶴見区11校の青年教師、県下の青年教師に呼びかけ平沼国民学校で県教組青年部結成協議会。</td><td></td><td></td></tr>
<tr><td rowspan="2">1947年3月</td><td rowspan="2">14日、横浜市教組臨時総会にて34歳の牛窪全浄が組合長に当選。</td><td colspan="2">17日、県教組と県中教との共同歩調「神奈川県教員組合連絡協議会」で一致。</td></tr>
<tr><td>20日、県教組の総会にて32歳の岡三郎が副組合長に選出。
24日、県教組の代議委員会で新執行部体制。「民主化」。</td><td></td></tr>
<tr><td>1947年5月30日</td><td></td><td>県教組、県中教が、労組法により届出のために改めて連絡協議会（神奈川県教員組合連絡協議会、神教協）を結成。</td><td>県中教と横浜・川崎・横須賀の市立教員組合が連合し神奈川県中等学校教員組合連合会（神中教）結成。</td></tr>
<tr><td>1947年7月</td><td>再結成された横浜市教職員組合において役員がすべて30代の教諭層が占める。</td><td></td><td></td></tr>
<tr><td>1947年9月3日</td><td></td><td>県教組、鎌倉第一小学校で代議員会開催。教組組織の再編成を協議。</td><td></td></tr>
<tr><td>1947年11月5日</td><td colspan="3">神奈川県教職員組合結成大会、県立第一高等女学校（平沼高校）で開催。</td></tr>
<tr><td>1948年2月7日</td><td>横浜市教職員組合、執行委員長白井模平。</td><td></td><td></td></tr>
</table>

※『神教組運動史　1947～1997』、『浜教組十五年史』、『教育と文化』第35号、『神教組四十年史』から作成。

いる。

表3に上述以外で管見の限り捉えられた県内の動きをまとめた。校長層を主導した県教組の支部結成に対し、川崎では相次ぐ役員交代劇があり、横須賀でも初代役員に対する「微温的であきたりずとする機運」により同様の動きがあった。[26]この他、津久井郡における青年隊結成、さらには県教組・川教組・浜教組に於ける婦人部結成などが見られる。全県的にみても、当初教組を率いた校長層の退陣と新たな担い手へのシフトという教組「民主化」が起きていたことがわかる。

牛窪は「創意に満ちた浜教組の活動」として一九四七年度の取り組みを以下のように振り返っている。[27]

文教部の機構改革に参画し、現場の要望に副うよう独自の改革案をもって交渉に当り（中略）区役所権限を拡大する市長方針に沿い、各区に教育課長が新設されることになったが、市長交渉の結果、その人選は教組に一任され、教員の中から選ぶことになった。（中略）しかし（中略）石河市長の落選によりこの構想は実をむすばず（中略）校長、教頭人事については、推薦制をひきつづき堅持して、機構や人の面から教育行政の民主化を推し進めたのであった。

また対市待遇改善の面では、地域給全市一律支給、研究費、通勤費、退職慰労金の支給、住宅料、宿日直料の増額等を要求し、かずかずの成果をあげた。（中略）九月には、横浜市教育会を解散に追い込み、その遺産と事業を継承した。また各教科研究会の成立を促進し、組合費をさいてその活動資金を提供した。

ここに「民主化」された浜教組が、待遇改善交渉のみならず課長や校長・教頭の人事に関与する「教育行政の民主化」、さらには「横浜市教育会を解散に追い込み（中略）各教科研究会の成立を促進」といった教員団体再編に関わ

表3　神奈川県内における教員組合結成の動き（1945～1947年度）

年	月	日	内容	参照
1946	1	23	県教組、足柄下支部結成。	『神教組四十年史』74頁。
1946	1	24	川崎市立登戸小学校に教員組合についての懇談会開催。	『川教組四十年の歩み』13頁。
1946	1	30	県教組、愛甲支部、横浜支部結成。	『神教組四十年史』74頁。
1946	2		鎌倉教職員組合結成、長・松岡忠夫。	『鎌倉教育史』550頁。
1946	2	9	川崎市教員組合（県教組川崎支部）結成式が市役所議事堂で開催。組合長福田正造。	『川教組四十年の歩み』13頁。
1946	5	8	高座郡教職員組合結成、教育行政・学校運営・学術研究の民主化。	『新版神奈川大和教育史　第二巻』218頁、『藤沢市教育史通史編現代』644頁。
1946	5	27	川崎市教員組合幹部総退陣、山崎博が暫定組合長に。	『川教組四十年の歩み』13頁。
1946	5	カ	第1回神奈川県教組横須賀支部役員選出（ほとんど全員校長）。	『戦後横須賀教育史』55頁。
1946	6	21	川崎市教員組合総会、改正規約議決。組合長溝口謙吉、副組合長山本孫義、大内昌雄。	『川教組四十年の歩み』14頁。
1946	6	23	川崎市、私立中学校教員組合結成。組合長伊藤与八。	『川教組四十年の歩み』14頁。
1946	11	8	神奈川県教組横須賀支部新発足、島崎秀雄委員長。	『戦後横須賀教育史』55─56頁。
1946	11		横須賀市中等学校教員組合結成、委員長長野正義。	『戦後横須賀教育史』57頁。
1946	12	6	川崎市教員組合誕生（単一組織）。	『川教組四十年の歩み』422頁。
1946	年度		相模原町教員組合発足。	『相模原市教育史第四巻現代通史編』359頁。
1947	2	8	婦人教師ら、女教員大会を本町国民学校に開き、婦人部結成へと進む。	『神教組四十年史』110頁。
1947	2	26	川教組婦人部結成。	『川教組四十年の歩み』422頁。
1947	4	15	本町小学校にて県教組婦人部結成大会。	『浜教組十五年史』222頁。
1947	5		横須賀市中学校教員組合結成。	『戦後横須賀教育史』58頁。
1947	6	7	川教組総会、選挙により組合長山本孫義、副組合長内野清、大内昌雄。	『川教組四十年の歩み』14頁。
1947	7	19	浜教組婦人部細則制定。	『浜教組婦人部三十年史』296頁。
1947	年度		津久井郡教職員組合、長：長田忠寿、副：田野佳三。	『津久井教育十年の歩み』49頁。
1947	年度		津久井郡教職員組合青年隊結成、長：小川良一、副：杉本良貞。	『津久井教育十年の歩み』49頁。

る取り組みを展開していたことがわかる。

3　教育会の解散

では、横浜市教育会を「解散に追い込」んだ経緯とはいかなるものであったのだろうか。この伏線として、第一に一九四七年五月の神奈川県教育会の解散決議が挙げられる。前年一二月にGHQから日本教育会改組の勧告が出されて以降、神奈川県内でも「改組案を主張する県支部と存在理由なしとする教職組主流との相違」から「二分してもみ抜」く論議が交わされ、「数次にわたって各郡市及び専門部会代表で組織する協議員会を開き慎重協議の結果」解散が決し、県下教育世論として教育会「存在理由なし」という大勢が形作られていた[28]。第二には、先述の通り一九四七年七月に幹部層をすべて三〇代の教論層が占める浜教組「民主化」が行われていたこと。そして第三には、同月に日教組中央委員会が教育会の解散を決議していたことが挙げられよう。これらを底流に、一九四七年八月二六日の浜教組代議員会において牛窪が「昔日と異なり浜教組が結成された今日、存続の意味は薄く、解散せらるべきであると主張」した。県教育会を解散に向かわせたのと同様な議論を、横浜市教育会においても提起したのである。

九月五日の浜教組代議員会で「もし一切の委譲を受けた際、教組はその任に堪えるか」と、教育会機能の継承に関わる問いが投げかけられている。これに対し牛窪は「教組は単に給与闘争のみがその任ではなく、従来教育会が果たしてきた、職能文化面の向上を図ることもまた重要な責務であるとし、組織面の改善によって十分期待にこたえるつもり」と返答、教組を職能向上をも担い得る組織として展開していく構想を示した[29]。この日、教育会の解散一六三六・存続四六の票差で執行部方針が承認され、九月一〇日の教育会側との交渉で財産譲渡も決し、一一月二五日までに教育会館を含む財産の継承がなされた。その際、「会談は和やかに進み、教組要望の線に沿って妥結を見た」というが、教組側の代表が牛窪全浄・中山紀正ら「横浜市教育革新連盟」に集った教員であり、教育会側の代表が斎藤元近・足立直寿ら校長層（当初の「県教組」幹部）であったことが当時の情況を象徴しているといえよう。[30] 浜教組「民主化」の流れのなかで、校長層によって担われていた横浜市教育会は特段の対立もなく解散への道を辿ったのであった。

なお、一九四七年は既に神奈川軍政部にマックマナスが赴任しているが、管見の限り神奈川県・横浜市の教育会解散に対して特段の介入や指示はなされていない（一九四七年内は関東軍政部フォックス、長野軍政部ケリーなども未だ動き出していない）。

二　校長会・教育研究団体の組織化

1　神奈川軍政部の「建設」的側面

むしろ一九四七年までは新教育・新学制の黎明期であり、軍政部の「建設」的側面の方が色濃い。教組結成と同時期に、教育行政・軍政部側ではいかなる教員団体再編の働きかけがなされたのか。

戦後初期の神奈川県では「新教育に関する啓蒙的講習は軍政部を中心に行われ、それに刺激を受けて、熱心に研究を始める教師も多」く「地域別にまた全県的に、各教科、教科外の研究組織がつくられ、研究協議や公開授業が行われるようにな」ったという。[31]『横浜市教育史　下巻』には、「戦後、最初に発足した自主的な研究会は神奈川県新教育研究会」（表4）であり「その組織化は恐らく昭和二〇年十二月頃のことと思われ」ると記されている。[32]『横浜市史Ⅱ』では当時者の回顧「昭和二十一年から二十二年にかけての、米軍政局のクルック少佐を囲む教育懇談会」の存在から「インフォーマルな形式でありながらも、地方軍政部からの強い指導によって研究会が組織されたと考えられる」と述べられており、軍政部の働きかけが指摘されている。[33] 一九四六年度に「『自発性』『個性』『自治』といった新教育

表4　神奈川県新教育研究会の体制

	視学委員	地区	指定校
第一地区	内山静一 吉田太郎 三橋嘉一 福本弥太郎 萩原利邦 小島峰吉 沼野嘉彦	横浜市西区	老松
		磯子区	釜利谷
		鶴見区	矢向
		港北区	田奈
		保土ヶ谷区	保土ヶ谷
		川崎	生田、宮前
		高鎌地方	座間、鎌倉第一
		足柄上地方	福沢
		愛甲地方	高山峰
		三浦	葉山
第二地区	岩下富蔵 八島長寿 長谷川雷助 山崎博 内藤清治 古瀬耕三 小俣速水	横浜市中区	本町
		南区	蒔田
		戸塚区	原
		神奈川区	子安
		横須賀	坂本、山崎
		中地方	金目、成瀬、二宮、平塚第四
		足柄下地方	本町、国府津町
		津久井地方	千木良

※『横浜市史Ⅱ　資料編8　戦前戦後の都市と教育』2001年、524—526頁から作成。

のキーワード（中略）に即した研究計画案を作成、新学制が始まる直前の二月から三月にかけて研究指定校で中間報告会が実施」され、「新学制の出発とともに、この研究会は発展的に解消され、教科別による全市的な研究団体の組織化が進行していく」基盤を形成したとされている。(34)

神奈川軍政部クルックは一九四七年一月二七日の神奈川県小学校長会の結成にも「援助示唆」（初代会長・足立直寿の回顧）を加え、結成式で講演を行っている。(35)県小学校長会の働きはマックマナスも期待をかけていたようであり、マックマナスが記した一九四八年三月の「神奈川軍政部月例活動報告書（民間情報教育活動MG―12、以下「月例活動報告書」）」では「神奈川県の三〇四の小学校長は、民間教育課の担当官が概説した案に則って、新しい校長会を結成した」とクルックの

表5　校長会の発足

年	月	日	内容	参照
1947	1	27	神奈川県小学校長会発足。	『校長会二十五年史』13、36頁。
1947	4		藤沢市立小学校長会長・泰野金造。	『藤沢市教育史　史料編別巻』169頁。
1947	5	20	神奈川県公立中学校長会発足。	『神奈川県教育史年表〔昭和編〕その2戦後編』15頁。
1947	5		津久井郡小学校長会結成、会長：梅沢米寿。	『津久井教育十年の歩み』56頁。
1947	5		相模原町立中学校長会結成。	『相模原教育史第四巻現代通史編』353頁。
1947	5		藤沢市立中学校長会発足、会長松川昇太郎。	『藤沢市教育史　史料編別巻』170頁。
1947	7		津久井郡中学校長会結成、会長：柿沢謙之助。	『津久井教育十年の歩み』57頁。
1947	年度		横浜市小学校長会（長：足立直寿）、中学校長会（長：村上泰助、副：長谷川雷助）。	『礎』500頁。
1947	年度		横須賀市小学校町会（長：重田政三）、市教組（長・山田三郎、副・浅葉孝蔵）、教育会長・重田政三。	『校長会二十五年史』108頁。
1947	年度		葉山町小学校長会、長・鈴木誠之助。	『校長会二十五年史』120頁。
1947	年度		鎌倉市小学校長会、長・板倉哲太郎。	『校長会二十五年史』123頁。
1947	年度		茅ヶ崎・寒川地区校長会、長・福岡信。	『校長会二十五年史』131頁。
1947	年度		相模原町立小学校長会結成、長・磯部隼人。	『校長会二十五年史』133頁。
1947	年度		高座郡小学校長会、中部8校にて発足、長・川井国吉。	『校長会二十五年史』143頁。
1947	年度		平塚市立小学校長会発足、長・守屋貫雄。	『校長会二十五年史』155頁。
1947	年度		中郡小学校長会、長・萩原利邦。	『校長会二十五年史』160頁。
1947	年度		足柄上郡校長会、長・辻村君造。	『校長会二十五年史』164頁。
1947	年度		小田原市小学校長会、長・加藤良蔵。私立学校教育研究会の設立を推進。	『校長会二十五年史』170頁。
1947	年度		厚木愛甲地区小学校長会、長・加藤潁治。	『校長会二十五年史』183頁。
1947	年度		藤沢市立小学校長会発足。	『藤沢市教育史通史編現代』592頁。
1948	5	6	津久井郡各学校上席教諭会合（小学校・中学校）。	『津久井教育十年の歩み』58頁。
1948	7	21	足柄上郡小学校長会規約決定。	『校長会二十五年史』162頁。
1949	9		津久井郡上席教諭会合から小学校副校長会（長：馬場尚敏）・中学校副校長会（長：内藤庄次）へと改称。	『津久井教育十年の歩み』58、59頁。
1949	年度		横須賀市校長会の組織整う（長・山田三郎）。	『校長会二十五年史』108頁。

業績を紹介しつつ、「この組織の中心的な目的の一つは、授業の監督の仕方を改良することである。教員の評価の方法が研究された。評価の新しい方法が来年度小学校で使用される[36]」と一九四七年度の取り組みと一九四八年度の活動計画を記していた。表5からは一九四七年五月二日に神奈川県公立中学校長会、同年度内に一斉に各郡市町村単位の小・中学校長会が整備されたことがわかるが、これが軍政部の「援助示唆」の延長上であったことは間違いないだろう。

マックマナスは一九四七年一〇月三〇日に自ら講師となり、県公立中学校長全員に対する講習会での直接指導を試みている[37]。

これは彼に中学校長層に対する失望の念を抱かせたものとみられ、「月例活動報告」上で「大多数は、かつて青年学校の校長だった者である。（中略）多くの場合、新校長はまったく無能で、日本の教育制度の改革に憤慨し、カリキュラムの編成や新しい教授法についての新しい考え方を受け入れようとしていない」（一九四八年二月）と非難している。翌三月の「月例活動報告」では「中学校教頭講習会　中学校における運営上の課題を支援するため、また当県の中学校プログラムの進展に関してより正確な情報を入手するため、郡単位で、二回の講習会を教育課職員が実施されており、軍政部教育課員を県下に派遣しての講習会を展開している。[38]

これら新学制の趣旨徹底には多大な熱意を傾けたようであり、翌一九四九年五月二七―二八日には横浜で県下「全ての中学校及び高等学校の教員を対象」とした研修（軍政部長官による講演「学校の使命」のほか、「中学校、高校の連携を強めること」「高等学校を、基本的に大学予備校とみる考え方を弱めること」「職務上の組織を奨励すること」等の目的のもと講義や討論）を行い、終了後には英語・社会・国語・家庭科などで「中高両者の教員で構成される教員の会をつくる案」が出されたという（一九四九年五月二四日には神奈川県高等学校教科研究会が創設[39]）。この講習プログラムを応用し、一九四九年六月一五―一八日には「横浜市の小学校の教員、看護婦、医師、校長二六〇〇名を対象」として「専門職としての意識を高めること、『子どもを中心とした』小学校のプログラムを発展させること、教頭の地位を校長の補佐の地位に引き上げること」を目的とした「横浜市小学校教員講習会」を開催したことが「月例活動報告」に記されている。これら軍政部やマックマナスの直接指導からは、第一に新学制の趣旨徹底、第二に軍政部の理想とする教員集団の組織化（校長会や中高教員の教科別研究組織、管理職（校長―教頭ライン）の確立）という意図が窺える。

2　教育研究団体の組織化

これら軍政部による働きかけの一方、一九四六年一一月には神奈川県教育民生部長通牒により「各学校に教職員の

「教育研究協議会」新設の件」が発せられ「米国教育使節団の報告書の意向をうけ学校教育民主化促進の見地から、学校長司会の下に行われる協議会とは別箇に教職員の自主的な会合を作ることを勧奨す」との方針が示されていた[40]。教育「民主化」や「自主的な会合」の勧奨を承け、教組が主催する研究会や教員らの同好会が生み出されていった。例えば鎌倉教職員組合は「各教科の研究会を定期的に開」くほか「教員の再教育も教職員組合が主催し、当時の研究協議会、研究発表会には教職員組合が後援団体として名を連ね（中略）そのほか、教育研究所の設置促進を要望」するなど活発な教育研究活動を展開していた[41]。一九四七年三月に文部省から地方長官・師範学校長宛に教育研究所設置を促す通牒が出ていたが、これも追い風となっていたようである。川崎市では一九四八年に「川崎市教職員組合（坂東忠彦委員長）は研究所設置に関する研究調査委員会を設け、大山元幸書記長らがその中心となって（中略）「川崎市教育研究所の構想案」として、市当局に提出」するなど教組がイニシアティブをとって教育研究活動の拠点づくりを行っていた（一九四九年に川崎市教育研究所設置[42]）。

これら「自主的な会合」や行政側の体勢が整備されるなか、表6のように各教科の教育研究団体が生み出され、やがて市町村教育研究会の結成が進められていくことになる。注目すべきは、この過程が校長会の主導性を伴う、佐藤幹男が指摘する「実質的には戦前の教育会の運営、活動と比べて大きな違いは認められない」ものとして展開した点であろう。端的な事例として、先述した一九四七年九月の横浜市教育会解散以後、浜教組が教育研究団体への経済援助を行うことになった横浜の動きが挙げられる。横浜市では表中から一九四八年七月の「社会科研究同志会[43]」から一九四九年五月に「横浜市小学校社会科研究会」へと展開していったことがわかる。しかしながら当事者は「何分にも資金がなく、事業も困難であ」り、一九四九年「七月に校長会が各教科研究会長を集合させて、各研究会に援助をすることにしてくださったので、干天に慈雨の喜びであった」と回顧している[44]。ここから浜教組（牛窪）が約した「組合費をさいてその活動資金を提供」が実際には継続されず、教組による教育会機能の継承が十分に果たせなかったことが浮かび上がってくる。『横浜市小学校教育研究会沿革誌』ではその詳細が以下のように記されている[45]。

各教科の研究活動が活発になりましたが、研究会には予算が微々たるものであったので校長会が心配してくれました。校長会は「教育公務員特例法」を例に挙げてＰＴＡに働きかけ協力を得ることになり（中略）その資金は各学校が学級数に応じて拠出しそれを各教科の研究会に平等に分配することになりました。

この資金は準公金であるので、その使途に対して校長会は責任を持つ必要があるので、研究会の会長はなるべく校長になってもらうのが望ましい（後略）。

結果的に「会長はなるべく校長」という形で教育研究団体の再編が進んだのである。財政的な壁に直面する中で浜教組「民主化」は職能向上機能の面では構想倒れに終わったといえよう。

3　郡部における教育会の「改組」と「再発足」

郡部では教育会組織を駆動させることで職能向上の母体を整備していった事例も存在した。管見の限り県西部の足柄下郡と足柄上郡で明確な事実が確認できる。

足柄下郡では教育会組織の「改組」を選択し、継続的・発展的な教育研究活動を展開していた。一九四五年度内に新教育講演会や新教育視察のために会員四名の県外派遣を行い、翌年度にも足柄上・下・小田原市連合で新教育研究懇談会を開催、一九四七年度には社会科カリキュラム研究のため各校一名ずつ川口市に派遣、郡教職員組合と合同で夏期教員再教育、心理学講習会、芸能祭、各種研究会を開催するなどしていた。

一九四八年度には「本部との関係が全くなくなり、従前の足柄下郡教育会として独立したので、戦後の新事態に即

表6　神奈川県内における教育研究会の結成（1945年度～1951年度）

年	月	日	内容	参照
1946	8		横須賀市音楽教育協会、会長・近藤健。	『戦後横須賀教育史』267頁。
1946	11		横須賀市図工科同好会結成。	『戦後横須賀教育史』267頁。
1947	6	12	横浜市小学校国語教育研究会発足。	『横浜市小学校教育研究会沿革誌』7頁。
1947	6	25	藤沢市教職員研究協議会会則制定。	『藤沢市教育史通史編現代』341頁。
1947	9	5	川崎市小中高校教師149名、賛助会員27名、同好の集まりとして理科・数学合同の川崎市科学教育研究会発足。	『続川崎市教育史』279頁。
1947	9		横須賀市国語同好会結成。	『戦後横須賀教育史』267頁。
1947	9		横須賀市科学教育同好会結成、数学研究部会、理科研究部会設置。	『戦後横須賀教育史』267頁。
1947	年度		川崎市中学校、国語・社会・保体研究会結成。	『続川崎市教育史』405頁。
1948	4		横須賀市中高図工研究会（会長矢吹誠）、小学校図工研究会（会長杉本昌男）、小学校家庭科研究会。	『戦後横須賀教育史』268頁。
1948	5		川崎市音楽科研究会、高津高校における学校教員再教育講習会を機に中・高合同で発足。	『続川崎市教育史』407頁。
1948	5		横須賀市国語研究会、会長島崎秀雄。	『戦後横須賀教育史』268頁。
1948	6		川崎市芸術教育研究会発足。	『続川崎市教育史』279頁。
1948	7	30	横浜市小学校社会科研究同好会。	『横浜市小学校教育研究会沿革誌』15頁。
1948	7		横須賀市音楽研究会、会長近藤健。	『戦後横須賀教育史』268頁。
1948	8		川崎市中学校職業家庭科研究会発足。	『続川崎市教育史』407頁。
1948	11	26	藤沢市教育研究会、小学校現教職員を持って組織。	『藤沢市教育史通史編現代』344頁。
1948	12		横浜書道教育会、横浜市中区山下町港中学校谷口祐雪。	『かながわ教育』第17号、43頁。
1948	年度		横浜市小学校音楽研究会発足。	『横浜市小学校教育研究会沿革誌』7頁。
1948	年度		横浜市養護研究会発足。	『横浜市小学校教育研究会沿革誌』8頁。
1949	1	29	神奈川県高等学校教科研究会国語部会（国語科研究会）発足。	『かながわ教育』第4号、39頁。
1949	2	26	相模原町立中学校教育研究会結成。	『相模原市教育史第四巻現代通史編』357頁。
1949	4		横浜市家庭科研究会発足。	『横浜市小学校教育研究会沿革誌』8頁。
1949	4		横須賀市中学校理科研究会、会長大谷茂。	『戦後横須賀教育史』268頁。
1949			横須賀市小学校体育研究会、会長常葉三俊。	『戦後横須賀教育史』268頁。
1949	5	末	横浜市小学校社会科研究会発足（平沼小総会）。	『横浜市小学校教育研究会沿革誌』7頁。
1949	5		鎌倉市小学校教育研究会発足。	『鎌倉教育史』576頁。
1949	6	25	相模原町立小学校教育研究会発足、10部会、『文集さがみはら』。	『相模原市教育史第四巻現代通史編』355―356頁。
1949	6		横浜市小学校体育研究会発足。	『横浜市小学校教育研究会沿革誌』8頁。
1949	6		横須賀市職業家庭科研究会、会長上原虎雄。	『戦後横須賀教育史』268頁。
1949	7		津久井郡教科研究会設置協議会。	『津久井教育十年の歩み』60頁。
1949	8	15	津久井郡学校衛生会結成。	『津久井教育十年の歩み』52頁。
1949	9		横須賀市小学校算数研究会（会長藤平威治）、中学校数学教育研究会（会長鈴木正利）。	『戦後横須賀教育史』268頁。
1949	年度		川崎市小学校社会科研究会、川崎市小学校理科研究会の発足。	『続川崎市教育史』279頁。
1949	年度		横浜市視聴覚教育研究会発足。	『横浜市小学校教育研究会沿革誌』8頁。

1949	年度		横浜市小学校・中学校理科研究会発足。	『横浜市小学校教育研究会沿革誌』82 頁。
1949	年度		藤沢市教育研究会発足。	『校長会二十五年史』128 頁。
1950	1		高座郡中部小学校・高座郡中部中学校教育研究会結成。	『新版神奈川大和教育史　第二巻』218 頁。
1950	4		川崎市中学校理科教育研究会。	『続川崎市教育史』407 頁。
1950	6	21	横浜市算数教育研究会。	『横浜市小学校教育研究会沿革誌』7 頁。
1950	9		横須賀市小学校理科研究会、会長永島嘉次郎。	『戦後横須賀教育史』268 頁。
1950	12		横須賀市特殊教育研究会、会長川島孝平。	『戦後横須賀教育史』270 頁。
1950	年度		川崎市小学校算数研究会、川崎市音楽教育研究会、図画工作研究会、学校劇研究会発足。	『続川崎市教育史』279—280 頁。
1950	年度		横浜市港北区教育研究会発足。	『横浜市小学校教育研究会沿革誌』122 頁。
1951	5		横須賀市社会科研究会、会長・浅葉孝蔵。	『戦後横須賀教育史』268 頁。
1951	11		横須賀市英語研究会、会長笹子武夫。	『戦後横須賀教育史』268 頁。
1951	年度		川崎市、教科外活動研究会発足。	『続川崎市教育史』284 頁。
1951	年度		横浜市小学校図書館研究会発足。	『横浜市小学校教育研究会沿革誌』8 頁。
1951	年度		逗子教育研究会発足、会長は校長会長・福本弥太郎。(1950 年に逗子町分離)。	『校長会二十五年史』116 頁。
1951	年度		平塚市小学校教育研究会結成。	『校長会二十五年史』155 頁。
1951	年度		中郡教育研究会結成。	『校長会二十五年史』160 頁。
1952	2		横須賀市生徒指導研究会発足。	『戦後横須賀教育史』270 頁。
1952	4		藤沢市中学校教育研究会、小学校教育研究会発足。	『藤沢市教育史　史料編別巻』174 頁。
1952	5	16	鎌倉市学校教育研究会発足（小学校に中学校も合流)。	『鎌倉教育史』578 頁。
1952	6		津久井郡学校教育研究会発足、『教育つくい』発刊。	『津久井教育十年の歩み』61 頁。

応するよう規約の大改正をする。三月以来教育会の定款起草委員をあげて、数次にわたる研究、準備会の後、民主的教育研究団体として新発足する」として「社団法人足柄下郡教育会定款」を定めた[46]。その第二条「一、正会員足柄下郡の現職教員」、「二、賛助会員足柄下郡内に居住する教育理解者」からは一九四六年一二月の「日本教育会の組織運営に関する最高司令部の勧告」の反映（「正会員」「賛助会員」、教員のみの職能団体）が窺える。表7から、この間をリードしたのが湯河原小学校長・朝倉重治であったことがわかる。これら人的な継続性に加え、「第六条　この会は明治三十五年十二月設立の足柄下郡教育会の所有財産及び会員の会費寄付その他の収入を以て資金とする」および「第七条　この会は大正十二年三月三十一日以来の足柄下郡教育会の基本財産を以てこの基本財産とする」と定め、戦前以来の財政的基盤も継承していた。これにより「下郡の自主性にもとづき、前年に引きつづき生徒の芸能教育、自由研究が活発に行われ」（一九四九年度）ていった

表７　1940 年以降の足柄下郡教育会歴代会長・副会長

時代	年度	会長	副会長	副会長
大日本教育会神奈川県支部足柄下郡分会	1945	湯河原町長・八亀武雄	湯河原小学校長・朝倉重治	
	1946	湯河原町長・八亀武雄	湯河原小学校長・朝倉重治	
	1947	湯河原小学校長・朝倉重治	吉浜小学校長・辻村君造	
社団法人足柄下郡教育会	1948	湯河原小学校長・朝倉重治	橘中学校長・鈴木将英	
	1949	酒匂中学校長・安西貞一	橘中学校長・鈴木将英	真鶴小学校長・太田海三
	1950	酒匂中学校長・安西貞一	真鶴小学校長・太田海三	国府津中学校長・小酒部鶴太郎 湯本中学校長・片野福次
	1951	酒匂中学校長・安西貞一	真鶴小学校長・太田海三	酒匂小学校長・上法正晴
	1952	酒匂中学校長・安西貞一	吉浜中学校長・池田精一郎	箱根小学校長・浦部勘次郎
	1953	酒匂中学校長・安西貞一	箱根小学校長・浦部勘次郎	前羽小学校長・岩本彬

※足柄下郡教育会沿革研究委員会『足柄下郡教育会沿革誌』足柄下郡教育会、1959 年、72—86 頁から作成。

という。

確かな財政基盤を有したことは、一九四九年七月一五日に『小学下郡教育』を創刊したことからも窺える。[47] 毎号、教員の寄稿や児童作品のほか「下郡教育会だより」として教育関係諸団体の行事欄があり、教組の労働講習会（創刊号）や体育会（三号）も掲載された。続く一九五〇年度には「地域の実情に即し、教育の理想を貫くところの本郡カリキュラム作成に、総力を結集して邁進」し、一九五一年度には「学校図書館研究会を開催（中略）品性教育研究会、校外生活指導会、子供会研究協議会などを開催」するなど戦後新教育の諸課題に対応していった。[48]

その隣、足柄上郡では足柄上郡教育会が一九五二（昭和二七）年に「再発足」している。戦前の郡教育会「二宮先生研究部」が積み立ててきた「善種金」が存在しており、その財産管理と運用のために「再発足」が選択されたと推測される。会則によれば小学校教育研究会と中学校教育研究会が輪番で会長・役員を選出する教科・校種別教育研究会の連合体として形成されたことがわかる。事業としては教組と連携しつつ、教職員体育大会への選手派遣や郡教組と行事の共催、教育研究同好会への助成金醵出、教育功労者・善行児童生徒の表彰などを行っていた。[49]

三 「急進型」マックマナスの影響力

1 教員組合に対する弾圧

a 教員組合

一九四七年以降、軍政部や文部省・県教育行政の後押しを受け、校長会や教育研究団体・教育会が職能向上の場を担っていく動向が捉えられた。一方、教組の動きは相対的に低調にも見える。ここに神奈川軍政部の「組合弱体化」や「機能分担主義」の動向を窺うことができるが、その実相はいかなるものであったのだろうか。

先述したように、浜教組を率いる牛窪は課長や校長・教頭の人事に関与する「教育行政の民主化」に取り組んでいた。これに加えて彼は「新制中学校教育の成否が、人そのものにかかっていることを思うとき、学校長は真に教師の信頼をうけている人でなければならないと考えた私は、県側との交渉の中で、校長候補は組合が推薦し、県、市はその中から選任することを約さしめた」と、神教組委員長としても同様の取り組みを展開していた。[50]

しかし、「組合弱体化」へと占領政策が転換するに際し、人事に対する教組の発言権は封殺されることになる。マックマナスは一九四八年二月の「月例活動報告書」に教員組合に関して二件を記している。[51] それは「給与を得て教育活動を行っている時間に、組合役員の仕事をするのは良くないやり方であると彼らに伝えた。さらに、彼らは組合は教育委員会に代表を置くべきであり、学校長の任免についての権限を持つべきであると主張したが、これに対し組合役員は教育委員であるべきでないと通告した」というものであった。「通告」はその後、神教組の推薦名簿に記載していない人物の任用を県当局が強行しようとして神教組側と闘争となった「太洋中学校問題」で弾圧へと転化していく。マックマナスによる同年六月の「月例活動報告書」への記載は以下の通りである。[52]

（1）神奈川県教職員組合は、知事による熊澤氏の平塚市立太洋中学校長への任命を拒否した。
（2）組合は「闘争」委員会を組織した。委員会はまず太洋中学校に本部を置き、子どもが登校できなくなるまで学校を分裂させた。続いて組合は、本部を平塚の他の学校に移したが、学校の一教室だけを占拠した。それは江陽小学校であり、平塚地方組合の本部である。
（中略）
（11）組合は知事が任命を撤回しなければストライキを行うと威嚇した。
（後略）

記録は県側と組合側のやり取りを客観的に記しているが、当事者はマックマナスの威嚇的な介入を回顧している。神教組委員長の牛窪は、マックマナスが彼を「逮捕すると（中略）県の職員が闘争本部へ駆け付け」た出来事があったとし、『川教組四十年の歩み』もまた「神教組幹部はすべて共産主義者であるとなじり、即刻闘争態勢を解かぬ限り現地闘争責任者である坂東忠彦を逮捕すると通告してきた」と記している。[53]「反共」の嫌疑の下に圧力をかける手法は占領政策の転換を象徴するものであった。

同様な手法は、同年一〇月の第一回教育委員会選挙においても用いられた。神教組委員長の牛窪と浜教組委員長の白井模平は、教育委員会選挙の準備中にマックマナスに呼ばれ、教員の立候補を禁ずる旨を申し渡される。これに対し「民主主義の蹂躙である」として立候補を決意していった牛窪は、マックマナスの姿を以下のように回顧している。[54]

もし敢えて立つならば共産党員と見なして凡ゆる弾圧を下すと放言した。そしてこれは命令だと付け加えた。（中略）今日の国情の中では、少なくとも一、二名の教育専門家が参加しなければ、教育界の実状が分らず、却って教育委員会の任務が正しく遂行されないであろうと、私は反論した。しかし彼は頑固にこれを否定した。（中略）私は市に立候補した。（中略）軍政に対する良心の抵抗であった。マックマナスもこのことを意識したのであろう。市内の学校に命令して父母を集めさせ、しらみつぶしに教組出身候補をひぼうして廻った。

当該期に神奈川県官であった石井透は「組合役員の伊藤、牛窪両氏が立候補を表明した」ことに対し、「立ち会い演説会の入り口に、ヘルメット姿のMPが立ち、投票数日前には進駐軍の飛行機からビラが撒かれた。それには、教育委員に好ましくない者としての項目中「組合役員」にアンダーラインがひかれていた。結局二人は落選した」と回顧している(55)。

太洋中学校問題と教育委員会選挙に関わる妨害により、教組が人事や教育行政に関与することが「弾圧」の対象となることが明示された。この出来事は神教組内部に動揺をもたらし、『川教組四十年の歩み』では「この不当な弾圧と立候補問題をめぐって組合内部に考え方の相違が目立ちはじめ、執行部にも亀裂が生じ、この月（筆者注 一九四八年九月）、県立高校部が脱退（中略）支部によっては組合機能を停止するところも出て、神教組は崩壊寸前となった。（中略）翌一九四九年一月三〇日の（中略）連合体神教組が誕生するまで、暗い谷間の中」であったと記されている(56)。

マックマナスの姿勢には、一九四六年前半に「横浜市教育革新連盟」とグレーブナーとの間に交わされた「民主主義」は既に無く、教組「弱体化」を図る意図が色濃くにじんでいた。これは同時期に彼が展開していた中高教員の教科別研究組織や管理職（校長―教頭ライン）の確立と比べて、対極に位置する極めて冷淡なものであったといえよう。

2　マックマナスの「逆用」

神教組が「崩壊寸前」にまで動揺したように、マックマナスの影響力は強く、教員たちの彼に対するまなざしは畏

表8　マックマナスによる『かながわ教育』の活用事例

「月例活動報告」	『かながわ教育』
校長は頗る進歩的であり活動的であるように見受けられる。彼の学校経営には、真の選択コース、ホームルームシステム、スタディーホール、教員の職務についての適切な割り当て、共学、教育課程改訂計画、その他進歩的な諸活動が含まれている。この学校は、地域の人々（人口約9,000人）が誠意をもって中学校の計画を支援したときに、如何なることを成し得るのかを示す好例である。校長による地域との連携計画は素晴らしいものであると思われる。	足柄下郡吉浜中学校は、町民が進歩的且つ有能な校長や教職員に指導されて真に子どもの教育に興味を持つようになればどんなことが成し遂げられるかという顕著な例であろう。（中略）その学校管理は男女共学、生徒個々の毎日の時間表、ホームルーム。スタディホール、カリキュラム修正計画、職員教科担当の専門家、その他多くの進歩的な問題を包含している。（中略）私は神奈川県の中学校高等学校の校長及び先生が少なくとも一日、このすばらしい中学校を訪問するよう強くおすゝめする。

※『神奈川軍政部月例活動報告書（教育及び民間情報）増補改訂版』79頁。
※神奈川県民事部民間教育課長R.F.マックマナス「神奈川県教育委員会月報に寄す」『かながわ教育』第3号、1949年8月、3頁。

怖に満ちたものであった。新制中学校のモデル校を引き受けマックマナスの覚えもよかった大島昌静校長[57]は「横浜などでの新学制の推進は、考えようでは彼のような峻烈な絶対者がおったから出来たと言えないこともない」と述べ、さらには「マック氏の絶対性をかなり善用した点はあります。（中略）いよいよの時、奥の手は、マック氏を東京丸の内の司令部に訪ねて、彼をして言わしめた点は、かなりあります。まぁ因習を破るには、なかなか都合のよい存在だった」とも回顧している[58]。これは阿部彰の指摘する「急進型」教育担当官の「強圧」を「特定政策の遂行に逆用していたことも否めない」動きが横浜に存在したことを示すものである[59]。こうした視点で神奈川県内の教員団体再編をみるとき、二つの事例が見出される。

一九四九年六月、神奈川県教育委員会事務局調査課の初代課長・石井透は「教育に必要な資料や、実践の研究成果などを提供し教育現場の教育推進を念願して」編集を思い立ち、マックマナスに「報告して了承を得」て『かながわ教育』を創刊（各校頒価三〇円）している[60]。管見の限り一九四一年五月で神奈川県教育会の機関誌『武相教育』が途絶えているので、約八年ぶりの県教育情報誌の復活であった。マックマナスも第一号・第三号・第五号・第六号に寄稿している。特に一九四九年八月の第三号における新制中学校の「好例」を称揚する記事は同年五月「月例活動報告」と酷似しており、県下教員の啓蒙が図られたと推察できる（表8）。一九五一年一月には連絡員を設置し、「編集に関して協力的な意見を述べ」、「各地域における教育界の動き、研究者の動向をつかみ、これ等の資料を編集係に提供」するなど情報収集網を整備していた。[61] マックマナスの了承を受け、戦前神奈川県教育会が有したものと変わらぬ教育情報回路を再構築してしまった事例と言えよう。

もう一つの事例がある。神奈川県教育委員会では一九四九年一〇月に「現場にて教壇にある人を地区別に委嘱」して五三名の「教科指導員」を設ける新規事業に着手している。翌一九五〇年度に「前本県民事部教育課長マックマナス氏は本施設の適切性を称賛され、これを広く関東地域に紹介するとの由にて研究のため来県」した。[62] 県教委の模索は、マックマナスの言質という推進力を得たとみられる。一九五〇年度には八六名に増員し、「中・小学校の場合、本年実施の研究指定校の研究に指導主事と共に参加して、研さんを積む（中略）高校では合同研究会等を利用する予定」と、県の研究指定校事業や「神奈川県高等学校教科研究会」（一九四九年結成）との連動を図ったのである。[63]

県教委によるマックマナスの「逆用」は、こうして教員の職能向上に不可欠な教育情報回路や官製研修の人的整備を具現していったのであった。

おわりに

神奈川県内では敗戦直後、青年教師層の台頭という特徴を示しつつ教組の結成がなされた。その背景には、空襲被害が甚大な横浜に顕著であった生活難があった。また遅れて動き出した校長層中心の県教組に対する不満も存在した。これら諸要因が重なるなかで経済闘争と「民主化」の徹底が選択され、県・郡市教育会の解散が進められていった。

ここに教組は経済闘争と職能向上の両面を引き受けることとなったが、軍政部による弾圧が及ぶ過程で結果的には職能向上に関して十分な役割を果たすとは言い難い状況も生まれていく。

その一方、軍政部は新教育・新学制を履行し得る教員集団の組織化を求めていた。「横浜市教育革新連盟」（及び横須賀教育研究会）、「神奈川県新教育研究会」が軍政部から「民主教育」「民主主義」の教育情報を摂取する先駆となり、次いで「神奈川県小学校長会」「神奈川県公立中学校長会」や教員らの自主的な研究団体が奨励されていった。しかしながら教員らの自主的な研究団体は同好会的であるがゆえ、財政や組織面での困難を抱え込まざるを得なかった。これをフォローし得たのが「民主化」の過程で一旦は否定された校長会組織・教育会組織であり、各教科・校種別の教育研究団体を郡市町村単位に再編する役割を担ったのであった。また有力校長や県教委側では、マックマナスの影響力をしたたかに「逆用」する動きもみせた。この点に関し、阿部彰は関東地区軍政部教育課長フォックスの影響力や、神奈川県教育会の「一旦解散後再建」に触れている。本稿に関わる調査では、一九四九年度のみ「神奈川県文化教育会」の存在が確認できるが、管見の限りその後の足跡を辿れず、「再建」とは判断しにくい[64]。つまり本稿で捉えたような、神奈川県教育会が有したような教育情報回路が再構築され、かつ官製研修の人的整備が進められたのが実態であったと考えられるのである。

戦後「民主化」の掛け声によって生み出された教員団体は、こうして戦前以来の人脈や財産を継承した校長会・教育会を受け皿に再編されていった。その過程はまた、占領政策の転換の中で教員が人事・教育行政に関与する可能性が閉ざされ、教育技術や新教育・新学制の教育情報摂取に職能向上の課題を焦点化させていく過程であったとも言える。

一九五〇年代には「学力」低下論・道徳「特設」論など戦後新教育の見直しが行われていくことになる。一九五八（昭和三三）年の学習指導要領改訂に際し「県教育委員会ならびに地区教育委員会主催のもとに」教育課程研究協議会を設置し「昭和三四年より三か年計画で、横浜市、横須賀市、川崎市および六教育事務所において（中略）改訂教育課程の趣旨徹底、移行措置等」をテーマに開催したほか、「新課程の実施に伴う指導上の諸問題を実践的に研究し、その解明を図る目的で、昭和三七年度、新しく教育課程研究会を発足」させている。翌年には「神奈川県高等学校教科研究会、神奈川県工業教育研究会等と緊密に連携し（中略）教育課程研究集会を推進」と、高校部門における整備も図られていった。[65]占領下に再編されていた教育情報回路・全県的な官製研修体制は、学習指導要領「改訂」というインパクトを受け、さらに教育技術・教育情報摂取に焦点化を深めつつ稼働していった。本稿で捉えた教員団体の再編は、以後の枠組みを決定づけるものであったと考えられる。

一方で、教組は「研究の自由」を掲げ、官製研修とは一線を画す教研活動を展開していった。その存在感や影響力（教育の在り方そのものを問う「自由」、「民主化」の継承如何）の分析を重ね合わせ、戦後神奈川県の「歴史的転換点における教員団体の変容」の検討を深めることが今後の課題と言えよう。

注

（1）阿部彰『戦後地方教育制度成立過程の研究』風間書房、一九八三年、五一四—五一五頁。

（2）前掲、阿部彰『戦後地方教育制度成立過程の研究』五二二—五二三頁、五五四—五五五頁。

（3）森川輝紀「教育会と教員組合——教育ガバナンス論の視点から」（梶山雅史『続・近代日本教育会史研究』二〇一〇年、学術出版会、四七三—四八九頁）。長野県内の論議に関わって、金井徹は一九四七年の長野県上水内教育会代議員会で教育会の特色は「文化的研究団体」「政治からは独立」「漸進的改革」、これに対し教員組合の特色は「経済的生活問題を扱う」「政治的傾向を持つ」「革命的改革の傾向」との認識論＝当事者意識が交わされていたことを指摘している（金井徹「信濃教育会の戦中戦後——一九四〇年代の信濃教育会及び長野県内の各教育会の組織改編を中心に」教育情報回路研究会（代表　梶山雅史）編『近代日本における教育情報回路と教育統制に関する総合的研究　日本学術振興会科学研究費助成事業（基盤研究（B）中間報告書（Ⅱ）』二〇一四年九月、三四—

三五頁)。

（4）リー教育部長の「二本立て」指示の具体的内容、それを巡る教育会・教組幹部の応答については駒込幸典「教組・教育会一本化問題とその背景――長野軍政部の指示をめぐって」(『市誌研究ながの』第七号、二〇〇〇年、七一―九八頁)、同「軍政部による長野県教育への指導と介入――長野と埼玉を対比して」(『市誌研究ながの』第八号、二〇〇一年、五七―一一五頁)が詳しい。

（5）佐藤幹男「戦後における教育会の終焉と教育研究団体の組織化――校長会を通じた教育会機能の継承」教育情報回路研究会（代表梶山雅史）編『近代日本における教育情報回路と教育統制に関する総合的研究　日本学術振興会科学研究費助成事業（基盤研究（B）中間報告書（I）』二〇一三年三月、一九―二六頁。

（6）清水禎文「群馬県における地方教育会の終焉と戦後における教育諸団体の結成」（東北大学大学院教育学研究科『研究年報』第六二集第二号、二〇一四年、二六九―二九五頁)。同「群馬県における地方教育会の終焉と戦後における教育諸団体の結成――教育研究活動の継承を中心として」『中間報告書（II）』六七―一〇一頁。

（7）佐藤高樹「戦後東京都における教員団体再編の動向――戦後初期の区部における教育会・教育研究会・教員組合に着目して」『中間報告書（II）』四五―六三頁。

（8）前掲、阿部彰『戦後地方教育制度成立過程の研究』五〇頁。

（9）前掲、阿部彰『戦後地方教育制度成立過程の研究』三八頁。

（10）本稿は、須田将司「神奈川県における戦後教員組織の再編と教育研究団体の発足について」（『中間報告書（I）』二七―四二頁）をもとに更なる詳論を試みるものである。

（11）神奈川県教職員組合『神教組運動史　1947～1997』一九九七年、一一頁。

（12）牛窪全浄「その日の前後」横浜市立小・中学校長会新学制二十年記念誌刊行委員会『礎』一九六七年、三六二頁。

（13）中山紀正「横浜市教育革新連盟回顧」『礎』三七四頁。

（14）牛窪全浄・金子保雄「焦土の中からの発足」『教育と文化』第三三号、一九九〇年、四四頁。

（15）前掲、『神教組運動史　1947～1997』一二頁。

（16）前掲、牛窪全浄「その日の前後」『礎』三六三頁。

（17）横浜市教職員組合『浜教組十五年史』一九六二年、一五頁。

(18)前掲、「焦土の中からの発足」『教育と文化』第三三号、四三頁。
(19)「横須賀教育研究会から、横浜でのこのコースを横須賀でもやってくれないかというリクエストをもらった。この横須賀のグループの最初の授業は一九四六年の五月二二日だった」（牛窪全浄『アメリカ民主主義との初対面』神奈川県教育公務員弘済会、一九八七年、五二頁）。
(20)前掲、『浜教組十五年史』一五頁。
(21)「青年教員に見限られた教壇　校長独善の封建制――生活苦から去るのではない」『神奈川新聞』一九四七年一月二一日付朝刊第一面。
(22)「全教協に合同か　郡部教員に気運漲る」『神奈川新聞』一九四七年一月二三日付朝刊第一面。
(23)前掲、『浜教組十五年史』二六―二七頁。
(24)前掲、『神教組四十年史』一一一頁。
(25)前掲、中山紀正「横浜市教育革新連盟回顧」『礎』三七五頁。
(26)川崎市教育委員会『川崎教育史　下巻』川崎市教育研究所、一九五九年、一二六一頁。横須賀市教育研究所『戦後横須賀教育史』一九六九年、五五頁。
(27)前掲、牛窪全浄「その日の前後」『礎』三六八―三六九頁。
(28)「県教育会を解散きのう声明書を発表」『神奈川新聞』一九四七年九月一八日朝刊第一面。県教育会は九月一七日に「爾後会の機能を一切停止する」との声明書を出している。
(29)『浜教組十五年史』四八頁。
(30)『浜教組十五年史』四六―四七頁。
(31)教育委員会制度発足三〇周年記念誌編集委員会『神奈川県の教育――戦後三〇年の歩み』神奈川県教育委員会、一九七九年、四頁。
(32)横浜市教育委員会編『横浜市教育史　下巻』一九七八年、六七〇頁。
(33)横浜市総務局市史編集室『横浜市史Ⅱ　資料編8　戦前戦後の都市と教育』横浜市、二〇〇一年、六二二頁。
(34)前掲、『横浜市史Ⅱ　資料編8　戦前戦後の都市と教育』六二三頁。
(35)神奈川県立教育センター『神奈川県教育史年表〔昭和編〕その2　戦後編』一九七二年、一三頁。神奈川県小学校長会二十五年史編集委員会『校長会二十五年史』神奈川県小学校長会、一九七三年、一三頁、四一頁。

(36) 神奈川県立総合教育センターカリキュラム支援課『神奈川軍政部月例活動報告書（教育及び民間情報）増補改訂版』神奈川県立総合教育センター、二〇一〇年、二二頁。
(37) 前掲、『神奈川県教育史年表（昭和編）その2　戦後編』一五頁。マックマナスは「急進型」に類する人物であり、その辣腕は「マックマナス旋風」として語られてきたが、これに対し山本礼子はその「一面的」評価を批判し、「懲罰」・「建設」の二面性を捉えるべきと論じている（山本礼子『米国対日占領下における「教職追放」と教職適格審査』学術出版会、二〇〇七年、一六〇頁）。
(38) 前掲、『神奈川軍政部月例活動報告書（教育及び民間情報）増補改訂版』一八、三〇頁。
(39) 前掲、『神奈川軍政部月例活動報告書（教育及び民間情報）増補改訂版』八一、八七―八八頁。『神奈川県教育史年表（昭和編）その2　戦後編』二七頁。「神奈川県高等学校教科研究会々則」「神奈川県高等学校教科研究会役員」『かながわ教育』第六号、一九四九年一一月、四三―四四頁。
(40) 前掲『神奈川県教育史年表（昭和編）その2　戦後編』四頁。
(41) 鎌倉市教育委員会『鎌倉教育史』鎌倉市教育研究所、一九七四年、五五〇―五五一頁。
(42) 川崎市教育委員会『続川崎教育史（通史編）』川崎市教育研究所、一九七八年、八三五―八三六頁。なお一九五一年度までに神奈川県と横浜・横須賀・川崎・鎌倉・藤沢・小田原・平塚の各市に教育研究所が設立され、一九五一年一〇月には横須賀市で第一回神奈川県下教育研究所連絡協議会が開かれている（神奈川県教育研究所連盟『神奈川県教育研究所連盟五〇周年記念誌』二〇〇一年、六〇頁）。
(43) 「東京大学等に第一回の内地留学生として、派遣された宮寺、神谷、黒塚、山中等の諸氏が（中略）昭和二十三年七月に海後宗臣氏を招いて、研究授業を六角橋中に公開して、これに参加した小・中の同好者をもって組織された」（関戸小一「研究団体の発足と推移」『礎』三五三頁）。
(44) 斎藤豊「社会科研究会」『礎』三五八頁。
(45) 横浜市小学校教育研究会連絡協議会『横浜市小学校教育研究会沿革誌』横浜市小学校教育研究会、一九八四年、一四―一五頁。
(46) 足柄下郡教育会沿革研究委員会『足柄下郡教育会沿革誌』足柄下郡教育会、一九五九年、七三―七六、一一七―一二〇頁。
(47) 「プランゲ文庫」に創刊号、第二号、第三号が所蔵されている。
(48) 前掲、『足柄下郡教育会沿革誌』七九―八二頁。

(49) 神奈川県足柄上教育事務所『昭和二十八年度　足柄上郡教育概要』一九五四年、神奈川県足柄上教育事務所『昭和二十九・三十年度　足柄上郡教育概要』一九五六年参照。
(50) 牛窪全浄「その日の前後」『礎』三六六頁。
(51) 前掲、『神奈川軍政部月例活動報告書（教育及び民間情報）増補改訂版』一八―一九頁。
(52) 前掲、『神奈川軍政部月例活動報告書（教育及び民間情報）増補改訂版』三四―三五頁。
(53) 前掲、「焦土の中からの発足」『教育と文化』第三三号、四七頁。川崎市教職員組合編『川教組四十年の歩み』一九八七年、一九頁。
(54) 前掲、牛窪全浄「その日の前後」『礎』三七一頁。
(55) 石井透編著『戦中戦後の教育事情』一九九五年、七七―七八頁。
(56) 川崎市教職員組合『川教組四十年の歩み』二〇頁。
(57) 横浜市総務局市史編集室『横浜市史Ⅱ　第二巻（下）』横浜市、二〇〇〇年、六六一―六六二頁。
(58) 大島昌静「青年学校から中学校へ」『礎』五〇―五一頁。
(59) 前掲、阿部彰『戦後地方教育制度成立過程の研究』五〇頁。
(60) 前掲、石井透『戦中戦後の教育事情』七八―七九頁。
(61) 「月刊「かながわ教育」連絡員の委嘱」『かながわ教育』第二号、一九五一年二月、二一頁。しかしながら第二代編集担当小野健一によれば「予算などの関係で十分活動してもらえなかった」ともいう（「一〇〇号の回顧と希望」『かながわ教育』第一〇〇号、一九五七年九月、七頁）。
(62) 指導部「教科指導員制について」『かながわ教育』第八号、一九五〇年一月、三三頁。
(63) 「昭和二十五年度教科指導員発令に際して」『かながわ教育』第一四号、一九五〇年七月、五五―五六頁。
(64) 前掲、阿部彰『戦後地方教育制度成立過程の研究』五一九―五二二頁。矢沢基賢編『日本教育連合会十五年の歩み』日本教育連合会、一九六三年、一八頁。なお、「神奈川県文化教育会」を名乗った人物や組織の解明は今後の課題と言える。
(65) 神奈川県教育委員会『神奈川の教育十五年』一九六五年、二五五頁、三二一―三二七頁。

第10章　日本教育会解散後における中央教育会の再編

――日本教育協会・日本連合教育会成立まで――

白石崇人

はじめに

本論文の目的は、一九四〇年代後半から五〇年代初頭にかけて進められた中央教育会の再編について、日本教育会解散（一九四八年八月）・日本教育協会結成（四九年一一月）・日本連合教育会成立（五二年一一月）に焦点を合わせて検討する。

一九四五（昭和二〇）年八月、日本に連合国軍が進駐を始め、占領政策が相次いで打ち出された。戦後直後の食糧難や激しいインフレの影響で、教員や子どもの健康・生活は危機に陥っていた。一〇月のＧＨＱ五大改革を機に、教職員組合（以下、教組と略す）が全国各地で結成され、生活権擁護や給食復活などを掲げて急激に勢力を伸ばした。各地には、地域の全教員を構成員にして教育会が組織されていたが、その多くは教職員組合の主導で解散・再編させられた。中央教育会もその例にもれなかった。

先行研究では、一九四〇年代後半以降の中央教育会の再編過程は、戦時中に上から組織された職能団体を、教職員の手で結成し直す過程として捉えられてきた。[(1)] 特に、中央教育会であった日本教育会の解散には、日本教職員組合

（以下、日教組と略す）が主導的役割を果たした。日教組は、日本教育会を「中央・地方の古い教育ボスや戦争責任を負う視学・校長など」によって運営された「中央集権的な教育官僚統制の補助機関」と見なし、当初、幹部追放と下からの全国組織化とによって「民主的改組」を進めようとしたが、「地方の旧い教育勢力の温存の意図」が見えたので解散に踏み切ったという。[2] 日教組が日本教育会解散に踏み切った有力な契機は、パンフレット『教育会改組の手引』の記述をめぐる問題であった。[3] 中央教育会幹部は、政治的機能を有する職能団体を実現するために、教育会・教組の併存あるいは教育会への組合の合流を考え続けていた。[4] しかし、多くの教職員にとって、新しい教育団体は教育会／教組どちらでもよかったため、教組は、まず教育会の組織併存・役員兼任によってその組織・基盤を円滑に継承し、最終的に教組に一元化する戦略をとった。[5] 教育会解散・教組一本化に奔走した教員たちは、自らの手で民主的改革を推進することによって戦争責任の追及から免れる、という「精神的な免罪符」として教組運動に参加していったとの分析もある。[6] 当初の占領当局は、教育会・教組の一元化／両立問題よりも教育団体の民主的改善を目指したため、教育会解散に対して助言・様子見の姿勢をとった。[7]

日本教育会は、一九四八（昭和二三）年八月五日に解散した。しかし、解散を批判して、中央教育会の伝統を存続しようとした勢力もあった。戦後の労働協約や業務協議会の成果に基づいて教組の存在意義が高まるにつれて、各地方で教育会解散・教組一本化が積極的に進められたが、それでもなお教育会組織の独立が維持されていた一二都県（東京、神奈川、茨城、栃木、山梨、長野、岐阜、愛知、福井、富山、山口、鹿児島）は、教育会解散現象の波及を危惧して、相互扶助のための連絡機関を設けようとした。[8] このうち東京・茨城・栃木・長野の教育会が同盟して、一九四九（昭和二四）年一一月二五日、日本教育協会を結成した。日本教育協会は、一九五二（昭和二七）年一一月に日本連合教育会に改称して、明治以来の教育会の伝統を継承する教育団体として現在も活動を続けている。[9] 中央教育会の伝統は、「国際的な教育会型の運動」や、[10]「教育問題の専門的検討による教育の権威化」、[11] 連合した県教育会の機関誌再刊など[12]、様々な形で継承・復活するに至った。

先行研究では、日本教育会やその前身団体、および地方教育会、日教組、地方教組、占領当局などの史料によって、一九四〇年代後半以降の中央教育会再編過程が明らかにされてきた。そこにおける日教組の主導的役割や地域の教育団体再編の影響は明らかである。しかし、中央教育会再編過程が、日教組や地域に何をもたらしたかは十分に明らかではない。また、中央教育会は、地方教育会の相互扶助・連絡機関、または教育の権威化を担う職能団体などの伝統を継承して、存続したとされてきた。しかし、これらの指摘は、再編後の中央教育会の具体的動向を十分に踏まえていない。中央教育会として結成された日本教育協会は、教育会の伝統を引き継いで何をし、日本連合教育会に移行したのか。

本稿では、以上の問題意識に基づき、日本教育会解散・日本教育協会結成・日本連合教育会成立に焦点をあてて、一九四〇年代後半以降の中央教育会再編過程を再検討する。日本教育協会は機関誌を刊行していないため、その動向を把握できる史資料は乏しい。少ない資料のうち、基本資料としては、非売品の『日本連合教育会十五年の歩み』（一九六三年）、『同三十年の歩み』（一九七八年）、『同四十年の歩み』（一九八八年）、『同五十年の歩み』（一九九八年）を挙げることができる[13]。とくに『十五年の歩み』は、日本教育協会や結成当初の日本連合教育会の活動概要を示す資料である。また、各地方教育会雑誌（とくに信濃教育会機関誌『信濃教育』）の記事や、教職員組合の史料や日本教育会館に発行所があった『日本教育新聞』からも、その断片を検討することができる。

本稿は、以上の資料に基づいて研究を進める。まず、日本教育会解散に対する日教組や地方の動向について、先行研究の未使用史料を用いながら再検討する。次に、日本教育協会や日教組、地方の動向を踏まえながら、『十五年の歩み』や『信濃教育』などを用いて、日本教育会解散後における中央教育会再編の動向を検討する。

一　日本教育会の再改組から解散へ

1　教育会・教職員組合の両立

一九四七（昭和二二）年八月五日、日本教育会は解散した。この解散は、一九四六（昭和二一）年から引き続く、日本教育会再改組の挫折の結果である。日本教育会は、一九四六年九月に大日本教育会の定款改正によって成立した。しかし、GHQから、さらなる民主的な再改組を要求された。とくに、同年一二月一九日に日本教育会が公表した、文書「日本教育会の組織運営に関する最高司令部の勧告」（以下「GHQ勧告」）は、再改組のよりどころになった。[14]「GHQ勧告」は、教育会を現職教職員の職能団体とし、待遇改善のための労働組合としての教員組合と明確に区別して、教育会の人事・運営の民主化と行政からの独立を勧めた。教育会・教組の両立は、日本教育会幹部の望むところであった。例えば、佐野利器会長は、教職員組合の役割を教員の待遇維持・改善に限定した上で、教育会を教育家の自主的な職能向上・活用のための組織として位置づけていた。[15]

一九四六年一二月二四日、日本教育会はCIEのオスボーン外一名臨席の下に臨時総会を開き、日本教育会再改組委員会を組織することを決定した。同再改組委員会は、一九四七（昭和二二）年三月一一日、全国加盟各団体代表・学校種別代表・日本教育会役員による計一二〇名によって組織された。[16]再改組委員会は、委員長に横路節雄（北海道・全日本教員組合協議会書記長）、副委員長に海後宗臣（東京帝大助教授）を選んだ。[17]四月、GHQは、日本教育会に交付されていた国庫補助金を停止させ、教育会再改組の圧力を高めている。[18]再改組委員会は、五月二八日、日本教育会・道府県教育会改組趣旨及基準要項を決定した。[19]

改組趣旨からは、次のような特徴を確認できる。①戦中の大日本教育会を「否定」すべきものと教員が考えているという認識を基盤にした。②「GHQ勧告」による大日本教育会改組を「喜びに堪えない」と表現した。③中央・地方教育会の民主的改組は未だ不十分であるが教組運動は効果を挙げていると評価した。④教育会員と組合員とは同一人物であり、教育会活動・教組運動の各特質を充分発揮して「一体運動」「不離一体な提携」を行うことが適切と考えた。⑤教組運動の任務が「山積」しているため、職能向上に「専念」する自主的結合体が「是非共必要」であると認識された。また、再改組の基準要項によれば、再改組後の日本教育会の新目標に、「全国教育者の資質向上」「各種教育の刷新改善による民主教育の樹立」「文化創造による平和国家への寄与と国際的教育会議への参加」の三つが挙げられた。[20] そのための主要事業としては、資質向上機関の設置運営、内外教育資料の研究・調査出版、各都道府県教育会・学校・教育団体との連携・提携、教育必需品の取り扱い、教職員の厚生施設、教育輿論の喚起が挙げられた。

再改組委員会は、日本教育会の職能団体化について、当時の教組運動を充分に進める上で必要なものとして捉え、第一目標に全国教育者の資質向上を位置づけて再改組を準備した。しかもこれは、教組幹部が中心になってまとめたものであり、いわば教育会と教組との合意であった。一九四七年五月までは、教組側も日本教育会の存続を望んでいた。

2　教職員組合の教育会解散要求

教組側が日本教育会解散に舵を切ったのは、一九四七年七月のことである。直接のきっかけは、同年六月三〇日に発行された日本教育会編『教育会改組の手引』（以下『手引』）であった。[21]『手引』は、前年の「GHQ勧告」と五月の再改組委員会の決定とに沿ってまとめられた再改組の解説書であり、地方教育会に対して日本教育会の組織運営に「重大な影響」を及ぼさない限り、地方の事情に応じて措置して差し支えないものとされた。[22] その内容は、「GHQ勧告」や教育会の目的・正会員・組織・役員・任務についての解説と、五月二八日の再改組委員会の決定事項（再改組趣旨、再改組基準要項、「日本教育会の会議並に役員選挙についての細則」）から成っている。

『手引』は、前年末の「GHQ勧告」について、地方教育会の教組一本化や現職教職員の職能団体不在などを「速やかに改めるよう」勧告したものと捉え、地方教育会が再組織されることが「基本」であると解釈した。[23] また、「GHQ勧告」の解釈に沿って、地方教育会の会員資格について現職教職員や教育研究者を正会員とし、父兄・教育理解者を特別・賛助会員にするように求め、「現在組織を有しない地方では新にこの線に沿う教育会を設立することが急務である」と述べた。[24] さらに、教育会役員の「理想」の人選について、①「教育問題に深い造詣を有し教育者としての職能の向上を図ることに十分の資質を有する人」、②「穏健、中正、公平無私の人」、③「教養高く教育者の家庭や個人の問題にも相談相手となり得る人」、④「教育者のための生活改善に当り得る人」、⑤「教育会の仕事に使命を感じ、その遂行に熱心努力し得る人」の五つを挙げた。[25] 明確には述べていないが、このうちの②は、過激な政派的運動を行う教組関係者の排除を想定していたであろうし、⑤も教育会に冷淡な教組幹部を排除する意図が透けて見える。特に④は、再改組委員会で教組側と合意形成したはずの教組の占有役割を脅かし、教育会・教組の両立関係を崩しかねない条件であった。

これより少し前の六月八日、全日本教員組合協議会などが合同して、日本教職員組合を結成した。日教組は、この『手引』の内容を問題視した。まず、七月八日、日教組情宣部・政治部員は、CIEのトレイナー (Trainor, J.C. 教育課次長) を訪ね、教育会改組に関するGHQの見解を確認した。[26] 日教組情宣部の報告によれば、このときトレイナーは、「GHQ勧告」は教育会関係者から受けたアメリカの教育団体に関する質問に対して、「教育会を再組織するということは教育会の人がやることであってこちらはそれに関係しないが、質問があれば答えたい」という姿勢で答えたものであり、「司令部からの命令ではなく、教育会の人がこちらのいったことを要約したもの」であると述べた。また、「GHQ勧告」に述べられた「待遇改善を目的とする教員組合とは、はっきり別のものである」という箇所は「こちらでいっていないこと」であり、「日本教育会のある人々の意見」であると述べた。インタビュアーが、「職能的」なことについて教育会を設けずに組合で進めて良いかと尋ねたところ、トレイナーは、アメリカでは教員組合も資質向上などの「職能的」な活動を行っているが、教育会・教組両立の必要性は「メンバーの一人一人がきめるべきもの」であると答えた。

トレイナーは、職能団体としての教育会改組はGHQの「勧告」ではなく「Advice」であり、教育会特設は命令ではないことを日教組側に伝えた。日教組は、七月九日、成田喜英ら幹部を日本教育会に派遣し、『手引』の記述を糾弾した[27]。日教組情宣部の報告によると、この時、GHQの「命令」は教育会に対する政府の財政支援・指導関係を絶つことであったこと、および「GHQ勧告」の和文作成者は不明だが「英訳は文部省の某氏」であったことが確認された。また、日教組の今村政治部委員が、職能文化のために教育会を設置しなければならないという『手引』の命令調を問題にしたところ、城戸教育会理事が「会長が命令的に改組をやってさしつかえない」と返答した。これに対して、今村委員は、その考え方は「非民主的」であり、「改組・存廃は教員の一人一人の意志によって決せらるべき」と非難した。

七月一一日、佐野教育会長はCIEの係官と会談して、「GHQ勧告」の内容を再確認した。行政からの教育会の独立と職能団体としての民主的改組については「命令として強い意を含むもの」であり、GHQは教育会を直接改組しないが、出来る限り改組を援助することを確認したという[28]。これを受けて、佐野会長は、同月一五日の教育会総会において、「GHQ勧告」に対する対応は間違っていないと述べ、会場の紛糾を招いた[29]。

七月一七日、日教組は、第一回中央委員会二日目において、教育会改組に協力するかどうか、教育会改組は地方単位会の自主性に任せるかなどを審議した[30]。執行部は「地方教育会の意思に協力し、内部問題として解決したい」という線でまとめようとした。しかし、地方代表から、「組合として解散は出来ないが批判は自由なれば解散すべき理由を指摘せよ」（栃木）、「地方教育会の解散にはハンディキャップがあるから日教組として声明書を出して貰い度い」

（神奈川）という発言が出て、教育会解散に対する日教組の見解を明確にすることが求められた。「教育会は我々のものであるに変りない」（山梨）という発言も出た。教育会解散を求める声明書の作成は、執行部よりも地方教組の代表たちが積極的に求めたものであった。ただし、「複雑な地方教育会を考れば《ママ》組合員の代表ではあるか《ママ》賛し得ず」（熊本）という発言のように、代表や中央委員会だけでは決められないという慎重論もあった。なお、このとき、「職能文化の一大運動」のための教組の組織拡充についても併せて執行部が審議しようとしたが、地方代表の反応は史料に記されていない。

日本教育会は、『手引』によって教育会存続を図ろうとしたが、その恣意性や「非民主的」な命令・隠蔽体質を露呈し、再改組の正当性を失った。これを機に、日本教育会改組に対するGHQの消極的態度や、日教組執行部の職能文化的活動に対する関心が顕在化し、解散要求が高まった。日本教育会解散を強く要求したのは、地方教組の代表たちだった。愛媛や青森のように『手引』以前に県教育会を解散した地域もあり、教育会再興を望まない地域は多かった。また、香川県教組は、先述の日本教育会・GHQ・日教組のやりとりを検討した上で、一気に解散決議・経理監査・事務引継ぎを進めた。[31]日本教育会再改組は、その意図とは逆に、地方教育会解散を加速化させたのである。加えて、八月の全国教組書記長会議では、文化会議の開催、機関誌発行、および教職員の資質向上のための講習会を開くこと等が決められた。[32]この決定は、すぐには実行されなかったが、教育会の存在意義を切り崩そうとした取り組みであろう。さらに、八月二二日、極端な国家主義者など約一一万人の教員に対して教職追放が行われた。香川県教育会などでは会長が教職追放を受け、直接的な打撃を受けた。佐野会長は、八月三〇日、全国の教職員に対して教育会改組問題に関する声明を出して、「教育会の全面的崩壊」を懸念して教職員組合の解散要求を批判し、改めて教育会の必要性を述べたが、[33]教育会解散の傾向を止めることはできなかった。

3　日本教育会の解散

一九四七（昭和二二）年一一月二〇日、日本教育会は臨時総会を開催し、定款を改定して再改組した。一二月一五日、佐野会長は、全国の教育関係者に対して声明を発表し、教職員の職能団体としての教育会の必要性、および教育会と教職員組合との協力の必要性を再論した上で、地方教育会の成長発展こそ重要であると強調した。[34] 解散しつつある地方教育会を励ます声明であったが、「GHQ勧告」の有効性が否定された当時においては、さほど効果はなかったであろう。教育会は、「職能団体」概念だけでは存続困難な状況に陥っていた。

一九四八年三月二五日、日本教育会は総会を開催し、役員選挙を行った。その結果、会長に荒木正三郎（日教組執行委員長）、副会長に成田喜英（日教組書記次長）、専務理事に小笠原二三男（日教組書記長）、常任理事にも多くの日教組幹部が当選した。[35] 開会にあたっては、CIE係官オスボーンが、「日本教育会の再編成に当って事立てて支持もしないし、また他をも支持しない」と述べ、前年のトレイナー発言と同様の姿勢を示したという。荒木新会長は、『日本教育新聞』に応えて、教育会と組合とは元来「表裏一体」のものと述べ、待遇改善や教材・学用品等の斡旋、教員再教育などを両者一致して活発に進めなければならないと抱負を述べた。[36] 佐野旧会長は、組合と軋轢を続けるよりは、「表裏一体」の関係で「組合の力で教育会の拡充強化をはかる事の方が、更にいゝ道が拓ける」と現状を認めたが、「組合の機能と教育会の機能との関係について虚心坦懐的確な判断をもたれ、日本教育再建のため、公平無私な努力をされるよう望んでやまない」と牽制する発言をした。ところが、成田新副会長は、「教育大衆の意向」が教育会解散を望めばその意に沿うべきとはっきりと述べた。荒木会長の抱負は教育会の残存勢力に配慮した内容になっているが、すでに日教組は、三月八日の全国大会（京都）三日目で日本教育会解散決議を確認し、方針を定めていたのである。[37]

日本教育会は、八月五日に臨時総会を開催し、解散を審議することになった。[38] 日本教育会解散の理由は、財政困窮のため事業計画が立たない、現在の教育会幹部が信用と支持を受けていない、有志加盟の組織的現状では全国的な教育文化運動はできないなどの理由から主張された。これに対して、一部の地方代表は、事業計画が立たないのは会長の怠慢である（長野）、解散が議案に上がったのは会長の責任であり、背景に「策謀」が見受けられる（長野）、日本再建を目指す職能団体かつ国内的連絡機関・国際的代表機関としての日本教育会は現存すべきである（長野・徳島・鹿児島）、と述べて反論した。さらに、日教組の報道によれば、存続支持者は「いまの行政面では全教員が団結できないから教育会の名のもとにこれを解決したい、米国の好意の対象となったのも教育会で近く開かれる世界教育会にも解散すれば参加できない、文化国家として国際的役割を果すためにも必要だ」と述べたという。[39] 教育会でなければ団結できない教員とは、おそらく労働組合法の「使用者」に該当する校長などを指しているものと思われる。また、「米国の好意」とは、おそらく、先に全米教育協会（ＮＥＡ）書記長カー（Carr, W. G.）から日本教育会にもたらされた教員留学勧誘に関する書簡のことを指していると思われる。[40] 以上によれば、存続支持者は、日教組主導による解散に対する反発と、国内教育会間の連絡機能の維持、校長などを含めた全教員の団結、そして国際的役割を果たす日本代表組織の必要性から日本教育会存続を支持していた。

なお、解散審議中に指摘された「策謀」とは、教組側が日本教育会解散を目指して行った一連の活動のことである。『日本教育新聞』（一九四八年七月一日刊）によれば、組合内部では、総会決議の票読みが具体的に行われ、解散を確実にするために「組合としては慎重を期して未解散の地方教育会を解散させ、地方毎に総会を開いて理事その他の幹部を決め、全国総会におくりこむ必要がある」という見解があったという。[41] 信濃教育会によれば、七月頃に、教育会をすでに解散している府県に対して、ただちに形式的な教育会を設立し、至急入会申込みをして解散総会に出席し、組合側で三分の二を確保できるよう措置せよという指令が日教組からあったという。[42] また、日教組は、七月二二日の全国文化部長会議二日目において、八月の日本教育会臨時総会に地方教育会の協議員として教組代表が出席できるようにすることと、解散決定後には日本教育会の財産を日教組が実質管理することとを協議したという(43)。組合内部の見解が誰のものか、七月の日教組指令が具体的に何と指令したのか、史料未発見のため不明である。ただ、香川県では、県教組が県教育会を解散して日本教育会総会の参加権を持っていなかったが、県教育会未解散の地域に対抗するために、「日教組の要望により、解散終了後、名目的にではあったが、再び香川県教育会の結成手続きをする」ことになったという(44)。青森県教育会は、総会直前の七月二四日に教組総会で結成されて日本教育会に加盟し、京都府教育会も同様に総会直前に加盟したため、長野・茨城・東京代表から総会出席を拒否された(45)。山口県では、退職教員や父兄・教育理解者などによる山口県教育振興会が一九四八年五月二九日に山口県教育会に改称したが、それとは別に、山口県教職員組合が日本教育会加入団体の現職教員職能団体の山口県教育連盟を同年八月に廃止し、教組の中に「山口県教育会」をつくって日本教育会の加盟団体にしたという(46)。

以上のように、八月五日の日本教育会解散の裏側には、教組側の強引な働きかけと工作があった。そして、この動きに反発する勢力も少なからずあり、教育会存続の必要性も指摘されていた。この結果が、解散時の賛成一三八・反対五一という票数であった(47)。

二　中央教育会の「存続」

1　都道府県教育会の連合体としての日本教育協会

日本教育会存続の理由の一つに、都道府県教育会間の連絡機能の維持があった。地方教育会は、なぜこの機能を維持したいと考えたのか。

全国都道府県教育会の連合は、一八九一（明治二四）年四月に、中央教育会主催で全国教育連合会を開いたのが最初である。一九一九（大正八）年一〇月には、帝国連合教育会（一九二六（大正一五）年に全国連合教育会に改称）が結成され、中央・地方教育会七八団体（後に増加）の連合体が成立した。一九三四（昭和九）年一〇月、全国連合教育会は帝国教育会と合併して、道府県教育会は帝国教育会の団体会員になった。教育会の合議機能は、帝国教育会の評議員会および総会に移された。このとき、帝国教育会は個人会員制を残していたが、一九四三（昭和一八）年二月、帝国教育会は、その組織形態を教育会（教育団体）連合体に完全移行した。中央教育会が、道府県教育会の連合体として再編されたのである。しかし、一九四四（昭和一九）年四月の大日本教育会成立時に、中央教育会は再び個人会員制に改められ、都道府県教育会はそれぞれ支部になった。[48]つまり、一九四六（昭和二一）年九月の日本教育会成立は、再度、中央教育会を都道府県教育会の連合体として再編した事件であった。都道府県教育会にとって、日本教育会は、長い年月を費やしてようやく再獲得した連合の拠り所であった。

一九四八年八月五日の総会直後、早速、七つの都県（茨城・栃木・東京・長野・愛知・徳島・鹿児島）の代表が集まり、「教育会の純正な使命達成」のために新しく教育会を結成することを申し合わせた。[49]この会合との関係は不明だが、同日、都県教育会一二団体（茨城・栃木・東京・神奈川・山梨・長野・富山・福井・岐阜・愛知・山口・鹿児島）の代表者が、日本教育会館内の東京都教育会事務所に参集して善後策を協議した。[50]そこではまず、「民間教育団体」としての教育会の存在意義と使命の重要性とが確認された。そして、「労働団体」たる教員組合だけでは教育の健全な発達は見込めないとし、「教育の職能刷新・振興を図る」教育会と、「経済的条件の改善を目的とする」教員組合とを区別して、各々その使命を達成することを「理想の姿」として合意した。そこで、現存の教育会だけでも連合体を再建するため、その結成準備委員会を東京都教育会事務所内に置くことにした。結成までの一切は、東京都教育会、信濃教育会、栃木県連合教育会、茨城県教育会の四団体に委任された。解散以前から、信濃教育会が『手引』とは異なる独自の教育会像を示し、[51]単独での「居据り」も辞さない強硬姿勢を見せ、「別個に教育会に代る職能団体を組織する」可能性が示唆されていたことを考えると、[52]信濃教育会を含めた新教育会結成の申し合わせは、決して突発的な動きではなかったと思われる。

一九四九（昭和二四）年三月、結成準備委員会は、日本教育協会結成趣旨書を、日本教育会解散直後に都教育会事務所に集まった一二都県教育会に送った。[53]この結成趣旨書は、東京・信濃・栃木・茨城の都県教育会に山口県教育会を加えた五団体代表の連名で作成された。このとき、結成事務所を当分、東京新宿区四ッ谷第五小学校内（東京都教育会代表・矢沢基賢の勤務校）に置くことにした。趣意書は、「教育文化の振興、職能向上を目的とし教育者本来の研鑽奉仕を一念とする団体」の必要性を謳い、組合との相互扶助によって「日本再建の基盤」を培うため、新たな全国規模の教育団体を結成させることを呼び掛けた。そして、新たな団体では「教育の民主化」を図って「平和と自由」に奉仕すること、「中正なる思想」を堅持すること、「国際的教育団体」への参加を実現すること、「広く教育に理解あるもの」の参加を希望することについて申し合わせた。

同年一一月二五日、東京都教育会・信濃教育会・栃木県連合教育会・茨城県教育会は、国立科学博物館講堂で日本教育協会結成総会を開催した。これにより、教育会連合体としての日本教育協会が結成された。出席者は計九八名（東京四七名、長野三一名、茨城九名、栃木五名、富山二名、神奈川・千葉・山梨・徳島各一名）であった。[54]結成総会では日本教育協会規約を可決したが、「参加団体の現状は本格的な運営を許さない実情にある」と判断され、暫定規約を設けることになった。当時の栃木県連合教育会は、郡市教育会の連絡機関にすぎず、その会長は教組執行委員長の兼任であり、一般会員は教育会に積極的ではなかった。茨城県教育会は、一九四八年一二月に改組した後、加入教育会は三市二郡および高校の教育会のみ、会員数も改組前より半減していた。富山県教育会は、会員の多数が教育者以外であり、教育会と教組の役員が「全然同じ」であった。また、趣意書に連名した山口県教育会は、結成に参加しなかった。山口県には、一九四八年八月段階で山口県教育会と山口県教組内山口県教育会があったことは先述した。山

表1　日本教育協会・日本連合教育会の加盟団体の推移
（括弧内は加盟外大会参加団体）

加盟年	加盟団体の所属都道府県市
1949 年	東京、長野、栃木、茨城、（千葉、山梨、徳島、富山、神奈川）
1950 年	（山梨、岐阜、京都、富山、滋賀、徳島）
1951 年	滋賀、富山、（群馬、千葉、秋田）
1952 年	徳島、（三重、山口、福岡、鹿児島、岩手、京都）
1953 年	（北海道、京都）
1954 年	三重、（福井、新潟）
1955 年	（埼玉、神奈川、群馬、福島、千葉）
1956 年	堺市、（名古屋市、香川、神奈川、長崎）
1957 年	（名古屋市、長崎）
1958 年	（島根、長崎、名古屋市）
1959 年	（大阪、長崎、岡山、香川、鳥取、兵庫、奈良、北海道、鹿児島）
1960 年	（長崎、桐生市、静岡、愛知、愛媛、山形、京都、埼玉、鳥取、香川）
1961 年	広島、桐生市、呉市、（長崎、愛知、兵庫、香川、京都）
1962 年	（愛知、長崎、山梨、佐賀、石川、埼玉）
1963 年	長崎
1969 年	山口
1970 年	香川
1972 年	札幌市
1975 年	愛媛
1997 年	大宮市

注　日本連合教育会編『日本連合教育会十五年の歩み』日本連合教育会、1963年、285～294頁。および日本連合教育会編『日本連合教育会五十年の歩み』日本連合教育会、1998年、109～112頁を参照して作成。

口県教育会は、県教組から経済的な圧迫を受け、一九五〇（昭和二五）年まで困窮していたという[55]。教組の圧力から身を守り、自組織を維持することで精一杯であった。山口県教育会の加盟は、一九六九（昭和四四）年までかかった。

さて、日本教育協会規約第三条は、「この会は都道府県教育会若しくはこれに準ずる教育団体の連合機関として教育の振興、職能の向上、学術の研鑽に努め、教育の民主化を図り、以て平和国家の建設と世界文化の発展に寄与することを目的とする」と定め、暫定規約第一条は「この会は当分の間、本会規約の精神に基づき、この暫定規約によって運営する」と定めた[56]。また、本規約第四条第一項には、協会の事業として「都道府県教育会若しくはこれに準ずる教育団体の連絡提携に関すること」を定め、暫定規約第三条は「当分の間、本規約第四条第一項の事業を主として行う」と定めた。この暫定規約は、結成総会当日から即日実施された。日本教育協会は、教育振興・職能向上・学術研鑽に努め、教育の民主化による平和国家の建設と世界文化の発展とを目指して、都道府県教育会・教育団体間の連絡提携を主な事業にする教育会連合体として構想された。しかし、最初の加盟団体は東京・信濃・栃木・茨城の四都県教育会にすぎず、実質は四都県教育会の連合体として結成された。表1は、日本教育協会およびその後身の日本連合教育会について、加盟団体地域と加盟年、あわせて大会に参加した非加盟団体地域を一覧にしたものである。一九五一年までに加盟した団体は、発起団体の東京・長野・栃木・茨城に滋賀・富山を加えた、六都県教育会にとどまった。ただ、加盟には至らなかったが、毎年の大会には、複数地域の団体が出席していた。日本教育協会結成以降、地方教育会が何らかの形で復興し、連絡提携の手立てを求めて中央教育会に接触していたことがわかる。

結成総会では、文部大臣・東京学芸大学長の祝辞代読を経て、役員選出が行われた。理事長に矢沢基賛（東京、新宿区四ッ谷第五小学校長）、常任理事に松岡弘（元小学校長・視学官、信濃教育会副会長）、野沢寅（栃木高等学校長、栃木県連合教育会長）、中山泰三（水戸第二高等学校長、茨城県教育会長）が就任した。暫定規約第四条によれば、当分の間、会長・副会長を置かずに理事会が運営にあたるため、この四名が日本教育協会を運営することになった。幹部の顔ぶれを見ると、教組とは違って、校長・退職教員を包摂した組織づくりを指向していることがわかる。

2　職能向上・教育研究機能のゆくえ

日本教育協会の結成総会では、日本教育協会設立宣言が可決された。設立宣言では、教育文化・職能向上を使命とし、待遇改善は教組に任せる教育会・教組両立論を前提として、教育会の「全国的結成」を実現するために日本教育協会を創立すると述べられた[57]。基本的な内容は、先の結成趣意書とほぼ同じであったが、設立宣言前文に「教育者の資質向上待遇の改善」などの課題解決を「教育団体の使命」として新たに述べている。結成総会の最後には、関東民事部教育課員・佐藤清太郎の講演が行われた[58]。佐藤は、教育会・教組両立の立場から、日教組塩原大会（一九四九（昭和二四）年一一月三日）で可決された「教職員の文化活動の振興」や「教員の資質向上」は、「明らかに教育会の分野」であり、また待遇問題は教員組合に任せる方が適切であると述べている。そして、「これは私個人の意見ではない。民事部教育関係者の考えである」と強調した。宣言前文に「待遇の改善」の文字があったことを考えると、日教組に対する牽制とともに、改めて教育会の役割を教育文化・職能向上の枠内に押しとどめようとした発言と考えられる。

一九四九年六月から七月にかけて、関東地方民事部（軍政部）や県教育委員会が、教員に対する政治活動の制限を通達し、教組運動に動揺をもたらした。また、各地の教育現場ではレッドパージが始まっていた。日教組は、一一月一三日から三日間開かれた第六回臨時大会（塩原）において運動方針を転換させ、その一環として教員の資質向上などのための教育研究活動について審議した[59]。ただし、執行部から提出されたのは抽象的な案だったので、後日検討することになった。塩原大会の提案は、一九五一（昭和二六）年一一月の第一回全国教育研究大会に結実した重要な提案である。執行部はなぜ具体案のないままに教研活動の提案を急いだのか。『日教組十年史』は、この提案について、「旧教育会勢力が、日教組の弾圧による萎縮、動揺をねらって、台頭してこようとしていた時に当って、いわゆる『職能活動』の面で、組合がイニシアティヴを確立し、右翼的教育研究活動を封じるにも有効な方策であった」と評価している[60]。塩原大会の約二週間後の一一月二五日には、「旧教育会勢力」が日本教育協会結成総会を開催しようとしていた。日教組の教研活動の提案は、日本教育協会結成に対する牽制であった。

表2　日本教育協会大会における協議題および大項目

回	年月	提出者	協議題	大項目
2	1950年	東京都教育会	平和教育の具体策	1. 平和教育の重要性の認識 2. 平和教育の目標の確立 3. 平和教育の具体的方策
		栃木県連合教育会	教育財政確立の促進策	1. 基本方針 2. 教育財政に関する法の改定並に制定
		茨城県教育会	地方教育委員会設置に関し考慮すべき点	1. 地方教育委員会の設置単位 2. 事務局の規模、組織 3. 啓蒙宣伝の方策（教育委員の資質） 4. 教育委員会法の改正すべき点
		信濃教育会	日本における教育会の使命	1. 教育の意義・本質 2. 教育者の性格と職分 3. 教育者の団体としての教育と労働組合としての教職員組合 4. 教育会の性格と使命
		信濃教育会	新教育の反省とその充実	(1) 学校教育　(2) 社会教育 (3) 教師について　(4) その他の問題
3	1951年	東京都教育会	勤労教育の方策について	1. 勤労教育の目標 2. 勤労教育の具体策
		信濃教育会	教員養成機関のあり方について（教育学部、学芸大学の在り方）	1. 目的　2. 設置及び制度 3. 学科課程　4. 教職員 5. 施設　6. 学生 7. 他学部よりの教員志望の学生 8. 地域との関係
		滋賀県教育会	地方教育行政の確立とその具体策（教育委員会制度改善上の諸問題）	1. 設置単位の問題 2. 職務権限に関する問題 3. 委員選出の問題 4. 教育財政の問題
		茨城県教育会	道徳教育徹底の具体策	1. 道徳教育の基盤（道徳教育の目標確立） 2. 道徳教育の方針設定 3. 道徳教育の指導
		富山県教育会	科学教育振興に関する政府及び国会に対する建議案について	1. 幼児教育　2. 小中学校教育 3. 高等学校教育　4. 大学教育 5. 社会教育
		栃木県連合教育会	児童憲章の趣旨徹底の具体策実践事項	1. 理解と情熱　2. 教育課程 3. 地域社会と協力 4. 地域社会との提携 5. 視聴覚機関の活用と協力 6. 充実増強と活用 7. 現職教育と担当者養成 8. 遵法の積極と消極　9. 訪問と視察 10. 長欠者と未就学者の処理 11. 国家運動の展開 12. 児童の見方、児童の主体性、人間尊重の雰囲気
		日本教育協会	教育尊重の風を作興する具体策	A. 教育界自体に関する面 B. 国家、社会に対する面

〈出典〉『日本連合教育会十五年の歩み』を参照して作成。

表3　日本教育協会大会における研究題目および講演

回	年	発表題目	発表者	発表者肩書
2	昭和25年	聴視覚教育と健康教育	村田　亨	東京都荒川区第一峡田小学校長
		問題児の教育について	小池　武	栃木県宇都宮市中央小学校教諭
		生徒会の育成について	桜井　秋雄	茨城県水戸市第一中学校教諭
		言語教育の課題	青木千代吉	長野県長野市西部中学校
3	昭和26年	ものいわない子供	小林　晃夫	長野短期大学教授
		実験学校経営四ヶ年	石川　哲三	滋賀県大津市中央小学校長
		個人差に応ずる国語学習指導	志波　末吉	東京都台東区育英小学校長
		地域社会学校の一考察	和久　武雄	栃木県真岡女子高等学校教諭

〈出典〉『日本連合教育会十五年の歩み』を参照して作成。

日本教育協会は、結成後、毎年一回大会を開いた。第一回大会は結成総会と兼ねて開催された。第二回大会は、一九五〇（昭和二五）年一〇月二八日から二日間、信州大学教育学部で開催された[61]。参加者は二二五名に達した。大会宣言では、設立宣言を踏襲しながら、「教育理念の探究と実践」に努めて「職能団体としての文化的使命」を遂行して国家再建に寄与することなどを期した。大会では、各教育会から提出された協議題の検討、教員の研究発表、陳情案の作成、有識者の講演などが行われた。一九五一年の第三回大会までの協議題を整理すると、表2の通りである。表2によると、平和教育、教育財政の確立、教育委員会、教育会の役割、新教育、勤労教育、教員養成、道徳教育、科学教育、児童憲章、教育尊重の風潮作興というように、学校・社会教育の思想・行政・制度・運動や職能向上に関わる重要課題について広く協議したことがわかる。一九五〇年には教育会・教組両立論が再論されている。また、大会では校長を含む教員による研究発表・講演が行われた（表3）。また、大会の協議結果を受けて、各方面に対する陳情が作成された（表4）。基本的には、戦前の全国連合教育会と同様、議題提出の教育会で研究作成し

表4　日本教育協会大会における陳情題

回	年	陳情題目	備考
2	昭和25年	教育財政の確立に関する陳情	栃木の協議案の大幅反映
		教育界の人材誘致に関する陳情	信濃の協議案の一部反映
		教育委員会法の一部改正に関する陳情	栃木・茨城の協議案の一部反映
		免許法による認定方法に関する陳情	信濃の協議案の一部反映
		教員定数増加に関する陳情	
3	昭和26年	科学教育振興に関する建議	富山の協議案の大幅反映
		教員養成機関の在り方についての陳情	信濃の協議案の一部反映
		地方教育財政の確立に関する件陳情	滋賀の協議案はほとんど反映せず
		児童憲章の趣旨徹底に関する件陳情	栃木の協議案の一部反映

〈出典〉『日本連合教育会十五年の歩み』を参照して作成。

た原案について協議し、建議（陳情）書にまとめて関係当局に提出するという手続きを踏んでいる。日本教育協会の職能向上・教育研究事業は、最終的には教育政策過程への関与を視野に入れていた。

しかし、これらの日本教育協会の職能向上・教育研究事業は、一部の地域の教職員しか関わりのないことであった。地方では、教組によって教育会解散が促進されていた。そのような地域では、新たな場が設けられない限り、組織的な職能向上・教育研究活動の空洞化が生じる可能性があった。『日本教育新聞』は、日本教育会解散後の状況について、一四府県の教育会が解散見込み、日教組は「職能文化乃至厚生活動中心の方向」をたどる見通しであり、「この一環」として、各地方組合員が「教育研究所（仮称）」を設けて「組合運動と全くきりはなした活動」を始めようとしていると報じた[62]。地方教組では、組合員を「労働者的に練りなおす必要」が論じられ、「教組がはじめから教研活動にあまり力をいれすぎると、ひ弱い、〝よい教師〟の集団となる危険があると考える者」がいたという[63]。当時の多くの地方教組は、従来教育会が担ってきた教育研究・職能向上事業を、真正面から受け止められる状態ではなかった。一九四〇年代末、教組が教育会解散を優先して職能向上・教育文化事業を後回しにした地域では、教育研究活動の統括・支援組織が一時的に不在になったため、次第に各地で教育会の代わりに教育研究会や教育研究所が勃興していた。[64]日本教育会解散と日教組の教研活動の遅れ、そして日本教育協会の組織拡大の停滞は、地域における教育研究会・教育研究所設置の動向を後押ししたと思われる。

3　国際的役割の模索と挫折

日本教育協会が国際的役割を期待されていたことは先述した。結成総会では、三つの緊急動議が行われている。[65]そのうちの一つは、アメリカからの教員招請、および米国留学生の範囲を拡張して義務教育学校の教員も留学できるようにすることについてであった（関東民事部に陳情）。「米国の好意」としてNEAから日本教育会に勧誘のあった、教員留学の件を引き継ごうとした動きと思われる。この結果どうなったかは不明である。また、日本教育協会は、一九四九（昭和二四）年一二月以降、NEAと文書を往復したが、大会メッセージ程度で終わった。

日本教育協会は、単独で国際的役割を果たすことはできなかったが、その代わりに信濃教育会が単独で興味深い動きを見せている。一九五〇（昭和二五）年一二月一九日、NEA書記長のカーから、信濃教育会に対してWOTP事務総長名義で書簡が届き、全国団体が加入していない場合は地方教職員団体でも加入できることが知らせられた。[66]信濃教育会は、一九五一年三月に代議員会を開いてWOTP加盟を議決し、それをカーに照会したところ、四月六日にカーから加盟受理の通知と七月開催のマルタ島の会議に出席するようにとの勧誘の返信があった。[67]この後、詳細な事情は不明だが、信濃教育会はWOTP加盟のための全国団体・日本教育（者）連盟の創立に動き、[68]教育会の国際的役割を確保しようとした。五月二九日、日教組が定期大会（城崎）においてWOTP加盟を可決したのである。[69]信濃教育会は、五月に、一〇を越える全国規模の主事会・校長会・教科研究会などとともに、教育振興と教育の国際協力を目的とした日本教育連盟に日本教育協会を加盟させた[70]。日本教育協会の役員四名は、連盟の幹事・理事・評議員に名を連ねている。結局、マルタ島の世界教育会議には、日教組代表一名と日本教育連盟代表二名、信濃教育会代表一名が出席した[71]。ただ、その後、WOTPは日本教育連盟に疑問を持ち、日教組を日本代表と見なしたという[72]。日本教育連盟の加盟団体は、離脱を進め、日本教育協会も一九五二（昭和二七）年一二月一二日に離脱した。

結成後の日本教育協会は、実質的な全国団体にはなり得ず、国際教育会議の代表にもなり得なかった。結局、全国組織の実態を持てなかった日本教育協会では、国際活動の代表になるのは難しかったのであろう。一九五七（昭和三二）年の規約改定では、旧規約第四条第六項に定められていた国際会議の参加事業の規定が削除された。

4　日本連合教育会の成立

一九五二（昭和二七）年一一月、日本教育協会は、日本連合教育会に改称した。『十五年の歩み』によると、「本会の普及のためには、伝統ある教育会とする方が一般に通りがよい」という理由で改称されたという[73]。非常に素朴な改称理由であるが、「教育会」の名称に「伝統」を見て取り、それを選び取ったことがわかる。

日本連合教育会成立の背景として、一九五二年四月二八日のサンフランシスコ講和条約発効は重要である。同年六月、日本教育協会理事会は、占領から解放され、「独立国家として国家再建に踏みだした独立第一年」を記念して、東京で大会を開催し、協議題を「新日本建設の教育」一本にしぼった[74]。一九五三（昭和二八）年一月二二・二三日、「新日本建設の教育」を協議する第四回大会が国立科学博物館講堂で開かれたが、これは日本連合教育会成立後初の大会であった[75]。参加者は二二七名であった。この大会では、本会趣旨・綱領を改正した。新しい本会趣旨は、教育文化の進展を新日本建設の原動力とし、「国民一致の熱誠努力」によって「教育立国の基礎」を確立するため、「政治・経済その他の各文化とも有機的、総合的に関連をもった幅の広い文化活動と教育実践を展開する新しい性格内容を持った教育団体の力」が必要であると述べた。そして、このような団体として、「社会各層の参加協力」とともに「新日本建設の教育」に邁進し、「国運の進展」に貢献することを期した。また、新しい綱領は、幅広い活動領域が示され、学校教育だけでなく社会教育・家庭教育に範囲を広げ、かつ教育団体だけでなく産業・経済・文化団体との協力を緊密にすることを目指した。従来の趣旨・綱領と異なる重要な変更点は、前文や綱領には「職能向上」という文言がなく、教職員組合との関係も明示されていないことである。一九四〇年代後半における教育会再編の最大の論点であった教育会・教組両立論は、日本連合教育会成立において強調されなかったのである。

ではなぜ再び「教育会」の名称を選択したのか。改称理由・過程の詳細は史料未発見のため不明である。ただ、この問題を考える時、この直前の一九五二（昭和二七）年七月から九月にかけて、日本教育協会が市町村教育委員会完全設置に対する反対運動を展開したことは重要である。運動を発起したのは信濃教育会であり、教組や校長会、PTA会、町村長会も動員した大がかりな運動になった。[76]これは、一九五二年の第一三国会に提出された、地方教育委員会改選・市町村教育委員会選挙を一年延期する政府法案に対して、与党である自由党が否決したことに対する運動であった。財政規模の小さい市町村にも教育委員会を設置するかどうかが問題であった。自由党による政府法案否決は、吉田茂対鳩山一郎を軸とした党内対立による政局混乱の中で行われた。また、信濃教育会によるとこの法案否決の理由は、第一に自由党による日教組の組織分断策であり、第二に教育委員選出を市町村長の任命または間接選挙によるならば直ちに実行してもよいという全国町村会・市長会等の一部の動きに呼応したからであった。[77]七月二四日、教組は教育防衛国民大会を開催し、市町村教委完全設置反対を表明した。[78]同日、日本教育協会も、教育委員会法全面施行の再検討を促す「地方教育委員会問題についての陳情」をまとめ、衆参両院議長・文部大臣などの当局者や五大新聞の各編集長を訪ねて趣旨説明をした。[79]しかし、法案審議は第一四国会に持ち越され、八月に入って全国町村長会が市町村教委設置を原則とする申し合わせを行い、八月二八日には政府案未審議のまま衆議院が解散（鳩山派議員に対する打撃を目的としたいわゆる「抜き打ち解散」）されて、ついに一一月一日の教委法全面実施が決定した。

日本教育協会結成から、すでに約三年が経っていた。日本は独立し、「新日本建設」が謳われるようになった。しかし、政局に振り回される形で国会与党に対する全国運動に敗北し、地方教育会関係者は中央教育会の力不足を実感したことであろう。運動を仕掛けた信濃教育会では、市町村教委発足にあたって、「教育の権威と純粋性を保持するために、われわれ教育者は、あくまで追随妥協を排し、断乎として所信を貫くべき」という発言が出た[80]。日本連合教育会の成立は、「教育の権威と純粋性」の保持に対する危機意識を背景にして、「教育会」という名の下に教育会連合体の共同意識とその団結力とを強化し、中央教育会の再出発を期したものであった。

おわりに

以上、本稿は、日本教育会再改組・解散過程を踏まえながら、日本教育会解散後の中央教育会再編過程を検討してきた。これによって明らかになったことは、大きく四つある。

第一に、中央教育会の再編には、先行研究の指摘してきた日教組や文部省・占領当局の主導だけでなく、地方組織の意向が強く反映したことが明らかになった。日本教育会は、一九四六年一二月の「ＧＨＱ勧告」や翌年六月の『教育会改組の手引』においてその恣意性や非民主的・命令的・隠蔽的体質を露呈し、教育会再編の主体になることはできず、逆に教育会解散を促進してしまった。中央教育会再編の基本的な枠組は、占領当局（ＧＨＱ・ＣＩＥ・関東民事部）によって、職能向上・教育文化活動に限定されていた。日本教育会解散では、日教組執行部に対する地方代表の強力な後押しや、地方教組による地方教育会解散・再結成が決め手になった。また、日本教育協会結成は、旧日本教育会幹部ではなく、信濃教育会を中心にした教育会存続地域の地方教育会が進めた。

第二に、日本教育会解散の審議過程や日本教育協会の結成・活動過程を通して、一九五〇年代に継承された中央教育会の機能（伝統）が明らかになった。信濃教育会などが継承したかったのは、国内の都道府県教育会間の連絡機能、校長・退職教員や教育理解者を含めた教育関係者の幅広い団結、職能向上・教育研究事業、国際的役割を果たす代表機能であった。日本教育協会は、これらの機能を果たすべく活動したが、地方教育会の解散・弱体化の進む状況下では十分に活動できなかった。戦中の大日本教育会と比べた場合、教育会の連絡機能や職能向上・研究事業は全国規模から数都県規模のものに縮小、教職員の団結機能は全教職員から「中正」な思想の持ち主に限定、国際的役割は日本代表から代表を出す団体の構成員に格下げされた。

第三に、日本教育会解散後の中央教育会再編が、日教組や地方に与えた影響についても明らかになった。当初、教組側が教育会・教組両立を望んでいたのは、職能向上・教育文化に関わる教育研究組織が、教組とは別に必要だったからであった。日教組執行部は、たびたび教育研究活動を実施したがったが、地方教組との合意をとれず、一九五一年の教研大会開催までなかなか実行に移すことはできなかった。このような状況において、日本教育協会の結成は、日教組に教研活動を教育会勢力に対する対抗措置として打ち出させる外的要因の一つになった。また、日本教育会解散は、教育会を失った地域や、教組に教研活動を期待しない教職員に教育研究会・教育研究所を設置することを選ばせた要因の一つになった。日本教育会解散後の中央教育会再編は、日教組にとって教育研究活動に取り組むための要因になり、教育会を失った地域や教職員にとって新しい教育研究組織・機関を設ける要因になったのである。

第四に、一九四〇年代後半の中央教育会再編は、一九五二年の日本連合教育会成立に帰結したことを明らかにした。四〇年代後半に大きな問題になった、教組との対抗意識や職能向上事業は後景に移行し、国際的役割は放棄されたが、教育会連合体の共同意識・団結力を高めるために「教育会」の名称が再び復活した。これが、政治における教育の専門性・権威の揺らぎの中で進められたことは重要な発見である。本稿の問題設定を越えているため詳しく検討しなかったが、新しい中央教育会の出発点を明らかにするためにも、日本連合教育会成立直後の大会協議題「新日本建設の教育」における議論は注目すべきである。議論の詳細は不明だが、議場における各教育会代表の発言趣旨は『日本連合教育会十五年の歩み』に記録されている。[81] 各教育会代表の論点は、例えば、図書館の活用、個性伸張、教育の実生活化、人間性恢復、民主主義の理解・実践、平和教育、「道への憧憬」、「日本的行」、「宗教的内観」、歴史・民族文化・人類愛に連なる「祖国愛」の喚起、「宗教心」に通じる道徳教育などが挙げられる。占領期、戦前・戦中、独立日本の教育課題が混在して論じられ、極めて複雑な様相を呈している。今後、日本連合教育会の研究も進めていく必要がある。[82]

注

(1) たとえば、森田俊男「教員組合運動の展開――教育会改組・解散問題を中心に」「講座日本教育史」編集委員会編『講座日本教育史』第四巻（現代Ⅰ／現代Ⅱ）、第一法規出版、一九八四年、三五七―三八七頁。
(2) 日本教職員組合『日教組十年史』日本教職員組合、一九五八年、七六―七九頁。
(3) 望月宗明「戦後教育労働運動の高揚と日本教育会の解散」日本教育会館編『日本教育会館五〇年沿革史』日本教育会館、一九七九年、七七―九八頁。
(4) 山住正己・佐藤広美「『帝国教育』解説」帝国教育復刻版刊行委員会編『帝国教育総目次・解説』下巻、雄松堂出版、一九九〇年、六五―八四頁。
(5) 阿部彰『戦後地方教育制度成立過程の研究』風間書房、一九八三年、五〇九―五一七頁。
(6) 前田一男「敗戦直後、日本教育会の改組・解散過程と地方教育会の動向」教育情報回路研究会発表資料、於・東北大学、二〇一一年一月。
(7) 阿部、前掲注（5）、五二一―五五五頁。
(8) 阿部、前掲注（5）、五一八―五二三頁。

(9) なお、現在は、日本連合教育会と日本教育会(一九七五年結成、初代会長森戸辰男)との二つの中央教育会が活動している。

(10) 上田庄三郎「教育団体史」石山脩平ほか編『教育文化史大系V』金子書房、一九五四年、二四八―二五七頁。上田は、この存続・復活する教育会の伝統(とくに教組と教育会との両立・併立)について、「教組運動に対する反感」に基づくものと指摘している。

(11) 森川輝紀「教育会と教員組合——教育ガバナンス論の視点から」『埼玉大学紀要』教育学部編第五七巻第二号、二〇〇八年、五七―七二頁。

(12) 近藤健一郎「アジア太平洋戦争下における府県教育会機関誌の「休刊」と敗戦直後におけるその「復刊」」全国地方教育史学会編『地方教育史研究』第三三号、二〇一二年、一〇五―一二六頁。

(13) 『十五年の歩み』は広島大学附属図書館森戸文庫に所蔵。『五十年の歩み』は、『四十年の歩み』以後の一〇年間中心の記述。

(14) 「THE ADVICES GIVEN BY THE SCAP WITH REGARD TO THE ORGANIZATION AND MANAGEMENT OF THE JAPAN EDUCATION ASSOCIATION」および「日本教育会の組織運営に関する最高司令部の勧告」(日付不明)『日教組十年史参考資料 日教組結成以前諸資料』その二、日本教育会館教育図書館所蔵所収。信濃教育会編『信濃教育会九十年史』信濃教育会出版部、一九七七年、一五八―一五九頁。後述するように、この文書は実は文章の題目にある通りADVICESであったが、勧告として扱われていたため、便宜的に「GHQ勧告」と表記する。

(15) 佐野利器「教育家としての研鑽奉仕」『教育界』第八〇七号、日本教育会、一九四六年一〇月、二―六頁。

(16) 矢沢基賛編『日本連合教育会十五年の歩み』日本連合教育会、一九六三年、九頁。

(17) 望月、前掲注(3)、八四頁。

(18) 矢沢、前掲注(16)、九頁。

(19) 日本教育会編『教育会改組の手引』古谷敬二、一九四七年、一三―一四頁(『日教組十年史参考資料 日教組結成以前諸資料』その二所収)。

(20) 日本教育会編、同前、一五頁。

(21) 香川県教職員組合によると、この『手引』は、一九四七年六月一五日の地方教育会事務局長会議で配布されたものであり、欠席の地方教育会には同日付で発送された。香川県教組は、七月二日に高知県教員組合から一部を借用し、三日に各支部や執行委員会で検討したという。『手引』奥付発行日と配布日とが異なるが、香川県教組の把握している「はしがき」と目次の内容は『手引』と同じであり、同一のものと思われる（香川正一編『香川県教職員組合運動史』香川県教職員組合、一九五一年、一〇七頁）。
(22) 日本教育会編、前掲注(19)、三頁。
(23) 日本教育会編、前掲注(19)、六頁。
(24) 日本教育会編、前掲注(19)、七―八頁。
(25) 日本教育会編、前掲注(19)、一一頁。
(26) 「教育会再組織の指令も勧告もでていない」（教発情宣一三、日付不明、『日教組十年史参考資料　日教組結成以前諸資料』その二、所収）この会談議事録は、七月一〇日にGHQに英訳して持参し、全文を確認させたという（『第一回中央委員会議事録』一九四七年七月、二二頁、日本教育会館教育図書館所蔵）。
(27) 日教組情宣部発行「教育会改組の真相をつく」（教発六〇情宣一六、『日教組十年史参考資料　日教組結成以前諸資料』その二所収）。
(28) 『日本連合教育会十五年の歩み』、一〇頁。
(29) 望月、前掲注(3)、八九―九〇頁。『第一回中央委員会議事録』一九四七年七月、二三頁。
(30) 『第一回中央委員会議事録』、二三頁。
(31) 香川正一編『香川県教職員組合運動史』、一〇九―一一〇頁。香川県教育会は、七月一四日から解散を協議し始め、九月二七日に監査、教組との事務引き継ぎ後に解散した。
(32) 日本教職員組合編『日教組十年史』日本教職員組合、一九五八年、七八頁。
(33) 『日本連合教育会十五年の歩み』、一三―一四頁。
(34) 佐野利器「全国教育者諸君に寄す」『信濃教育』第七三四号、信濃教育会、一九四八年二月、三六―三八頁。
(35) 「会長に荒木正三郎氏」『日本教育新聞』第一九五号、日本教育新聞社、一九四八年三月三〇日、一頁。
(36) 「組合幹部登場の日本教育会をどうする」『日本教育新聞』第一九六号、一九四八年四月一日、一頁。
(37) 「教育会の解散を決議」『日本教育新聞』第一八八号、一九四八年三月一三日、一頁。
(38) 「日本教育会総会の概要」『信濃教育』第七四一号、一九四八年九月、四一頁。
(39) 「日本教育会遂に解散」『週刊教育新聞』第一一五号、日本教職員組合、一九四八年八月、二頁。
(40) 「教員の留学具体化」『日本教育新聞』第二二〇号、一九四八年五月二七日、一頁。

(41)「教育会は解散するか？」『日本教育新聞』第二三五号、一九四八年七月一日、一頁。
(42)「日本教育会総会の概要」『信濃教育』第七四一号、四〇―四一頁。
(43)「文部省責任とれ」『日本教育新聞』第二四六号、一九四八年七月二七日、二頁。
(44)香川編『香川県教職員組合運動史』、一一〇頁。
(45)「日本教育会総会の概要」『信濃教育』第七四一号、四一頁。「日本教育会遂に解散」『週刊教育新聞』第一一五号、二頁。
(46)山口県教育会編『山口県教育会誌』山口県教育会、一九九九年、三〇六頁。
(47)「日本教育会総会の概要」前掲注(38)。
(48)「大日本教育会の陣容成る――単一教育団体の新発足」『大日本教育』第七八八号、大日本教育会、一九四四年六月、三八頁。
(49)「日本教育会総会の概要」『信濃教育』第七四一号、四〇―四一頁。
(50)『日本連合教育会十五年の歩み』、一六・二〇頁。
(51)本会運営研究委員「教育会の在り方」『信濃教育』第七三五号、一九四八年三月、二―一〇頁。日本教育会の『手引』は、「教育者としての修養、学術の研鑽其他による職能の向上、福祉の増進を図り、諸般の施設を通じて社会文化の進展、教育の振興に寄与する」ことを教育会の目的とし、正会員を現職教員のみに限った。これに対して信濃教育会は、教育基本法第二条に基づいて、教育・文化の調和的発展によって国家・民族・人類・社会の無限に進歩向上させることを目的に、教員だけでなく一般の教育・文化関係者をも組織して、学校・家庭・社会における教育・文化を関連づけて振興・発展させる団体として教育会を定義し直した。
(52)「教育会解散」に居据り組」『日本教育新聞』第二四〇号、一九四八年七月一三日、一頁。
(53)『日本連合教育会十五年の歩み』、一六―一八頁。
(54)矢口亨「日本教育協会結成総会に臨みて」『信濃教育』第七五七号、一九五〇年一月、四三―四六頁。
(55)『山口県教育会誌』、三〇六―三一一頁。
(56)『日本連合教育会十五年の歩み』、二二―二四頁。常任理事の肩書きについては、谷雅泰氏と茨城県立図書館のご協力を得た。
(57)『日本連合教育会十五年の歩み』、二一頁。
(58)矢口、前掲注(54)、四四―四五頁。
(59)「中央委員会ひらく」『教育新聞』第三二号、日本教職員組合、一頁。「教育研究活動は中委に附託」『教育新聞』第三二号、三頁。

(60)『日教組十年史』、一七三頁。
(61)『日本連合教育会十五年の歩み』、二八―四一頁。
(62)「府県に教育研究所」『日本教育新聞』第二五三号、一九四八年八月一二日、一頁。
(63)日本教職員組合編『日教組十年史』、七八―七九頁。
(64)教育情報回路研究会『近代日本における教育情報回路と教育統制に関する総合的研究・中間報告書（Ⅰ）（Ⅱ）』日本学術振興会科学研究費助成事業（基盤研究（B））、二〇一三・一四年。
(65)『日本連合教育会十五年の歩み』、二五頁。
(66)「世界教員連合から加入の勧誘」『信濃教育』第七七〇号、一九五一年二月、六五―六六頁。
(67)「世界教員連合へ加盟」『信濃教育』第七七三号、一九五一年五月、五九頁。
(68)上田、前掲注（10）、二五五頁。「諸会合その他」『信濃教育』第七七三号、六〇頁。
(69)『日教組十年史』、二〇五―二〇六頁。
(70)上田、前掲注（10）、二五〇―二五一頁。
(71)松岡弘「世界教育会議報告」『信濃教育』第七七八号、一九五一年一〇月、一頁。
(72)『日教組十年史』、二〇六頁。
(73)『日本連合教育会十五年の歩み』、六五頁。
(74)『日本連合教育会十五年の歩み』、六四頁。
(75)『日本連合教育会十五年の歩み』、六七―七九頁。
(76)「地方教育委員会実施一年延期要望の経過」『信濃教育』第七九一号、一九五二年一一月、五九―六四頁。
(77)「地方教育委員会実施一年延期要望の経過」同前、六一頁。
(78)『日教組十年史』、二三二―二三四頁。
(79)『日本連合教育会十五年の歩み』、六四―六五頁。
(80)上条憲太郎「編集余録」『信濃教育』第七九一号、七一頁。
(81)『日本連合教育会十五年の歩み』、六八―七八頁。

(82) また、もっと後の時代になるが、一九七五(昭和五〇)年六月一六日には日本教育会(森戸辰男会長)が結成され、全国に支部を設けて現在も活動を続けている。この「新生」日本教育会についての研究も、戦後中央教育会とは何かを明らかにするために、ぜひ必要な研究である。

第11章　校長と現職研修

――戦前の現職研修システムとその戦後への継承の仕方に着目して――

佐藤幹男

はじめに

戦後初期、全国的に、府県の教育会の多くが教職員組合に改組されていった時、戦前の教育会は、「校長等の親睦交歓の団体」であったとか、「役員は校長が独占し、県の指揮、掣肘をうけつつも、教育行政に容喙し、人事行政にも影響をもたらしていた」といった評価が一般になされていた。[(1)] それなら、教育会と校長（会）はどのような関係にあったのか、行政当局にとって校長（会）と教育会はどのような存在であったのか。また、教育会は全教員が参加した「職能団体」であった。しかし、教育会の主導権を握っていたのは校長層である。とすれば、教育会は、校長や校長会の管理下にあって活動を展開した「研修団体」、あるいは「職員団体」といった性格の組織であったのだろうか。実は、こういった点は意外にわかっていない。戦前の校長会そのものが良くわかっていないといってもよい。戦前の校長あるいは校長会とは一体どのような存在であったのか。今日の校長会と比べて同じようなものなのか、違うものだったのか。戦前の校長、校長会についての検討が待たれているとはいえまいか。[(2)]

戦前も戦後も「教育界」において校長層が果たした役割は大きい。たとえば、戦後初期、全国の教育会の多くは解散して教職員組合に改組されたが、その時、組合結成の指導的役割を担ったのはほとんどの場合、校長層であった。地域における教育研究活動の展開をみても、校長層の指導の下に見事に組織化されていく事例を確認することができる。

校長会も、戦後、一旦は解散したが、小学校の校長会から再組織化され、まもなく新制の中学校、高校の校長会も発足していく。そうした校長会を通じて、各学校や地域で戦後新教育が展開されていったといってもよい。もちろん、校長は軍政部から組合から離脱するよう勧奨をうけ、次第に組合を離れ、教育研究活動も次第に組合活動とは一線を画すようになっていく。

戦前、戦後の地域の教育、特に教師の職能成長に関わる研修活動を指導し、組織したのはどのような人々であったのか、という視点から考えれば、概ねそれは校長層であったといえよう。また、戦前の教育の普及、戦後の教育改革が組織的にシステマティックに進められたとすれば、そこには校長や校長会の果たした役割も見逃せない。もちろん、その背後には行政当局の存在があったこともいうまでもない。

本稿は、戦前の教育会などの活動における校長や校長会の関わり方と、戦後、地方において現職研修や教育研究活動がスタートする時期の校長や校長会の関わり方とを比較検討することにより、戦後、たしかに教育会の多くは解散し、教員組合に変身を遂げたとはいえ、地域や学校における現職研修や教育研究活動の様子を見るとき、戦前の現職研修システムは、校長や校長会を通じて戦後に継承されていったといえるのではないか、という仮説的な一試論である。

一　現職研修システムと教育会

1　戦前の教育行政と教育会

教育会は、法制上、天皇制下の官僚的・官治的行政組織の範囲外の存在とされ、「地方自治」組織にも含まれない「単なる事実上の団体」にすぎなかった。(3)しかし、実態は官制的、官僚的な色彩を強く持ち、戦前日本の教育と教育行政に大きな影響力をもっていたことは、これまでの教育史研究により明らかである。

教育会は、明治一〇年代から二〇年代にかけて「上から」組織化されたといってよい。そこには、教育諸条件がすべてに未整備、未確立の状態で、教員が教育という職能を円滑に遂行するために、必然的に研修機関としての「教育会」組織を要求したという側面もあるが、基本的には、一八八一（明治一四）年の教育会統制を意図した文部省達が、官の息のかかった教育会の開設を促すとともに、一八八三（明治一六）年の文部省達が、教員の改良ないし向上をはかる組織の必要性を認識させ、組織化が図られていったものである。この時期、「私立」という用語を冠した教育会が多く見受けられるが、それは「官立」ではないという程度の教育会であるとみてよい。

なお、この時期の教育会の組織的な特徴として、まず県単位の教育会の場合、県の諮問にこたえて、教育実施のための規則・心得等を審議・研究する場合が多かった。その意味で教育行政遂行のための組織であったともいえる。また、郡単位の教育会の場合、学事上、管理上の打ち合わせもあったが、授業法や管理法などの教育上の研究が主体であったといってよい。

明治三〇年代以降になると、全国の教育会は、地方教育行政組織との一体化が進む。従前、授業法や管理法などの教育上の研究などを主体に、地域の教育向上に取り組んでいた郡単位の教育会は、次第に府県教育会の「支会」ないし「部会」に変化していく傾向が認められる。もちろん、この時期はまだ、郡単位の教育会としての主体性も保持し、実質的に多様な活動を活発に展開していたが、次第に、中央、地方ともに、教育会は徐々に行政組織の中に取り込まれていくことになる。その背景としては、地方の教育会が、府県の官治的行政組織により緊縛された形態でしか発展の余地がなかったという側面が否定できない。

なお、この時期、中央には諮問機関としての高等教育会議が設置された（明治二九年）が、地方教育会議の法制化は行われなかった。

その後、地方における教育会は、府県段階の教育会を中心に、府県庁の諮問機関としての機能が期待されつづけ、実際にその働きをしていく。また、教員の教育上の講習などが、地方では行政組織と一体化しつつ行われるようになっていくことになる。

また、教育会に対する統制が強化されるなかで、ますます行政組織の補充的役割を担わされていくこととなる。実際に、規則はもちろん、審議、協議の内容や結果まで届出、報告が求められており、そこには行政浸透のパイプとしての教育会の姿を読み取ることができる。そして、大正末期、郡役所が廃止されて以降、ますますその傾向が強くなっていく。(4)

2　「校内」、「校外」の現職研修システム

教育会の最大の使命は、教員の資質管理にあったといえる。今日的視点でいえば、それは教員の資質向上のためのシステム、教員「研修」のためにつくられたシステムであった。また、教育会が広い意味で教員養成の機能も担ったという意味でいえば、原初的な「地域教師教育機構」であったともいえる。(5)

しかし、教員の資質向上は県や郡市の教育会だけが担当したわけではない。師範学校や視学機関もその任にあたったが、教員にとって最も重要な「研修」の場となったのは勤務校としての学校であったと考えられる。もちろん、戦

前の学校には制度的な「校内研修」担当の係などは存在しない。各学校では、校長を中心に校内研修の体制を徐々に整備しつつ、様々な研修、研究活動を展開したといえよう。その意味で、戦前における教員の現職研修は、個別の学校の「校内研修」を基本とし、教育会は「校外研修」の場として位置づけられるものであったといえよう。その他、師範学校や他の研究会などの外部の研究会活動もあった。それらが総体として戦前の現職研修システムとして機能したと考えられる。(6)

戦前の現職研修を概観すれば、全国各地で教員養成が開始されて間もない明治一〇年前後は、主として授業上の利害得失を討究した「演習会」「協議会」等が開催されている。それらは基本的には、府県の教員再教育方策として公設されたものであるが、それらは、府県や師範学校の指導の下、教員自身の日常の教育実践上の諸問題を討議する、あるいは新しい教授法や教則、教育学等について相互に討論学習するというように、自主的に組織された相互研修の組織であった。明治一〇年代後半以降になると、こうした組織は次第に名称、会則等を備えたフォーマルな集団に成長し、「教育会」として組織化されていくこととなる。

明治二〇年代以降、教育会の民間性は徐々に薄れていくが、地域単位、特に学校レベルの「研修」活動は、より組織的に展開されるようになる。その活動の形式も、講習会的な形式から、実地授業参観を中心とする形式へ、さらには、地域内での授業法を中心とする研究会などへと、次第に発展していく。この時期以降、教員の「研修」は、早くも、今日的な「校内研修」のスタイルを確立していくこととなる。

そこで、明治三〇年代の小学校を例に、研修や研究活動などがどのように行われていたのかを、宮城県北部、栗原郡の中心校であった若柳小学校の例でみておこう。(7)

一八九八（明治三一）年

八・二四　訓導兼校長錦織玄三郎栗原郡視学ニ転任ス、
一〇・二二　郡視学錦織玄三郎臨校教授管理上ニ付演達スル所アリ、
一一・二五　本日ヨリ向フ一〇日間若柳部教員組合会発起トナリ松田霞城ヲ講師トシテ毛筆画講習ヲ本校内ニ開ク
講師時間ハ毎日午後二時始業同四時終業トナス、
一一・二七　校長渋谷徳三郎本郡長ノ命ニヨリ教務取調ノ為メ他学校長ト同ジク登仙ス（一二・一　帰校）、
一二・　四　毛筆画講習本日ヲ以テ結了午後ヨリ閉会式ヲ挙行ス、
一二・一〇　午後一時ヨリ本郡教育会第一一回総集会ヲ本校内ニ開ク来会者八四名午後四時三〇分散会ス、
一二・一一　昨日ヨリ引続キ教育総集会ヲ開ク来会者九八名此日ヤ本県参事官山田邦彦本県師範学校教諭増戸鶴吉
等ノ演説アリ午後三時閉会ス、

一八九九（明治三二）年

二・　六　栗原郡予習会ヲ当校内ニ開ク日数三〇日間毎日午前九時始業午後三時半終業入会者五九名校長渋谷徳
三郎訓導成瀬雄之進同平賀吉治同三浦永四郎準訓導及川忠作ノ五名ハ講師ヲ訓導千田市治ハ会員取締
ヲ嘱託セラレ郡視学錦織玄三郎ハ講師タリキ、
五・　一　師範学校長里村勝次郎氏巡視セラル、
六・二六　校長渋谷徳三郎名取郡視学ニ転任ス、
八・一一　本県知事千頭清臣視学官山田邦彦地方視学大澤彌治ヲ随ヘ巡視セラル、
一〇・　九　職員全体男女両組ニ分チ男教員ハ本郡一迫高等尋常小学校ヲ女教員ハ築館高等尋常小学校ヲ参観ス、

一九〇〇（明治三三）年
六・　一　文部省視学官白阪栄彦巡視セラル、
一〇・二三　本日本校内ニ本郡予習会開設一一月一一日修了講師ハ本校職員中ニ就キ本郡長ヨリ嘱託セラル、
一〇・二九　本県視学官山田邦彦巡視セラル、
一一・一一　栗原郡准教員受験予習会修了式挙行、

一九〇一（明治三四）年
一・　九　他校参観集金積金ヲ決議ス（職員俸給百分ノ一ヅツ）、
一・一一　新小学校令研究会ヲ開ク（毎日午後六時ヨリ九時マデトシ出席随意）二月一日法令研究終了、
一・一六　高三・四女　理科授業研究、
一・三一　高一男　歴史授業研究、
四・三〇　文部省修身書編纂委員平出鏗二郎本県視学大澤彌治両氏巡視、
五・　九　本郡視学渋谷徳三郎氏巡視、
五・一一　志田郡三本木小学校職員全部（十五名）来観、
五・一八　同十九日両日ヲ以テ本郡教育会第十六総集会ヲ当校内ニ開ク両日トモ会スルモノハ百余名　向（二高教授）及石井（三中教諭）両氏ノ講話アリ教育品縦覧ヲナサシム、
五・二八　島原校長学事取調ノタメ上仙、
六・　四　校長帰任視察状況ノ報告会アリ、
六・　六　本日ヨリ一一日マテ職員輪番他校参観出張、

七・一八　職員研究談話会開会島原校長外九訓導ノ実験談アリ、
七・二七―二八　両日ヲ以テ若柳部教員組合ヲ開キ論理学講話アリ講師ハ第三中学校教諭萱場今朝治氏ナリ、
七・二九　本日ヨリ八月三一日マテ栗原郡小学校准教員予習会ヲ当校内ニ開カル職員ニシテ講師其他事務係ヲ委嘱セラレタルモノ島原、大森、新妻、高橋、細川、及川ノ六名ナリ、
九・　五　当校内ニ開キタル准教員予習会員中検定受験志願者ノタメ試験施行大澤県視学芋川師範学校教諭渋谷郡視学栗原郡書記等臨場アリ、
九・一二　職員体操練習会ヲ開ク　一四日結了、
九・一七　本県属半田卯内氏巡視、
一〇・一三　尋四男　綴方授業研究、
一〇・三〇　教育勅語御発布紀念日ニツキ午後休業職員集会ヲ催シテ既往一年間ノ所感談ヲナス、
一一・二〇　授業研究会アリ（職員ヲ二分ス）高一男　読方　高三・四女　歴史、
一一・二七　文部省視学官隈本繁吉本県視学大澤彌治郡視学渋谷徳三郎三氏巡視文部視学官ノ注意事項ヲ渋谷視学ヨリ伝達セラル、
一二・　六　職員一同他郡市小学校参観トシテ出張、
一二・一〇　島原校長仙南地方学事視察ノタメ出張、
一二・一六　学事視察報告会ヲ開ク町長菅原保平学務委員千葉両氏臨席アリ　一八日ヲ以テ結了セリ、
一二・一九　本県視学田淵清一兵エ氏新河岸及八木ノ両分教場巡視セラル、

この事例は、郡の中心校の例であり、当時の他のすべての学校を代表するものではない。しかし、学校段階におけ

る当時の研修活動の一端をうかがい知ることはできる。すでに、授業研究会や研究談話会、体操練習会、他校参観など、豊富な活動内容をもつ研修が行われており、視学等の巡視の他、郡の教育会総集会も年一回開催されている。そして、何よりも、この学校における教育指導者としての校長の存在の大きさは特筆できる。このように、明治三〇年代において、すでに教育会を含めた戦前の現職研修の一定の型が確立しつつある様子が確認できる。こうした地域の中心校における取り組みは、校内の研修、研究のモデルケースとしての役割を果たし、他校へ波及をすることを期待しての方策であったと考えられる。

大正期以降は、校内研修の仕組みがさらに整い、教育会も含め、地域レベルの教科研究会なども広く実施されるようになり、校内外に教師の研修活動を支える仕組みが、公的にも私的にも出来上がっていく。そして、昭和期以降は、ファシズムへと次第に傾斜していく中で、教師たちの自主的な研究活動に規制が強められていったことは周知のとおりである。

二　現職研修システムの担い手としての校長（会）

教育会が現職教員の研修システムにおいて重要な役割を果したとすれば、その主要な担い手は誰だったのか。郡視学や県視学などの視学機関が主たる担い手であったことはいうまでもない。しかし、郡視学の例でいえば、彼らは郡に一名配置されたにすぎず、その数からいっても、視学機関のみで県下全教員の資質管理、資質向上を担当しえたとは考えにくい。とすれば、視学機関を補佐するとともに、その担当者として実質的にその役割を担ったのは各学校の校長だったのではないか。町村や郡市レベルでいえば、教育会が校長層の連絡、調整の場となっていたのではないか。県（学務）当局は、郡視学を通じて教育会（実質的には校長会）を掌握し、さらに校長を通じて各校の教員を指導、監督するという構図で、教員の資質管理や資質の向上をはかったと考えられる。

その意味では、校長人事は特に重要であったであろう。教育指導あるいは管理面などにおいて「指導力」のある校長を町や村の中心校に配置して当該地域の教師の指導に当たらせ、やがては、郡市の中心校の校長、あるいは郡や県の視学に据える。こうした人事異動の中で、「力」のある校長は校長会の役員や教育会の役員として指導性を発揮することが期待された。もちろん、どのような「力」をもった校長が評価されたのか。校長が行政機構に組み込まれていく過程で教育会との関わり方に変化がみられるのか。組織としての校長会はいつ頃、どのように作られていったのか。校内の教員の資質向上に、校長はいつ頃からどのように関わっていたのか等の詳しい検討は今後の課題である。

1　戦前の校長職の変遷

(一)「管理者」としての校長

一八八一(明治一四)年六月一五日の太政官達第五二号により、町村立小学校を含む公立学校の准官等が定められ、校長職が制度化された。そこでは、職務内容・資格等の規定はなく、管理能力の有無が唯一の条件であって、教職指導能力の如何は問われなかった。

(二)「監督者」としての校長

一八九一(明治二四)年一一月一七日「小学校長及教員職務及服務規則」(文部省令第二一号)が制定され、小学校長の職務に関する規定として初めて「所属職員ヲ監督スヘシ」と定められた。

さらに、一八九一年一一月一七日「小学校長及教員ノ任用解職其他進退ニ関スル規則」(同第二〇号)の第二条において「市町村立小学校長ハ本科正教員中ニ就キ兼任スルヲ常例トス」と定められ、校長は訓導との兼務を原則とすることとなった。その後、第二次小学校令下の諸制度改革の過程で、独立した管理的職務から学校内の教育的意思決定に関わる部分が付け加えられていくようになる。

なお、明治期は、師範学校を卒業した教員は、卒業後、すぐに校長となるのが通例であった。この点で、森有礼は、そうした現実を批判し、郡区長の管理下で、少なくとも一年以上は薄給の下級の訓導として現職経験を積む必要を述べていることは興味深い(8)。

（三）「統督者」としての校長

一九〇〇（明治三三）年八月二一日「小学校令施行規則」（文部省令第一四号）の一三四条の改正により、「監督」という用語が「統督」に変更された。この「監督」から「統督」への用語変更をどのようにとらえるかは今後の検討課題であるが、「小学校長権限の縮小」と見るか「専門性の明確化」と見るかについては微妙である。しかし、「統督者」校長の専門性が、teacher of teachersとしての教育的リーダーシップに特定化されたとみることもできる(9)。

その後、明治期後半から大正期にかけて活発化する地方改良運動のもとで、当該地域の教化・改善活動の担い手としての学校外的職務の肥大化の中で、学級経営は学級担任、組織編成や予算獲得・渉外などの学校経営は校長という分業が促進されていく。

さらに、一九二六年の郡役所廃止以降、地方教育行政区域の広域化に伴い教職員の直接的監督機能が低下したため、多くの府県では、それまで郡長が担っていた職員人事（任命）に関する人事権限（内申権）の一部またはかなりの程度を小学校長に与えている例が増えていく。それは、校長が官僚的な上下関係に組み込まれていくことを意味するものである。

この「統督」の意義について、昭和初期の「学校経営学」のテキストは、「統督とは校長自から主義方針を指示し、各職員をして其の向ふところを知らしめて之を統率し、併せて又各職員に誤謬不法、不合理の執務や、行動があれば之を監督して、修正、改善せしめることを意味して居る(10)」とし、その上で、職権を以て部下を監督するよりも、人格を以て統率するのが有効、と説明している。その他、全体の文脈においても、まだ、この時期はまだ教育指導者としての校長像が支持されているといえる。戦前は、長い間、校長の人格の陶冶にまで及ぶ指導が重視されていたが、それを示す証左ともいえよう。

(四) 再び「監督者」としての校長へ

一九四一(昭和一六)年の「国民学校令」第一六条に、「地方長官ノ命ヲ承ケ校務ヲ掌理シ所属職員ヲ監督ス」と定められ、「統督」という用語が「監督」に変更された。これにより、学校内の職員に対する学校長の命令権が明確化され、教頭職の設置とあわせて、学校の管理体制の強化が図られた。一九四三(昭和一八)年の「国民学校令」改正においては、さらに、従前の訓導兼任が改められて独立した管理職となり、校長の「監督者」的役割の強化が図られた。

(五) 戦後の「監督者」としての校長

なお、戦後の一九四七(昭和二二)年に制定された「学校教育法」では、校長の職務について、「地方長官ノ命ヲ承ケ」が削除された他はほぼ戦前の規定が踏襲され、「監督者」校長像が残るとともに、訓導兼任の原則も復活することはなかった。しかし、戦後当初は、一九四三年改正以前の、訓導と兼任であった教育者校長のイメージはしばらく残ったようである。

2 校長と教育会

(一) 地域、学校における教育指導者としての校長

各県の教育史には、数多くの「優れた」教育指導者としての校長が登場する。明治一〇年代には、授業法の研究会や演習会、講習会などを組織して、当時の教員の指導に当たった校長がいた。その後、小学督業や郡視学といった視

学機関に登用された校長、地域の中心校の校長として教育普及に貢献した校長、教育会の組織化、各種事業の企画運営などに活躍した校長、大正期の新教育運動において自校の所属教員を率いて実践に当たった校長など、教育指導、学校経営に腕を振るい、その名を遺している「名校長」は少なくない。同じ学校に二〇年以上も校長として在任し、学校経営のみならず、地域の教育指導者としても貢献し、敷地内に地域住民の手で「顕彰碑」が建てられている校長も少なくない(11)。

優れた指導力を発揮した教育指導者としての校長は、全国に数多く存在するが、ここでは、宮城県の場合を例に何人か取り上げてみよう。

明治二〇年代、約一〇年にわたり、宮城県北部の登米郡佐沼小学校長として赴任し、その後、同郡内で小学督業となり、明治三〇年に県視学に抜擢されるまで、一貫して教育指導者として郡の教育振興に尽くした西大条規もその一人である(12)。

また、文部省や東京市などで行政に携わり、一九三〇年、仙台市長に就任した渋谷徳三郎も、それ以前は、宮城師範学校を卒業後、先述の栗原郡若柳小学校で校長を務め、後に郡視学として郡内の教育振興に尽力した名校長の一人である(13)。

さらに、昭和初期の宮城県名取郡中田尋常高等小学校は「郷土教育」の実践で知られているが、その実践は三人の校長により一〇年以上にわたって継続された成果であることに注目したい。実践は、一九二一年から一九二四年まで在任した眞田清之助、一九二四年から一九三〇年まで在任した石川謙吾、一九三〇年からその後を継いだ齋藤富の三人の校長たちによって担われた。なかでも、齋藤は、前任校である宮城県南部の丸森尋常高等小学校で、児童の生活体験を基礎に学校の社会化による公民の育成を目指した実践を指導し知られていた校長である(14)。彼らの校長としての実践はもちろん特筆できるものであるが、それ以上に、三代にわたって指導的な校長を招き、その実践を継続させようとした県の校長人事も注目できる。こうした意図的な人事は現在でもあり得るが、校長をリーダーとして配置する人事の好例であるといえる。

さて、明治三〇年代以降、学校内の研究・研修の体制も一段と整備が進んでいくが、それは行政の管理下で進められていたことも見逃せない。たとえば、宮城県では、一九〇四（明治三七）年には、すでに、教授訓練等の内容や実質を刷新改善する必要から、全県統一の詳細な規則として「小学校ニ於ケル訓練教授等ニ関スル規則」を定め、学校長の定める教授細目に基づき、学級・学科担任教員がそれを教授週録・教授日録に細分化し、その過程で校長の事前検閲を受ける体制を固めている。さらに、「校長をして教授の実際を監督せしむる方法」が付帯指示されており、教授実践体制における校長の権限と役割が強化されている。さらには、各学校長に対して自校の訓練教授等の方法的「施設」の成績と方針を監督官庁に申報することも義務づけている。[15]

（二）校長会と教育会

戦前の校長会の詳しい実態の解明は今後の課題であるが、校長の公的会議は明治期から存在する。例えば、一八八九（明治二二）年一〇月、「小県郡小学校長会規則」[16]は、「郡内各校諸般ノ事情ヲ協議シ且ツ統一ヲ謀ランガ為メ開設スル」、「郡長ノ諮問アルトキハ之レニ答申ス」、「毎年二月、五月、十月ノ三回ニ開キ」、「議事ハ其大要ヲ記録シ郡役所ニ保存スル」というように、校長会が郡の公的機関として位置づけられている。また、同時期、県訓令の指示により東筑摩郡校長会議が定めた「小学校則準則」には、その編製を担当した校長会の五名の委員の名前が記されている。校長会の中で役割分担ができるようになってきていることも確認できる。[17]

校長会（議）は、郡単位で開催されている例がほとんどであるが、県単位で開催されている例もある。例えば、長野県では、小学校長会、青年学校長会等のほか、連合学校長会も開催されており、会議は、知事訓示、指示・注意、協議等で構成され、年三回開催されている。[18]

宮城県でも、小学校の校長会（議）は、郡視学が全面設置された一八九五（明治二八）年以降、郡単位で定期的に開催されるようになる。回数は郡により異なるが通例で年二—三回開催されているようである。この校長会は、郡長の諮問機関としての性格をもち、郡視学を介して県当局の方針や指示が伝達され、また郡内教育の斉一化、活性化のために必要な事項が協議・決定された。そこで協議・決定された事項が各小学校の教授、管理を規制する役割を担ったと考えられる。こうした校長会の性格と役割は、明治三〇年代にも引き継がれ、校長会（議）は、県当局の方針を郡で具体的に実施する方策等を協議・決定するために招集・開催されるようになっていった。例えば、一九〇五（明治三八）年一二月一日開催の本吉郡小学校長会議では、「本年三月学校長諮問会諮問案第三号訓練教授上学校長ノ統理及第四号一般訓練教授法に関シ爾来各学校ニ於テ施設シタル状況ニ関スル件」が諮問され、意見が徴されている[19]。

こうした校長会と教育会とはどのような関係にあったのであろうか。教育会の役員を務めていたのはすべて校長であった。その意味で、校長会と教育会は一体であったといってもよい。府県や郡の方針や情報は、教育会を通じてより具体的に各学校、各教員に伝えられていったと考えられる。

全国に、全県単位の「校長会」が組織されていく時期は、大正末から昭和初期に集中している。特に、郡役所の廃止以降、小学校長の「監督者」的役割が強化され、校長会の行政補完的な性格が強まったことによるものと考えられる。小学校長に所属職員の人事権限を与えて、郡視学の機能を代行させた府県の多くは、郡役所廃止を機に、全府県規模の「校長会議」を招集するようになり、そこでは、かつての郡視学会議のように県当局の指示や注意が直接、校長に伝えられたとみてよい。

【全県的校長会の結成・招集開始時期[20]】

開始年度	全県的校長会が結成・招集された県

一九二四（大正一三）年度以前　群馬、山梨、岐阜、愛知、山口、徳島、長崎、宮崎、沖縄（九）
一九二五（大正一四）年度　栃木、大分（二）
一九二六（大正一五）年度　宮城、福島、千葉、神奈川、静岡、三重、兵庫、岡山、香川（九）
一九二七（昭和　二）年度　青森、山形、新潟、広島（四）
一九二八（昭和　三）年度　秋田、茨城、埼玉、長野、京都、愛媛（六）、

なお、この校長会は、県当局によって組織されたもの、教育会など私的に結成されたもの、県当局が校長を招集して開催した会議などが混在しているようである。今後、さらなる検討が待たれる。

公設の会議としての「校長会議」とは別に、私設団体としての「校長会」として確認できる例もある。例えば、「岐阜県校長会」は明治中期の教員諮問会以来の伝統を持ち、開催されてきている。[21] もちろん、他県の詳細は多くは不明である。その実態解明は今後の課題である。

大正末期における教育会と校長会との関係の一端を福島県の例でみてみよう。

福島県の場合、大正末期、郡制の廃止により郡役所や郡視学が廃止されることとなり、行政的な必要（福島県では、郡制廃止後、所属職員の内申権を小学校長に与えて郡視学の機能を代行させた）から、まず郡市ごとに校長会が組織され、一九二二（大正一一）年に第一回福島県小学校長協議会が開催されている。「福島県小学校長会」として正式に創立を見たのは一九二六（大正一五）年である。この校長会は、教育会と同様に公と私の区別がつかないが、形式上は私的に結成された形をとっている。もちろん、実態上は公的性格を持った組織であることはいうまでもない。

昭和期に入ると、福島県当局は、この校長会とタイアップする形で校長会（議）を招集し、開催する方式をとることになる。この校長会は通例、県教育会の前日に、同じ会場で開催して、役員選出、予算、決算、議事などの総会議

案をこなし、研究討議は、県招集の校長会（議）の際に行うことが多かったとされ、校長会と教育会、さらに校長会（議）は、ほぼ一体であったことが伺える。後に、青年学校が義務制となり専任校長が任命されるようになって以後は、国民学校長協議会と名称を変え、その時期には、県招集の校長会（議）と校長会総会は同時に行われることもあったという。[22]

郡制廃止以前の郡教育会は郡視学が会長を務めていたが、郡制廃止以後は郡市校長会の会長が就任するのが通例となり、校長会の会長には郡市の中心校の校長が就任している例が多い。さらに、県視学に登用される校長もいて、校長として勤務した学校を含む郡を担当し、その後、再び、元の地域に戻って校長に就くといった人事が行われている例もある。また、昭和期の県教育会の役員は、県知事を総理とし、会長は学務部長、副会長に師範学校長、学務課長あるいは県小学校長会長などが選任され、幹事には師範学校教諭、附属主事、視学、校長の代表が任命され、代議員に郡市の中心校の校長（郡市教育会長）などが推薦された。このように、要所にしっかりと校長が位置づけられていることは注目して良い。[23]

（三）校長と各種研究会、研究活動

各県の教育会の下部組織としての各郡市の教育会では、それぞれ研究会や講習会が開催されていたが、さらに郡市内の地域にも研究会があり、教科別の研究部会などがあった。そこには、地域内の学校の教員が加わっており、研究の成果を各々の学校に持ち帰ったり、逆に各学校の体験や研究をこの部会に持ち寄るといった活動をしていた。また、大規模校には、教務を担当する係に校内研究を取りまとめるような係がある学校もあった。

昭和一〇年頃の東京の小学校の例では、「校内の研究分担は総合してその校の研究組織を成すものであるが、更に各校の研究組織が、相互に横の連絡を取って、各科別の研究部会が組織され、全体としてその地方々々の教育研究会の組織が結成されているのが今日の普通の状況である。……（中略）……校務の連絡については、校長会というもの

があって、その都度必要なる打合せは出来ないことはないが、更に進んで分掌の校務別に連絡研究会を組織することが一層効果的であろう」と紹介されている。(24)

その他、校長会や教育会とは直接的につながりのない協議会や研究会もあった。例えば、大正期以降、各県の師範学校附属小学校が中心的役割を果たしていく「初等教育協議会」などはその好例であろう。福島県の場合、この協議会は大正四年に発足して以降、継続的に開催されていくが、ここでも、教育会と同様、県の部長、課長、視学といった面々が顧問に、各郡市の教育会長であった各郡市の中心校の校長が評議員として名を連ねている。

その他、自主的に結成された各教科研究会の活動もあった。昭和一〇年代の福島県の各教科研究会には、やはり校長層がその活動の中心にいる例を見出すことができる。例えば、昭和九年に結成された図画教育研究会の場合、各郡市の支部長は郡市の教育会会長がつとめている。また、昭和一二年に結成された国語教育研究会の理事三〇名の中には、男女師範学校の教諭や訓導のほか、各地の訓導のほか、校長も名を連ねている。図画教育研究会のように、郡の支部長が郡の教育会長というのは名前だけであるにしても、教育会とは直接かかわりがないと思われる自主的な研究活動においても、校長がその活動に関係することで、指導、監督の役割を果たしていたものと考えられる。(25)

三　戦後初期における教育団体と校長（会）

1　教員組合と校長（会）

ほぼ全教員を組織した「職能団体」としての地方教育会は、戦後、一部は存続したが、その多くは解散し、新たに教職員組合として再出発した。しかし、多くの府県で組合の組織化にリーダー的役割を果たしたのは小学校長層であった。この事実は何を意味するのか。その多くが戦時中の教育会の運営にも関わりを持ち、学校では管理者として聖戦を遂行する役割を担った（積極的であったか消極的であったかは別として）校長層が、いかなる経緯で教員組合の結成に関わったのであろうか。戦後初期においても、教育会は職能団体であり、教員組合は労働組合という両者の違いは彼らにも認識されていたはずである。教員組合にいかなる思いを以て結成に関わったのか。そこには、管理者としての校長像とteacher of teachersとしての校長像の認識は関わっていたのであろうか。これらの解明は今後の課題である。

さて、戦後、校長層が組合活動に関わったのは戦後初期のごく短い期間であった。多くは、占領軍（軍政部）や各県当局の指示で、組合活動から離れていった。例外的に、戦後しばらくのあいだ、教員組合と活動を共にした校長会もある。その一例が岩手県小中学校長連絡協議会である。発足時、外部に対しては岩手県小中学校長会を名乗り、裏では組合校長部という実態を持っていたとされる。また、高知県校長会の場合は、勤務評定を契機に組合残留組と脱退組に分裂し、全県レベルで統一されたのは一九六八年であったとされる。[26]

2　管理職団体としての校長会の再スタート

小学校長会が全国組織（全国連合小学校長会）として再スタートするのは一九四九年である。その間、各県の校長会は、教職員組合、軍政部等との間で揺れ動き、その後も、新たに発足した教育委員会や文部省などの行政との関係で、多様な歩みをたどる。

校長会の再スタートの一例を福島県の場合でみておこう。一九四七年七月に発足した「福島県小学校中学校校長協議会」は、「戦中からひきついだ県校長会の役員多数が教職員不適格の指定をうけ、校長会はほとんどその機能を失って自然解消の状態におしやられていた。したがって県下校長会の再建は急務とされながらも、追放された先輩の前《ママ》もあってその音頭をとろうとしない。そうした時、校長出身の円谷光衛代議士（自由党）、星正治県視学が菅野円蔵らを動かして校長会の再建をはかった」。そして、「軍政部に行き、『福島県小学校中学校校長会』や『校長会連合会』という名称は戦前の全体主義的なにおいがするからいけない、ひとりひとりが研究討議するというのがよいということで、軍政部から決められた形で、名称は『福島県小学校中学校校長協議会』となった」とされる。[27]

四　戦後における教育研究団体の発足と校長（会）

戦後初期は、全国各地で、教員組合をはじめ、教師たちのさまざまな組織が次々に誕生していくが、それらの組織化のほとんどに、校長層が関わっている。

福島県の例をみても、研究指定校、自主的研究、教科別研究会、教科外研究会といった戦後初期に展開された教育研究活動のほぼすべてにおいて、校長層がリーダーシップを発揮している。[28]それは、宮城県の場合も同様である。

周知のように、教師の職能成長のための研修は、一九六〇年代以降、都道府県教育委員会の研修センターや勤務校等において、主として行政当局の責任において実施されることになる。では、それ以前の時期の教師の研修はどのように行われたのであろうか。

戦後初期、教師の再教育（広義）のみならず、自主的な教育研究活動などが、全国各地で活発に実施されていたことはよく知られている。戦前の教育からの転換を目的とした文字通りの「再教育」のほか、新教育の理念、内容、方法の徹底を意図した「現職教育」、さらには新しい免許法に対応した「認定講習」など、行政主導の研修事業が大規模に実施されたが、それ以外にも、各地に設置された教育研究（研修）所、大学、教職員組合等が主催する教育研究活動も活発に展開された。さらに学校や地域でも、精力的に、自主的な教育研究活動が展開された。[29]

ここでは、宮城県の場合を例に挙げてみよう。

戦前の宮城県には、他県と同様に、当然のごとく県教育会があったが、その他にも自主的な教育研究団体としての初等教育学会などがあり、さらには学校種別ごとの校長会、教頭会、上席教員会等があった[30]。戦後には、現職教育の一つの方法として「研究集会」による研究の方法が強調され、昭和二四年以降は、東北地区を一つのブロックとして、初等、中等、特殊の三部門にわたって文部省主催の研究集会が開催されている[31]。もちろん、再教育のための講習会、認定講習等が盛んに実施されていることもいうまでもない。こうした活動に加えて、地域において、教師たちの教育研究活動がどのように立ち上げられ、展開されていったのか、郡単位の活動状況の例を見てみよう。

一九五一（昭和二六）年七月、宮城県北部に「大崎教育研究会」が発足したが、この郡単位の研究会設置の計画は管内小・中学校長会によって立案されたものである。この地域は、県教育委員会の出張所が設置され、その管轄地域となっていた地域である。管内の小学校三〇校、分校二一校、中学校二七校、分校一校（教職員：小学校教諭四一五名、助教諭二一六名、中学校教諭三六三名、助教諭五四名）の教育研究を一本化することを目的としての発足であった。それは、校長会単独のアイディアではない。この計画の背景には出張所（県教委）の働きかけがあった。創立総会は管内の中心校である古川小学校で開催され、会長にはその古川小学校の校長が就任している。さらに、研究会の規約（昭和二六・七・五）の第三条には「本会は前条の目的を達成するため、宮教組大崎支部と連絡提携して左の事業を行う。」と定められており、この時期、教職員組合と協力関係にあったことがわかる。また、規約の第一四条には「本会の経費は各学校の負担金及び寄付金その他の収入を以て之にあてる。」と定められているように、基本的には私的研究会としての発足であった[32]。

また、県北部にあって隣り合う位置にある地域でも、一九五二（昭和二七）年六月、「遠田郡教育研究団体連絡協議会」が発足している。この協議会は二二団体で構成され、校長会、教頭会、事務職員、中体連、職業指導の研究会等、多彩な団体で構成されていた[33]。また、この協議会の初代会長には、この郡の中心校である涌谷第一小学校校長が就任しているが、この校長は、この時期、遠田郡校長会長の他、宮教組遠田支部長も兼ねていた。その関連もあってか、一九五八（昭和三三）年五月には「第八次教育研究宮城県集会」（宮城県教職員組合主催）が、涌谷第一小学校で開催され、その後援団体には、宮城県、県ＰＴＡ連合会、県労評、県青年団体連合会が名を連ね、遠田地区の後援団体には市町村教委連絡協議会、涌谷町、郡ＰＴＡ、町商工会等が名前を連ねている。

その後、上記二団体は、一九五九年六月に統合し、「古川管内教育研究会」と名を改めるとともに、以後、組合の教研と袂を分かつことになった[34]。

ところで、一九五一（昭和二六）年の三月に、「宮城県教育研究団体連絡協議会」が発足した。各種研究団体の連絡提携、教育行事の連絡調整、研究活動の促進助成を目的としての発足であったが（一九五一年度末六六団体）、一九五一年度以降、県教育委員会の勧奨や経費補助を受けることになる。また、この協議会の発足により、各種行事の調整基準が定められ、①各研究会の開催日数は年一、二回とする。②小・中の地区の行事は、各出張所ごとに協議のうえで行事日を定める。③高校は木、土を行事日とする。高校各教科研究会の総会は年二回以内とし、春は五月の第二土曜日とする。④小・中・高いずれも、全県にわたるものは土曜日とする、等々が決められた[35]。

おわりに

以上のように、一つの県の戦後の教育研究活動の展開過程を概観しただけでも、教育研究活動が、学校単位から郡単位に広域化し、やがては県単位にまで拡大していく様子がうかがえる。そしてその背後には行政当局の指導が見え隠れする。さらには次第に経費が補助されるようになっていく（ちなみに、教育研究団体に対する国庫補助が開始されるのは一九六〇年度からである）。そして何よりも、戦後の教育研究活動とその組織化は、校長会主導で推移していく。

こうしたいくつかの特徴を見るとき、実質的には戦前の教育会の運営、活動と比べて大きな違いは認められない。確かに、戦後初期の教員組合の結成の事情やその後の連携、一九五〇年代以降の教育政策、行政等の慎重な検討も必要であるが、各県の教育研究のあり方や、校長会主導の地域の教育研究の進め方等は、戦前の教育会の持っていた特徴や方法を受け継いだものといってよいのではないか。

戦前、特に明治期は、教育諸条件が未整備、未確立な時期であり、教師の職能向上に果たした校長の役割は少なくなかったと考えられる。戦前の学校には、常に無資格教員が少なからず存在した。地方においては特に、教師自身が自己啓発を図る条件も制約が多かった。教師の待遇も良くなかった。それでいて、教師に対する国や地方当局からの期待は大きかった。そうした学校をめぐる状況を考えると、なおさら校長への期待と学校における役割は大きかったといえよう。特に、教師の職能向上という課題については、校長の指導力が求められたであろう。もちろん、その一方で管理も強調されていくことになるが。

それは、戦後初期の混乱期、新しい制度の創設期においても同様であったと考えられる。しかし、制度が整備され、安定するにつれ、校長個人も校長会という組織も行政機構の中に組み込まれていく。その中で、校長は、教育指導者としてよりも、学校管理者としての性格を強めながら行動していくことが求められていく。

戦前、戦後を通じて、職場や地域において、教師の職能成長に校長がどう関わったのかについての詳細な検討は今後の課題である。

注

（1）阿部彰『戦後地方教育制度成立過程の研究』風間書房、一九八三年、五五五頁、注（1）参照。

（2）校長職の歴史については、牧昌見「校長職の歴史」『学校経営と校長の役割』ぎょうせい、一九八一年。平井貴美子「戦前日本における小学校長職像の成立過程に関する一考察」『日本教育経営学会紀要』第四〇集、一九九八年、などがある。また、校長会の歴史については、平井貴美子「職能開発システムとしての校長会の歴史と課題」小島弘道編著『校長の資格・養成と大学院の役割』東信堂、二〇〇四年、などがあるが、戦前の校長職、あるいは校長会の全体像の解明には、さらなる研究の蓄積が待たれる。
(3) 神田修『明治憲法下の教育行政の研究』福村出版、一九七〇年、四〇―四一頁。
(4) 同前、七〇―八〇頁。
(5) 鈴木慎一「日本における地域教師教育機構の可能性」『教育学研究』第五四巻第三号、一九八七年、参照。
(6) 戦前の現職研修の全体像については、拙著『近代日本教員現職研修史研究』風間書房、一九九九年、参照。
(7) 『宮城県若柳小学校沿革史』より。詳細は拙著『近代日本教員現職研修史研究』参照。
(8) 日下部三之介『文部大臣森子爵之教育意見』五三頁。
(9) 平井貴美代「戦前日本における小学校長職像の成立過程に関する一考察」『日本教育経営学会紀要』第四〇号、一九九八年。
(10) 小川正行『現代教育学体系　学校経営学』成美堂書店、一九三六年、一〇〇頁。
(11) 例えば、青森県の田子町立清水頭小学校校庭には、戦前、二四年間、訓導兼校長として在任した「松尾安二郎先生頌徳碑」が建てられている。
(12) 木村力男「教育会活動と小学督業」岩下新太郎編著『教育指導行政の研究』第一法規、一九八四年、二九一―二九五頁。
(13) 拙著『近代日本教員現職研修史研究』一八三―一九五頁。
(14) 佐藤高樹「一九三〇年代前半の農村小学校における「新教育」の一断面」『東北大学大学院教育学研究科研究年報』第五六集、第二号、二〇〇八年。
(15) 笠間賢二「視学行政の展開過程」岩下新太郎編著『教育指導行政の研究』第一法規、一九八四年、三七〇頁。
(16) 『長野県教育史　第一一巻』三四九頁。
(17) 『長野県教育史　第一二巻』五七二―五八八頁。
(18) 『長野県教育史　第三巻』一一二五―一一二八頁。
(19) 笠間賢二「視学行政の展開過程」三六六―三六七頁。
(20) 平井貴美代「郡役所廃止に伴う地方教育行政様式の転換と学校経営」『教育学研究』第六五巻、第三号、一九九八年、同氏作成の表より。

(21) 平井貴美代「職能開発システムとしての校長会の歴史と課題」三一頁。
(22)『福島県教育史』第二巻、一九七三年、一二二〇—一二二二頁。
(23) 同前、一二一三—一二一四頁。
(24) 野口彰『学校経営論』春陽堂書店、一九三九年、一二〇頁。
(25) 同前、一二八三頁。
(26) 平井貴美代「職能開発システムとしての校長会の歴史と課題」三二—三三頁。
(27)『福島県教育史　第三巻』一二九九頁。
(28) 同前、一二三六—一二九八頁。
(29) 拙著『戦後教育改革期における現職研修の成立過程』学術出版会、二〇一三年、参照。
(30) 宮城県教育委員会『宮城県教育の一〇年』一九五九年、一一五頁。
(31) 宮城県教育委員会『宮城県の教育——昭和二七年度』八六—八九頁。
(32) 古川管内教育研究会特別委員会編『古川教研の歩み』一九八一年、九四頁。
(33) 同前、九九頁。
(34) 同前、一〇三頁。
(35) 宮城県教育委員会『宮城県教育の一〇年』一九五九年、一一五—一一六頁。

第12章　台湾教育会の成立と組織の形成

山本和行

はじめに

本章は、台湾教育会という組織が形成されていく具体的なプロセスに注目し、台湾教育会が「植民地教育会」としてどのように組織拡大を図り、活動を展開していたのかを明らかにする。

台湾教育会は一八九八（明治三一）年に台湾総督府直轄国語学校の校長・教員によって結成された「国語教授研究会」を前身としている。その後、「国語研究会」と改称し、一九〇一（明治三四）年には組織の拡大を意図する形で「台湾教育会」と改称されている。

こうした台湾教育会結成の経緯を踏まえ、これまでの研究は台湾における植民地教育行政の一端を担う団体としての台湾教育会の活動に注目してきた。一九〇一年から一九一一（明治四四）年まで発行された『台湾教育会雑誌』の復刻を手がけた又吉盛清は、『台湾教育会雑誌』の書誌情報を整理するとともに、台湾教育会結成の背景として伊沢修二学務部長時代の教育政策について概観し、町田則文初代国語学校長をはじめとする教育会結成時の代表的な構成メンバーの植民地行政とのかかわりについて言及している。そのうえで、又吉は教育会の性質を、「台湾教育会は、国語研究会が教育現場に重点を置いていた調査、研究から台湾総督府の政策課題や指令、伝達を下部に滲透させる機関に大きく変化した。それは、言葉を代えていえば政策的に行政の側に包摂され、より積極的に植民地支配に与する体制になった」と説明している。[1]台湾教育会を「台湾総督府の政策課題や指令、伝達を下部に滲透させる機関」であったとする視点は、台湾教育会の構成や運営体制の変化および活動の概略について整理した陳虹彣の研究にも踏襲されており、台湾教育会は台湾総督府による教育政策の「上意下達」機関として位置づけられている。[2]

他方、台湾研究・植民地研究においては、台湾の人々の視点から台湾教育会を位置づけようとする研究成果が示されている。許佩賢は戦時期(一九三七年―一九四五年)の『台湾教育』に掲載された公学校および小学校の日本人・台湾人教員の執筆記事を中心に分析し、「台湾教育会は教師たちの団体であり、主な会員は小・公学校の教師だったが、『台湾教育』は基本的には小・公学校の教師が発表し、交流し、教師集団としてのアイデンティティを形成する場だったわけではなく、教育官僚や中等・高等学校の教師が小・公学校の教師を教育し、教化する場であった」と指摘している。[3]また、謝明如は、台湾教育会が結成される一九〇一年までに台湾各地に個別に作られていた「地方教育会」の形成過程について整理したうえで、台湾教育会の性質を、「事実上、「台湾教育会」の成立当初は日本人教育者が中心であった人員構成と比較して、日本統治初期の地方教育会は台湾人が主体であり、会への参加を通じて、台湾人は一方で政策に対する意見を表明し、他方で新たな教育を吸収するという側面を有していた」とまとめている。[4]それぞれ、許佩賢は植民地統治末期、謝明如は植民地統治初期を研究対象としているが、両者の研究には台湾教育会が誰にとってどのような場であったのか、属性の違い(教育官僚/中等・高等学校教員/小・公学校教員、日本人/台湾人)や地域性を視野に入れて検討することの重要性が示されている。

「教育会史研究の視点」から台湾教育会を位置づけるということは、本来、これらの先行研究に示されているように、「上意下達」的側面の強い教育会の活動を、実際の教育現場から捉えなおすような作業が求められている。梶山雅史が「教育会史研究の視点」として、「教育会は、地方における教育政策と教育要求の最も現実的、具体的調整を担った極めて重要な存在であった」と概括しているように[5]、一見すると「上意下達」を志向するような「中央」的発想について、「地方」の人々の近代教育に対する「主体的」な立場に沿って再検討をおこなうことが「教育会史研究」の要諦である。

ただし、台湾教育会が植民地に設置された教育会である以上、日本「内地」の地方教育会のうちに「主体的」な活動のありかたを見出す視点と同様の見方に立って、台湾教育会の活動を捉えるわけにはいかない。国語教授研究会の結成から台湾教育会の成立に至る経緯に示されているように、台湾教育会を「主体的」に結成したのは「内地」人教員たちであり、地方教育会のように「地方」の人々、すなわち台湾の人々が「主体的」に結成したわけではない。したがって、台湾教育会において把捉される「教育政策と教育要求」も、基本的には「内地」の人々が認識する範囲での「現実的、具体的調整」が求められる内容にとどまる。「教育会史研究の視点」から台湾教育会を位置づけるためには、日本「内地」における「中央」と「地方」（もしくは「地域」）という視点とは別に、植民地における「地方」・「地域」の捉え方を踏まえる必要がある。

植民地研究における「地方」・「地域」への着目は、一九九〇年代後半以降の「帝国史研究」の広がりを基に、近年多くの研究成果がまとめられている[6]。なかでも、早い時期に「帝国史研究」の課題についてまとめた駒込武は、「帝国史研究の陥穽」と「帝国史研究的な観点の有効性」について以下のように指摘している[7]。

帝国史研究は、「朝鮮人や台湾人にとって植民地支配はどのような意味を持ったのか」という問いへのこだわりを欠く時、きわめて容易に「日本人」による「日本人」のための「朝鮮史」「台湾史」研究へと回収されてしまうであろう（…ただし、）植民地支配の歴史を単に「日本史」の延長線上に生じた一挿話としかみなさない認識枠組みが厳然たる制度として存在する以上、一足飛びに「朝鮮人や台湾人にとって植民地支配はどのような意味を持ったのか」という問題に接近し得たと思いこむ危険性も常に存在する。したがって、自らの足下に井戸を掘るようにして「日本史」という制度のために見えにくくなっている事実関係や解釈の可能性を発掘しながら、「朝鮮史」「台湾史」研究の成果に接合していくこともまた重要なのではないか。

「自らの足下に井戸を掘る」という比喩に示されているように、「教育会史研究の視点」から台湾教育会について考えるとは、教育会の組織構成と活動内容に関する「事実関係や解釈の可能性」について具体的な検討を進めていく必要があると同時に、そうした具体的検討の積み重ねが意味するところを、「「台湾史」研究の成果に接合していく」ための見通しが示されなければならないということを意味する。いわば、台湾教育会をめぐる課題として、上述したような従来の研究によって示されてきた台湾教育会の断片的な性格規定をさしあたり括弧でくくり、教育会の具体的な組織構成と活動内容についての検討を通じて、あらためて台湾教育会の特質を整合的に明らかにすることが求められているといえる。

本章では以上の課題を踏まえ、台湾教育会という組織の形成過程について、台湾統治初期の一九一〇年頃までの状況を中心に明らかにする。特に、台湾教育会を中心として台湾各地に設置されていく「地方教育会」結成の状況とそのプロセスに注目することを通じて、台湾内部における教育会組織のネットワーク形成のありようを具体的に明らかにする。そのことを通じて、植民地統治のなかで台湾教育会が果たした役割、あるいは果たすことが期待されていた役割がどのようなものであったのかについて、可能な限り多様な観点から明らかにすることを目指す。

一　台湾教育会の組織と構成

1　台湾教育会の結成

一九〇一年二月、国語研究会の第二回総集会において、会員の平井又八などから提出された「組織変更ノ建議案」に基づき、国語研究会を「台湾教育会」と改称することとなった。組織変更の理由として、以下のような説明がなされていた(8)。

国語研究ノ事タル固ヨリ教育上忽諸ニ附スベカラザル重要ノ挙ナレトモ方今台湾教育ノ趨勢ハ、其研究ヲカ、ル一局部ノ事業ニ専ニスルヲ許サズ、是其ノ組織ヲ変更シテ其研究ノ方針ヲ汎ク諸種ノ方面ニ向ケントスルニアリ

ここには、「其ノ組織ヲ変更シテ其研究ノ方針ヲ汎ク諸種ノ方面ニ向ケントスル」ということの詳細な内容は説明されていない。ただし、台湾教育会の役員構成として、「会長」に石塚英蔵（総務局長）、「副会長」に松岡辨（学務課長）、「幹事長」に田中敬一（国語学校長）を配置し、「地方ノ会員ニ関シ本会ヨリ委任セラレタル事務ヲ処理」する「地方委員」を設置するという組織形態を踏まえれば、国語学校教員を中心に結成・運営されていた国語研究会を、台湾総督府にオーソライズされた団体として位置づけるとともに、全島規模のネットワーク構築を目指す形へと組織を再構成する意図が込められていた。

同年三月の臨時総集会において議決された「台湾教育会規則」によれば、台湾教育会は第一条に「台湾教育ノ普及改進ヲ図ル」ことを目的として結成された。具体的な事業としては、第四条に「一　教育社会ノ意見ヲ発表スルコト／二　教育学術ノ事項ヲ研究スルコト／三　教育上主要ノ事項ヲ調査スルコト／四　教育学術ニ関スル講談会及講習

会ヲ開設スルコト／五　教育ニ関スル雑誌ヲ発行シ及教育上有益ノ図書ヲ印行スルコト」の五点を挙げている。事務所は国語学校内に置くこととし（第三条）、毎年二月に「総会」、隔月の第二日曜日に「通常会」を開くこととされている（第一三条）。

教育会への入会は会員の紹介によるものとする（第五条）以外は特に条件を設けず、「普通会員」は毎月会費を納めるものと規定されている（第七条）[9]。そのほか、「名望アル人又ハ本会ニ対シ功績顕著ナル人」を「名誉会員」、「本会ノ事業ヲ特ニ賛助スル人」を「賛助員」とすることが定められている（第九条）。一九〇二年二月に開催された第一回総会の記録によると、「名誉会員」には後藤新平（民政長官）、村上義雄（前台北県知事）、木下周一（前台中県知事）、今井艮一（前台南県知事）が推薦され、「賛助員」には菊池末太郎（台北庁長）ほか、各庁長などが推薦されている[10]。

役員構成は、「会長一名　副会長一名　幹事長一名　幹事五名　評議員二十名　地方委員若干名　書記一名」（第一〇条）とし、任期は一年とする（第一一条）。特に、「地方委員」を新たに設置したことが注目される。「台湾教育会規則」には前出のとおり、「地方ノ会員ニ関シ本会ヨリ委任セラレタル事務ヲ処理」（第一〇条）するとしか規定されていないが、実際に任命された地方委員の状況を見ると、各庁一・二名、学務課員や公学校長・教員などが任命され[11]、会員の勧誘や会費の徴収を具体的な活動内容としていた[12]。

2　会員数の変遷

毎年二月に開催される総会の会務報告を基に、一九〇二年から一九一一（明治四四）年までの一〇年間の会員数を示すと、表1のとおりである[13]。

表1から会員数の増減を見ると、一九〇四（明治三七）年ごろまで急増したあとは相対的に変化の緩やかな時期が続き、一九一〇（明治四三）年以降、再び急激な増加に転じている。とりわけ、一九〇四年までの会員数の増加は、

表1　会員数の変遷

1902年	1903年	1904年	1905年	1906年
229	482	743	855	874
1907年	1908年	1909年	1910年	1911年
1,050	1,046	1,077	1,184	1,412

表2　1902年末時点の「本島人」会員数

庁名	会員総数	「本島人」数	「本島人」割合	庁名	会員総数	「本島人」数	「本島人」割合
台北	115	5	4.4％	嘉義	16	3	18.8％
基隆	19	6	31.6％	鹽水港	9	0	0％
宜蘭	20	6	30.0％	台南	27	5	18.5％
深坑	5	1	20.0％	蕃薯藔	16	3	18.8％
桃仔園	25	6	24.0％	鳳山	11	0	0％
新竹	25	1	4.0％	阿猴	24	0	0％
苗栗	19	4	21.1％	恒春	1	0	0％
台中	29	5	17.2％	台東	19	0	0％
彰化	21	0	0％	澎湖	3	0	0％
南投	—	—	—	本島外	11	0	0％
斗六	13	0	0％	計	428	45	10.5％

出典：「会員名簿」『台湾教育会雑誌』第9号、1903年5月25日を基に筆者作成。なお、「南投庁」については会員名が示されていなかった。

先に述べた「地方委員」による会員勧誘の効果が喧伝されるとともに[14]、後述するように、「支会」設置を中心とする地方組織の形成を要因として挙げることができる。

会員の内訳は、総会の「庶務報告」などでは明示されることがなく、時折掲載される会員名簿や断片的な記事から推察するしかない。たとえば、「内地人」と「本島人」会員の割合については、一九〇二年末時点の「会員名簿」に掲載された会員名から「本島人」会員を割り出し、その会員数と会員全体に占める「本島人」会員の割合を推計すると、表2のようにまとめられる。

表2によれば、「本島人」会員の全体的な割合は約一割となっているが、地域差が大きく、特に台中以南の地域では「本島人」会員の存在しない地域が多く

みられる[15]。

これまでの研究でも指摘されてきたとおり、「本島人」会員の勧誘は台湾教育会の組織拡大の課題のひとつであり、教育会雑誌における「漢文欄」の設置もその方策のひとつとして考えられていた[16]。ただし、「本島人」会員に対する会費の減額といった方法も意見として出されることはあったが、反対意見も多く却下されている[17]。入会の動機づけと勧誘のための実質的な方策は限られており、「本島人」会員の増加を担保するような仕組みが整えられていたとはいえない。

また、会員数の変遷とあわせて、学校教職員の組織率も注目される。『台湾教育会雑誌』の記事中、学校教職員の会員数が明示されている記事から組織率を算出すると、以下の表3（一九〇四年一一月）と表4（一九〇七年一一月）のようにまとめられる。

表3と表4を並べて見ると、全体の組織率は一九〇四年から一九〇七年にかけて向上していることがわかるが、それでもなお四分の一の教職員は会員になっていない。また、地域差も大きく、宜蘭庁や蕃薯藔庁のように一〇〇％の組織率を維持し続けていた地域がある一方で、新竹庁や台南庁などのように組織率が低調なまま推移していた地域も少なくない。また、学校教職員以外の会員比率にも地域差が大きく生じていた。このことは、台湾教育会が必ずしも教員・教育関係者ばかりが集う場として機能していたわけではなく、台湾教育会に期待されていた、もしくは期待されようとしていた役割は地域によって多様であった可能性を示唆している。

3　財政状況と雑誌の発行状況

会員数の変遷と同様に、総会の会務報告を基に一九〇二年から一九一一年までの収支とそれぞれの主な内訳をまとめると、表5と表6のとおりである。

表 3　学校教職員組織率（1904 年）

	学校職員数 (a)	会員数			学校職員中非会員 (a − b)	学校職員組織率
		学校職員 (b)	学校職員外	計		
台北	95	64	10	74	31	67 %
基隆	31	15	6	21	16	49 %
宜蘭	25	25	27	52	0	100 %
深坑	21	15	4	19	6	71 %
桃仔園	49	18	2	20	31	37 %
新竹	43	27	10	37	16	63 %
苗栗	36	23	3	26	13	64 %
台中	60	42	27	69	18	70 %
彰化	62	44	42	86	18	71 %
南投	29	7	4	11	22	27 %
斗六	20	17	3	20	3	85 %
嘉義	44	36	42	78	8	82 %
鹽水港	26	15	3	18	11	57 %
台南	46	17	6	23	29	37 %
蕃薯寮	8	8	8	16	0	100 %
鳳山	32	13	1	14	19	41 %
阿猴	39	13	5	18	26	33 %
恒春	18	6	4	10	12	33 %
台東	28	15	3	18	13	54 %
澎湖	27	10	2	12	17	37 %
国語学校	75	41	—	41	34	55 %
医学校	23	5	—	5	18	22 %
民政部	—	—	23	23	—	—
計	830〔ママ、837〕	476	235	711	361	57 %

出典：「台湾教育会会員庁別一覧表（十一月九日調）」『台湾教育会雑誌』第 32 号、1904 年 11 月 25 日、61 頁を基に筆者作成。

表 4　学校教職員組織率（1907 年）

	学校職員数 (a)	会員数			学校職員中非会員 (a − b)	学校職員組織率
		学校職員 (b)	学校職員外	計		
台北	97	89	5	94	8	91.8 %
基隆	43	36	4	40	7	90.0 %
宜蘭	24	24	21	45	—	100 %
深坑	28	23	2	25	5	82.1 %
桃園	61	41	—	41	20	67.2 %
新竹	57	28	1	29	29	49.1 %
苗栗	49	36	3	39	13	73.5 %
台中	70	59	61	120	11	84.3 %
彰化	68	66	20	86	2	97.1 %
南投	33	29	2	31	4	87.9 %
斗六	35	33	7	40	2	94.3 %
嘉義	44	39	23	62	5	88.6 %
鹽水港	28	27	40	67	1	96.4 %
台南	60	26	6	32	34	43.3 %
蕃薯寮	12	12	16	28	—	100 %
鳳山	35	25	3	28	10	71.4 %
阿猴	39	21	3	24	18	71.4 %
恒春	17	17	13	30	—	100 %
台東	55	17	4	21	38	30.9 %
澎湖	26	23	2	25	3	88.5 %
内地	—	—	8	8	—	—
府内	—	—	31	31	—	—
国語学校	29	27	—	27	9〔ママ〕	93.1 %
中学校	36	26	—	26	3〔ママ〕	72.2 %
外国	—	—	2	2	—	—
計	946	724	277	1001	222	76.5 %

出典：「本会会員並びに学校職員数」『台湾教育会雑誌』第 68 号、1907 年 11 月 25 日、65—66 頁を基に筆者作成。

表 5　収入（決算ベース）

	収入総額	主な内訳		
		会費（総額に占める割合）	繰越金	寄付金
1902	480 円 71 銭 7 厘	397 円 80 銭（82.7 %）	48 円 64 銭	30 円
1903	1253 円 9 銭 2 厘	608 円 40 銭（48.5 %）	36 円 41 銭 2 厘	594 円 80 銭
1904	1436 円 41 銭 3 厘	935 円 50 銭（65.1 %）	469 円 85 銭 3 厘	記載なし
1905	1479 円 78 銭	1145 円 5 銭（77.4 %）	320 円 76 銭 8 厘	3 円
1906	2093 円 32 銭 5 厘	1639 円 44 銭 5 厘（78.3 %）	412 円 1 銭 5 厘	記載なし
1907	2357 円 54 銭 5 厘	1867 円 60 銭（79.2 %）	356 円 87 銭 5 厘	記載なし
1908	2895 円 48 銭	2283 円（78.8 %）	241 円 34 銭	記載なし
1909	2719 円 33 銭	2053 円 77 銭（75.5 %）	591 円 95 銭	記載なし
1910	3180 円 48 銭	2449 円 90 銭（77.0 %）	418 円 3 銭	記載なし
1911	5024 円 79 銭	3296 円 77 銭（65.6 %）	760 円 32 銭	記載なし

まず、収入については会費収入の占める割合が約七割から八割で推移しており、会員からの会費納入に大きく依存していた。したがって、総会の開催時には会費未納の問題がたびたび取り上げられるとともに[18]、「本会々費の納付は、会則第七条に規定しある如く、毎年一月四月十月の四期（ママ、「七月」が抜けている）に、各三ヶ月分を前納すべき筈なるに、四五の地方を除くの外、大方之を等閑に附せらるゝ傾あるは、誠に遺憾の事」であるということや、「近頃の実跡に徴するに、退会者が、多くは何の通知もなく退会せらるゝこと多く、随て会務の整理上に於て、第一、其退会者の会費は未納として計算せられ、第二、雑誌は無用の部数を多く印刷するなど、種々なる不整理の原因となるがゆえに、退会の際

表6　支出（決算ベース）

	支出総額	主な内訳		
		図書印刷費（総額に占める割合）	雑費（総額に占める割合）	雑給（総額に占める割合）
1902	404円21銭5厘	記載なし	97円87銭5厘（24.2％）	記載なし
1903	624円12銭7厘	332円84銭（53.3％）	141円54銭7厘（22.7％）	記載なし
1904	1032円88銭8厘	653円87銭8厘（63.3％）	163円78銭5厘（15.9％）	記載なし
1905	1067円57銭	638円38銭4厘（59.8％）	357円93銭1厘（33.5％）	記載なし
1906	1736円45銭	1004円61銭6厘（57.9％）	591円79銭4厘（34.1％）	記載なし
1907	2116円20銭5厘	1186円53銭（56.1％）	768円49銭5厘（36.3％）	記載なし
1908	2303円53銭	1301円27銭（56.5％）	285円25銭（12.4％）	479円30銭（20.8％）
1909	2301円30銭	1233円29銭（53.4％）	427円93銭（18.6％）	430円50銭（18.7％）
1910	2420円16銭	1285円97銭（53.1％）	376円41銭（15.6％）	130円（5.4％）
1911	3432円45銭	2163円51銭（63.0％）	303円85銭（8.9％）	409円90銭（11.9％）

注：「雑費」は「借家料、広告料、為替料、円銀差減、茶、菓、弁当類」、「雑給」は「雇人給与」を含む。「台湾教育会歳入出科目表」『台湾教育会雑誌』第5号、1902年6月25日、および各年度総会報告記事、参照。

は元より転居等の場合にも必らず直ぐに通知せられたきものなり」といったような、会費の徴収方法や恒常的に生じる退会者の問題が、くりかえし雑誌上に掲載されていた[19]。ただし、全体的には、一九〇二年中に総督からという名目で五〇〇円の「寄付金」を受けたことで、比較的安定した財政状況となっている[20]。

支出については、会員数の変遷にしたがう形で年々増加していったことが見て取れる。なかでも、教育会雑誌の発行が大部分を占める「図書印刷費」の割合が毎年六割前後と大きい。また、会員数の急増にともなう形で、「雑費」「雑給」の占める割合も増えている。

なお、総会における会務報告から雑誌の発行部数が判明する一九〇五（明治三八）年以降の発行部数を挙げると、一九〇五年一万〇〇七〇部、一九〇六年一万二一一三部、一九〇七年一万三九三一部、一九〇八年一万四四〇〇部、一九〇九年一万四五二四部、一九一〇年一万五二一五部、一九一一年一万八三九〇部となっている。

表1の会員数の変遷と照らし合わせると、月刊（年一二回）ですべての会員に配布したとすれば、一九〇六年以降は年間一〇〇〇部から一八〇〇部程度、月あたり八〇部から一五〇部程度、会員数を超える部数の雑誌が発行されていた。このうち、一九〇八年二月の総会における会務報告によれば、一九〇六年から一九〇七年にかけて台湾外（「内地」＋外国）に配布されたのが年間約八〇〇部（月あたり六〇部から七〇部）と報告されている。[21]これら「内地」への雑誌配付の多くは、「内地」の教育会との雑誌交換が占めていた。[22]

また、この報告を基に、当該年度の会員数から年間あたりの発行部数を差し引くと、台湾内では年間五〇〇部から八〇〇部（月あたり四〇部から七〇部）の雑誌が会員以外に配布されていた。この「余剰分」がどのように配布されていたのかについては、月あたりの発行部数の少なさを見れば一般に広く販売されていたとは考えにくく、各種行政機関・学校などに送付されていた可能性が考えられる。

そのうえで、こうした雑誌の発行状況と、表2に示した会員数に占める「本島人」の割合を合わせて考えてみると、少なくとも一九一〇年頃までの状況としては、多くの台湾の人々にとって、『台湾教育会雑誌』の情報にアクセスする機会は非常に限られていた。この点においても、前項で指摘したように、「本島人」会員の増加を促すための環境はまだ充分に準備されていなかった。

二　台湾各地における教育団体の結成

1　支会設置に関する規定の追加

一九〇二年二月に開催された第一回総会では、以下のように「台湾教育会規則」の改定に関する動議が出され、可決されている。[23]

林会員の動議により議事日程を増加し左の動議を討議に附せしが多数にて可決せり／一　第五章附則に「会員十名以上の請求によりて評議員会の決議を経て支会を設くることを得但支会設置に関する規則は別に之を定む」の条項を加ふること

「支会」設置に関する規定の追加を受けて、同年八月には「台湾教育会支会設置廃止ニ関スル規程」が『台湾教育会雑誌』に掲載されている。規程の内容は以下のとおりである。[24]

第一条　台湾教育会規則第十六条ニ依リ支会ヲ設置セントスルトキハ左ノ事項ヲ具シ本会長ノ認可ヲ受クヘシ

一　支会ノ名称

二　支会事務所ノ位置

三　支会ニ於テ執行スヘキ主要ノ事業

四　支会役員ノ組織及支会員入退会ノ手続等

五　支会ノ集会ニ関スル規定

六　支会経費ノ収支方法
第二条　支会役員ノ選任ハ其ノ都度本会ニ報告スヘシ但本会員ニアラサレハ支会ノ役員タルコトヲ得ス
第三条　第一条ノ各号中ニ変更ヲ生スルカ又ハ支会ヲ廃止セントスルトキハ其ノ事由ヲ具シ本会長ニ届出ツヘシ

その後、同年一二月に開催された「評議員会」において、第一条の申請事項として「支会設立ノ区域」の項目の追加、第二条の但書の削除、および台湾教育会から支会に対して経費補助をおこなうための「台湾教育会支会経費補助規程」の制定が可決されている(25)。

支会に対する経費補助については、毎年の総会時の会務報告によれば、一九〇五年にはじめて七円九二銭が支出されているが、一九〇六年と一九〇七年には支出が報告されていない。その後、一九〇八年以降は毎年支出が確認でき、一九〇八年五八円九二銭、一九〇九年六八円一二銭、一九一〇年七四円七七銭、一九一一年一三五円五六銭と報告されており、年々増額されている。台湾教育会は結成の早い段階から、支会設置の枠組みと経費補助の制度を整備することで、地方組織の形成を促進する姿勢を示していた。

2　支会設置の状況

支会設置に関する枠組みが整備されてから一年以内に、彰化、台中、台南の三か所で支会が結成された(26)。

彰化支会は支会としてもっとも早く設置されたもので、一九〇二年一〇月に「総会及発会式」が開催された。この支会総会では「台湾教育会彰化支会規則」が可決され、規則の全文が『台湾教育会雑誌』に掲載されている。支会規則の内容が判明するのは、現在のところ彰化支会のみであり、以下、規則の内容を表7として示す。

表7　「台湾教育会彰化支会規則」

第1条	本会ハ地方教育ノ普及改進ヲ図ルヲ以テ目的トス
第2条	本会ハ台湾教育会彰化支会ト称ス
第3条	本会ハ事務所ヲ彰化公学校内ニ置ク
第4条	本会ニ於テ執行スヘキ主要ノ事業左ノ如シ／一　教育学芸ニ関スル講話又ハ研究／一　教育上主要事項ノ調査
第5条	入会セントスル者ハ住所職業姓名ヲ記シ会員ノ紹介ニ依リ本会ニ申出ツヘシ／会員ニシテ住所姓名等ヲ変更シタルトキハ其旨本会ニ届出ツヘシ
第6条	退会セントスル者ハ其事由ヲ記シ本会ニ届出ツヘシ
第7条	本会ニ左ノ役員ヲ置ク但任期ハ一ヶ年トス／会長一名／副会長一名／評議員二十五名／幹事二名／地方委員若干名
第8条	会長副会長評議員ハ会員ノ公選トシ幹事地方委員ハ会長ノ特選ニ委ス
第9条	会長ハ会務ヲ総理シ会議ノ議長トナル副会長ハ会長ヲ補佐シ会長不在ナルトキハ代理ス評議員ハ会長ノ諮問ニ応シ議事ヲ評決ス幹事ハ会長ノ命ヲ承ケ会務ヲ掌理ス地方委員ハ地方ニ関スル会務ヲ掌ル
第10条	本会ハ毎年一回総集会ヲ開キ左ノ事項ヲ行フ但会場及期日ハ其都度会員ニ通知ス／一　事業ノ成績及庶務会計報告／一　役員ノ改選／議事及演説等
第11条	会員ニシテ建議セントスルモノハ開会五日前其事項ヲ記シ会員二名以上ノ同意ヲ以テ会長ニ提出スヘシ
第12条	本会ハ必要ニ応シ臨時会ヲ開キ講話演説等ヲ為スコトアルヘシ
第13条	会員ハ会費トシテ年額六十銭ヲ毎年一月前納スヘシ／一時金五円以上ヲ納ムル者ハ毎年会費ヲ免除シ終身会員トス／台湾教育会員ハ支会費ヲ免除ス／会費ハ中途退会スルモ之ヲ返戻セス
第14条	本会ノ経費ハ会費及寄附金其他雑収入ヲ以テ支弁ス
第15条	会長ハ毎年十二月評議員ニ諮リ翌年一月ヨリ十二月ニ至ル経費収支予算ヲ決定スヘシ
第16条	本会ハ毎年一回事務報告書ヲ作リ会員ニ頒布ス
第17条	会員ニシテ本会ノ目的ニ反スル行為又ハ義務ヲ怠ルモノアルトキハ評議員会ノ議決ヲ経テ除名スルコトアルヘシ
第18条	本規則ハ会員十名以上ノ賛成ヲ以テ之ヲ総会ニ提出シ出席員二分ノ一以上多数ヲ以テ議決スルニアラサレハ変更スルコトヲ得ス

出典：「支会発会式」『台湾教育会雑誌』第7号、1902年10月25日、76—78頁。

規則の内容を見ると、会の目的、名称、設置場所、役員構成など、「台湾教育会規則」をほぼ踏襲するような内容となっている。「台湾教育会規則」との主な違いとしては、「主要ノ事業」が「研究」と「調査」に限られていること、会費を年六〇銭とし、台湾教育会の会員は免除されること、年一回「事務報告書」を作成し会員に配布することが挙げられる。

会員数は、一九〇二年末の時点で「三百余名[27]」、年一回開催されていた支会の総会には台湾教育会の役員も参加していた[28]。また、彰化庁管内の一三か所に「地方部」を設置する旨、台湾教育会に対して報告しており、細やかなネットワーク形成を早い段階から志向していた[29]。

彰化支会設置当初の役員構成は、以下のとおりである[30]。

会長　須田綱鑑（彰化庁長）

副会長　下田憲一（総務課長）

幹事　加賀美国光（総務課員）

評議員　伊藤昌登（彰化公学校教諭）、岡村正巳（彰化公学校教諭）、戸田清市（鹿港公学校長）、飯村定之助（鹿港公学校教諭）、甲田直行（和美線公学校長）、杉村英二郎（永靖公学校長）、大嶋丑三郎（北斗公学校長）、佐々木清蔵（員林公学校長）、渡邊春太郎（社頭公学校長）、齋藤儀右衛門（鹿港公学校教諭）、福崎芳彦（総務課員）、樋口文美（総務課員）、和田信之（総務課員）、加賀美国光、日高幸平（不明）、杉本初吉（不明）、呉徳功（鹿港租税検査所参事）、楊吉臣（彰化区街庄長）、呉汝祥（東門外区街庄長）、李雅歆（不明）、蘇世珍（不明）

地方委員　戸田清市、飯村定之助、甲田直行、大嶋丑三郎、江田駒次郎（彰化公学校教諭）、渡邊春太郎、杉村英二郎、齋藤儀右衛門、隈本多市郎（田中央支庁長）、小嶋弟助（番埪支庁長・二林支庁長）、早川半之資（員林支

庁員）

会長に彰化庁長、副会長に総務課長を置き、評議員には彰化庁管内の全公学校の校長または教員が任命されている。また、地方委員には公学校が設置されていない地域については、支庁長などが任命されている。なお、一九〇二年末時点の台湾教育会会員名簿と照らし合わせると、会長以下、総務課と公学校に所属している人々は全員、台湾教育会の会員であり、彰化支会幹事の加賀美は、台湾教育会の彰化庁地方委員でもあった[31]。役員構成のこうした傾向から、支会は台湾教育会の下部組織として明確に位置づけられていた。

また、評議員には、呉徳功、楊吉臣、呉汝祥、李雅歆、蘇世珍といった人々の名前もみえる。特に、呉徳功、楊吉臣、呉汝祥の三名は、彰化銀行の創設や彰化南瑤宮の改築を主導した「士紳」として著名な人々であった[32]。とりわけ、楊吉臣は彰化の「富豪」として日本への帰順と地域の人々の保全に努めた人物として叙勲を受け、子どもを東京へ留学させるなど、台湾総督府との関係を築きつつ、地域の有力者としての地位を維持していた人物として知られている[33]。

その後、一九〇三年に入ると、二月に台中支会、六月に台南支会の設置がそれぞれ認可されている[34]。台中支会については、設置認可の記事が掲載された以外、支会規則の内容や会員数、具体的な活動内容などについては不明である。ただし、一九〇三年一二月の「秋季総会」の開催、一九〇四年一一月の「台湾教育会台中支会教育展覧会」の開催や、同年九月に台中庁長の認可を得て設置された「台中庁管内小公学校職員授業術研究会」においては、研究会の状況を台中支会長に報告することとなっており、台中支会が台中庁における教育研究活動を展開していたことがうかがわれる[35]。

台南支会については、会員の報告記事などから断片的に支会の概要をうかがうことができる。支会規則や活動の具体的な内容については不明だが、会員数は設置認可から一年が過ぎた時点で約一五〇名となっている[36]。

また、台南庁管内の各地域に「地方会」と呼ばれる組織を作り、定期的に会合を開いていた。会員の報告記事によれば、「地方会なるものを組織せしめ各地方共に容易に会合することを得るの利便を与へて教育普及の道を拓く（中略）その地方々々の状況に照合して其意見を決定し之を本支会へ提出して甲乙互に其是非を討議検討するときは自ら穏当にして且つ完全に近き確説を立つることを得て教育の普及改進に裨益尠なからず」と、「地方会」設置の意図が説明されている。[37] 台湾教育会／支会／地方会という形で、「各地方共に容易に会合する」ための細やかなネットワーク形成が進められていた。

この「地方会」には教員たちだけが参加していたのではなく、「其地方ノ有力者富豪家等ヲ集メ出席生徒奨励ノ方法及ビ基本財産積立ニ関スル件等ヲ議了セリ」と、「地方ノ有力者富豪家等」も含めて、教育に関する事項を検討する場となっている。[38] 彰化支会と同様に、細やかなネットワークが構築されることで、教員・教育関係者に限らない、地域の人々の参加が想定されていたといえる。

なお、支会が設置された三地方のうち、台中と台南にはそれぞれ、台中県教育会（一九〇〇年三月結成）と台南教育会（一八九六年六月結成）が、台湾教育会結成前にすでに開設されていた。両教育会とも、台湾教育会の結成直後に解散しているが、[39] これらの教育会が、本稿で挙げた台湾教育会の支会とどのように接続していったのか、あるいは接続しなかったのかについては今後の検討を要する。

謝明如は、台湾教育会結成時に『台湾日日新報』に報じられた、「抑本島教育会の計画は領台以来已に両三回に及びしも諸多の障碍によりて常に成立に至らざりし」という記事を踏まえ、当時の人々にとっては、統治初期に結成された「地方教育会」は失敗に終わったと捉えられていたと説明している。[40] しかし、上述したように、地方レベルにおいては「内地人」教員・教育関係者だけではなく、台湾の人々もかかわるようになっており、台湾教育会結成前に各地で育まれていた人的ネットワークを活かした形で、台湾教育会の地方における組織形成がおこなわれていた点を踏まえた検討が必要となる。資料的な問題から今後の課題とせざるをえないが、台湾教育会結成前後の台湾各地における組織形成の消長を、地域の人々の動向をも踏まえた検討が今後必要である。

3　支会以外の「教育会」結成の動き

台湾教育会の支会設置の動きとは別に、「教育会」という名称を冠する地方組織の結成も各地で展開されていた。一九〇三年二月には、「私立阿猴庁教育会」の「開会式」が開催され、「私立阿猴庁教育会規則」が議決されている。[41]結成の経緯としては、一九〇二年に阿猴庁長として着任した佐々木基が管内支庁長に会員募集を委任する形で結成されたといわれている。

「私立阿猴庁教育会規則」は全一七条からなり、内容は表8のとおりである。

教育会の活動内容として、第三条にあるように、「台湾教育会規則」とほぼ同じ内容が規定されている。具体的な設立当初の活動としては、「全島公小学校生徒成績品展覧会」、「暑中休暇中教員講習会」の主催が挙げられている。[42]組織形態としては、第一〇条から第一三条の規定および先に述べた結成の経緯を見る限り、会長である阿猴庁長の権限が強く、「私立」の名称を冠してはいるが、「官製」教育会の傾向が見て取れる。また、会費に関する規則には、「台湾教育会彰化支会規則」に見られたような台湾教育会会員の会費免除規定が見当たらない。

なお、阿猴庁には一九一二年三月に「台湾教育会阿緱支会」が結成されているが、支会と私立阿猴庁教育会との連続性については、今後、更なる資料調査を進める必要がある。[43]

一九〇四年一一月には、「澎湖教育会」が「秋季総会」を開催している。[44]結成時期については不明だが、一九〇四年の時点で、「澎湖教育会ナルモノアリテ本島人ヲ啓発スルヲ主ト致シ居リ候モ昨年来会長及其他役員ノ欠乏ヨリシテ一時杜絶致居リ候モ近々総会ヲ開キ一運動致サル、由ニ候」と伝えられており、一九〇三年中には結成されていた

表 8 「私立阿猴庁教育会規則」

第 1 条	本会ハ阿猴地方教育ノ普及改進ヲ図ルヲ以テ目的トス
第 2 条	本会ハ阿猴教育会ト称シ事務所ヲ阿猴街ニ置ク
第 3 条	本会ニ於テ挙行スヘキ事項左ノ如シ／一　教育社会ノ意見ヲ発表スルコト／二　教育学術ニ関スル講談会及講習会ヲ開設スルコト／三　教育学術ニ関スル時事問題ノ評議研究ヲ為スコト／四　教育ニ関スル事項ニ付庁ノ諮問ニ応答スルコト／五　教育実況及其統計ヲ庁ニ報告スルコト／六　其他教育学術ニ関スル事業ノ施設ヲ為ス事
第 4 条	本会ニ入会セントスル者ハ住所氏名ヲ記入シ本会事務所ニ申出ツヘシ／会員ニシテ住所氏名等ヲ変更シタルトキハ其都度本会事務所ニ届出ツヘシ
第 5 条	会員ニシテ退会セントスル者ハ其事由ヲ記シ本会ニ届出ツヘシ
第 6 条	本会ノ名誉ヲ毀損シ又ハ会員ノ義務ヲ尽サヽル者ハ本会ノ決議ヲ以テ除名スルコトアルヘシ
第 7 条	会員ヲ分チテ特別会員普通会員賛助会員ノ三種トス
第 8 条	会員ハ毎年四月ノ初メニ於テ一時ニ左ノ会費ヲ納入スヘシ／一　特別会員　一ヶ年　金壱円／一　普通会員　一ヶ年　金五拾銭／一　賛助会員　一ヶ年　金弐拾五銭
第 9 条	一時ニ金拾円以上ヲ納ムルモノ終身特別会員トシテ会費ヲ免ス
第 10 条	本会ニ左ノ役員ヲ置ク／一　会長　壱名　一　幹事　参名／会長ハ本会ヲ代表シ会務ヲ綜纜シ議事ノ議長トナル幹事ハ会長ノ命ヲ承ケ本会諸般ノ事務ヲ分掌ス
第 11 条	会長ハ庁長ヲ推戴ス
第 12 条	幹事ハ総会ニ於テ之ヲ互選シ其任期ハ一ヶ年トス
第 13 条	会長ハ会務ヲ処理セシムル為メ必要ト認ムルトキハ特ニ委員ヲ設クルコトヲ得
第 14 条	集会ハ総会及通常会ノ二種トス総会ハ会員ノ全部ヲ以テシ通常会ハ教育者及教育事務ニ直接関係アル者ヲ以テ組織ス
第 15 条	総会ハ毎年四月通常会ハ毎年二月及十月之ヲ開ク但会長ニ於テ必要ト認メタルトキ又ハ会員三分ノ一以上其目的ヲ示シテ要求シタルトキハ臨時総会又ハ通常会ヲ開クコトアルヘシ
第 16 条	本会ノ基礎ヲ鞏固ナラシムル為メ基本財産ヲ設ク其方法ハ別ニ之レヲ定ム
第 17 条	本会ニ金員若クハ物品ヲ寄附スルモノアルトキハ之ヲ受納シ基本財産ニ編入シ永ク寄附者ノ姓名ヲ表彰スヘシ

が、人手不足を理由に休会状態になっていたと推察される。[45]

規則の内容、および会員数などは不明だが、「秋季総会」に集まった会員は、「本島人五十人内地人十五人」と伝えられている。参加者の内訳も報告されており、「本島人側ノ役員及会員ハ皆土地ノ有志家ノミニシテ詳シク言ヘバ街長、郷長、保正、学務委員、公学校ノ訓導、雇教員、官衙ノ雇員、書房教員等」であり、「内地人側ハ主トシテ小公学校ノ教諭其他職員、澤田澎湖医院長、同高橋薬局長、折田属等」であった。[46] 翌年に開催された「秋季総会」にも「内地人十五名本島人三十八名」が参加しており、「本島人」会員が多数を占める会員構成だったこと、および「本島人」中、「街長、郷長、保正」といった「土地ノ有志家」を多く含んでいたことがうかがえる。[47] 上述した結成後の休会状態についての報告を踏まえれば、「本島人ヲ啓発スル」という目的で結成された教育会が人手不足で休会状態となるなかで、多数の「本島人」会員に支えられる形で活動を再開する様子が見て取れる。ここには、「本島人ヲ啓発スル」という目的が、「啓発」される対象としての「本島人」の、「有志家」の協力なくしては実現しえないという実情が示されている。

そのほか、台湾各地には「教育研究会」、「講習会」、「同護会」などの名称を冠した教育に関する組織が、台湾教育会の結成から間もない時期に数多く開設されている。[48] こうした組織の実態については今後の更なる調査が必要となるが、台湾各地に公学校が少しずつ設置され、「内地人」教員が各地に赴任していくなかで、各地域における教育ネットワークが徐々に形成されていったことが示されている。

三　台湾教育会の活動

1　研究・調査

一九〇二年末に『台湾教育会雑誌』に掲載された「論説」記事には、結成から一年が経った会の活動を総括し、「本会の事業は時々集会し演説討議又は研究調査等の外雑誌を発刊」するものであり、「是に於いてか有志聚団し以て総督府の学政を翼賛し本会の旨趣を貫徹せんことを希図する」とまとめられている。(49)「総督府の学政を翼賛し本会の旨趣を貫徹せん」という表現に沿うように、『台湾教育会雑誌』上には、「公文」欄が設けられ、台湾総督府が公布した法令が逐一掲載されるとともに、台湾総督府主催の「学事諮問会」の内容がたびたび報じられていた。

他方で、「本会の事業」として、集会、演説・討議、研究・調査などが挙げられているように、「総督府の学政を翼賛」することを前提に、多様な活動が展開されていた。既に述べたように、「台湾教育会規則」によれば、台湾教育会の活動は、「教育社会ノ意見ヲ発表スルコト」、「教育学術ノ事項ヲ研究スルコト」、「教育上主要ノ事項ヲ調査スルコト」、「教育学術ニ関スル講談会及講習会ヲ開設スルコト」、「教育ニ関スル雑誌ヲ発行シ及教育上有益ノ図書ヲ印行スルコト」の五つとされていた。

また、上述したように、台湾総督府の教育政策策定に直接かかわる諮問・意見聴取などの機会は、台湾教育会とは別に、台湾各地の小・公学校の校長たちを集めて開催される「学事諮問会」と呼ばれる場が原則年一回設けられている。さらに、台湾各地においても、「公学校長会議」などのおこなわれていた様子がたびたび教育会雑誌上に報じられている。(50)「内地」における大日本教育会・帝国教育会が文部省の諮問をたびたび受けていたこととは異なり、台湾総督府の諮問を受け調査をする場としての機能は一応切り離されていた。もちろん、「学事諮問会」に召集されていた人々の多くが台湾教育会においても枢要なポストを占めており、実際にかかわっていた人々は相当程度重なっていたと考えられるため、「学事諮問会」での諮問内容と台湾教育会の研究・調査を完全に切り離して考えることもできないだろう。[51]

台湾教育会結成初期における調査・研究をめぐるこうした複雑な位置づけは、「公学校規則改正」に向けた一連の動きを通じてうかがい知ることができる。一八九八年八月に発布された「公学校規則」は、発布間もない段階から改正を要するという声が上がっていた。[52] 台湾教育会は一九〇一年一〇月の通常会において、小島由道（大龍峒公学校）の動議を基に、「公学校規則改正調査委員」を任命し、「公学校規則改正案」の作成に取りかかっている。[53] 委員に任命されたのは、小島由道、赤松三代吉（大稲埕公学校）、平井又八（大稲埕公学校）、林元三郎（新竹公学校）、美和元一（八芝蘭公学校）、辻村寛堯（台北小学校）、鈴木稲作（学務課）、本田茂吉（国語学校第三附属学校）、鈴江團吉（台北師範学校）、中堂謙吉（学務課）の十名である。調査結果は同年一二月の通常会において報告されている。改正案をめぐっては、「漢文科を随意科にすること、速成科を廃すること、毎週教授時間等を議決したるも、学科程度の項に及び、議論百出して容易に決し難く、尚議事の丁重を要するため、近々更に開会すること」になった。[54] その後、一九〇二年二月の総会において、改正案が公表されたと伝えられている。[55]

しかし、すでに知られているように、公学校規則の改定については、台湾総督府においても、一九〇〇年八月に「諸学校規則改正取調委員」が任命され、規則の改定が進められていた。[56] 委員の構成は、木村匡（学務課長）、田中敬一（国語学校長）、本田嘉種（国語学校）、小林鼎（台北県学務課長）、橋本武（国語学校）、山口喜一郎（国語学校第一附属学校）、新井博次（国語学校第二附属学校）、和田貫一郎（学務課）の八名である。彼らの多くは台湾教育会の枢要なポストに就いていた人々であるが、先に挙げた台湾教育会の「公学校規則改正調査委員」のメンバーとは別の人々が任命されていた。

一九〇四年三月に発布された改正公学校規則は、台湾総督府の委員の草案を基に、「更に之を学事諮問会に附議し、その答申書や、台湾教育会提出の意見書等を参酌して、一の成案を得た」といわれており、台湾教育会の草案はあくまで参考意見として取り扱われていた。こうした経緯を見る限り、台湾教育会の調査・研究の位置づけは、結成初期の段階においては、「総督府の学政を翼賛」するという枠内のなかで、さしあたり教員・教育関係者たちが「自主的」に具体的な研究・調査を展開する場としての役割が期待されていた。

2　講習会の開催

すでに述べたように、「台湾教育会規則」には、会の活動のひとつとして、「教育学術ニ関スル講談会及講習会ヲ開設スルコト」が定められている。ここに規定された台湾教育会主催の講習会の代表的事例として、一九〇六年一一月に開催された「臨時講習会」を挙げることができる。

「臨時講習会」は一九〇七年一月に実施が予定されていた「公学校訓導の検定試験」に向けた対策として、「従来の所謂読書人等が数年前に国語伝習所、国語学校語学部、或は国語部、其の他に修行して各学科に相当の素質あり、現に各地の公学校雇教員となれる者、又はこれと同等位の学力ありて訓導たらん事を冀望する者」に対して、「六週間の講習会を国語学校内にて開く」ものであった。[57]「従来の所謂読書人等」のうち、公学校の雇教員として従事している「本島人」を「公学校訓導」として上進させるための講習会であり、講師は全員、国語学校や公学校などの「内地人」教員が担当していた。[58]

講習会の開催にあたっては、「台湾教育会臨時講習会規程」が定められ、講習会の目的や講習内容、講師の構成などが規定されている。[59]主な規定を挙げると、まず第一条に、「台湾教育会規則第四条ニ依リ訓導ノ検定ヲ受ケント欲スル者ノ為メ本会ニ臨時講習会ヲ開設ス」と、「台湾教育会規則」の規定に基づく正規の講習会であることが明示されている。講習内容については、「講習学科ハ教育、国語、修身、数学、漢文、体操及唱歌トス」（第四条）とされ、

「講習学科ノ程度ハ国語学校師範部乙科ノ程度ニ準ス」（第五条）と規定されていた。受講者については、「各講習員ハ学力検定ノ上入学ヲ許可ス」（第七条）とされ、「入学検定料ハ金参拾銭トス」（第九条）と定められていた。

また、「臨時講習会」の開催にあたって、台湾教育会は同年一〇月一六日付で台湾各地の地方庁長に対して、「御地方ニ在リテモ相当素質ヲ有スル教員志望者ニハ便宜ノ方法ヲ以テ講習等ヲ与へ将又事情ノ許ス限リハ本会開設ノ講習会ニ入会候様御勧誘煩度此段得貴意候也」という勧誘依頼をおこなっていた。[60] その結果、「台北庁十三名、基隆庁四名、深坑庁七名、桃園庁十三名、新竹庁八名、苗栗庁十三名、台中庁二名、鹽水港庁一名、台南庁二名、鳳山庁一名、阿猴庁一名、恒春庁二名、台東庁一名、澎湖庁一名にして総計七十名（ママ、六九名か）」の出願者が集まったと報告されている。[61]

なお、こうした台湾教育会による講習会のほか、『台湾教育会雑誌』は、台湾総督府や台湾各地方庁が主催する教員講習会の報告や、日本「内地」の講習会の様子などを伝える記事を多く掲載している。[62] 台湾教育会結成当初にあっては、台湾総督府、各地方庁、および日本「内地」において多種多様な講習の機会が提供されるなかで、台湾教育会は雑誌上においてそうした情報を共有すると同時に、そうした機会を補完するようにして、台湾教育会主催の講習会を開催していた。

3　「亡教育者祭典」の開催

「台湾教育会規則」に定められた活動内容以外の活動として、「亡教育者祭典」の開催を挙げることができる。これは、一八九六年一月に発生した、抗日武装蜂起による「内地人」学務部員六名の「遭難戦死」事件、いわゆる「芝山巖事件」の慰霊を契機として、一八九六年以降、原則毎年開催されてきた慰霊祭（「芝山巖祭」）を受け継ぐ形でおこなわれていた。

ただし、台湾教育会が祭典を主催するようになったのは、一九〇五年の「十年祭」以降のことである。一九〇三年二月、台湾教育会の評議員会が開かれ、評議員の本田茂吉（国語学校第二附属学校）をはじめとする一三名の評議員の連名で、「亡台湾教育家招魂祭開設建議」と題された動議が提出されている。建議の内容は、以下のとおりである。[63]

一　台湾教育ニ従事シ匪害風土病其他職務ニ斃レシモノ、為ニ毎年招魂祭ヲ開設スルコト
一　招魂祭場ハ学務官僚六士遭難碑ノ所在地芝山岩トス
一　招魂祭期日ハ毎年二月一日トス
一　祭典費用ハ教育会員ノ拠出及其他ノ支出ニ資ル
一　匪害ニ斃レシ者ノ分ハ其遭難地ニ相当ノ紀念碑ヲ建設スルコト

ここには、「台湾教育ニ従事シ匪害風土病其他職務ニ斃レシモノ」、いわゆる「教育殉職者」に対する「招魂祭」を、「芝山巌祭」が開催される毎年二月一日に、「学務官僚六士遭難碑ノ所在地芝山岩」でおこなうという内容が示されている。その後、この提案は一九〇四年二月に開催された総会に提出され、「十年祭」に合わせて建碑の実現を期することが決まった。[64]

また、「建碑の計画」については、台湾教育会の会員に向けて寄付金を求める広告が繰り返し雑誌上に掲載されていた。その広告には、「各学校教職に在る人々は洩れなく賛同せらるべきは勿論街庄社長学務委員等亦皆奮うて本会の挙を賛せらるゝやう此際特に諸君の尽力を乞はざるを得ず」と書かれており、教員や教育関係者のみならず、「街庄社長学務委員等」といった台湾の人々への働きかけも進めるように呼びかけられていた。[65] こうした経緯を踏まえ、一九〇五年二月一日に、「学務官僚遭難六氏十年祭並ニ亡教育家建碑落成紀念祭」が開催されている。[66]

祭典の参加者は約五〇〇名で、その内訳は、「当日来賓ノ主ナル人々ハ上田軍司令官、大島警視総長、谷田参謀長、伊崎旅団長、高木医院長其他民政部ノ課長諸氏、民間ニハ山下秀實氏、木村匡氏、守屋善兵衛氏外数氏ニシテ、此外折シモ開会中ノ総督府学事会議員其ノ他ヲ合セテ殆ド二百名マタ国語学校、同附属学校、台北、大龍峒、和尚洲、八芝蘭、滬尾、興直、錫口、水返脚、基隆各小公学校ノ職員生徒総代等ノ参拝者参百余名アリ」と報告されている。参加者はすべて、台湾総督府および台北庁管内の官僚および教員・教育関係者・学校生徒が占めており、他地域からの参加者は見られない。

この「十年祭」開催後、台湾教育会は今後の「芝山巌祭」を継続的に主催するという決定をおこなっている。「十年祭」開催直後の一九〇五年二月五日に開かれた総会の議題として、「芝山巌遭難六士の祭典を将来本会に於て引受挙行するの件」を提出し、「此祭典は将来本会に於て執行すること」を決定している。

このように、台湾教育会が「芝山巌祭」と合わせて、「亡教育者祭典」を主催することは、「十年祭」以降、教員・教育関係者の慰霊を事業のひとつとして組み込んだことを意味する。台湾教育会の活動において、先に見た調査・研究や講習会の開催は、いずれも台湾総督府や台湾各地で実施される多様な教育活動を補完的におこなうものであるが、この慰霊事業は台湾教育会独自の活動として位置づけることができる。現実的かつ実効的な教育政策の推進のうえでは上手く把捉できないこうした事業を、台湾教育会が独自の活動として拾い上げることで、結果的に植民地における教育政策を「翼賛」する機能を果たそうとしたといえる。(67)

おわりに

国語学校の教員たちが組織していた「国語教授研究会」を発展させ、「台湾教育ノ普及改進ヲ図ル」という目的を掲げて結成された台湾教育会は、結成当初から台湾各地へのネットワーク形成を意図する形で組織拡大を図ろうとしていた。各地における「地方教育会」結成の動きに合わせて「地方委員」の委嘱や「支会」の設置を進め、集会、演説・討議、研究・調査をおこなうことで、台湾総督府の教育政策を「翼賛」するための組織作りが試みられていた。

そうした目的の枠内において、「内地人」のみならず、「本島人」の人々を組織のメンバーとして組み込んでいく方法が模索された。ただし、その組織化は順調に進んだわけではなく、地域によって大きな違いが生じた。会員構成などを見る限り、「内地人」教員の組織率にも地域による差が大きく、加えて、会費納入の問題や一定数いる退会者の問題など、「内地人」教員の組織化でさえなかなか安定しない状況が生じていた。また、「本島人」会員の増加についても、誌上における「漢文欄」の設置といった方策がなされていたものの、全体的な勧誘の方法は限られており、どのようにして「本島人」会員数の増加を展望するかは難しい課題としてあり続けた。

また、教員や教育関係者ばかりではなく、「士紳」など地域の有力者が地方組織の役員として加入し、地方組織の結成・維持にかかわっていたことが注目される。台湾総督府の「上意下達」機関として台湾教育会の組織を概括的に捉える見方は、今後、地方組織のありようを具体的に検討することを通じて修正される必要がある。謝明如が台湾教育会結成以前の「地方教育会」の性質として、「会への参加を通じて、台湾人は一方で政策に対する意見を表明し、他方で新たな教育を吸収するという側面を有していた」と指摘した側面は、台湾教育会結成後の地方組織の形成にあって、なお維持されていたと考えられる。

ただし、「中央」としての台湾教育会においては、台湾総督以下、枢要なポストのすべてが「内地」の人々によって占められており、全体的な運営や基本的な活動内容の方針に台湾の人々がかかわる余地はなかった。会の活動を通じて、調査・研究の実施者／対象者、講習の実施者／受験者、あるいは慰霊の対象であるかないかを差配するのは、明確に「内地人」の枢要なポストに立つ人々であった。「内地」の教育会とは異なる、「植民地教育会」としての性質は、こうした組織形態と具体的な活動の諸処に滲出していたといえるだろう。
本章は、台湾教育会結成当初の約一〇年間を検討対象とし、組織形成の具体的なプロセスと特徴的な活動の概要について指摘したに過ぎない。本章で指摘した基本的な会のありように基づき、台湾教育会にかかわった人々の動向やその要因を、台湾における「地方」「地域」に着目しながら、台湾教育会の活動の全体像を具体的に描いていくことが求められている。実証的な研究に基づきながら、「台湾史」研究の成果に接続するための「教育会」研究を、ここから少しずつ進めていかなければならない。今後の課題としたい。

（付記）本研究は、JSPS 科研費 24330227,26780466,16K04511 による研究成果の一部です。

注

（1）又吉盛清「解説台湾教育会雑誌――台湾教育会の活動と同化教育」『台湾教育会雑誌』復刻版別巻、ひるぎ社、一九九六年、三〇頁。
（2）陳虹彣は会の活動を概観し、「台湾教育会は、成立した時から台湾総督府が育成し、政策遂行に活用した団体である（…）台湾教育会は日本統治時代に総督府の補助役として、様々な任務や教育事業を遂行してきた」と指摘している。陳虹彣「日本植民地統治下の台湾教育会に関する歴史的研究」梶山雅史編『近代日本教育会史研究』学術出版会、二〇〇七年、四〇一頁。
（3）原文は、「台灣教育會作為教師的專業團體，主要會員是小公學校教師，但《台灣教育》雜誌基本上並不是小公學校教師發表、交流、形成教師集團自我認同的園地，而比較接近是由教育官僚或中高等學校教師來教育、教化小公學校教師」。許佩賢「戰爭時期的台灣教育會與殖民地統治（一九三七―一九四五年）」戴浩一・顏尚文編『臺灣史三百年面面觀』嘉義、国立中正大学台湾人文研究中心、二〇〇八年、三六三頁。
（4）原文は、「事實上，相較於「臺灣教育會」成立初期以日籍教育者為主之人事結構，日治初期之地方教育會係以臺人為主體，透過參與該會，臺人一方面表達其對政策之觀感，一方面吸收新教育之內涵」。謝明如「日治初期臺灣地方教育會之研究」『臺灣師大歷史學報』第四三期、二〇一〇年、二七〇頁。

(5) 梶山雅史「教育会史研究へのいざない」梶山雅史編前掲『近代日本教育会史研究』二八頁。この視点は、梶山雅史編『続・近代日本教育会史研究』（学術出版会、二〇一〇年）にも再引されており、教育会史研究全体を貫く基本的な視点として共有されている。梶山雅史「教育会史研究の進捗を願って」同上書、八頁。

(6) たとえば、「植民地支配が「支配される側」にとってどのような意味を持ったか」という問いを序文の冒頭に掲げ、朝鮮史・台湾史研究者による共同研究の成果としてまとめられた、松田利彦・陳姃湲編『地域社会から見る帝国日本と植民地――朝鮮・台湾・満州』思文閣出版、二〇一三年、など。また、筆者は共同研究において、台湾各地の初等教育機関（国民小学）などに保管されている学校所蔵史料の収集・整理、および翻刻などをすすめている。こうした作業を通じて、地域社会に視点を据えて、東アジアの植民地化・脱植民地化をめぐる問題に向き合うことを目指している。研究成果の一部を、以下の通りまとめている。北村嘉恵・樋浦郷子・山本和行「「新化公学校沿革誌」「新化農業補習学校沿革誌」―植民地台湾の教育史―」『北海道大学大学院教育学研究院紀要』第一二六号、二〇一六年六月。および、山本和行「台湾桃園市新屋国民小学所蔵「新屋公学校沿革誌」（一）」『天理大学学報』第二四七輯、二〇一八年二月。

(7) 駒込武「「帝国史」研究の射程」日本史研究会『日本史研究』第四五二号、二〇〇〇年、二二四―二二五頁。

(8) 「本会沿革」『台湾教育会雑誌』第一号、一九〇一年七月二〇日、一二七頁。以下、『台湾教育会雑誌』所収の記事を出典として明記する場合は雑誌名を省略し、記事名、号数、発行年月日、頁数のみ表記する。

(9) 前掲『台湾教育会雑誌』第一号に掲載された「台湾教育会規則」の第七条には、「会員ハ会費トシテ一ヶ月金参拾銭」を納めると規定されているが、一九〇二年二月に開催された第一回総会で「金弐拾銭」とする改正案が提出され、可決されている（「総会」、第四号、一九〇二年三月二五日、七〇頁）。

(10) 同上「総会」、六九頁。

(11) 一九〇二年一〇月段階で「地方委員」に任命されていたのは、以下の人々である（「本会地方委員」、第七号、一九〇二年一〇月二五日）。「台北　赤松千代吉君／基隆　壱岐休太郎君　井出道治郎君／深坑　久保信安君　前田清君／桃仔園　金子平吉君／新竹　林元三郎君　宮得三君／苗栗　早間恒君　古賀公儀君／台中　長谷八太郎君　高橋鐵三郎君／南投　石井乙之助君　秋野武一郎君／斗六　金野壽作君　宮崎民次郎君／嘉義　笠井源作君　早川直義君／鹽水　海老原鱗太郎君　宮部乙雄君／台南　江口保君　下平卓爾君／蕃薯寮　品部孝博君　今井錠太郎君／鳳山　関善之助君　齋藤典治君／阿猴　穴見定太郎君　大石與君／恒春　稲熊善

之助君　早田弘造君／台東　黒葛原藤太郎君　藤中豊二郎君／澎湖　植田卯之作君　大津山周造君／宜蘭　小池忠晃君　田中三熊君／彰化　新家鶴七郎君　加賀見国光君」。

(12) たとえば、「本年地方委員を委嘱し会員を募集し会費を整理」したといった記述が見られる。「明治三十五年の台湾教育会」、第九号、一九〇二年一二月二五日、一頁。

(13) 台湾教育会の会員数については、陳虹彣が『台湾教育会雑誌』および『台湾教育』の記事を基にまとめている。ただし、教育会雑誌には会員数の変遷について報じた記事が多く掲載されており、どの時点の数値を基準にするかによって細かな数値に若干の齟齬が生じる。しかし、陳虹彣は記事の細かな出典を明記していない。陳虹彣前掲「日本植民地統治下の台湾教育会に関する歴史的研究」、三八九頁。

(14) 「曩に本会長より各賛助員（各庁長）に向け地方会員入会勧誘を依嘱せられたる結果本島人の入会者陸続として来り僅々一ヶ月の間に六十八名の増加を見るに至れり其尤も多きは宜蘭庁にして本島人二十八名の多きに達せり南投庁は由来内地人にも本会員なかりしが今回十三名の入会を見るに至れり」。「会員増加」、第一五号、一九〇三年五月二五日、五五頁。

(15) なお、内閣印刷局発行の『職員録　明治三五年甲』に収録されている「台湾総督府」の職員（総督、民政長官、参事官長、学務課、国語学校・附属学校・台南師範学校・小学校・公学校の教諭、訓導、書記）三六九名中、「本島人」は二一名、「本島人」職員の割合は五・九六％となっている。ただし、『職員録』には「本島人」の割合が多い「雇」や「属」については掲載されていない。

(16) 前掲「明治三十五年の台湾教育会」には、「従来本島人の本会に入会せしものなきにあらざるも其の人員の僅少なるは雑誌中漢文欄の設けなきも亦其の一因なりと思料せらる蓋本島の教育は主として土人を啓発するの必要ありて此の設備を為せり敢て請ふ本島人の入会を勧誘せられんことを」というように、漢文欄の設置と「本島人の入会を勧誘」することが結びつけて考えられている（二頁）。

(17) 一九〇三年二月の総会で赤松三代吉（大稲埕公学校、評議員・地方委員）が「会員ハ会費トシテ内地人ハ一ヶ月金二十銭、本島人ハ一ヶ月金十銭ノ割ヲ以テ納ムルモノトス」という動議を出したのに対し、金子平吉（桃仔園庁総務課、地方委員）や山口喜一郎（国語学校第一附属学校、評議員）が反対意見を出し、「評議員」に一任することになり、同年三月の「評議員会」で「多数ヲ以テ否決」されている（「赤松三代吉動議」、第一一号、一九〇三年二月二五日、六八頁。「三月二十八日評議員会」、第一三号、一九〇三年四月二五日、四八頁）。なお、この経緯については、「漢文欄」には一切掲載されていない。

(18) 一九〇五年二月の第五回総会では、過去の未納額が「未収入」として列挙され、改善が呼びかけられていた。「第五回総会記録」、

第三五号、一九〇五年二月二五日、六四頁。

(19)「会費」および「退会」、第二八号、一九〇四年七月二五日、四五頁。

(20)「茲に特筆すべきは総督閣下本会の請願を採納せられ金五百円を一時下賜せられたり之が為本会の事業益拡張すべき一新機とはなれり」。前掲「明治三十五年の台湾教育会」、一頁。

(21)「第八回教育総集会」、第七一号、一九〇八年二月二五日、六二頁。

(22)たとえば、一九〇二年の第一回総会における会務報告では、「交換雑誌／各府県教育会等雑誌三七種九八部」と報告されている（前掲「総会」、第四号、六九頁）。また、『台湾教育会雑誌』誌上にはたびたび「交換雑誌」の目録が掲載されている。

(23)前掲「総会」、第四号、七〇頁。なお、文中に「林会員」とあるのは、林元三郎（新竹庁総務課、地方委員）と推察される。

(24)「台湾教育会支会設置廃止ニ関スル規程」、第六号、一九〇二年八月二五日。

(25)「会報」、前掲第九号、六六頁。なお、「台湾教育会支会経費補助規程」の内容については、「会報」文中に「右規程ハ本会規則中ニ掲クルヲ以テ略ス」とされているが、第九号中には「本会規則」が掲載されていない。また、第一〇号以降の規則中にも掲載されることがなく、規程の内容がどのようなものだったのか判然としない。

(26)彰化、台中、台南以外の地域においては、鳳山と阿猴に支会が設置されたと『台湾日日新報』には伝えられている（「昨年の教育事業」『台湾日日新報』第二〇〇一号、一九〇五年一月一日、二六頁。「阿緱教育会支部発会式」『台湾日日新報』第四二二五号、一九一二年三月四日、二頁）。しかし、この二か所については、設置されたということが報じられているほか、会の概要や活動の内容などについて記載した資料が見当たらず、詳細は不明である。

(27)前掲「明治三十五年の台湾教育会」、二頁。

(28)「彰化支会」、第四九号、一九〇六年四月二五日、四一頁。なお、一九〇六年の総会には国語学校から校長の田中敬一、教諭の石田新太郎と森本修が出席している。

(29)「本会彰化支会ヨリ左ノ通報告アリタリ（…）当支会ニ於テ地方部ヲ左ノ通区分候条此段及報告候也（…）彰化、鹿港、雅興、和美線、北斗、員林、社頭、永靖、二八水、田中央、渓湖、二林、番挖」。「会報」、第一〇号、一九〇三年一月二五日、六三頁。

(30)「台湾教育会彰化支会当事員茲据該支会所報明開列于左」第一〇号「漢文」欄、一五頁、および、括弧内の肩書については、『職員録　明治三五年甲』内閣印刷局、一九一二年、八五八―八五九頁。

(31) 前掲「会員名簿」、八〇頁。
(32) 許雪姫總策畫『臺灣歷史辭典』台北、文建会、二〇〇四年には、三名とも項目が立てられ、写真付きで解説が付されている。「呉汝祥(一八六一・一―一九四一・五)」(三四七頁)、「呉徳功(一八五〇―一九二四・六・二六)」(三五六頁)、「楊吉臣(?―一九三〇・六・一)」(九六六頁)。
(33) 呉文星『日治時期臺灣的社會領導階層(修訂版)』台北、五南、二〇〇八年、四五頁、七七頁、一二一頁。
(34) 「会報」、第一一号、一九〇三年二月二五日、六五頁。「台南支会」、第一六号、一九〇三年七月二五日、六四頁。
(35) 「台湾教育会台中支会秋季総会概況報告」、第二三号、五三頁。「台中教育会台中支会教育展覧会出品要項」、第三〇号、一九〇四年九月二五日、四二頁。「台中便(長谷生)」、第三一号、一九〇四年一〇月二五日、五一―五二頁。
(36) 「台南通信(会員赤崁生)」、第二九号、一九〇四年八月二五日、四八頁。
(37) 同上、四九頁。
(38) 「台南通信(赤崁生)」、第三一号、一九〇四年一〇月二五日、五三頁。
(39) 「台南教育会は三十四年十一月の廃県に当り遂に解散となり又台中教育会も三十五年三月に至り解散となれり」。「台湾教育会状況」『台湾日日新報』第三四四七号、一九〇九年一〇月二三日、二頁。
(40) 謝明如前掲「日治初期台灣地方教育會之研究」、二六六頁。なお、引用した『台湾日日新報』の記事は、「台湾教育会の発会式」『台湾日日新報』第九二七号、一九〇一年六月六日、二頁。
(41) 以下、私立阿猴庁教育会の結成については、穴見定太郎「私立阿猴庁教育会設立」、第一五号、一九〇三年六月二五日、四九―五二頁、参照。
(42) 同上、五〇頁。
(43) なお、「阿猴庁」は一九〇五年四月に「阿緱庁」に名称変更している。
(44) 「澎湖通信(二)(KK生)」、第三四号、一九〇五年一月二五日、六七頁。
(45) 「澎湖通信(黒川亀吉)」、第三三号、一九〇四年一二月二五日、五九頁。
(46) 前掲「澎湖通信(二)(KK生)」、六七頁。
(47) 「澎湖通信」、第四五号、一九〇五年一二月二五日、五七頁。

(48) たとえば、「台南教育研究会」、「台南同護会」(「台南通信（犬王生）」、第三〇号、一九〇四年九月二五日、四三―四六頁)、「嘉義同護会」(「嘉義庁下教育状況（一）」、第三二号、一九〇四年一一月二五日、五七―五八頁)、「基隆聯合教育報告会」(「基隆通信」、第四七号、一九〇六年二月二五日、四五―四六頁)、「桃園教育研究会」(「台北通信（二月十五日稿）」、第四七号、一九〇六年二月二五日、三五頁）など。

(49) 前掲「明治三十五年の台湾教育会」、一―二頁。

(50) 「彰化庁ノ公学校長会議」、第四号、一九〇二年三月二五日、五〇―五四頁、など。

(51) たとえば、一九〇三年一一月に台北で開催された「学事諮問会」の出席委員と、一九〇二年末段階の台湾教育会役員（幹事、地方委員）を比べると、「学事諮問会」出席委員五七名中、二三名が台湾教育会役員であった。特に、台北代表として「学事諮問会」に出席していた五名全員が台湾教育会の幹事・地方委員であった。「本会役員」、前掲第九号、七三―七五頁。「学事諮問会顛末」、第二〇号、一九〇三年一一月二五日、四二―四三頁。

(52) たとえば、『台湾日日新報』には、「公学校規則の改正は漸次本島教育の進歩に伴ひ従来の組織にては不便尠からず且つ生徒の学科進歩に促されて自然学科を高むべき点もあり旁々其改正を要する」という記事が掲載されている。「小学校及び公学校規則改正案」、『台湾日日新報』第一〇七一号、一九〇一年一一月二六日、二頁。

(53) 「会報」、第三号、八六頁。

(54) 「公学校規則改正案の議事」、第三号、一九〇一年一二月二五日、七五頁。

(55) 「総会」、前掲第四号、六九頁。なお、改正案公表後、『台湾教育会雑誌』上では、会員による「修身教育」や「漢文科」をめぐる論争が展開された。これらの論争については、駒込武『植民地帝国日本の文化統合』岩波書店、一九九六年、六一―七一頁、参照。

(56) 台湾教育会編『台湾教育沿革誌』台湾教育会、一九三九年、二五九―二七五頁、参照。

(57) 「台北通信」、第五五号、一九〇六年一〇月二五日、四八頁。

(58) 講師の顔ぶれは、以下のとおり。石田新太郎（修身、国語学校）、鈴江團吉（教育、国語学校）、渡部春蔵（教育・国語、国語学校）、志保田鉎吉（国語、国語学校）、長谷八太郎（数学、総督府編修書記）、三屋大五郎（漢文、国語学校）、鈴木梅太郎（体操、国語学校）、大橋一郎（唱歌、国語学校）、前田孟雄（修身、公学校長）。「臨時講習会開設の件」、同上、五九頁。

(59) 同上、五七頁。

(60)同上、五九頁。
(61)「臨時講習会」、第五六号、一九〇六年一一月二五日、五八頁。
(62)たとえば、「例年国語学校より教授助教授等の人々を内地に於ける文部省開催の各地講習会へ派遣出席せしめられ候」といったことが報じられていたように、台湾内外の講習会への参加状況がたびたび伝えられている。「台北通信」、第五一号、一九〇六年六月二五日、四四頁。
(63)「本田茂吉動議」、第一一号、一九〇三年二月二五日、七〇頁。
(64)「庶務報告(幹事下坂重行君口演)」、第二三号、一九〇四年二月二五日、三六―三七頁。
(65)「会員諸君に望む」、第三二号、一九〇四年一〇月二五日、広告頁。
(66)以下、「十年祭」の様子および総会の記録については、「学務官僚遭難六氏十年祭並ニ亡教育家建碑落成紀念祭記録」、第三五号、一九〇五年二月二五日、五一―五五頁、参照。
(67)なお、「芝山巌祭」および「亡教育者祭典」の開催状況とその意味については、以下の論考を参照。山本和行「「芝山巌事件」の儀式化―「芝山巌祭」の開催に着目して―」天理大学中国文化研究会『中国文化研究』第三二号、二〇一六年三月。同「芝山巌の「神社」化―台湾教育会による整備事業を中心に―」教育史学会『日本の教育史学』第五九集、二〇一六年一〇月。

第13章　一九四〇年代の台湾における教育会組織の展開と戦後の歩み

陳　虹彣

はじめに

一九四〇年代の台湾においては、一九四五年第二次世界大戦の終了によって日本の植民地統治が終わり、中華民国による新政権が始まった。日本統治時期に設立された台湾教育会は終戦後、全ての財産や書類を当時の台湾省行政長官公署に引き渡し、四五年近くの歴史に幕引きをした。だが、「教育会」という組織はそれ以降も台湾に存続し続けることになる。期間は短かったが、戦後まもなく台湾教育会を引き継ぐための「台湾新生教育会」[1]が存在していた。そして、一九四六年に「台湾省教育会」が設立され、台湾教育会及び台湾教育職員互助会の一部の財産及び書類を受け継ぎ、現在まで存続してきた。

これまでの台湾教育会に関する研究としては筆者の「日本植民地統治下の台湾教育会に関する歴史的研究」と許佩賢の「戦争時期的台湾教育会与植民地統治（一九三七―一九四五年）」がある。筆者の研究では一九三一年に台湾教育会が社団法人へと組織変更した前後の事業や活動内容について調査を進め、同会は総督府文教局の別働隊として、総督府の力ではこなせない部分を補填し、台湾での教育事業を展開していたと位置づけた。なお、同論文では一九三七年前後までの国語普及に関する出版や講習会の事業展開の様子にも触れたが、その後の台湾教育会事業については具体的に言及し得なかった。許論文では、一九四〇年代の台湾教育会活動について触れていたが、事業の内容と時期による変化などの詳細は記されていなかった。また、同論文においては、台湾教育会は小公学校の教員を中心とする教員組織であるが、実際は台湾総督府文教局との密接な関連性を保ち、総督府の文教政策を推進する役割を果たしていたと指摘した(2)。

日本統治時期の台湾教育会は総督府文教局の影響下に置かれ、中等や初等学校の教育研究、教員教育や社会教育などに関連する事業を行い、いわば総督府の「別働隊」として、植民地教育に関わる諸事業をこなしてきた。だが、台湾教育会は植民地の教育情報を総括する団体として、その組織力を運用して総督府の政策をスムーズに遂行させることが最優先事項であったため、明らかに植民地の住民や教員の価値観や意向を反映させる組織ではなかった。では、なぜこのような「上↓下」の統制力を持つ教育会組織が戦後でも台湾に存続できたのか。それを解明する際に、まず一九四〇年代における台湾教育会の事業内容をさらに明らかにしたうえ、台湾教育会が残した有形(不動産等)・無形(人材、組織力等)の資産は戦後台湾の教育会組織の形成にどのような影響を与えたかについての検討が必要であると考える。本研究は一九四〇年代の台湾教育会の事業内容と組織の変化及び終戦後台湾の教育会組織の展開について解明を試み、台湾における「教育会」という組織の戦前から戦後への歴史を明らかにしたい。

一　戦時下の台湾教育会活動について

一九〇一年設立以来、四〇年近く会を運営する経験を重ねてきた台湾教育会の組織及び事業内容には、一九三〇年代後半から終戦まで様々な変化が起こり始めた。特に一九三七年日中戦争開始以降は戦争の影響により、会務の運営や事業の執行に度々大きな変更や臨時の措置を取らざるを得ない状況を見せている。

1　一九四四（昭和一九）年の台湾教育会定款変更

一九四四年の会誌『文教』第五〇〇号の記事によれば、台湾教育会の定款は第一四回代議員会（一九四四年四月一四日）の議決によって変更された[3]。最も重要な変更内容は「教育会の目的」を旧定款の「台湾教育の普及改善を図る」ことから「皇国の道に則り台湾教育界の総力を発揮し教育報国の実を挙ぐる」ことに変えることであった。当時の台湾は一九四三年に義務教育が実施されたばかりで、その後徴兵制の実施も予定されているというタイミングであった。台湾教育会は会の目的を教育の「普及改善」から「教育報国」へ全面的に切り替えたことが、より一層教育会の翼賛体制を強めることになった。同記事ではその定款の変更理由について、次の六点を挙げている[4]。

（一）芝山巖精神を昂揚し、一層皇民錬成に成果を挙げんことを期す。
（二）各州庁教育会を支会とし、之を本会に結集し、一層教育翼賛の実を挙げんことを期すること。
（三）支会を通じ会員との連絡を緊密にし、上意下達、下意上通を図り以て教育改善と事業の推進とを期すること。
（四）教育功労者の学識名望ある者を顧問参与とし、以て事業の刷新と円滑なる運営を期すること。
（五）雑誌文教の内容を刷新し、其の機能を発揮せしめんが為会費を増徴し発刊に遺憾なきを期すること。
（六）教育用品の研究調査並に斡旋を為し、之が適正円滑なる配給を期すること。

今回の定款変更後約一年四ヶ月で戦争が終わり、植民地統治も終焉を迎えた。この短期間で定款の変更内容は実際の会務内容にどう反映されたかをすべて確認できないが、一九四〇年代の事業内容及び戦後教育会の動きに対する分析から、その一部内容の検証を試みたい。

2　戦時期における台湾教育会事業内容の変化

（一）一九三七年度の事業内容に起きた変化

一九三一年の「社団法人台湾教育会定款」によれば、台湾教育会の事業内容は、教育に関する諸般の研究調査意見の発表、台北女子高等学院の経営、講習会、講演会及び国語演習会などの開催、台湾美術展覧会其の他の展覧会の開催、雑誌の刊行及び教育上有益なる図書の編纂刊行並びに推薦、教育映画の作成、頒布並びに推薦、教育功労者の表彰、芝山巌祠の祭典及び維持、教育上有益なる事の助成奨励、奨学に関する事業及びその他必要と認める事業とある。一九三七（昭和一二）年度には、事業内容に多数の臨時追加や変更がおこなわれた。変更の理由は「事変関係もしくは事務の都合」によるもので、主な変更内容は次の通りである。(5)

1、庶務部費・・（追加）陸軍病院慰問費、海軍将兵慰問費、世界教育会議費。

2、学校教育部費・・（変更）全国小学校教員大会代表派遣費を国民精神総動員講習会派遣旅費補助費に変更。（削除）小公学校教員講習会費、初等教育研究会費、中等教育研究会費、講演会費、師範学校附属公学校研究会補助費。

3、社会教育部費・・（追加）ラジオ体操普及奨励費、国民精神総動員費。（変更）台湾美術展覧会費。(6)（削除）国語講習所指導者講習会、講演会費、女子青年内地派遣費、社会教育会議派遣費。

4、写真部費・・（削除）発声映写機購入費。

従来、台湾教育会の年度計画は定款や前年度末に決議されたものを基に作られていたが、一九三七（昭和一二）年では戦争や時局の影響による臨時の変更や追加の事業が目立っていた。特に研究会・講習会費等学事関連の基本事業

表1　一九四〇年度台湾教育会各部局の予定事業内容

部　局	予　定　事　業　内　容
庶務部局	事業報告書作成、教育会交付金交付、教育功労者選考発表、芝山巌祠関連事業、代議会・総会開催
学校教育部局	実業教育成績優良学校助成金交付、附属小公学校研究補助金交付、私立学校助成金交付、女教員講習会補助金交付、懸賞教育論文選考発表、全国女教員大会代表派遣、帝国教育会総会代表派遣、保母講習会講習員派遣、満鮮教育視察団派遣、内地教育視察団派遣、中等教育研究会、学校教練研究会、師範学校卒業者講習会補助金、小公学校教員講習会、工業科講習会、教員資格向上講習会、小公学校農業科講習会、小公学校武道講習会、教育者大会、実業講習教育研究会、農業教育指導学校指導
社会教育部局	全島青年団体育大会、初等教育研究会、婦人教化講習会、台湾美術展覧会会場提供、第二七回全島国語演習会開催、全国女子青年団大会代表派遣
出版事業部局	台湾教育沿革誌続編調査開始、公民読本、農村読本、商工読本の印刷発行
そのほか	女子高等学院、活動写真部事業、台湾教育職員互助会

が変更・取り消しにされる傾向が見られる。

（二）一九四〇年度から一九四四年度までの事業内容について

一九三七年度は事変によって事業内容に多くの変更や増減がみられたが、前述したように台湾教育会の事業は基本的に継続性を持っているので、まず会誌の『台湾教育』に掲載された一九四〇年度の予定行事の内容で当時の教育会の通常事業の全体を把握しておこう（表1）[7]。

表1に記されているように、台湾教育会の事業内容は定例行事や毎年行われる講習会や演習会、出版事業などが中心となっている。しかし、この計画内容を一九四〇年度から一九四四年度前半までの記録と照合すると、臨時や新規の事業が数多く行われていたことがわかった。『台湾教育』の「台北通信」欄に掲載されている教育関連活動の記録によれば、この時期に開催が確認された主な臨時事業や新規事業は「学校教育の臨時教員養成講習会」、社会教育関連の「フィリピン展覧会」、「南方文化講習会」、「南方資源展覧会」及び「生活科学展覧会」、そして出版関係の「国民涵養関連写真集」と南進関連写真集の出版、一般事業とし

て設置された「台湾国語教育研究会」と「留学生連絡部」などがある。[8] 次はこの中の重要な事業について説明しよう。

（1）臨時教員養成講習会

一九四三年度の義務教育制度実施に伴う教員の不足を補うため、台湾教育会は臨時教員養成会[9]を開催するようになった。開催期間は平均三ヶ月間、修了後は臨時教員試験を行い、合格者に国民学校初等科准訓導免許を授与する。一九四〇年二月、一九四一年十月、一九四二年三月[10]、九月、一二月にも開催され、一回で平均約三百名前後の臨時教員が養成されていた。その後、臨時教員養成講習会は総督府から直接各州に委託するようになったため、台湾教育会の担当ではなくなった。[11]

（2）南方に関する新事業

台湾教育会において一九四二年に博物館との共同主催で南進事業に関連する一連のイベント（フィリピン展覧会、南方文化講習会、南方資源展覧会）を開催した。その後、一九四三年五月二一日に「台湾学徒南進研究会」が設立されたため、南進関連の講習会・研究会・講演会は新部署が開催するようになった。[12] その後、台湾教育会で南進関係のイベントを開催することがなくなった。なお、出版事業にはなるが、南方関連の出版物として、一九四四年四月からの刊行予定で台湾教育会編纂の『南方地理写真集　第一輯島嶼之部』（四月予定）、『南方地理写真集　第二輯大陸之部』（九月予定）、『邦人南方発展事跡写真集』（一二月予定）などの刊行企画があった。[13] 実際、『南方地理写真集』の第一輯と第二輯の発行は確認されたが、『邦人南方発展事跡写真集』の刊行は確認できなかった。[14]

（3）出版関係の新事業

前述した南方関係写真集の編集と発行以外に、出版部には国語講習所（のち皇民錬成所）用教科書の販売事業も行うようになった。国語講習所用の教科書は元々台湾教育会において編纂・刊行・発売されていたが、一九四三年一一月号の『台湾教育』に掲載されている文教局編修課の「編修課だより」には、国語講習所用教科書の編纂に関する進捗報告が書かれるようになった[15]。国語講習所用教科書の編纂はこの時からすでに文教局編修課が直接担当することになっていた。その後、国語講習所を基に皇民錬成所が設置され、皇民錬成所用の教科書も「台湾総督府著作」となった[16]。ただし、販売を担当するのは同じ台湾教育会であった。

（4）台湾国語研究会の設立について

台湾国語研究会は一九三九年一二月一六日に設立され、南進基地台湾における国語諸問題を研究調査するために設立された会であり、その背景には国語対策協議会（外地での日本語教育についての協議会）の影響が存在する[17]。

（5）留学生連絡部の設立

留学生連絡部は内地に留学している台湾人留学生の管理や連絡を担当する部署である。一九四二年四月時点で内地での台湾人留学生数は七九〇一名あり、その管理のために台湾教育会は一九四三年度の新事業として経費「十万六千五百十円」を計上し、「内地在学生連絡部[18]」を設置した。留学中の保護監視や卒業後の就職斡旋なども行う予定であった。

（三）台湾教育会会誌『台湾教育』・『文教』について

教育に関連する活動や事業だけでなく、台湾教育会会誌『台湾教育』（一九四四年三月以降は『文教』に統合）の編集体制も戦争体制の影響を深く受けている。一九三九年一二月に『台湾教育』の編集室は総督府文教局内に移され、直接文教局に置かれることとなった[19]。これにより、文教局からの直接の影響が強まり、『台湾教育』も総督府の教育政策や関連事業の情報や動向をより迅速に伝達することになった。会誌の内容も総督府の需要や政策の動きとより密接に連動するようになる。また、会誌『台湾教育』は一九四三年一二月の第四九七号が最終号だとされてきたが、一九四四年三月に『文教』との題名で通算第四九八号の会誌として刊行されていた[20]。それは戦時期における紙不足の事情により、一九四三年に総督府文教局が雑誌の統廃合を行い、『台湾教育』を含む「従来文教局内で刊行して来た」

八つの雑誌（『敬信』、『台湾仏教』、『社会事業之友』、『青年之友』、『皇国の道』、『学校衛生』、『科学の台湾』、『台湾教育』）を『文教』に統合して刊行するようにした結果だと説明されている。[21] 実際に『文教』の内容を確認すると、八誌を統合した総合誌であるにもかかわらず、実際の編集、配布、出版は全て台湾教育会が担当し、雑誌の配布対象も主に教育会の会員であった。

なぜ八誌を統合した総合誌『文教』は最終的に台湾教育会会誌のように扱われるようになったかについて、考えられる理由は二つある。一つは台湾教育会が専門の編集・出版部署を持ち、しかも文教局に置かれているからである。もう一つは費用の問題だと考えられる。台湾教育会は一九四四年の定款変更で教育会費の値上げに踏み切り、会費を一ヶ月二十銭から一ヶ月二十五銭へ値上げした。値上げした二五銭の中の一七銭は雑誌出版の実費にあてられるとのことであった。[22] つまり、台湾教育会が持っている「上から下へ」の情報伝達力のみならず、編集や刊行物の流通ルート、さらに会員による会費収入も当局の利用対象となっていたのである。また、会誌の内容に関しては、前掲の許論文にも言及されたように、この会誌は台湾人教員の真実な声を載せることが殆どなかった。当時の台湾教育会会誌は小中学校教員の発表や交流の場ではなく、当局が小中学校教員を教育する一方的なメディアとなっていた。

(四) 一九四〇年代の台湾教育会について

一九四〇年代の台湾教育会事業内容からみれば、従来台湾教育会が担当する様々な基本の学事関連事業、例えば教員講習会や研究会の開催などが確認できなくなった。なかに一部の事業は総督府が直接主催や担当するようになったもの（例えば、国民学校教員講習会や国語講習所教科書の編纂等）もあるが、全体的に教育会が主催する学事関連の事業は減少傾向にあった。台湾教育会の目的が定款の変更によって「教育報国」になったことにより、事業内容も「教育」の最も基本的な部分に携わる重要な機能が失われ、総督府が応急措置や宣伝のために利用する格好な組織となっていた。そして、時局関連の新教育事業を担当する時は、資金或いは直属の担当部署がなければ、最初は台湾教育会に担当させるが、関連部署ができたら、もしくは事業自体が定着したら、台湾教育会もその役目から退くということが繰り返された。この時期の台湾教育会は結局、戦時体制下の強力な翼賛組織としての機能を果たしたのであった。

二　終戦後台湾における「教育会」組織の展開について

1　日本統治時期の台湾教育会が残したもの

現在の台湾省教育会が所蔵している資料[23]によれば、台湾教育会が終戦時台湾省行政長官公署へ引き渡した公文書（日本語）は、一、定款関係書類　二、役員関係書類　三、理事登記関係書類　四、会員関係書類　五、職員関係書類　六、会務関係書類　七、予算決算関係書類　八、文書収発関係書類　九、会員弔慰関係書類　一〇、教育功労者表彰芝山巌祠堂合祠関係書類　一一、雑誌台湾教育合綴　一二、本会出版関係書類　一三、物品出納関係書類などがある。ほかにも教育会館[24]や備品などの資産が残されていた。

上述したもの以外に、台湾教育会が実質的に運営していた「社団法人台湾教育職員互助会」も重要な引き渡し対象であった。該当互助会は一九三七年三月に設立し、学租財団の補助を受け、台湾教育会が運営を担当していた。通常の互助業務以外に、戦時下における必要な戦争関連の慰問金などの業務も担当していた。台湾省教育会所蔵の接収資料[25]には引継書、移管財産（現金、株券）リスト、貸与リスト、石井喜之助（前台湾教職員互助会専務理事）、森下琢也等二名の引き揚げ記録が残されている。終戦時、同互助会は台湾省行政長官公署の教育処に合計資金六二万九三五三・九六円、株券五三万六五四五円及びそのほかの債券などを引き渡した。[26]この互助会業務はのち正式に台湾省教育会に引き継がれ、現在でも台湾省教育会が担当する主な業務となっている。

2 「台湾新生教育会」について

終戦から台湾が中華民国の台湾省行政長官公署（以下は公署政府と記す）によって正式に接収されるまでの約二ヶ月間に、台湾教育会の業務を引き継ごうと、台湾人教員によって「台湾新生教育会」という教育会組織が設立された[27]。台湾新生教育会に関する記録は、当時会長に選ばれた台湾最初の医学博士杜聡明の「回憶録」と『台湾新報』（のち『台湾新生報』）に残されている。杜の「回憶録」によれば、終戦後間もなく台湾教育会を引き継ぐための台湾新生教育会が設立され、杜は陳炘[28]の推薦を受けて会長に推挙されたのであった。杜によれば、当時のオフィスは台北第一女子高校にあり、「行政長官公署教育処への連絡、中学校校長の推薦及び諸学校の接収作業に協力し、大会を数回開く」等、新政府の教育接収業務に協力していた。しかし、教育会のメンバーが小中学校教員に限られていたため、大学教員である杜はまもなく会長職を辞任した[29]。

（一）一九四五（昭和二〇）年一〇月一二日の「台湾新生教育会」設立総会

公署政府に台湾が引き渡された一九四五年一〇月二五日までに、台湾では新政権を迎えるための様々な準備作業や引き渡し作業が行われていた。教育の面では、八月三〇日の『台湾新報』に、「国民学校から大学まで学校は全部戦時的教育を止めて遅くも九月中旬までには戦前の正規の授業を開始する」[30]という東京からの記事が掲載された。日本側による指示だったが、それ以降『台湾新報』には植民地時期からある各種の学校による授業の開始や延期、キャンパス変更などの知らせが頻繁に掲載されるようになり、戦後の教育・学校の再開に向け、台湾の教育関係者たちも奔走していた。同年の九月二六日に新任の台湾省行政長官陳儀による台湾統治に関する公式意見が発表され、教育関連事項については「台湾回復後第一に考慮すべきは教育問題であらう。これに依り中国の国語及び歴史教育を復活し、台湾人の能力を自由に発達せしめる様努力せねばならぬ、教育によって県別に依る自治の道が拓かれるであらう」と述べていた[31]。ほかにも台湾教育の今後行くべき方向についての論述などが掲載されているが、主に植民地時期の日本

表2　台湾新生教育会の役員一覧

会長　杜聡明（陳炘推薦）	副会長　潘貫、葉士輔（杜氏指定）	
委員（〇は支部長）		備考
台北州	〇林景元　陳紹慶　李■栄　李進興	
新竹州	〇張棟蘭、陳漢陽、林家謙	
台中州	〇江文章、張世資、朱阿貴	
台南州	〇陳保宗、趙大慈、王金泉	
高雄州	〇李志傳、何只経、呉阿全	後日決定
花蓮港州	〇温兆宗、林賜兼、■■林	後日決定
		重要幹部合計　22　名

※■は原資料による判読ができなかった字。

による教育を排除し、新たに「祖国」による三民主義中心の歴史教育や言語教育の普及を目指すといった内容であった。

その後、一〇月一三日に「普及三民主義教育　新生教育会新発足」というタイトルの記事が『台湾新報』に掲載され、台湾新生教育会の発足が伝えられた[32]。記事によれば、「台湾新生教育会」の設立総会は一九四五年一〇月一二日午後二時に台湾大学医学部薬理教室にて行われ、会長の杜聡明を含む百名あまりの教育者が出席し、「一、三民主義の普及　二、国語（中国語）の熟習　三、国文国史の教授研究　四、過渡期台湾教育臨時弁法大綱を作成し、省政府に建議する」等今後の会務にかかわる四つの重要事項が決議された。また、役員選挙も行われ、後日追加選出された役員を含め、台湾新生教育会の役員一覧は表2の通りである[33]。

（二）台湾新生教育会支部の成立について

台湾新生教育会本部の成立は一九四五年の一〇月一二日だが、各州支部の成立時期にばらつきがある。『台湾新報』と『台湾新生報』の記事によれば、台南州支部は本部総会成立の二日前の一〇月一〇日に、市郡代表を各二名及び台湾人教員、保護者会代表が集まり、州の教育者大会が開かれ、参加した各学校より委員一名が選ばれた[34]。また、台南州の過渡期における教育方針や教材などに関する様々な協議も行われ、一二日に開催される全島教育者大会の代表委員（台南工業潘貫、のち新生教育会副会長に選ばれた）

も同日に選出され、台南州の過渡期教育案を携行して台北の全島教育者大会に出席したとの記録もあった。

続いて、全島教育者大会が終了したあとに成立大会や支部教育者大会を行ったのは高雄州と新竹州であった。高雄州支部の大会は一〇月二五日に行われ、「同州下各学校省民教員の中から一名以上」の教員が選出され、その大会に出席した。大会開催の前に、高雄州支部は『台湾新報』にて大会の開催日時と場所を周知させ、一〇月一六日に支部代表の屏東高女教諭李志傳、太平国民学校長何只経、黒金国民学校教頭蔡清水、太武国民学校教頭林識章、中庄国民学校教頭羅安心一行が台北の本部を訪れ、事前に関連事項についての打ち合わせを行っていたとの記録も残されている。(35)

新竹州支部の成立会は一〇月三一日に行われ、新竹州下の中学校及び国民学校代表教員計約六〇名が出席した。(36)同会において、張棟蘭を会長に選出し、一一月一一日に全州の教員大会を行うことも決定された。成立大会が行われる前の『台湾新報』(一〇月二一日)には新竹州の保護者が支部長である新竹中学校長張棟蘭を訪れ、教育に関する要望を直に伝えたとの記事もあった。(37)教育関係者のみならず、当時の台湾では地方の父兄も教育に熱心に関わっていた様子が窺われる。

なお、全島教育者大会の時に支部の設置は言及されていなかったが、同年の一一月に支部を発足させたのは花蓮港州支部であった。記事によれば、花蓮港州支部の発会式は一一月二五日に行われ、花蓮港庁接管委員会の張文成委員も来賓として来場した。支部長は温兆宗、副支部長は林賜兼である。発会式終了後、花蓮港庁接管委員会の張委員を囲んで「教育問題を討論する座談会」が開かれ、「一、今後の国語普及方法　二、教員の国語講習会開催　その他教育に関する問題」を中心に意見の交換が行われた。(38)

(三)「台湾新生教育会」が目指したもの――高雄州支部を事例に

台湾新生教育会の台湾教育会と違うところの一つは、台湾人教員の発言権を重視することにある。本部だけでなく、

表3　台湾新生教育会高雄州支部建議書及び屏東師範学校建議案内容

台湾新生教育会高雄州支部建議書
一、新生教育会本部の建議案を維持する 二、州下の教育の現状はなほ継続してゐるとはいへ、実際は出席状態が悪く、授業は進行してゐない、速かに省政府の指示を望む （甲）州下の各学校は今尚兵営に充てられ、未だに撤退してをらず、そのため授業不能なところが甚だ多い、速かに撤退を命ぜられんことを望む （乙）速かに本省人或ひは本国人を校長に任命校務を執らしめ、学生生徒の出席を促したい 三、高雄支部大会席上において「嘉里、雅山、太涯」の各高山族代表は高山族の教育につき左の如き意見を呈出したが、満場一致これに支持を与へた （甲）漢文および北京官話に練達の士を派遣して、高山族教員並び民衆の指導に当らしめる （乙）教員の不足については速かにこれを補充する （丙）義務教育を施行する （丁）台湾が光復した今日、かつての日本政府時代の理蕃政策を撤廃し本省人と同様の教育を与へる （戊）教育用語は暫らく台湾語ならびに台音を主とする （己）高山族中の成績優秀な者を中等学校に入学させる 四、代表を選挙して国軍を慰問させる 五、次ぎの標語を信念とし、ひたすら祖国の教育に対して献身する 六、師範学校建案の呈出別紙の通り
台湾新生教育会高雄州支部による屏東師範学校建議案
一、台湾は国民義務教育制度を存続せしめねばならず、そのためには現在の師範学校の校数は必ずこれを確保すること、これは地方によって特異性の教育を施さねばならず、また教員を充足する趣旨からも必要である 二、高雄州は新生台湾の重要拠点である、高雄州の学区域は台東庁管内をも擁してゐるので、他州に比し地域が広闊であり人事の往来も激しいから当然こゝに一校を設立せねばならぬ、屏東市は高雄州学区の中心地でありかつ福建人、広東人の文化教育の中枢点でもある、故に当校を当地に設立する理由はこゝにある 三、屏東師範の校舎、学寮および教具備品は一切完備してゐる 四、現下の高雄州下の民情をみるに今後三民主義教育は徹底するものと思はれるからこゝに予科を昇格して本科とし、台南師範予科たるを廃止すべきである

支部教育会レベルでも中央に建議書や提案できる仕組みを取っている。その関連の記録がほとんど残されていないが、唯一高雄州支部が行政長官公署教育処に提出した建議書（表3）が『台湾新生報』に掲載されていたので、それをみてみよう[39]。

一九四五年一一月二日に、台湾新生教育会高雄州の支部長李志傳、副支部長何只経、呉阿全等の一行は上北し、公署教育処の趙教育処長を訪問した。一行は高雄州下における教職員及び教育人材の調査に関し報告を行った後、同年一〇月二五日の支部大会で決定した建議書を趙処長に提出し、迅速な対応を要望した。この建議書本文及本文の第六項目に記されている屏東師範学校の昇格案は表3の通りである。表3によれば、新生教育会本部からも建議書は提出されたと思われるが、残念ながらそれを手に入れることはできなかった。また、高雄州支部の建議書に書かれている第四項目について、高雄支部は公開の上北に際し、高雄州の教職員から四三二九・二八円の寄付を集め、国軍への慰問金として趙教育処長に手渡し、高雄支部が実際の行動で自分たちの提案内容を実践しようとする意気込みもうかがわれた。(40)

これらの支部の成立過程と活動内容をみれば、台湾新生教育会の支部は台湾人教員を中心に熱心に活動しており、州下各学校から代表が集まり、全ての学校や教員から意見や声をまとめられるような教員中心の「教育会」を目指していたことが明らかである。そして、台湾人教員が主導する教育会として、各地の教育現状に基づき、公署政府にも積極的に意見や建議案を提出していた。

だが、一九四五年一一月二六日の花蓮港支部の記事以降、『台湾新生報』には台湾新生教育会に関連する記事がなくなり、次に教育会に関連する記事が載せられたのは一九四六年六月一七日の「台湾省教育会」の成立記事である。(41)台湾省教育会の成立経緯については後に説明するが、その成立大会の様子と当時選出された中心メンバーから台湾新生教育会との関連性を探ってみよう。

台湾省教育会（以下は省教育会と記す）の成立大会は一九四六年六月一六日午前に行われ、当時国民党部の李翼中主任、台湾省行政長官公署教育処の范壽康処長及び民政処の専員が出席し、省教育会籌備会からは張耀堂会長（建国中学校長）及び籌備会の会員、全省各地を代表する教育者約六百名が参加した。同会において、当時の台北市長游彌堅が議長に推選され、省教育会の定款（章程）、民国三五年度（一九四六年）の業務計画、同年度の歳入歳出案及びそのほかの審議が行われた。上述した審議案が原案通りで可決されたと同時に、理監事の選挙も満場一致で主席団の推

表4　新生教育会の委員だった人が担当する台湾省教育会の役職

	役職名	氏名（台湾新生教育会時期の役職名／勤務校・職名等）
第一回理監事	理事（計21名に5名）	潘貫（副会長・台南工専教授） 江文章（台中州支部長・台中商業校長） 李志傳（高雄州支部長・屏東女子中学校長） 林景元（台北州支部長・高雄一中校長） 陳保宗（台南州支部長・宜蘭中校長）
	監事（計6名に1名）	何只経（高雄州支部委員・東港国民学校長）
推薦のみ	候補理事（計5名に2名）	王金泉（台南州支部委員・台南中学校長） 林家謙（新竹州支部委員・新竹市教育会長）

薦に一任することに決定され、同日の午後に游議長による教育会に対する要望が話されたあと、理監事推薦結果が発表され、議長である台北市長の游彌堅が第一回の理事長に選ばれた。台湾省教育会の第一回理監事推薦リストによれば、合計理事二一名、候補理事五名、監事六名、候補監事二名が推薦された。のちに確定された省教育会第一回の理監事リストを台湾新生教育会時期の幹部リストと照合すると、台湾新生教育会時代の幹部で、省教育会でも理監事を務めた人、もしくは着任しなかったが推薦を受けていた人の一覧は表4にまとめた。前掲した表2と表4によれば、台湾新生教育会に関わっていた主要幹部計二二人の中に、六人が台湾省教育会の理監事として選ばれていた。

なお、台湾新生教育会の会長を務めた杜聡明は台湾省教育会の発起人一覧に載せられているが、その後省教育会の事業に関わったという記録は見いだせなかった。[42]

（四）台湾新生教育会の行方とその存在意義について

台湾新生教育会は戦後まもなく、台湾教育界の有志たち、とくに「台湾人」によって始められた会である。会名に「新生」が使われたのもその志を感じさせるが、設立当時は台湾教育会のように小中学校に限定することなく、大学なども含め、全教育段階の教育関係者の意見や意思がまとめられ、伝達できるような教育団体を目指していた。だが、台湾新生教育会は新聞記事での名称も統一されていなかったうちに、その姿がこつ然と紙面から消えてしまった。[43]一九四六年六月に台湾省教育会が成立されて以来、つい最近までその存在は思い出されることがなかった。[44] 当時の時代背景を含め、台湾新生教育会が短命だった理由を挙げてみよう。

（1）台湾新生教育会が目指す目標と公署政府の理念の不一致

台湾教育会時代の支会は地域の教育事業や台湾教育会に依頼された活動をこなす立場にあった。一九三一年の法人化以降、支会は独立した団体として運営されるようになったが、新定款第二六条により、会費の徴収は各州庁教育会に委託し、台湾教育会が毎年取扱金額の四割を交付金として州庁の支会に交付するという形となり、終戦まで続いた。つまり、本会と支会はある程度の従属関係にあった。だが、新生教育会に関し、会費の徴収や交付金などの規定は不明のままだが、高雄州支部が建議書を直接に公署政府の教育処長に提出したなどの動きからすれば、台湾新生教育の支部は本部と十分な連携を取りながらも、地方における教育上の必要事項をそれぞれ地方において教員などの意見を取りまとめ、本部を介さずに直接中央（公署政府教育処）に進言することができた。各州支部が独立した議決権と運営権を持っていることは、新生教育会と台湾教育会との最も違う点とも言える。

一方、戦後の新政府が「教育会」に望んだことは新生教育会の目標とは異なっていた。公署政府の教育処長趙廼傳による一九四六年度の事業計画においては、社会教育における各団体の組織整理と監督について、「台湾教育会、体育会、教化団体、聯合会、教育職員互助会、図書館、協会博物館、協会などを整理改組する」ことを打ち出し、その理由を「台湾には従来から各種の教育団体があり、そのすべてが政府を補助する機関であった。政府の代わりに実施した、例えば書籍の印刷、審査法規の策定およびその他教育事業はみな非常によい成果を収めている。ゆえに、接収後は改組のうえ、そうした利点を保持しなければならない」と説明している。[45] つまり、公署政府は教育会を含めたこれらの教育関連団体が植民地政府を翼賛してきた実績を認め、今後もその存続を望んでいたのである。だが、台湾新生教育会が目指していたのは、教員が主導し、「下意上通」のできる教育組織であった。それは公署政府が存続を希望した目的とは大いに異なっていた。また、趙処長は台湾新生教育会の存在を承知しており、高雄州支部から直接に建議書と国軍慰問金も受け取ったにもかかわらず、台湾新生教育会について一切言及をしなかったのである。

当時の台湾人教員たちを含む学識のある台湾の中堅層は、日本政府の植民地統治に対する不満の解消を新政府に期待し、公署政府が正式に台湾を接収する前に台湾新生教育会を設立し、教育に対する要望をまとめたが、結果としてその要望は実現されることはなかった。台湾を接収して間もなくの公署政府は「去日本化」、「中国化」を優先し、台湾人を優先に任用するなどと掲げていたが、台湾人による台湾の統治を根本的に否定していたのである。実際に教育方針や政策の制定も政府側の主導で行われ、最終的に主導権を台湾人に持たせることがなかった。(46)

（2）「教育会法」の存在

台湾は公署政府に接収された時にすでに中華民国の法律に「教育会法(47)」が存在している。当時の「教育会法」（一九四四年十月一二日修訂）によると、教育会の目的は「教育事業を研究し、地方教育を発展させ、並びに政府に協力して教育政令を推進すること」にあり、「中央では社会部、地方では省市県社会行政主管機関、教育部もしく各省県市教育行政主管機関」が管轄機関とされている。なお、教育会法の規定によれば、教育会は地方行政区域によって郷鎮市区教育会、県市教育会、省教育会に分類され、下級の教育会は上級の教育会の指導を受けるべきだと定められている（第六条）。なお、県市以上の教育会の設置には下級教育会の過半数の支持が必要である（第十条）。つまり、中華民国の教育会は基本的に市町村レベルの教育会が設立されてから、都道府県レベルと全国レベルの教育会の設立が可能となるものである。

だが、台湾新生教育会は当時主要な地方教育会によって結成されたものの、地方教育会と本部となる新生教育会の設立時期はほぼ同じ時期に設立されており、教育会法に定められているような下級教育会が先に設立しなければならない制度とは異なっていた。さらに当時の台湾では市町村レベルの教育会は殆ど存在していなかったため、教育会法によって下級から上級への教育会組織を結成させるのが短時間では不可能であった。

ちなみに、この時期は台湾新生教育会のほかにも「新竹教育者連盟挙行結成式」や「嘉義三民教育会」などの教育関連組織が存在していた。[48] 組織は違うが、掲げている目標は新生教育会と同じように、「新国語」、「三民主義」と「祖国精神」の推進に目標を定めている。しかし、これらの組織は新生教育会との関連性が不明で、台湾が正式に接収されたこれ以降は新聞や雑誌からも確認できなくなった。

（3）「行政長官公署制定人民団体組織弁法」の実施

一九四五年一一月一九日に「行政長官公署制定人民団体組織弁法」（以下は人民団体法と記す）が実施された。[49] その第一条により、台湾省現有の人民団体は全ての活動を停止し、調査登記の手続きを済ませてから、法令や実際の状況によって調査を行い、必要なら解散もしくは再組織させることとなった。台湾新生教育会だけでなく、公署政府が台湾に来る前に成立された団体は全てこの法律の実施によって改組する必要が生じた。人民団体法に従って申請し、許可が下りるまで、台湾新生教育会の運営も不可能となった。

（4）資金問題

一九四五年一〇月二五日に台湾が公署政府に接収された後、学租財団の財産は公署の教育処へ移管され、一一月一六日に台湾教育会及び互助会などの財産[50]も全て接収され、のちに設置された「台湾省学産管理委員会」がその管理と整理にあたっていた。一九四六年六月の台湾省教育会の設立までに、台湾教育会及び互助会の資産は該当管理委員会が管理していた。台湾教育会の資産を引き継ごうと設立された台湾新生教育会だが、資金となる台湾教育会の関連資産が結局全部ほかの部署に移管されてしまったのである。

以上挙げられた四点から、台湾新生教育会が自然消滅した原因は法律問題を中心に様々な理由が考えられるが、その寿命は一九四五年一〇月一三日の発足式から一一月二六日の花蓮港支部成立大会の記事までのわずか二ヶ月間であった。教育会としての組織構成や運営、事業内容等も未熟な段階で夭折した。しかし、記事に残された活動記録から、台湾人教育関係者は台湾教育会時期に持たされていなかった政府への「提案・進言」する権利を、台湾新生教育会を通して持とう、そして実行しようとしていたことが明らかであった。日本統治期の台湾教育会を引き継ぐために台湾人の教育関係者たちが立ち上げた組織として、その努力は重大な意味を持っている。

だが残念なことに、台湾新生教育会は新しい政権の法律に従って正式な組織として申請することができなかったので、公式な記録も残されていなかった。のちに設立された台湾省教育会の関連資料にも台湾新生教育会が言及されることがなかった。ただし、台湾省教育会の第一回理監事には台湾新生教育会の主要幹部だった人物が六人選ばれたなどのことから、人事面においての関連性は完全になかったわけでないと考えられよう。

三　社団法人台湾省教育会の成立

一九四五年一一月二五日の台湾新生教育会花蓮港州支部成立大会の記事が掲載された以降、台湾新生教育会の名前は新聞雑誌面から消えていった。前節に説明したように、公署政府は「教育会」の存続を望んでいたが、日本統治時期の「台湾教育会」に対する認識は「政府の補助的機関」に止まっていた。なぜ公署政府は台湾教育会のような「教育会」が欲しかったのか、「教育会」の力を借りてどのような教育問題を解決したかったのか、台湾新生教育会の消息が途絶えたあとから省教育会の設置までの過程からその答えを探ってみる。

1　公署政府が教育会組織を必要とした理由——台湾省参議会を手掛かりに

台湾省参議会（以下は省参議会と記す）は、一九四六年五月一日台北市で成立し、戦後初期台湾での最高民意代表機構である。参議員には当時台湾社会で影響力を持つ人たちが選ばれていたので、その提案や大会での答弁記録には当時台湾社会で起きている実際の問題及び台湾人の意見と期待が反映されている。ちなみに、省参議会の議事録を調べたところ、教育に関連する案を数多く提案し、最も教育事務に関心を持っているのは台湾出身の参議員蘇惟梁であり、のちの台湾省教育会総幹事でもある。

一九四六年度後半から一九四七年度前半の小中学校教育関連提案及び答弁概要内容をみれば、当時台湾で最も解決を要していたのは教育現場の教育費、教科書、学用品の提供や配給等の問題及び、戦後教員の質の強化や待遇、互助会などの問題である[51]。これらの教育問題の大半は植民地時期から台湾教育会が担当していた業務であり、新政権に移行しても台湾教育会のような組織が必要とされたのである。

2　台湾省教育会の設立について

(一) 設立の経緯

台湾省教育会が人民団体法に基づいて申請案を提出した確実な時期は不明だが、『台湾省行政長官公署檔案』に一九四六年二月二二日付の「台湾省教育会成立核准案（台湾省教育会成立許可案）」が残されている[52]。その許可案によれば、省教育会の発起人は三一名だったとのことだが、同年一〇月に提出された報告書では正式な発起日は一九四六年三月一五日とされ、発起人数は三〇人となっている[53]。また、同会の発起主旨は「三民主義を普及し台湾教育を改めることを目的と」した。具体的な事業計画は「1．三民主義を宣揚し、新生活運動その他文化教育に関する事業を実行する　2．国文、国語、および国史の研究を進める　3．体育を奨励する　4．科学研究を奨励する　5．教育に関する雑誌書籍などを刊行する　6．教育功労者を表彰する」等が予定されていた。

なお、一九四六年六月の成立大会の新聞記事では、省教育会の「進行方針[54]」は「各県市分会及び各区支会の成立」、

「原台湾教育会の所有財産の引き継ぎ」、「原教員互助会の所有財産及び公費の引き継ぎ」、「会誌の刊行と国語教育の推進」、「教職員身分保障法及び教職員待遇改善法の迅速な制定」、「教育功労者の表彰」、「各科目の教授用書及び補習用教科書の編集」、「教授法の研究と生徒の課外補習時数を増させること」、「学校用品と文化教育図書の代理販売」、「原「教職員共済会」に同等する施設の設置を要請すること」、「政府及び学租財団に三十五年度の経費補助を求めること」等一〇項目があった。

この一〇項目の中に、二項目を占めている台湾教育会及び互助会財産の引き継ぎについては、省教育会が所蔵している会の成立関係資料の中には「（説明）本会は三十五（一九四六）年七月一日に成立し、七月六日に蘇（惟梁）総幹事が范（壽康）教育処長の手諭を受けたあと、即学産管理処へ林正霖幹事に手諭を渡し、移行の手続きを行った。ゆえに本会において接収命令に関する文巻の保存はなかった」と書かれているメモがあった。[55]それが台湾教育会及び互助会の財産は正式に省教育会に引き継がれた経緯を記録する数少ない根拠の一つとなっている。

（二）設立メンバーについて

台湾省教育会が編集した『台湾省教育会の組織と活動』に、一九四五年に游彌堅、徐慶鐘、周延寿等が「教育会組織の重要性を考慮し、特に当時本省は光復したばかりで、すべての教育活動が最初から始めなければならないため」、台湾の教育関係者と「政府の支持」を得たうえで中華民国の法律の下で台湾省教育会を発足させたと記されている。[56]

第一回の理事長に選ばれた游彌堅は当時の台北市長で、一九四七年から「「文化協進会」や「省教育会」の理事長」として、文化教育の関係者を集めていた」人物であり、また「「国語師範学校同学会」を基盤として、地方政治に広い人脈を持っていた。同学会のメンバーはほとんど同時に省教育会の会員となっていた。このグループは「旧師範派」とも呼ばれていた[57]」。前述した台湾省参議員の蘇惟梁も同じ国語師範学校の卒業生だった。なお、省教育会籌備会会長でのちに常務理事に選ばれた張耀堂も国語師範学校の出身で、東京師範学校を卒業した後は台北工業学校や台北師範学校（旧国語師範学校）で教鞭をとっていた人物であった。

省教育会の設立に携わった重要なメンバーたちは日本統治期の師範学校の出身であり、日本統治期において台湾教育会が持つネットワークが発揮した力も熟知していることが明らかである。

3　一九四〇年代の台湾省教育会

省教育会の役割について、公署政府（一九四七年五月以降は省政府）の教育処としては教育会法に基づいて旧台湾教育会を改組して、政府の「補助機関」にならしめることだったが、実際はどのような役割を果たしたのかは、初期の組織構成や活動内容からみてみよう。

（一）組織構成

中華民国の教育会法による教育会は「郷鎮教育会→県市教育会→省教育会」のような下級の教育会から先に設立される組織だった。だが、省教育会が設立された当初の台湾には県市レベルの教育会はまだ一部しかなく、郷鎮教育会はほとんどまだ設立されていなかった状態であった。そのため、省教育会の設立を支持していた公署政府は、特例で下級教育会のないまま、先に上級である省教育会の設立を許可した。[58] 実際に台湾における各県市の教育会がすべて設立されたのは省教育会が設立されて三年後の一九四九年八月のことだった。

省教育会は一九四六年の成立大会において「1、政府の政令推進に協力し、教育政策に従い、教育事業を強化すること　2、教育界の福祉を求め、教職者の研修に協力し、教職者の社会的地位を高めること　3、学校教師と学生の教授上や学習上の問題の解決に協力すること」など三つの目標を掲げた。[59] 成立当初の章程は見つからなかったため、当時の章程に定められた会務の具体的な内容を知ることができなかったが、一九四八年八月二六日に修訂された「台湾省教育会章程」は残されていた。[60]

図1　一九四八年八月二六日修訂「台湾省教育会章程」による台湾省教育会組織図

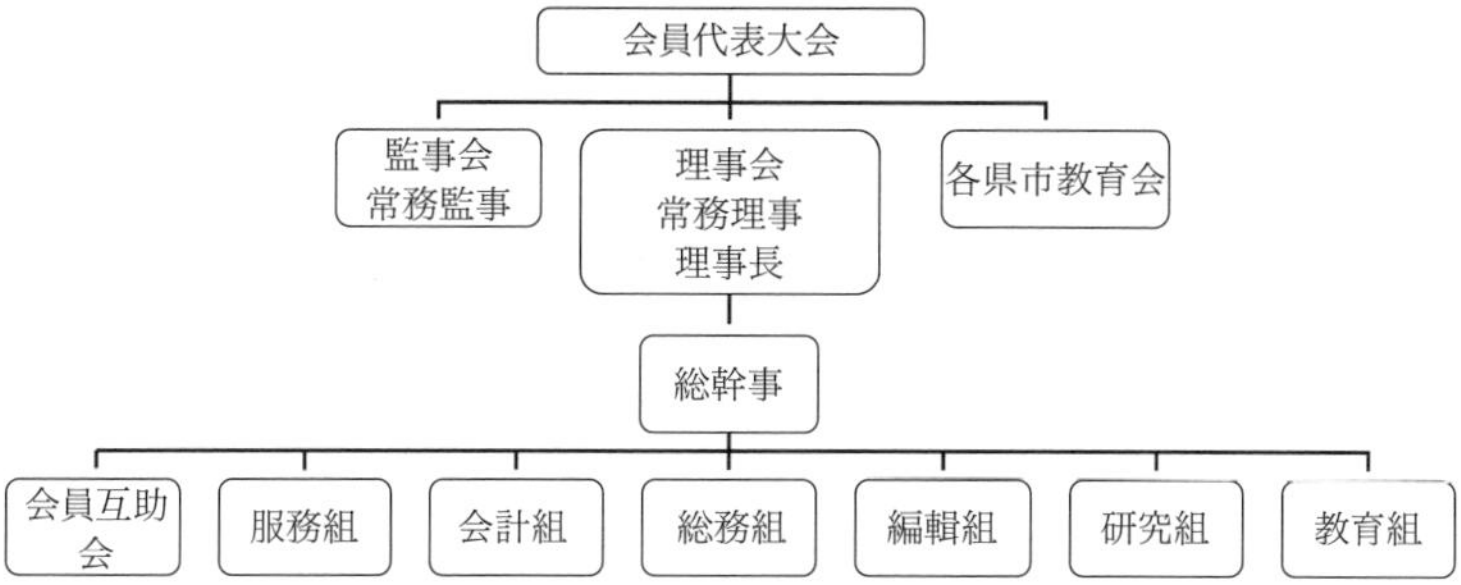

一九四八年版「台湾省教育会章程」によれば、省教育会の宗旨は「教育事業を研究し、地方教育を発展させ、及び政府が推進する教育政令に協力すること」（第二条）であり、会の任務と事業として、「一、地方教育の研究設計及び建議改進事項について　二、生活における会員の智識を増進させる指導について　三、地方教育の調査統計及び編集事項について　四、各種教育研究会議及び学術講演会を開催する　五、各官署の委託及び情報提供事項に対処する　六、体育を奨励する　七、教育関連の雑誌図書などを刊行する　八、教育功労者の表彰　九、その他教育会宗旨に合う事項を行う」（第五条）などが定められている。これらの会務は基本的に教育会法に基づいて決められている（一―五、九）が、台湾教育会時期に行われてきた事業も一部取りこまれている（六―八）[61]。なお、この章程による省教育会の組織図は図1にまとめた。

（二）会の財産、補助金及び収支状況

省教育会は当時の台湾省学産管理委員会から台湾教育会の財産を引き継ぐ形で設立されたが、成立当時実際に接収したものは台湾教育会が残した書類図書と一部のオフィス家具のみであった[62]。一九四九年二月に台湾省学産管理委員会が解散し、台湾教育会が持っていた不動産などがようやく省教育会へ移管されたが、そのほとんどがほかの政府機関に使用されている状態で、宿舎なども地元住民に占用されていて、家賃収入があっても微々たるものであった。

政府側からの補助金はあったが、一九四九年に国民政府が国共内戦に敗れ、台湾へ首都を移してきた等一連の出来事の影響で旧台湾ドルが暴落し、その価値がほぼゼロになってしまった。さらに一九五〇年から補助金が中止され、代わりにほかの二団体と国際映画館を共同経営するようにと言い渡され、その利益を政府からの補助金として受けることになった。だが、一九五一年にまた政府の命によって国際映画館の経営権がほかの団体にと引き渡された。政府からの補助金はいつ復活したのか不明だが、一九五二学年度の収入には「教育庁補助金」の科目があった。ちなみに、当年度の政府補助金（教育庁補助金）収入が四二・五〇〇元（新台湾ドル）だったのに対し、省教育会出版組の収入は八八・五〇〇元であった[63]。

台湾省教育会十年史『十年来の台湾省教育会』の序言において、当時の理事長游はこの一〇年間団体としての生命を維持させることができたのは「出版事業による版税収入」があったからだと説明したが、それでも切り詰めてやりくりをしていたと述べていた[64]。さらに、省教育会の主旨は「教育事業を研究し、地方教育を発展させ、政府の政令推進に協力し、教育関係者の研修補導と互助福祉などの事業をも担うこと…」にあり、教育会としての責任と事業内容は重大だが、人力と財力の制限によって「成果は多くなかった」とも游は嘆いていた。政府の支持を得て法律面においては特例で設立を許可してもらえた省教育会だが、経費面でも政府の支持を得ていたとは言い難い状況であった。

（三）会務内容について

成立初期の省教育会事業は基本的に章程に定められた内容によって行われていた。以下は「教育、研究及び教育に関する建議案の提出」、「教材及び教育図書の編集と出版」、「学用品の供給等」及び「会員互助会の運営」等主な事業内容について説明する。

（1）教育、研究及び教育に関する建議案の提出

戦後中華民国の一省となった台湾において、教育上最も緊急とされていたのは「国語」（＝中国語）の普及であった。省教育会は一九四六年七月から一九四八年六月までの二年間において、「国語運動の推行」と「学校教材の研究供給」

に全力を注いだという。[65]その後、数学・音楽・美術・労作・体育・自然など六つの教学研究委員会も設置して教材研究を行い、各種講習会の開催を通してその研究成果を広めるなど教員の研修事業にも尽力していた。

さらに省教育会は積極的に地方や現場教員の意見をまとめ、政府に教育関連の建議案を提出していた。例えば、一九四七年八月二五日の会員代表大会では二二件の建議改進教育事項案を決議し、当初の省政府教育庁に提出していた。さらに、一九四七年から一九五六年までの間に政府へ提出した教育関連の建議案は三一二件にも及んだという。[66]

だが、省教育会は積極的に建議や提案をしているが、採択された案は多くはなかったようだ。上述した一九四七年に提出された二二件の建議改進教育事項案に関する教育庁での検討結果をみれば、六件は却下され、一六件はすでに対策が講じられているもしくは解決されているとの回答結果であった。[67]省教育会の建議案を受け入れる、もしくは今後の参考にすると採択された案はなかった。また、『台湾省教育会の組織と活動』の記録にも、政府に採択された重要な教育建議案として、一九五一年三月、一九五八年二月及び一九五八年三月に提出された三つの建議案だけがあげられている。[68]

（2）教材及び教育図書の編集と出版

『台湾省教育会の組織と活動』の記述によれば、「台湾は光復したばかりで、政府は教育会の協力を必要としていたため」、省教育会は教材や教科書出版において「可能な限りに色々な便宜を図って」いたと述べられている。[69]当時はまだ国民政府が台湾へ亡命する前で、台湾における教科書販売のマーケットも小さかったので、大陸にある大手書店や出版社は台湾への出店がとても少なかった。そのため、小中学校で必要な教材は最初すべて台湾省教育会が編纂・発行していた。

記録によれば、省教育会は一九四六学年度において、国民学校用の教科書を初級国語常識課本八冊、高級国語課本四冊、初級算術課本八冊、高級算術課本四冊、初級音楽課本四冊、高級音楽課本二冊、各級写字範本六冊を編纂した。[70]

その後、一九四七学年度から一部の教科書は政府によって統一編纂されることとなったので、省教育会は統一編纂の対象外となる「音楽、唱遊、美術」科の教科書及び写字範本等を編集するようになった。しかし、一九四九年以降、大陸の大手出版社は国民政府の遷移とともに台湾へ移り、当時大陸で教科書編集を担当する国立編訳館も台湾へ移ってきたため、台湾省教育会の教科書編纂事業も漸次縮小し、会誌『台湾教育』（一九四八年一月一日創刊）の発行及び教授資料、教育図書等の出版が中心となっていった。

（3）学用品の供給や教科書の配給など

省教育会が設立されたのは戦後台湾における教科書、学用品の提供や配給等の問題を解決するためでもあった。「十年来的台湾省教育会」によれば、当時の省教育会には財力がなかったので、学用品の供給事業は同会の会員互助会及び銀行から借金する形で運営されていた。[71] それから一九四七学年度及び一九四八学年度の国民学校教科書の無料配給業務も依頼されていた。なお、国民政府が台湾へ遷都した後、大陸からの教育関係者の就職あっせんなども行うようになった。

（4）会員互助会

省教育会管下の「会員互助会」の前身は台湾教育会が運営していた「台湾教育職員互助会」である。戦後、省教育会が接収した互助会の資産は一部の現金以外に、日本統治期の公営事業の株が大半であったため、運用できる資金がほぼなかった状態であった。当時の游理事長と商界の簡子文氏による寄付金で乗り越えたというが[72]、一九四九年前後は政治状況の急変によって旧台湾ドルが暴落し、会員数も急落した。一九五〇年九月以降は政局の安定と共にようやく回復の兆しが見えてきた。

(四) 一九四〇年代成立初期における台湾省教育会の位置づけと役割

一九五〇年一〇月二三日に省教育会の第三回会員代表大会が行われた。当時教育行政のトップである国民政府の教育部長程天放をはじめ、台湾省政府の主席呉国禎と教育庁長、副庁長、社会処処長など行政側の代表も出席した[73]。開会時のあいさつでは、省教育会理事長の游彌堅は光復した後の数年間において、省教育会は「政府に協力して国語（中国語）運動を推進」するために「五十数回の講習会を開き、千人以上の会員が参加した」と述べ、さらに会員の研修用に「上海から各種の参考書を大量に購入し」、「五十数種類の書籍、合計四百万冊以上を編集・発行した」と説明した。また、会員福祉の面においても「会員互助会を成立」させ、災難や病気時の慰問金及び年一度の贈り物と年末抽選などのイベントも開催し、省教育会の供応部では安価な学用品の提供を行い、毎年教育功労者の表彰も行っているとも述べていた。

このように省教育会が設立されて以来四年間の実績をまとめたうえで、さらに游は「過去日本人が本省を占拠した時に、よく学校を利用して各種の政令を推進し、効果がとても大きかった」にもかかわらず、「わが政府はこの点に気が付いていないかったようだ」と指摘した。

これは文面から当時の「反共抗俄」戦争の中で、学校を利用して「自由・民主」を宣伝することの重要性を訴えるための発言だと思われるが、省教育会は実質上政府から全面的な支援と支持を得られなかった状況に対する抗議だとも受け取られる発言であった。特に一九四九年に国民政府が台湾へ移ったことにより、台湾を取り巻く政治・社会・経済など各方面の状況がすべて変わり、省教育会の運営と事業にも大きな衝撃を与えていたことは言うまでもなかった。このような状況の中でも、台湾省教育会は一九四〇年代後半の四年間において旧師範派と呼ばれる台湾人教育者を中心に、当時緊急とされていた教育研究、教科書編纂、学用品供給などの事業を精力的にこなし、様々な教育問題に対しても積極的に解決案や建議案を作成して絶えず政府に提出するなど、教育会組織としての役割を果たそうとしてきたのであった。

おわりに

本研究は、戦前の台湾教育会が一九四〇年代に行った活動内容を検討し、戦時下の台湾教育会はさらに戦時翼賛・皇民錬成の強力な「別働隊」の役割を果たし、学事関連の事業を優先的に犠牲にして、統治側が望む事業を担当してきた様相を明らかにした。一九四四（昭和一九）年の定款変更に際し、教育会の総会を「上意下達、下意上通」の場として作り上げ、形式だけでも「意見の開陳又は討議解決の機会を設け」ようとした動きがあったが、結局は総督府による完全なる「上意下達」の教育情報伝達ルーツとなった。

戦後まもなく、台湾教育会を引き継ぐための「台湾新生教育会」は「台湾人」教育関係者の主導で自主的に結成され、台湾が正式に行政長官公署に接収される前の段階から積極的に活動を起こしていた。新生教育会が目指したのは政府への意見伝達のできる教員による情報回路の構築と実現にあり、すなわち本当の意味の「上意下達、下意上通」を目標としていた。しかし、新生教育会が志半ばで頓挫したのは法律面に問題があったためだが、当時の新政府である台湾省行政長官公署は教育会にそのまま政府の「補助機関」であることを望んだことも影響していたと思われる。その後、公署政府の支持を得て新たに設置されたのは「台湾省教育会」であった。日本統治期の台湾教育会業務を引き継いだと明言している省教育会は一九四六から四九年までの四年間においては精力的に教育研究、教科書編纂、学用品供給などの事業を行ってきたと同時に、台湾新生教育会が目指したのと同じように、教育現場や地方の教育問題に積極的に取り組み、建議案を作成して政府に提出していた。

戦後中華民国の一省となった台湾において、台湾人教員や教育関係者らは日本統治期から「教育会」組織が持つネットワークの重要性と機能のプラス・マイナスを体験的にわかっているため、台湾新生教育会と台湾省教育会を通して自分らの考えを伝えながら、新しい政権に協力して台湾の教育を再建しようとしていた。だが、一九四〇年代に限ってみれば、台湾省教育会は結局政府が望んだように緊急の教育問題対処に追われるばかりの「補助的な機関」になってしまっていた。しかも、政局の変化に伴い、経費面でも事業面でも政府から全面的な支援を得られなかった状況で出版事業の収入に頼って運営を続けるという時期も経てきている。

戦後七〇年以上経った今、「台湾省教育会」はまだ存在している。しかし、現在の省教育会が行っている業務は下級教育会に対する会務評価や補助、年に数回の教育関連イベント開催、会誌などの出版及び互助会の運営が中心となっている。(74) 台湾において九〇年代から教員組合が盛んになり、教員組織に関する研究や話題は今でも多数ある中、台湾省教育会に関する研究が殆どなく、その教員組織としての役割や存在はあまり重視されていないのが現実である。一九四〇年代において精力的に活動していた台湾省教育会だが、一九五〇年代以降はどのような道をたどり、現在に至ったのかについて、今後の課題として研究を進めていきたい。

注

（1）李永志、「台湾教育会史的転折——台湾新生教育会與杜聰明的故事」（『台湾教育』第六七四号）、台湾省教育会、二〇一二年、八一—八四頁。これは「台湾新生教育会」の存在について正式に言及した最初の研究記録だと思われる。これまで戦後台湾教育会の行方及び台湾新生教育会について具体的に論じる研究はなかった。

（2）陳虹彣、「日本植民地統治下の台湾教育会に関する歴史的研究」（梶山雅史編著『近代日本の中央・地方教育史研究』所収）二〇〇七年九月、学術出版会、三七七—四〇五頁。許佩賢、「戦争時期的台湾教育会与植民地統治（一九三七—一九四五年）」（戴浩一・顔尚文主編『台湾史三百年面面観』所収）二〇〇八年、三二九—三六四頁。

（3）台湾教育会、「台湾教育会通信」（『文教』五月（五〇〇）号一九四四年）七七—七八頁。

（4）同前。

（5）台湾教育会、「昭和十三年度代議員会並総会記事」（『台湾教育』第四四三号、一九三九年）一〇二—一〇三頁。

（6）この年の展覧会は準備のみで開催はしなかった。その後、台湾美術展覧会は復活したが、総督府の主催となった。
（7）台湾教育会「台北通信」（『台湾教育』第四五三号）一九四〇年、八二―八三頁。
（8）台湾教育会「台北通信」（『台湾教育』一九三九―一九四三年分、第四四三―四九七号）。
（9）台湾教育会「台北通信」（『台湾教育』第四五〇号）一九四〇年、一〇二―一〇三頁。
（10）この回は短期講習のため、総督府主催とされている。
（11）台湾教育会「台北通信」（『台湾教育』第四八三号）一九四二年、九六頁。
（12）台湾教育会「台北通信」（『台湾教育』第四九二号）一九四三年、五六頁。
（13）台湾教育会「広告」（『文教』第四九八号）一九四四年、一〇一頁。
（14）『南方地理写真集　第一輯』の発行年月日は一九四五年二月一五日だったが、第二輯は実物を確認できたが、発行年月日は不明であった。
（15）台湾教育会「台北通信」（『台湾教育』第四九六号）一九四三年、五九頁。
（16）台湾教育会「広告」（『文教』第四九八号）一九四四年、一〇一頁。
（17）台湾教育会「台北通信」（『台湾教育』第四五〇号）一九四〇年、一二七―一二九頁。台湾教育会「台北通信」（『台湾教育』第四六七号）一九四一年、一五二―一五三頁。台湾教育会「台北通信」（『台湾教育』第四八三号）一九四二年、一二三―一二七頁。
（18）台湾教育会「台北通信」（『台湾教育』第四九〇号）一九四三年、六五頁。
（19）台湾教育会「台北通信」（『台湾教育』第四四九号）一九三九年、七六頁。
（20）『文教』は一九四四年三月に『台湾教育』の通し番号を引き継ぎ、通算四九八号を発刊し、一九四五年二月の第五〇八号まで刊行されていたことが確認できた。
（21）台湾教育会「編輯後記」（『文教』第四九八号）一九四四年、九八―一〇〇頁。
（22）台湾教育会「台湾教育会通信」（『文教』五月（五〇〇）号）一九四四年、七七―七八頁。
（23）「台湾省学産管理委員会が台湾教育会から引き継いだ財産、所有品、貸与などのリスト」、『重要書類1「本会成立及び財産接管（接収・受け継ぎ）に関する巻」』、台湾省教育会所蔵、一九四六年七月八日付。
（24）旧台北市龍口町三丁目・現台北市南海路二二八記念館。主な沿革・戦後台湾省参議会、台湾参議会臨時集会場、アメリカ在台湾新

聞処、中国ボーイスカウト総部、一九九三年に三級文化財指定、現在は台湾の二二八国家記念館となった。
(25)『民国三五年　接収台湾教職員互助会案巻　互助会』台湾省教育会所蔵。日本語で作成、担当は石井喜之助等二名留用日本人である。
(26)「移管財産（現金、株券）リスト」（一九四五年一一月一六日付）、『民国三五年　接収台湾教職員互助会案巻　互助会』台湾省教育会所蔵。
(27)新生教育会の名称については資料によっては台湾新生教育会と台湾省新生教育会があるが、本稿においては原資料で最も使われている「台湾新生教育会」と記す。
(28)杜聡明、『回憶録　上』・『回憶録　下』（張玉法・張瑞徳主編『中国現代自伝叢書』第一輯）龍文出版社、一九八九年。なお、陳炘は植民地時期から台湾の金融界と文化啓蒙運動に貢献のある人物であり、終戦後の二二八事件（一九四七年）の犠牲者でもあった。なお、杜は新生教育会は接収作業に協力したと述べていたが、具体的にどのような作業に協力したかは不明だった。
(29)杜聡明『回憶録　下』龍文出版社、一九八九年、二〇一頁。
(30)『台湾新報』「学校は平時授業に復帰」一九四五年八月三〇日。
(31)『台湾新報』「陳儀長官執政方針　教育を第一に考慮　民衆の生活水準向上へ」一九四五年九月二九日。
(32)『台湾新報』「普及三民主義教育　新生教育会新発足」一九四五年一〇月一三日。
(33)高雄州支部と花蓮港州支部の委員は後日選出されたものである。
(34)『台湾新報』「台南教育者大会開催　建国必成の教育に万全」一九四五年一〇月一四日。『台湾新生報』「台南州新生教育会　挙行成立会」一九四五年一〇月二六日。
(35)『台湾新報』「新生教育会高雄支部大会は廿五日」（日本語版）一九四五年一〇月二一日。台湾新生教育会高雄州支部は二五日に屏東高等女学校にて支部教育者大会を開く予定だった。
(36)『台湾新生報』「新生教育会　新竹分会成立」一九四五年一一月四日。
(37)『台湾新報』「訪問校長要求　以国語為正科」一九四五年一〇月二一日。当時新竹州においては新竹中学校長張棟蘭を中心に、各教育事項を積極的に推進していた。そんな中に、新竹の保護者達が特に「民族精神の宣揚及び迅速的に国語を習得する問題」に関心を持ち、張校長を訪れ、「是非国語を正科にしてほしい」と要望を伝えたそうだ。
(38)『台湾新生報』「新生教育会支部発足」一九四五年一一月二六日。

(39)『台湾新生報』「屏東師範の昇格　新生教育会高雄支部建議」（日本語版）、一九四五年一一月四日。
(40)『台湾新報』「訪問校長要求　以国語為正科」一九四五年一〇月二一日。
(41)『台湾新生報』「文化台湾に貢献　きのふ省都で両会成立」（日本語版）一九四六年六月一七日。同日の午後に「台湾省文化協進会」の成立大会が省教育会に続いて行われた。
(42)「臺灣省教育會成立核准案」（「台灣省教育會」、V二一九二）『臺灣省行政長官公署檔案』所収、一九四六年二月二二日付。
(43)『台湾新報』や『台湾新生報』における新生教育会の関連記事では会名や支部名などの名称は記事によって異なることが多い。
(44)李永志、「台湾教育会史的転折——台湾新生教育会與杜聡明的故事」（『台湾教育』六七四号）、台湾省教育会、二〇一二年、八一—八四頁。
(45)臺灣省行政長官公署教育處編「中華民國三十五年度臺灣省行政長官公署教育處工作計劃（事業部份）」（教育處處長趙廼傳、一九四六年一月一〇日付）『臺灣省教育概況』所収、一九四六年、一四六頁。
(46)陳虹彣、「終戦直後（一九四五—一九四六）台湾の国語教科書に関する一考察——国民学校・中等学校の暫用国語教科書に着目して」（『東北大学大学院教育学研究科研究年報』第五五集第一号）二〇〇六年、一五—三六頁。
(47)「教育会法」（一九四四年十月一二日修訂）。中華民国「立法院法律系統」による（20150109）http://lis.ly.gov.tw/lglawc/lawsingle?00063A138D0700000000000000A00000200FFFFD00^011350331012^00030001001。
(48)『台湾新報』「新竹教育者連盟挙行結成式」一九四五年一〇月一五日。『台湾新報』「嘉義三民教育会発足」一九四五年一〇月二四日。
(49)『台湾新生報』「行政長官公署制定人民団体組織弁法」一九四五年一一月一八日。
(50)「重要書類　本会成立及び財産接管（接収・受け継ぎ）に関する巻」による。台湾省教育会所蔵。
(51)欧素瑛編『台湾省参議会資料彙編　教育編一』国史館、二〇〇四年、一—一五四頁。
(52)「臺灣省教育會成立核准案」（「台灣省教育會」、V二一九二）『臺灣省行政長官公署檔案』所収、一九四六年二月二二日付。
(53)「教育會指導人民團體組織總報告表填送案」（「人民團體組織」、V〇四〇五）『臺灣省行政長官公署檔案』所収、一九四六年一〇月二九日付。
(54)『台湾新生報』「本会進行方針」（中国語版）一九四六年六月一七日。
(55)「重要書類　本会成立及び財産接管（接収・受け継ぎ）に関する巻」台湾省教育会所蔵。

(56) 台湾省教育会『台湾省教育會的組織與活動』一九六二年一月、頁数なし。
(57) 何義麟『二・二八事件――「台湾人」形成のエスノポリティクス』東京大学出版会、二〇〇三年三月、二七八頁。
(58) 台湾省教育会『台湾省教育會的組織與活動』一九六二年一月、頁数なし。
(59) 台湾省教育会『十年来的台湾省教育会』一九五六年、八頁。
(60)『民国三九年　立法組織巻』(一九五〇年)所収、台湾省教育会所蔵。
(61) 教育会法では、教育会の任務については次のように定められている。一、地方教育の研究設計及び建議改進事項について。二、人民生活上の知識を増進させる指導事項について。三、地方教育の調査統計及び編纂事項について。四、各種教育研究会及び学術講演会を開催する。五、各種教育事項を開催する。但し主管教育行政機関の許可が必要。六、一般教育事項について教育行政機関に建議することが出来る。七、各主管官署の委託事項や情報提供の要請に対処する。八、其の他教育会の宗旨に合う事項を行う。
(62) 游彌堅「序言」『十年来的台湾省教育会』台湾省教育会、一九五六年七月。
(63)「付録民国四一年学年度台湾省教育会各組収支対照表」、『台湾教育』第三四期、一九五三年一〇月一日、二四頁。
(64) 游彌堅「序言」『十年来的台湾省教育会』台湾省教育会、一九五六年七月。
(65) 台湾省教育会『十年来的台湾省教育会』一九五六年七月、一〇頁。
(66) 同前、八頁。
(67) 台湾省教育会『台湾教育』創刊号、一九三八年一月一日、三〇―三一頁。
(68) 台湾省教育会『台湾省教育會的組織與活動』一九六二年一月、頁数なし。
(69) 同前。
(70) 台湾省教育会『十年来的台湾省教育会』一九五六年七月、二二―二七頁。
(71) 台湾省教育会『十年来的台湾省教育会』一九五六年七月、三〇―三二頁。
(72) 台湾省教育会『十年来的台湾省教育会』一九五六年七月、三二頁。
(73)「第三回会員代表大会会議記録」(一九五〇年一〇月二三日)『民国三九年　立法組織巻』(一九五〇年)所収、台湾省教育会所蔵。
(74) 現在の『台湾省教育会組織章程』「第二章任務」の第四條によると、省教育会の任務は次の如くである。一、教育の研究、設計、改進に関する建議事項。二、国民生活知識増加の指導への協力に関する事項。三、教育調査、統計及び書刊編纂への協力に関する事項。

四、教育文化事業の開催に関する事項。五、会員の福祉互助及び協調連絡に関する事項。六、教育政策及び法令への協助と推行に関する事項。七、機関もしくは団体の依頼を受けて教育に関する事業を行う。八、教育活動及び社会運動への参加に関する事項。九、そのほか法律によって行うべき事項。http://www.tpea.org.tw/catalog.asp?keyid=6（台湾省教育会公式サイトより。二〇一六年二月一三日アクセス。）実際、定例の業務以外に毎年実施されている事業は限られている。

あとがきに代えて

本書は「教育情報回路としての教育会史研究会」が刊行する第三冊目の論文集となる。第一集は『近代日本教育会史研究』（二〇〇七年九月）、第二集は『続・近代日本教育会史研究』として二〇一〇年一一月に刊行した。今回は教育会が解散する戦後期までようやく研究を進め、『近・現代日本教育会史研究』と題した。しかしながら、戦時期から戦後新教育発足期の実像に迫ることは容易ではない。戦災で膨大な文物が焼失し、さらに敗戦直後、占領政策に備え、諸官庁、都道府県市町村各役所、学校、図書館等が大量の文書を破棄焼却した。戦時総動員体制を担った教育会の解散過程並びに戦後諸教育団体が設立される過程について引き続き研究を深めていきたい。今後の課題については、序章最終節「教育会史研究の課題」を再度参照願いたい。

既に述べたことであるが、戦前の教育会は学務関係吏員、師範学校教員、校長・教員、地方名望家などから構成された「私立」の組織であるが、教員研修・教員養成機能並びに教育政策・教育行政への翼賛機能を高度に発揮し、第二の教育行政機構の役割を果たすに至った。教育会発足の初期から注目すべき一定のシステムが見て取れる。行政から当面する課題について諮問が出され、校長・教員が答申或いは建議を出すという協議方式が、総集会や研究集会・研修等の場で多用され、教員に一定程度の自主性と参加を保障する一方で、自発的な恭順を引き出しつつ諸施策を展開するシステムである。教員の組織化、事案解決手順、教育研究・実践方式として、明治前期における地方教育会や小学校長会の発足と共に始まり、次第に多様な教育諸団体と連携しながら精緻な組織構造を作り上げた。それは行政側にとっては高度な教員統制の実現であった。このシステムは、学校教育、社会教育（通俗教育）、女子教育等に至るまで幅広く地方の教育世論を喚起・集約し、地方の実情に応じて中央の定める教育政策を実施する調整機能を果たした。

このシステムは昭和期に入るや世界恐慌以後、戦時体制構築の重要機関へと教育会を変貌させていくことになる。一九二九（昭和四）年九月、文部省は教化動員に関する訓令を発し、国体観念明徴・国体精神作興のための教化・動員実施を宣した。翌々年日本は満州事変を起こし、アジア・太平洋戦争へと戦争を拡大し、国民総動員の果てに悲劇の歴史を歩んだ。満蒙開拓青少年義勇軍募集・送出、食糧増産活動等々各省庁、諸団体から、戦時総動員の具体的課題が相次いで教育会・校長会宛に到来する。戦時期の教育会は戦時総動員体制の強力な担い手となった。教育会の活動の核となり屋台骨となっていたのは校長会であり、諸事業の具体的設定を行ったのは校長層であった。戦時総動員体制下の「臣民」の「錬成」を率先鼓吹する役割を務めたのは校長達であった。戦時期地方教育行政の仕組み、学務課と教育会と校長会と教員の歴史的実態を明らかにすることは、不可欠の研究ステップである。戦前教育会の負の遺産の学術的研究に着手するべきである。

さらにGHQが教育会改組に向けて紹介したアメリカのNEA（全米教師協会）はじめ、海外の教育に関わる中間集団について、比較研究を進めることが今日的研究課題として必要だと強く感じている。

この間、北海道から沖縄におよぶ広範囲のメンバーが参加し形成した共同研究会は、編者が体験した京都大学人文科学研究所の共同研究会の様な、開かれた自由な共同研究を踏襲したいと願ってきたものであり、毎回充実した研究空間と時間が成立したこと、研究会メンバーの率直で自由な、そして厳しい討議に感謝したい。

共同研究会の早期からのメンバーであった石島庸男先生、千葉昌弘先生が病に斃れられ悲しいことに逝去された。本書をお届けできないことが、無念で悔やまれてならない。

お二人を偲んで、共同研究会初期から参加いただいた思い出をここに留めておきたい。石島庸男先生は、二〇〇六年四月、第一一回研究会（報告者は千葉昌弘先生・山谷幸司先生）から参加してくださった。同年七月の第一三回研究会には「山形県教育会成立前史――米沢藩―置賜県の事例」を報告され、底知れぬ研究蓄積から繰り出されるまことに重厚な深みのある報告をしていただいた。この第一三回研究会は、新たに科研費（基盤研究B）交付を受け「近代日本における教育情報回路としての中央・地方教育会の総合的研究」第一回全体研究会であった。東北大学職員研修所鳴子会館で開催した。報告者は他に渡部宗助、佐藤幹男、清水禎文諸先生と梶山雅史の五名、参加者総勢二七名、二日間に亘り実に熱気あふれる研究会が現出した。懇親会後も石島先生を取り巻き、夜更けまで談が尽きなかった光景が忘れられない。研究会のトーン・レベルに道が着いたことが確信でき、私は嬉しくてならなかった。石島先生は二〇〇八年一月第二〇回研究会には、「明治初期の教育会と情報回路」を報告され、『文部省雑誌』等から教育会関係記事を調べ、「そもそも教育会の起源は」と、石島先生らしい探索の中間報告をされた。山形大学教育学部長職の多忙な中、「本研究会が楽しみだ」とおっしゃり、二〇〇九年半ばまで可能な限り参加してくださった。本研究会を励まし、研究者としての透徹したありようを御教示いただいた。二〇〇九年一一月八日、石島先生がお亡くなりになったことは返す返す無念でならない。

千葉昌弘先生は、二〇〇四年一一月第三回研究会からほぼ毎回参加していただいた。二〇〇六年四月第一一回研究会で「地方教育史研究の課題と方法――私的な研究活動歴を辿りつつ」とのタイトルで、東北大学学部・院生時代における中島太郎教授、林竹二教授との出会いから始め、修論「東北地方の近代学校制度の成立過程」執筆以降、『宮城県教育百年史』執筆、地方教育史比較研究、教育運動史研究、自由民権期教育運動の研究等、宮城・東北・土佐各地に調査に入り、その手堅い成果を『近代日本地域民衆教育成立過程の研究』、『地域の教育の歴史』等数々の著作にまとめてこられた自らの研究軌跡を語られた。最後を「教育史研究は教育学的課題意識と歴史学的方法論の共有でなければならない」との言葉で締めくくられた。興味深いエピソードをふんだんに交えて大きな視野を提示していただいた。実に刺激に充ち満ちた報告であった。

その後、報告当番毎に、二〇〇七年一月「自由民権運動の展開と教育会の源流小考」、二〇〇八年一一月「東北地方における教育会の成立と展開——岩手・秋田の両県を事例として」、二〇一二年一月「教育会の解散と復活——(教育会の戦後史)史料の紹介を兼ねて」など、自由民権運動期東北地方における教育会の成立と展開から戦後教育会の解散と復活、教員組合登場との関係史まで、約七〇年間の長い射程において教育会史を包括的に解明しようとする気迫に充ちた報告に多くを学ばせていただいた。研究会の後はいつも懇親会があり、研究会の延長戦はアルコールが入り、熱い論議が飛び交った。挑発役を務めたのは千葉先生であり、あたかも自由民権運動期の壮士タイプを連想させる硬骨漢千葉先生は、共同研究会にとってかけがえのない存在であった。何かにつけ共同研究会を活気づけていただいた。大学院生達は千葉先生の挑発に鍛えられ、随分たくましくなった。

しかしながら二〇一五年末より体調を崩され、二〇一七年一月一七日、千葉先生がお亡くなりになった。筋の通った辛口の千葉節がもう聞けなくなったことは本当に寂しく、残念無念でならない。本書第一章は千葉先生の遺稿となった。原稿は二〇一五年中に編者に届けられていた。療養中の千葉先生は出版ゲラがいつ来るか、待ち続けておられた。諸般の事情が重なり、刊行手続きが大幅に遅れ、ご存命中に完成本をお届けできなかったことは編者として悔やみきれない。千葉先生の薫陶を受けられた釜田史愛知教育大学准教授の手によって、第一章千葉論文の電子化、校正、索引づくり等の作業を完了していただいた。お礼を申します。

本研究会立ち上げ以来、共同研究会のメンバーである清水禎文東北大学教育学部助教に共同研究会の事務方を一貫して担っていただいた。共同研究会の運営、継続を強力に支えていただき、一六年間順調に研究会活動を推進出来たこと、並々ならぬご尽力に心からお礼を申します。

また二〇一三年七月以降、共同研究会の会場として、立教大学池袋キャンパス一二号館会議室の使用を許可して下さった立教大学、その労を執っていただいた研究会メンバーの前田一男立教大学教授にお礼を申します。

最後に、出版事情が厳しいなか、終始行き届いた的確な対応をもって、迅速に本書刊行を実現して下さった小林淳子社長、編集担当者細田哲史さんに、執筆者一同心からお礼を申し上げます。

巻末に、第二次論文集刊行以降これまでの研究活動の記録として、二〇一〇年第三二回から二〇一八年第五五回まで、共同研究会一覧（作成者　須田将司）を付し、報告者と報告タイトルを記しておくことにした。

教育会の総合的研究　共同研究会一覧

『続・近代日本教育会史研究』（二〇一〇年一一月二五日刊行）掲載分以降、
第三二回（二〇一〇年一〇月一〇日）より第五五回（二〇一八年一月七・八日）まで。
氏名に付した＊印は、招聘したゲストスピーカーである。

科学研究費補助金（基盤研究B）による研究テーマ
「一九四〇年体制下における教育団体の変容と再編過程に関する総合的研究」（平成二一―二三年度）
「近代日本における教育情報回路と教育統制に関する総合的研究」（平成二四―二六年度）
「日本型教育行政システムの構造と史的展開に関する総合的研究」（平成二七―二九年度）

32　二〇一〇年一〇月一〇日
教育史学会第五四回大会コロキウム「一九三〇―四〇年代日本における教育団体の変容と再編過程（二）――戦時期　内地・外地における教育団体の具体相」第一八回全体研究会
新谷恭明　一九四〇年代前半、福岡県教育会の活動実態
渡部宗助　植民地等における教育諸団体・教育会の再編と崩壊

33　二〇一一年一月八日
第一九回全体研究会
梶山雅史　教育会史研究の進捗を願って　補遺　一九一〇年前後　教育会の重層化の状況
清水禎文　昭和期・群馬県における地方教育会とその事業
一月九日
前田一男　敗戦直後、日本教育会の改組・解散過程と地方教育会の動向
服部　晃　国及び地方の教育研究所の六〇年間の変遷から考える――都道府県の教育を支える教育センターはどうあるべきか

34　二〇一一年七月一六日
第二〇回全体研究会
陳　虹彣　日本統治後期における台湾教育会の事業内容について――会誌『台湾教育』を手掛かりに

七月一七日　山本和行　戦後台湾における教育会の結成――「台湾教育会」から「台灣省教育會」へ
＊小熊伸一　占領期における教育関係雑誌所蔵調査報告
軽部勝一郎　【概要報告】熊本県教育会について――私立熊本県教育会の発足以降一九二〇年代までの活動状況について
大迫章史　戦時体制と広島県教育会

35　二〇一一年一〇月二日　**教育史学会第五五回大会コロキウム「一九三〇―四〇年代日本における教育団体の変容と再編過程（三）――戦時期から戦後初期への変転」第二一回全体研究会**
新谷恭明　一九四〇年代前半における福岡県教育会『福岡県教育』掲載論攷の検討――会員の投稿論攷の検討
佐藤幹男　地方教育行政と職能向上――「校長（会）」と教育研究

36　二〇一二年一月七日　**第二二回全体研究会　研究の総括と今後の研究推進のあり方検討会**
谷　雅泰　一九五〇年代前半の栃木市教育会の動向
千葉昌弘　教育会の解散と復活――（教育会の戦後史）資料の紹介を兼ねて
梶山雅史　経過と課題　書評における主要な指摘・今後の検討課題
一月八日　須田将司　神奈川県内における戦後教員組織の再編と教育研究団体の発足について――研究の総括と今後の研究推進の在り方
全員（各自の研究課題、A４判一枚配布）ブレーンストーミング

37　二〇一二年七月一四日　**「近代日本における教育情報回路と教育統制に関する総合的研究」第二三回全体研究会**
梶山雅史　教育会史研究の展望
服部　晃　国および地方教育研究所における六〇年間の変遷（2）――岐阜県教育研究所連盟の動向
佐藤高樹　東京都（府）における教育会の再編をめぐって――戦時期～敗戦直後の動向
七月一五日　討議＝教育会史研究の方法
須田将司　各府県教育会役員体制・雑誌編集体制一覧の作成と分析
山田恵吾　「教育情報回路」の回路図の作成に向けて・「諮問」への着目・千葉県教育会における「諮問」の変化について

38　二〇一二年九月二三日　**教育史学会第五六回大会コロキウム「近代日本における教育情報回路と教育統制に関する総合**

的研究（一）――明治後半期」第二四回全体研究会
白石崇人　明治三〇年代帝国教育会の中等教員養成――中等教員講習所に焦点をあてて
梶山雅史　教育情報回路の重層化――明治末年東京府の場合

39　二〇一二年一一月二四日　**第二五回全体研究会**
清水禎文　明治期における地方教育会の重層化――上野教育会を事例として
照屋信治　沖縄県教育会について――教育会史研究の視点から
一一月二五日
白石崇人　「教育情報回路」概念の検討
坂本紀子　北海道教育会機関誌の情報と同会の特徴――一八九一年創立から一九一二年七月まで

40　二〇一三年一月一三日　**第二六回全体研究会**
大迫章史　広島県教育会の終焉と広島県教職員組合の成立
軽部勝一郎　熊本県教育会の解散について
一月一四日
金井　徹　信濃教育会と務台理作
近藤健一郎　アジア・太平洋戦争後の府県教育会の継続と終焉――富山県を事例として
41　二〇一三年七月一三日　**第二七回全体研究会**
板橋孝幸　奈良県教育会の創設とその活動――機関誌の分析を中心に
＊河田敦子　地方教育会雑誌にみる一八八〇年代の「教育の独立」論
七月一四日
清水禎文　群馬県における教育会の終焉と戦後教育関係諸団体の成立
＊田島　昇　「信濃教育会と長野県教員組合」その後

42　二〇一三年一〇月一四日　**教育史学会第五七回大会コロキウム「近代日本における教育情報回路と教育統制に関する総合的研究（二）――教育情報回路の重層化　一九一〇―一九二〇年代」第二八回全体研究会**
佐藤高樹　教師の教育研究活動の拡がりと地方教育会――東京府を事例に
須田将司　大正期福島県全域における郡内方部会・郡市連合教育会の展開

43　二〇一四年一月一二日　**第二九回全体研究会**
大迫章史　戦後初期における広島県教育会の動向
＊冨田福代　敗戦直後の信濃教育会の動向――信濃教育会存続の要因

一月一三日　伊藤純郎　満蒙開拓青少年義勇軍と信濃教育会覚書き
軽部勝一郎　熊本県における教育会の組織と活動――明治・大正期の動向に着目して

44　二〇一四年七月二〇日　**第三〇回全体研究会**
山本和行・陳　虹彣　植民地教育会の組織と構造――台湾教育会の活動とその変遷
山田恵吾　地方教育会雑誌にみる教員社会の専門性と自律性――一九三〇年代の『茨城教育』（茨城県教育）の記事分析から
梶山雅史　教育会史研究の課題と展望――第三集に向けて

七月二一日　渡部宗助　南満州教育会派遣教員班の母国行脚――「満蒙の現状を訴ふ」（一九三一・一一）
白石崇人　明治期大日本教育会・帝国教育会の教員改良――資質向上への指導的教員の動員

45　二〇一四年一〇月五日　**教育史学会第五八回大会コロキウム「近代日本における教育情報回路と教育統制に関する総合的研究（三）――昭和期翼賛体制と教育会の残照」　第三一回全体研究会**
梶山雅史　昭和期戦時翼賛団体としての教育会――岐阜県の事例から
清水禎文　地方教育会の終焉と戦後における教育関係諸団体の結成――群馬県の事例研究
千葉昌弘　教育会の終焉――教育会から教員組合へ

46　二〇一五年一月一〇日　**第三二回全体研究会**
佐藤高樹　教師の教育研究活動の広がりと地方教育会――一九一〇―三〇年代の東京府に着目して
渡部宗助　資料紹介・満州・「満州国」の教育会とその雑誌
梶山雅史　教育会史研究の総括　さらなる課題と展望（第三集刊行に向けて）

一月一一日　軽部勝一郎　明治期における私立熊本県教育会発足前史――『熊本県教育雑誌』『熊本教育月報』の誌面に着目して
須田将司　戦後神奈川県における教員団体再編の諸相――教員組合・教育研究団体の組織化と校長会・郡教育会の改組

47　二〇一五年七月一八日　**「日本型教育行政システムの構造と史的展開に関する総合的研究」　第三三回全体研究会**
梶山雅史　教育会史研究　今後の課題

七月一九日　坂本紀子　北海道教育会の解散過程――教員組合との職能機能をめぐって

清水禎文　戦後における地方教育会の「再興」――群馬県戦後初期における新教育の普及と地域教育研究組織

須田将司　戦後神奈川県における教員団体再編の模索――占領下における教育「民主化」と職能向上をめぐる諸相

48　二〇一五年九月二七日　**教育史学会第五九回大会コロキウム「近代日本における教育情報回路と教育統制（四）――戦後の展開」　第三四回全体研究会**

白石崇人　日本教育会解散後における中央教育会の再編――日本教育協会・日本連合教育会成立まで

佐藤幹男　「教育会」の遺産は戦後にどう継承されたのか

49　二〇一六年一月九日　**第三五回全体研究会**

大迫章史　戦後初期における教育会と教職員組合の動向――広島県を事例に

＊国谷直己　昭和戦前期における茨城県教員社会の再編――「茨城県教育綱領」の制定に着目して

一月一〇日　須田将司　福島県教育会相馬部会の点描――『原町市史』・『相馬市史』編纂のなかで見出した姿

陳　虹彣　一九四〇年代台湾における教育会組織の発展と変遷――戦前から戦後へ

50　二〇一六年七月一六日　**第三六回全体研究会**

清水禎文　群馬県における地方教育会の終焉と戦後における教育諸団体の結成

佐藤高樹　多摩地域における教育会の組織化と活動の展開

七月一七日　前田一男　二・四事件と信濃教育会

坂本紀子　北海道教育会の解散過程――教員組合との職能機能をめぐって

51　二〇一六年一〇月二日　**教育史学会第六〇回大会コロキウム「近代日本における教育情報回路と教育統制（五）――地方教育会の屋台骨・校長会の活動実態の分析」　第三七回全体研究会**

清水禎文　昭和戦前期における小学校長会の組織と機能――群馬県を事例として

梶山雅史　岐阜県恵那郡教育会における恵那郡校長会の活動実態　戦前―戦後

52　二〇一七年一月八日　**第三八回全体研究会**

軽部勝一郎　明治期における私立熊本県教育会の発足と展開

山田恵吾　地方教育会のなかの民間教育運動――一九三〇年代における綴方教師「茨城の三田」を中心に

大迫章史　戦後初期広島における教育会の解散と教職員組合の結成

一月九日

板橋孝幸　秋田県校長会における教育会の位置づけ――校長会前史としての教育会

清水禎文　地方教育会の終焉と戦後における教育諸団体の結成

53　二〇一七年七月一六日

第三九回全体研究会

須田将司　福島県教育会の解散に関わる経緯――『福島県教育史』第三巻（一九七四）の内容確認と再考

梶山雅史　戦後教育会解散過程の検討――岐阜県恵那郡教育会の事例

七月一七日

板橋孝幸　秋田県校長会史研究――校長会における教育会の位置づけ

ディスカッション＝教育史学会コロキウム「一九四〇年代後半　教育会解散の諸相」および科研研究成果報告書に向けて

54　二〇一七年一〇月八日

教育史学会第六一回大会コロキウム「一九四〇年代後半　道府県各地「教育会」解散の諸相」

第四〇回全体研究会

須田将司　福島県教育会の終焉をめぐる動向――『福島県教育史』第三巻（戦後編）の再検討

坂本紀子　北海道教育会の解散過程――教員組合との職能機能をめぐって

梶山雅史　岐阜県教育会の解散過程――岐阜県恵那郡教育会の発展的解散事例

55　二〇一八年一月七日

第四一回全体研究会

金井　徹　信濃教育会と務台理作

白石崇人　『東京府教育会雑誌』解説―東京府教育会の前史・組織を踏まえて

一月八日

前田一男　帝国教育会と教育塔

討議＝教育会研究の課題と展望

ら

わ

な

さ

か

索　引

【執筆者一覧】（執筆順）

梶山 雅史 （かじやま まさふみ　東北大学、岐阜大学名誉教授・岐阜女子大学客員教授）
千葉 昌弘 （ちば まさひろ　元北里大学教授）
河田 敦子 （かわだ あつこ　東京家政学院大学教授）
山田 恵吾 （やまだ けいご　埼玉大学准教授）
伊藤 純郎 （いとう じゅんろう　筑波大学教授）
清水 禎文 （しみず よしふみ　東北大学助教）
板橋 孝幸 （いたばし たかゆき　奈良教育大学准教授）
坂本 紀子 （さかもと のりこ　北海道教育大学教授）
須田 将司 （すだ まさし　東洋大学准教授）
白石 崇人 （しらいし たかと　広島文教女子大学准教授）
佐藤 幹男 （さとう みきお　石巻専修大学教授）
山本 和行 （やまもと かずゆき　天理大学准教授）
陳　 虹彣 （ちん こうぶん　平安女学院大学准教授）

【編著者略歴】

梶山 雅史（かじやま　まさふみ）
1943 年　兵庫県に生まれる
1974 年　京都大学大学院教育学研究科博士課程単位取得退学
花園大学文学部講師、岐阜大学教育学部助教授・教授を経て東北大学大学院教育学研究科教授
2007 年　東北大学定年退職、東北大学名誉教授、岐阜大学名誉教授
現　在　岐阜女子大学客員教授、教育学博士（京都大学）

単著　『近代日本教科書史研究――明治期検定制度の成立と崩壊』（ミネルヴァ書房）
編著　『近代日本教育会史研究』（学術出版会）、『続・近代日本教育会史研究』（学術出版会）
共著　『明治教育世論の研究　上』（福村出版）、『世界史のなかの明治維新――外国人の視角から』（京都大学人文科学研究所）、『帝国議会と教育政策』（思文閣出版）、『京都府会と教育政策』（日本図書センター）、『一九世紀日本の情報と社会変動』（京都大学人文科学研究所）、『雑誌『太陽』と国民文化の形成』（思文閣出版）、『岐阜県教育史　通史編　近代１』（岐阜県教育委員会）、『講座日本教育史』第三巻（第一法規）、『日本教育史論叢』（思文閣出版）、『教育史研究の最前線』（教育史学会）

近《きん》・現代《げんだい》日本《にほん》教育会《きょういくかい》史《し》研究《けんきゅう》

2018 年 3 月 26 日　初版第一刷発行
定価（本体 6,600 円＋税）

編著者　梶山雅史
発行者　小林淳子
発行所　不二出版株式会社
〒 112-0005　東京都文京区水道 2-10-10
電話 03-5981-6704　振替 00160・2・94084
印刷・製本所　藤原印刷

Printed in Japan　ISBN 978-4-8350-8121-2